I0876507

Studiengang Theologie
Gesamtregister

Erarbeitet von Markus Zimmer, Felix Senn und Romy Janson

TVZ

Studiengang Theologie
Herausgegeben von theologiekurse.ch

Zusatzband 1
Gesamtregister

theologiekurse.ch vermittelte als katholische Bildungsinstitution bis 2015 in ökumenischer Offenheit theologische Grundkenntnisse an interessierte Frauen und Männer in der deutschsprachigen Schweiz. Ihre Lehrgänge, die seit 2016 am Theologisch-pastoralen Bildungsinstitut weitergeführt werden, eröffnen den Zugang zu verschiedenen kirchlichen Funktionen und Berufen. Die kontinuierlich erneuerten Lehrunterlagen des vierjährigen berufsbegleitenden Studiengangs Theologie STh bilden die Grundlagen dieser Reihe.

Studiengang Theologie

Gesamtregister

Erarbeitet von Markus Zimmer,
Felix Senn und Romy Janson

EDITION **NZN**
BEI **TVZ**
Theologischer Verlag Zürich

Unterstützt von der Katholischen Kirche im Kanton Zürich.

Der Theologische Verlag Zürich wird vom Bundesamt für Kultur für die Jahre 2021–2024 unterstützt.

Bibliografische Information der Deutschen Nationalbibliothek
Die Deutsche Nationalbibliothek verzeichnet diese Publikation in der Deutschen Nationalbibliografie; detaillierte bibliografische Daten sind im Internet über http://dnb.d-nb.de abrufbar.

Umschlaggestaltung: Simone Ackermann, Zürich
Layout: Claudia Wild, Konstanz
Druck: CPI books GmbH, Leck

ISBN 978-3-290-20197-5 (Print)
ISBN 978-3-290-20198-2 (E-Book: PDF)

www.edition-nzn.ch

Inhaltsübersicht

Einführung ... 7

Sachregister ... 11

Namenregister ... 84

Register der Bibelstellen ... 126
- Altes Testament ... 126
- Neues Testament ... 151
- Spruchquelle Q (Logienquelle) ... 183
- Anhang: Koranstellen ... 184

Register der kirchenamtlichen Dokumente und Rechtsquellen ... 185
- Konzilstexte ... 185
- Enzykliken ... 188
- Nachsynodale Schreiben, Dekrete, päpstliche Instruktionen, Apostolische Konstitutionen und Schreiben des Papstes ... 189
- Von einzelnen Kongregationen und Kommissionen erlassene Normen ... 190
- Erlasse, Stellungnahmen, Synodentexte ... 191
- Liturgische Normen ... 192
- Kirchenrecht ... 193
  - CIC 1917 ... 193
  - CIC 1983 ... 193
  - CCEO 1990 ... 196
- Staats- und ausserkirchliche Rechtstexte ... 197
  - Konkordate, konkordatsähnliche Vereinbarungen, Zirkumskriptionen ... 197
  - Historische Rechtstexte ... 197
  - Nationale und übernationale Rechtstexte ... 198

Abkürzungen ... 200

Bearbeiterin und Bearbeiter ... 202

Einführung

Wer sich anschickt, Theologie zu studieren – sei das an einer Hochschule, in einem berufsbegleitenden Lehrgang oder autodidaktisch –, sieht sich einer mehrfachen Hürde gegenüber. Da ist zunächst der Umstand, dass die Spezialisierung in der Theologie zur Entstehung verschiedener Fachgebiete und Studienfächer geführt hat, die die theologischen Fragestellungen aus unterschiedlichen Blickwinkeln angehen. In der konkreten Praxis jedoch überschneiden sich die Fachgebiete und Studienfächer erheblich, so dass es für Neulinge nicht einfach ist, den Einstieg zu finden und den Durchblick zu bekommen.

Da ist sodann eine komplett neue wissenschaftliche Fachsprache, mit der Neulinge in der Theologie konfrontiert sind. Für eine erste Annäherung liegen gute Hilfsmittel vor (z. B. das Theologische Fach- und Fremdwörterbuch, Göttingen ^{11}2010), die theologisch relevante Begriffe wie *exegetisch*, *kanonisch*, *deontologisch*, *Hermeneutik*, *Dogma*, *Eschatologie*, *Subordinatianismus*, *Matutin*, *Humiliaten* mit wenigen Worten erklären.

Was aber damit noch längst nicht abgedeckt wird, ist zweierlei: einerseits der grössere Zusammenhang theologischer Reflexion, der solchen scheinbar abstrakten Begriffen erst Leben und Tiefgang einhaucht; andererseits die grosse Bandbreite vieler Fachwörter, die bewirkt, dass dieselben Begriffe nicht einfach in ein bestimmtes Studienfach gehören, sondern in verschiedenen Fächern immer wieder begegnen.

Das Erste – der grössere Zusammenhang theologischer Begriffe – wird anschaulicher greifbar bei einer Einführung in jene theologischen Fächer, in denen ein Begriff hauptsächlich beheimatet ist (wer z. B. den Begriff *deontologisch* verstehen will, muss tief in die theologische Ethik eintauchen). Das ist Sinn und Zweck der Buchreihe «Studiengang Theologie», die in 16 Bänden auf dem heutigen Forschungsstand Einführungen in die theologischen Fächer und Disziplinen bietet.

Das Zweite – die Bandbreite vieler theologischer Begriffe – wird erst sichtbar, wenn klargemacht werden kann, dass ein Terminus nicht nur in 1 oder 2 Fächern auftaucht, sondern in vielen Fächern reflektiert und vertieft wird (*Hermeneutik* z. B. ist Thema in den biblischen Fächern ebenso wie in Fundamentaltheologie, Dogmatik oder Philosophie – um für diesen Begriff nur die wichtigsten zu nennen). Wer also die verschiedenen Facetten eines Begriffs ergründen will, ist meist auf mehrere (oder gar auf alle) Bände der Reihe verwiesen. Wie aber können innerhalb der Buchreihe die verschiedenen Stellen aufgefunden werden, an denen der entsprechende Begriff zur Sprache kommt? Hier ist das vorliegende **Sachregister** eine unverzichtbare Hilfe. Es listet sämtliche Stellen auf, an denen ein Terminus verwendet, erklärt oder vertieft wird.

Zudem beschränkt sich das Sachregister nicht auf Fachbegriffe in diesem engeren Sinn. In ihm werden auch Stichwörter erfasst, die auf den ersten Blick allgemein bekannt sind, aber wichtige theologische Themenfelder anzeigen, zu denen die Buchreihe vertiefte theologische Reflexionen anbietet. Auch solche allgemeineren Stichwörter, z. B. *Glaube*, *Gott*, *Geist*, *Geheimnis*, *Gewalt*, *Himmel*, *Hoffnung*, *Kreuz*, *Sünde*, *Wahrheit*, *Zweifel*, dürften für Studierende und sonstige Benutzerinnen und Benutzer des Registers von besonderem Interesse sein.

Was hier von den Fachbegriffen und vom Sachregister gesagt wurde, gilt genauso für die Namen, die in der Buchreihe erwähnt werden. Wenn die Leserinnen und Leser in einem Band des «Studiengangs Theologie» – vielleicht zum ersten Mal – Namen wie *Thomas von Aquin* oder *Dorothee Sölle* begegnen, kann das ihre Neugier wecken, mehr über diese Personen zu erfahren. Da hilft das **Namenregister** weiter, indem es sämtliche Stellen in allen Bänden der Buchreihe auflistet, an denen auf Thomas von Aquin respektive Dorothee Sölle Bezug genommen wird.

Und schliesslich gilt mehr oder weniger dasselbe auch für die Bezugnahmen auf Bibelstellen und auf lehramtliche und rechtlich relevante Texte. Bibelstellen beispielsweise werden nicht nur in den biblischen Fächern besprochen, sondern können auch in anderen Fächern verhandelt werden. Wenn sich jemand also mit einer bestimmten Bibelstelle beschäftigen will, findet er oder sie dazu eventuell in verschiedenen Bänden und in ganz unterschiedlichen Zusammenhängen hilfreiche Ausführungen. Und zusammen erst ergibt sich ein umfassendes Panorama für die Deutung eines Bibeltextes in seinen verschiedenen Nuancen oder für seine Wirkungsgeschichte. Vergleichbar verhält es sich mit zentralen lehramtlichen Texten (etwa mit der *Pastoralkonstitution «Gaudium et spes»* oder der *Erklärung über die Religionsfreiheit «Dignitatis humanae»* des Zweiten Vatikanischen Konzils). Insofern sind die **Register der Bibelstellen** und **der kirchenamtlichen Dokumente und Rechtsquellen** auch Instrumente für eine theologische Vertiefung.

Vor diesem Hintergrund ist das vorliegende Register in seinen vier Teilen eine Dienstleistung, um die Buchreihe in ihrer Gesamtheit zu erschliessen. Es gilt, die Bände nicht nur als einzelne Einführungen in die unterschiedlichen Fächer wahrzunehmen, sondern zu erkennen, dass diese Bände untereinander einen inneren Zusammenhang haben und im Gefüge des 16-bändigen Gesamtwerks einen Mehrwert abwerfen, der durch die unterschiedlichen Perspektiven in den verschiedenen Bänden erst ermöglicht wird. Insofern soll das Register dem Anliegen dienen, Theologie multiperspektivisch zu vertiefen und zu bereichern. Das entspricht dem Stand heutiger theologischer Forschung, die stets interdisziplinär arbeiten muss, wenn sie denn der pastoralen Praxis dienen soll. Und das muss sie unbedingt, um theologisch Interessierte für ein vertieftes und lebensdienliches Studium zu gewinnen. Zugleich ist das Register eine unverzichtbare Hilfe für das Vertiefen theologischer Themen, für die Vorbereitung auf Prüfungen oder für das Verfassen von schriftlichen Hausarbeiten.

Zur Benutzung des Registers ist Folgendes zu beachten: Das Gesamtregister umfasst alle Bände (I–XII) mit insgesamt 16 Büchern der Reihe «Studiengang Theologie» – einschliesslich der Nachauflagen bis zum Herbst 2021. Es besteht aus 4 Teilregistern und einem Abkürzungsverzeichnis. Alle Verweise des Registers haben denselben Aufbau: Bandnummer in römischer und für die exegetischen (I,1; I,2) und dogmatischen Bände (VI,1; VI,2; VI,3) den Zusatz für den jeweiligen Teilband in arabischer Zählung, dann die Seitenangaben der

Fundstellen. Eine hochgestellte Ziffer nach der Bandnummer (XII^3) gibt an, ab welcher Auflage die Seitenangabe zutrifft: Weil die Auflagen auch inhaltliche Aktualisierungen berücksichtigen, kann es vereinzelt zu Verschiebungen, Neuaufnahmen oder Tilgungen kommen. Verweise oder ergänzende thematische Querverweise innerhalb desselben Registerteils werden mit →angezeigt; Querverweise in andere Registerteile nennen den entsprechenden Fundort in KAPITÄLCHEN. Die spezifischen Hinweise für die Benutzung der einzelnen 4 Registerteile finden sich am Anfang des jeweiligen Teilregisters.

So freuen wir uns, Ihnen hiermit – zur noch breiteren Nutzung der Buchreihe «Studiengang Theologie» – das vierteilige Gesamtregister in einem eigenen Band vorlegen zu können, das auch digital mit URL=https://www.tbi-zh.ch/online-register-studiengang-theologie/ verfügbar und ebenfalls mit dem QR-Code auf der Innenseite des hinteren Buchumschlags zugänglich ist.

Pfingsten 2022
Romy Janson, Felix Senn und Markus Zimmer

Sachregister

Dieses Teilregister versteht sich mehr als Anwalt der Suchenden denn als kurze Zusammenfassung der Inhalte. Kombiniert mit den ausführlichen Inhaltsverzeichnissen, die jedem einzelnen (Teil-)Band am Schluss beigegeben sind, ermöglicht der Kontext des Stichworts eine gezieltere Suche, insbesondere bei häufigen Nennungen innerhalb desselben Buches. Vollständigkeit war angesichts der Breite der Themen, die die Reihe behandelt, nicht möglich. Aufnahme fanden jene Stichworte, bei deren Verweisstelle sich eine substanzielle Aussage dazu findet. Ebenfalls berücksichtigt wurden aber auch solche Stichworte, die zum signifikanten Vokabular der Theologie oder zur fachspezifischen Terminologie gehören, auch wenn an der Verweisstelle eine vertiefte Auseinandersetzung nicht stattfindet.

A

Aachen III 136, 138f.
Abba (Anrede) VI,1$^{1-2}$ 144, 157, 170, 217, 220, 230; VI,1^{3} 144, 158, 171; VI,2 135–139, 210; VII 87; →Anrede Gottes
Abduktion, abduktiv X 56f., 260
Abendmahl VII 209, 320, 333; →Eucharistie: Feier
Abendmahl (Eucharistie) III 231f., 240, 253
Abendmahl, Letztes *Abendmahlsbericht* II,1 189f., 291, 337, 356; II,2 107; VII 58, 72, 207, 213–216, 219f., 223, 225f., 260, 326, 333
Abendmahlsgemeinschaft VII 192; →Mahlgemeinschaft
Abendmahlslehre III 240–242, 247
Abergeister XI 18f., 27–29, 210f.
Abfall von der Kirche (als formaler Akt) IX 190–192, 213, 232
Ablass VIII 54, 128
Ablasswesen III 228f., 246, 255, 309
Abrahamstradition I,1 113, 118
Abschiedsmahl Jesu VI,2 150–152
absolut V 13f., 91, 134, 137, 147, 152, 186f., 197, 206; VI,1 69, 161, 171, 219, 228, 230, 252 (VI,1^{3} 253), 298 (VI,1^{3} 299); VI,2 12, 190, 257, 276, 307–309, 312–315, 319f., 322–325; VI,3 17–19, 30, 77, 91, 132, 234, 275, 277, 306–308; XII 219, 241f., 290
Absolutheitsanspruch des Christentums III 277; XII 56, 63
Absolution →Lossprechung
Abtreibung →Schwangerschaftsabbruch
acht (Zahl) →Pfad, Achtfacher/Achtgliedriger
Achtundsechziger-Generation (1968) III 339f.
Achtzehnbittengebet VII 296; XII 100
adam VI,1$^{1-2}$ 246; VI,1^{3} 247; →NAMENREGISTER: Adam
Adamiten III 110
Adel III 133, 139, 156–162, 230
Adentskalender VII 359
Ad-hominem-Argument VIII 279
Adler I,2 124, 233, 328; II,1$^{1-2}$ 35 (II,1^{3} 36), 66–68; XII 246
Ad-limina-Besuch IX 112
Administrationsrat IX 268
Administrator IX 114, 141
Adoption IX 83, 209f.
Advent VII 83f., 86, 118f. 204, 302f., 341,

350, 355–360
Adventisten III 293; IX 75
Adventsfasten VII 357; →Martinsquadragese
Adventskranz VII 359
Advocatus Diaboli I,2 248
Agape VII 62, 229, 283, 328; XII 286
Agapeten III 111
Aggiornamento V 16; VI,3 218, 280, 283; X 10; XII 43
Agrapha II,1 330
Ägypten, Ägypter I,1 31, 36, 39–46, 59, 61, 66, 70, 76, 84, 86f., 89, 95, 128, 136, 152, 194, 199, 203, 205, 222, 244–248, 273, 275, 285, 297, 314, 331, 336, 347, 381; I,2 92, 215–217, 294f., 297, 337f.; II,1 145, 152f., 166, 168, 275; II,2 160, 174, 177, 205; III 21, 36, 43, 47, 75, 102, 104–112, 115, 131, 159, 268, 285; IV 27; VII 76f., 212, 314, 324, 330, 352; X 11, 46–48; XI 119–121, 147, 161; XII 79, 103–108, 153f. *Flucht der hl. Familie nach Ägypten* II,1 143, 152, 206, 329, 336
Ägypterevangelium II,1 328
Ahmadiyya XII 27, 151
AIDS III 358; XII 224
Akeda I,1 220, 229
Akedia XI 212–215, 221
Akklamationen VII 59, 87, 104, 131, 135, 208, 234, 248, 252, 254f., 258, 263–265
Akko I,1 38; III 159
Akkomodation III 267
Akoimeten III 111
Akolyth IX 141, 144, 148–150, 160, 162
Akrasie VIII 239–244
Akzidens, Akzidenzien IV 65–67, 113
al-Fitr XII 54, 193
Al-Qaida XII 171
Albe VII 48, 142, 173
Aleviten IX 61, 276; XII 27, 150f.
Alexandrien I,1 24, 95, 104; I,2 264–266, 283, 297; III 153; IX 36
Allah I,1 143; XII 157, 162, 164, 190f.; →Gottesname: El
Allegorie I,1 147–150; III 91; VII 234, 291
Allerheiligen VII 363f.
Allerseelen I,2 303; VII 364
Allgemeine Erklärung der Menschenrechte (10.12.1948) I,1 370; XII 47
Allgemeines Gebet VII 230, 244, 249, 251f.; →Fürbitten
Allgemeines Priestertum →Priestertum, allgemeines
Allmacht Gottes V 91, 101f., 16, 119f., 266, 276–278, 284; VI,1 16f., 25f., 42f., 62, 81, 87, 92, 103–106, 108, 145, 162–167, 176, 178–180, 193, 201f., 206–208, 217, 238f. (VI,1[3] 239f.), 241–243 (VI,1[3] 242–244), 265 (VI,1[3] 266); VI,3 91, 101f., 116, 119f., 266, 276–278, 284; XI 173, 175
Allversöhnung (Apokatastasis) III 91f.; VI,3 203–205
Almosen I,2 282; II,1 257, 259; III 62; VI,2 86; VII 252f., 333; VIII 56; X 182; XI 47; XII 54, 167, 183, 187f., 191f., 279
Altar III 109, 127, 154, 205, 239, 274; V 132; VI,1 135, 199; VI,2 80; VI,3 195; VII 47, 49–51, 166f., 210, 219, 222, 226, 228, 234, 237, 250–253, 255, 268, 324, 332, 334, 344, 361; X 143, 146; XII 277. *Altargesetz* I,1 316, 360f. *Altardienst* III 77, 147; VII 237; IX 148, 150. *Altarraum* III 72; VI,2 298f.; VII 167, 234, 238, 250, 335, 344. *Altarsakrament* (Begriff) IX 92. *Hausaltar* XII 34. *Judentum* I,1 66, 97, 100, 110, 182, 197f., 230, 279, 300, 316, 360f.; I,2 46, 50, 79, 310, 339; II,1 129; II,2 347; VII 324; XII 105. *Seitenaltar* III 202, 279; VII 237. *Synonym für kirchliche Instituton im Gegenüber zum Staat*

(«Thron») III 122, 322f.; VI,3 272
Alter (betagt) I,2 275f.; VI,3 167, 174; VII 137f.; VIII 273
Altes Testament I,1; I,2. *Aufbau* I,1 23–26. *Bedeutung für die Jesus-Gruppe* I,1 21f. *Entstehung* I,1 22–25
Altkatholiken/Altkatholische Kirche →Christkatholiken/Christkatholische Kirche
Amarna I,1 39, 44, 56
Ambo VII 50, 129f., 249, 329
Ambrosianischer Ritus VII 21, 356
Amen IV 112; VII 59, 76, 102, 111, 213, 222, 229, 248, 254, 256, 258, 265, 270; XII 119, 197
Ammoniter I,1 53f.
Amsterdam III 249, 330; VI,3 288; IX 266; XII 41, 123
Amt, Amtsverständnis III 26, 33f., 254; V 208, 212f., 235, 248f., 251, 254, 259, 291; VI,2 49, 98, 179, 207, 238, 240; VI,3 218, 223, 263, 295, 304–312 (VI,3³ 303–311); IX 74, 137–165, 292, 294, 300; X 234–236. *Funktional* VI,3 305ff. *Hierarchisch* III 25f.; VI,3 293, 305ff.
Amtspriestertum →Priestertum, besonderes
Amtsträger, Amtsträgerin VI,2 214; VI,3 263f., 274, 284, 287, 307f.
Amtsverzicht *Papst* IX 124
Anabase, anabatisch VII 91–93, 103
Anachoreten →Eremiten
Anagni III 189f.
Analogia entis IV 69f.
Analogie I,1 147–150; IV 67–70, 124; VI,3 63
Analogielehre V 112; VI,3 18
analoges Sprechen (von Gott) IV 124, 248; V 112–117, 284; VI,1 18–20, 28, 92 (VI,1³ 91), 146, 283 (VI,1³ 284); VI,3 63, 163; →Gottesbild
Analogieschluss VIII 277f.
Anamnese, anamnetisch V 53; VI,2 303; VII 74–76, 84, 90, 103, 115, 152, 168f., 171, 219, 226, 245, 254f., 258–261, 264, 278f., 283, 289
Anaphora VII 254
Andreasakten II,2 134
androzentrisch VI,2 70, 98–100, 207, 273, 277
Anerkennung einer Religionsgemeinschaft, staatliche/öffentlichrechtliche IX 234–240, 260–267 (IX² 261–267), 275f., 282, 287
Anglikaner, anglikanische Kirche III 249–251, 264f., 294f., 308, 310, 360; VII 14, 275, 287, 294, 362; IX 57f., 67, 70, 75
Angst vor dem Islam III 132
Annaten III 190
Annullation IX 171; →Ehe: Auflösung
anonyme Christen XII 62f.
Anrede Gottes I,1 142f.; VII 87f., 248
Anstellung, kirchliche IX 286, 295
Anthropodizee V 123, 137; X 28
Anthropologie, anthropologisch V 81, 185f., 285; VI,1 39, 146, 288 (VI,1³ 289); VI,2 257, 275; VI,3 77ff., 127, 129, 170, 178, 183, 184ff.; XII 32, 97, 182, 232f., 269
anthropomorph I,1 128, 147
Anthroposophen IX¹ 275f.; IX² 276
Antijudaismus I,1 15, 251–271; I,2 73; II,1 358; II,2 145; III 22, 93, 207–209; VI,2 53–57, 144, 241, 276, 279, 310; VI,3 46; VII 326; X 146; XII 56, 88–90, 132f., 136, 139f.
Antimodernismus III 252, 303
Antimodernisteneid III 320f.; V 29, 159, 162f., 168f., 276f.; VI,3¹⁻² 280; VI,3³ 279
Antiochia I,1 260; I,2 264, 309; II,1 174, 181, 235, 245; II,2 32, 37–40, 59, 80–82,

84–88, 104, 107–110, 116, 129, 156, 255, 258, 300, 329; III 17, 19, 21, 78, 153, 158; VI,2 219, 229; IX 36
Antiochenischer Zwischenfall II,1 174; II,2 85–88, 169; III 20
Antiphonar VII 231
Anti-Reich X 189, 195, 197, 213, 218, 233, 240f., 245, 249, 281
Antisemitismus I,2 295; XII 120, 125, 127, 129–133, 136; →Antijudaismus
Antoniterorden III 162
Antwortpsalm VII 120f., 130, 244, 249f.
Aparecida VI,1 124, 173, 187, 190
Apartheid XII 41
Apokalyptik, Apokalyptiker, apokalyptisch I,2 161, 163, 192f., 223f., 308–333; II,1 90, 244, 338; II,2 69f., 225, 247, 284f. 311f., 341f., 344; V 124, 145; VI,1 232f., 248 (VI,1^3 249); VI,2 32f., 34, 44, 47, 60, 62, 72f., 121f., 134, 149, 172, 186; VI,3 124, 129, 136ff., 141f., 145, 151, 154f., 159f., 163, 169f., 172, 199, 230f.; X 55, 172; XI 50, 52f., 103, 189, 222
Apokatastasis III 91f.; VI,3 203
Apokryphen, apokryph I,1 25; I,2 313; II,1 36 (II,1^3 37), 326–332; VI,2 47–50, 117f.
Apokryphon des Johannes II,1 330
Apologeten III 49–52; V 21
Apologetik, apologetisch V 20f., 23, 25–32, 48, 55f., 65, 89, 133, 137, 141, 147f., 157–162, 166f., 173–175, 195, 204, 208f., 211–214, 219f., 223, 258, 260, 277f.; VI,1 35, 63, 238 (VI,1^3 239); VI,2 118f., 123; VI,3 153, 270, 274f., 279, 284
Apophthegmata Patrum III 108; XI 62, 209
Apostasie II,2 311; V 72; IX 19, 248, 291f., 298, 307
Apostel, Apostelinnen II,1 320; II,2 16f., 23, 30f., 37, 53, 74–76, 78, 123f., 143, 152, 169, 306, 342f.; III 23; V 210, 212; VI,2 47, 98f., 117, 179; VI,3 292–296, 305; VII 20, 154, 224, 229, 338, 353, 361f.; IX 108–110; XI 75, 87
Apostelkollegium V 210; VI,3 222; IX 107–110
Apostelkonzil/Apostelkonvent II,2 80f., 85, 89, 104, 142f., 169; III 19f., 79, 81
Apostolikum VI,2 19, 168, 170, 222f., 237, 309, 320; VI,3 14, 21, 116, 221; →Glaubensbekenntnis
Apostolische Administratur IX 130f.
Apostolische Konstitutionen VII 158, 315; →Kirchenamtliche Dokumente und Rechtsquellen: Nachsynodale Schreiben etc.
Apostolische Präfektur IX 130f.
Apostolische Signatur →Gericht: Römische Kurie
Apostolische Sukzession III 26, 32, 34, 309; V 39, 210, 235; VI,2 47, 99, 102, 178f.; VI,3 270, 275f., 293; VII 99, 192; IX 24, 142, 164, 274; XII 163
Apostolische Väter II,1 324; II,2 316; III 34, 70
Apostolisches Vikariat IX 130f.
Apostolizität der Kirche V 212; VI,3 292–296, 302
aramäisch I,1 24; I,2 318–323, 331; II,1 26, 93, 124, 166; II,2 34–36, 56, 124, 342; III 15, 18, 96
Arbeit II,2 93, 108; VII 217f., 280–282, 285, 306, 312–315, 319, 322f.; VIII 15, 66, 262, 279, 296, 302; X 24, 41, 48, 178f., 201–203, 211, 215, 244
Arbeiterbewegung III 311, 316, 332; V 95; X 154
Arbeiterjugend III 325; VIII 284; X 43f.
Arbeiterpriester V 71, 79; X 267f.
Arbeiterverein III 313f., 332

Arbeitsmarkt X 120, 156
Arche (Ekklesiologie) VI,1 109, 204; VI,3 225, 268, 270
Arianismus, arianisch III 153, 158; V 178; VI,1 27; VI,2 219f., 223–225; VI,3 57f.; VII 231
Aristotelismus IV 117; VIII 119
Arkandisziplin III 71
Arles III 37, 80, 115
Armenbibel →Biblia pauperum
Armenische Kirche III 75; IX 36
Armut (evangelischer Rat) III 172, 177, 210; XI 15, 29, 70, 75, 77–84, 108, 114, 123, 184, 187, 200, 220
Armut, Arme, Armenfürsorge I,1 69, 170, 345, 350, 358f., 363, 365–367, 369, 371, 383; II,1 249–251, 259–262; II,2 28, 84, 91, 179, 209, 230–232, 235, 274, 321, 330; III 69, 93, 97, 112f., 164, 166, 168, 192, 240, 269, 288, 350f.; V 53, 69–71, 77, 79–82, 154f., 188–193, 197–202, 242–248, 259f.; VI,3 41f., 160f., 266, 298, 316–319; X 10–12, 39–42, 68, 96f., 110, 121, 179–183, 185, 212, 250f., 255, 260; XI 77; →Caritas
Armutsbewegung III 164–169, 173f., 176, 179; V 77; VI,3 147; XI 196
Aschdod I,1 38, 41, 75; I,2 67
Asche VII 49, 340f.
Ascheren I,2 60–62, 178, 287
Aschermittwoch VII 303, 318, 341–344, 356; XII 169, 186
Aschkelon I,1 38, 41, 56
Ashram XII 225 (XII[3] 226), 235, 259, 280, 297
Askese, Asketen II,1 335; II,2 302; III 28, 31, 35, 98, 104, 106f., 110, 113–116, 147, 160, 176, 214, 245f., 254; 338; VI,1 50; VII 361; VIII 35; XI 119, 154f., 206; XII 33, 209, 218, 229, 248, 260, 264–268, 272–274, 284, 294; →Hyperaskese. *Kleidung* II,1 338. *Ort* II,1 338
Asperges VII 193, 247
Aspergill VII 40, 49
Assisi III 171–173, 335, 340, 359; VII 139; XII 55, 143, 289, 297
Assur/Assyrer I,1 31, 34, 36, 69–77, 82, 89, 120, 122, 178, 199, 225, 227, 297f., 318, 334; I,2 32–95
Assyrische Kirche IX 67; →Kirche des Ostens
Atelier (Zeitschrift) III 291
Atem/Odem I,1 141, 150, 152, 185, 345; I,2 130, 276, 341; VI,3 33f., 38; VII 295; XII 36, 50, 182, 232, 249, 278
Atheismus, atheistisch I,1 253; I,2 11; III 40, 49, 355; IV 25, 136, 153; V 23, 28, 90, 104, 108, 114, 133, 155, 227, 230; VI,1 35–42, 164, 239 (VI,1[3] 240), 274 (VI,1[3] 275); VI,3 200, 244f., 255; VIII 167; X 99, 110, 143; XI 174f.; XII 38f., 49, 268, 286f., 291, 295
Athos III 155; XI 149
Ätiologie I,1 155f., 164f.
Atman XII 217, 219f., 260, 265, 277
Atramchasis-Epos I,1 152, 176, 181
Auferstehung/Auferweckung I,2 122, 129–131, 303–305; II,1 65, 68, 128; II,2 17–24, 30, 75, 129f., 135, 142, 150, 153, 156, 162f., 166, 172–175, 177, 183, 191, 201, 221, 245–251, 283f., 296, 298, 302, 305, 349; III 16, 50, 52, 180; V 14, 132, 156, 159, 173–176, 179–182 (Auferstehung); 21, 53, 121, 140, 145, 172–183, 187, 191–193, 197f., 201f., 218, 259, 283 (Auferweckung); VI,1 165–172; VI,2 18, 36, 159–196; VI,3 118, 130, 168ff., 182–184, 205, 260f.; VII 146–148, 150; X 76f., 174, 194, 237, 245; XII 54, 87, 93, 104, 106, 169, 178, 253, 295. *Des Fleisches* II,2 249; III 46,

52; VI,3 177, 186, 190. *Im Tod* VI,3 187–190. *Vor dem Tod* VI,2 193–196
Aufklärung III 223, 272–283, 349; V 10, 14, 25, 47f., 73, 77, 79, 85, 90, 139–141, 144, 148, 157f., 160–162, 165–167, 175, 182, 185, 194, 274, 279–282; VI,1 31, 128; VI,2 39f., 253–255; VI,3 97–99, 217, 255, 274; VII 165, 239, 287f., 337; XI 88, 90; XII 74, 93, 164, 301
Augenfasten VII 344f.
Augenkommunion VII 234–236, 344
Augsburg III 149, 204, 234
Augsburger Reichs- und Religionsfrieden (25.9.1555) III 236, 255, 261; X 148
Augustiner-Chorherren III 110, 152
Augustiner-Eremiten III 103, 115, 169, 175f., 218f., 227, 267; XII 254
Ausbreitung des Christentums: fördernde Faktoren III 27f.
Auschwitz I,1 264; II,2 145; V 119, 121–123, 127f., 137; VI,1 164 (VI,1³ 165), 167, 218
Auslegung von kirchlichen Gesetzestexten IX 31f.
Ausnahmeartikel, konfessionelle (BV 1874) IX 259
äussere kirchliche Angelegenheiten IX 279f.; →Kirchengesetz →Temporalia
Authentizität in der Liturgie VII 44f.
Autobasileia X 99, 176
Autokephalie XII 254f.; →Unierte Ostkirche
autonome Moral IV 176; VIII 26, 157–172
autonomes Satzungsrecht IX 33f.
Autonomie IV 174–177; V 25, 208, 236; VI,1 43, 178; VI,3 51, 67, 92–94
Auxiliarbischof →Titularbischof
Avenir (Zeitschrift) III 291
Avesta XII 25, 228
Avignon III 187, 190–194, 198, 206
Axiom VI,2 281; VI,3 75
Ayatollah IX 58

B

Baalskult I,1 64, 69, 344; II,1 62f.
Babylon, Babylonier I,1 36f., 76, 84–87; I,2 94–146
Babylon (typologisch) I,2 348; II,2 333, 349
Babylonische Gefangenschaft der Päpste III 187, 190–193
Babylonisches Exil I,1 33, 36f., 81, 83–88, 91, 94, 101, 107, 116, 119, 121f., 133, 187, 226, 238, 298, 304, 334–336; I,2 71, 90, 97–99, 101–105, 114–120, 133–135, 219; II,1 47, 139f., 342; VI,3 35; XI 119
Badener Artikel (1834) III 301
Bahai XII 19, 24, 28–30, 225, 299
Bahnlesung VII 120, 122–124; XI 144
Bamberg III 143, 148; IX 117
Bantuphilosophie XII 38
Baptisten VII 189; IX 75
Baptisterium VII 142, 160; IX 88
Bär I,2 48, 329
Bar Mizwa XII 114f.
Barmer Theologische Erklärung III 328
Barmherzige Brüder III 162
Barmherzigkeit I,2 156; II,1 177, 189, 195–197, 331; II,2 188, 291; III 205; VII 87, 202f., 257f.; XI 40, 101, 200, 209. *Werke/Taten der* II,1 180, 196
Barnabasbrief II,1 331
Barock III 272–275
Baruch-Apokalypse I,2 313; II,1 41; II,2 225, 241
Bartholomäusnacht (24.8.1572) III 257f.
Basel III 79, 184, 194, 204, 217, 229, 237, 241–244, 290f., 302, 316, 329, 347; VIII 74; IX 268, 295, 301
Basileia (Königsherrschaft Gottes) II,1 341–343; II,2 342; →Reich Gottes
Basilika III 72
Basisgemeinden III 340; V 71, 77, 79, 244–

248, 254; VI,2 266f.; VI,3 303; IX 136
Basler Mission III 293f.
Bastille (Paris) III 281
Bat Mizwa XII 114
Baum der Erkenntnis I,1 154f., 160f.
Bayerische Volkspartei III 323
Beauftragung zum kirchlichen Dienst IX 284
Beerdigung →Begräbnis
Beerscheba I,1 29, 51, 64
Befreiungstheologie →Theologie der Befreiung
Befugnis IX 13, 16, 48f., 127f., 134, 142, 157, 162, 197, 238, 260; →Traubefugnis
Beginen III 178f., 212; XI 196
Begräbnis III 61f.; VII 13, 63, 184f., 210, 303, 335; IX 103, 160, 292, 295, 297, 300f., 308; XII 116. *Abrahams* I,1 233. *Jesu* II,1 62–66, 285; II,2 17; VI,2 178
Beichte III 195, 254, 278, 309; VII 18, 60, 98, 198, 200–205, 236, 341; VIII 21f., 79; IX 159; XI 46; XII 270
Beichtgeheimnis IX^{1} 259f.; IX^{2} 260
Beichtspiegel VII 292
bekehren, Bekehrung →Umkehr
Bekennende Kirche III 328; VII$^{1-2}$ 178f.; VII^{3} 178
Bekenner/Confessores VII 361
Bektasi-Orden XII 150
Bellinzona III 260
bellum iustum →Krieg, gerechter
Benediktiner I,2 348; VII 72, 240; IX 110, 150; XI 138
Benediktion VII 63f., 90, 135
Benediktsregel III 111, 113, 123, 134, 139, 145f., 151, 209, 357; VII 277, 284f.; XI 30, 138, 169
Benediktus II,1 208, 215, 217f., 226; VII 289f., 292, 352f.
Benefizium IX 132, 281, 285
Benutzungshypothesen II,1 27
Beraka VII 211, 213, 219, 261
Bergamo III 335
Berg II,1 155f.; III 123; →Athos →Horeb →Karmel →Kolzim →Ölberg →Tabor →Zion
Bergpredigt (Mt 5–7) I,2 274; II,1 118, 164, 190f., 194f., 331; V 189; VI,1 193; VI,2 84–93; VIII 129, 132; X 173f., 190; XI 55; XII 100, 215
Berlin III 246, 286, 347; IX 117
Bern III 237, 240, 242, 248, 302, 309
Berufsgeheimnis →Beichtgeheimnis
Berufung *Persönlich* I,1 90, 273–300, 378, 382; II,1 210; II,2 68–78, 153, 282; XI^{1} 64–69; XI^{2} 66–69 →Taufberufung. *Zum Propheten* I,1 288; I,2 40f., 77–80, 107–110, 114, 120f.
Beschneidung (Zirkumzision) I,1 88, 96f., 100, 190, 213, 242, 289f.; I,2 116, 309; II,1 181, 225, 243; II,2 38, 40, 56, 77, 82–84, 86, 117, 135, 142, 161–165, 169–172, 176, 224f., 253, 256–259, 261f., 302f.; III 16, 20; XII 15, 87, 114f., 128, 141
Besessenheit II,1 345–347
Besitz II,1 247, 254–262; XII 187, 267; →Eigentum
Bestattung III 61f.; XII 115, 197; →Begräbnis
Bet-El I,1 29, 62, 78, 91, 116, 120, 146, 198, 235f., 239, 241, 243, 245, 300, 316, 339; I,2 15, 41, 61, 175, 188; →Tempel
Betlehem I,1 55; I,2 89–91; II,1 146, 150, 153f., 222, 336; III 159; VI,2 27; VII 352, 355
Bet-Schean I,1 38f., 245
Bettag, Eidgenössischer Dank-, Buss- und VII 139
Bettelmönche, Bettelorden III 168–179, 210; XI 196; XII 278
Beugestrafe IX 79

Bewegungen, christliche III 21f., 70, 80, 110; VIII 62, 69f., 90, 112; X 92, 162f.; →Armutsbewegung →Bibelbewegung →Frauenbewegung, religiöse →Friedensbewegung →Gottesfreunde →Humilitaten →Jugendbewegung →Liturgische Bewegung →Lollarden →Montanismus/«Neue Prophetie» →Ökumenische Bewegung →Täuferbewegung
Bhagavadgita XII 63, 210, 234–239, 258, 260, 282
Bhagwan-Bewegung IX 229
Bhakti XII 213, 241, 260, 262
Bibel, Bibelwissenschaft, Bibelauslegung I,1; I,2; II,1; II,2; V 14, 25, 29, 41, 55–58, 67f., 77, 81, 86, 134, 139–141, 143f., 146f., 150, 157f., 164, 166f., 170, 175, 213, 249, 285; VI,1 13, 51, 81, 133; VI,2 21, 42, 77, 272, 273; VI,3 16f., 21, 31f., 155, 190; VII 140
Bibelbewegung III 336
Bibelrezeption der Kirchenväter III 90f.
Bibelübersetzung I,1 157, 289; I,2 341; III 178f. *Martin Luther* III 232. *Zürcher Bibel* III 240; →Septuaginta →Vulgata
Biblia pauperum I,1 138; III 138
Biel III 242
Bilderstreit III 152f.
Bilderverbot I,1 337–343; →Ikonoklasmus
Bilderverehrung →Ikonolatrie
Bildung, Bildungssystem III 277, 280, 288, 310, 312, 331; X 88, 229, 246, 256f.
Bioethik VIII 24, 85, 186, 198
Birgittenschwestern III 191
Bischof, Bischöfe II,2 319, 321; III 32–35, 54, 75, 134, 155, 255; V 61, 64, 208–212, 232, 290–292; VI,1 27, 173; VI,2 215, 220, 222–225, 238; VI,3 222f., 270ff., 281f.; VII 128f., 133, 156, 158f., 163, 197, 199, 201, 223, 226, 232, 258, 283, 285, 361; IX 106–115, 152, 158–160; X 34, 102, 147f., 150, 234. *Diözesanbischof/Ortsbischof* VI,3 108, 222, 263, 270–273, 281ff., 293f., 303–310, 312, 314f.; VII 99, 176, 230, 258, 263, 339, 346; IX 110–118, 131–135, 140, 146, 155, 249, 270, 272, 282, 285, 293. *Ernennung* IX 114f.; →Titularbischof
Bischofskollegium V 61, 210; VI,3 281, 309; IX 107–110, 116, 119, 124–130, 270
Bischofskonferenz III 326; VII 43, 134, 191, 203; IX 106, 116, 125, 154, 271, 297, 300
Bischofsrat IX 113
Bischofssynode V 144; IX 106, 113, 116, 126
Bischofsvikar IX 106, 141, 155
Bischofsweihe VI,3 308; IX 123
Bistum →Teilkirche. *Neuordnung in der Schweiz* III 290f. *Neuordnung in Österreich* III 278f.
Bistumsartikel IX 259
Bitten (Laudes) VII 289f., 293
Bittgebet VI,3 195; XI 172–182
Blauring III 332
Blumen XII 243, 249f.
Bluttaufe (Martyrium) I,1 230, 265; VII 181, 361; XI 222
Bobbio III 129
Bodensee III 129, 196, 211, 260, 290
Bodhisattva XII 279, 286
Bogen I,1 68, 182–185, 378; I,2 250, 101; →Regenbogen
Bogomilen III 179
Böhmische Brüder III 199, 241
Bologna III 182–184, 194, 196, 234
Bolschewismus III 321f.
Bonn III 309, 329; V 102; VII 298f.; XII$^{1-2}$ 134
Bote II,1 72, 144, 209f.; II,2 75, 96, 156; →Engel → NAMENREGISTER: Johannes der Täufer
Bourges III 244

Bozra (Buseira, Jordanien) I,1 35, 65
Brahmane XII 227f., 255, 272
Brahmanismus XII 249, 264, 268, 276
Brandenburg III 196, 254
Bratislawa/Pressburg III 279
Braut Christi I,2 237; →Liebe Gottes. *Ekklesiologie* I,2 237; VI,3 268; VII 352. *Mystik* VI,2 248f.
Brautexamen →Ehevorbereitungsprotokoll
Brautsegen III 39, 76; VII 64; IX 39
Bregenz III 204
Bremen III 136, 142
Bremer Klausel IX 245–247
Bremgarten III 243
Breviarium Romanum (1568) III 256; VII 287f., 309
Brevier VII 275, 285f.; IX 144; →Stundengebet →Tagzeitenliturgie
Brevierpflicht VII 286–288, 295; IX 144
Brevierreform III 318. *Francisco de Quinonez* VII 287. *Pius X.* III 318; *Trient* VII 287, 309. *Vatikan 2* VII 288–290, 294
Brig III 260
Brixen III 149, 306
Brot III 154; V 171f.; VI,3 264, 296f.; VII 49, 52, 61, 66, 68, 76, 81, 88, 105, 109, 195, 209, 213, 215, 219, 233, 235, 262, 265f., 273; X 185
Brotbrechen V 300; VI,3 232, 264; VII 89, 207, 210, 213, 216f., 220f., 224f., 235, 244, 265f., 273, 319, 324f.; IX 92; X 185, 228, 230; →Eucharistische Gaben
Brotkorbgesetz (1875) III 300
Brunnen SZ III 314
Brunnenvergiftung I,1 262; III 208
Budapest III 279
Buddhismus IX 67; XII 16, 31–34, 36, 39f., 42, 51f., 76, 205–210, 216–220, 225f., 247, 257, 266, 269–298; →Mahayana-B. →Theravada-B. →Vajrayana-B. →Zen-B. *Neobuddhismus* XII 19, 208, 215, 288, 291, 301. *Verhältnis des Christentums zum* XII 42, 280–295
Bund *Atl* I,1 77, 79, 82, 116, 122, 183, 185, 213, 267, 270, 274, 315, 317, 378; I,2 111–113, 120, 292; II,1 218, 240; II,2 155, 161, 305; VII 17, 75, 86, 116, 211–213, 223, 281, 292, 314, 326, 336, 360; XII 50, 55, 70, 89f., 98f., 114, 118, 126, 128, 130, 139, 142, 303. *Ntl* I,1 266; I,2 113; II,1 189; II,2 184, 197, 237, 327; VII 75, 89, 97, 214f., 222f., 245, 247, 258, 267, 304, 326, 336; XII 55, 118, 126, 128, 130, 139
Bundesbuch (Ex 21,1–23,33) I,1 77, 80, 82f., 118–121, 215, 273f., 315f., 322, 328, 345, 356–371, 383; VIII 129
Bündner Wirren III 257
Bürgertum III 290
Bürgerrecht II,2 53, 62–67, 210
Burka XII 46, 150
Busan III 330; V 233
Bussbücher III 129; VIII 46f.
Busse III 231, 253f.; VII 156, 271, 303, 338–341, 357; XII 109f.; →Busssakrament. *Einmaligkeit* III 62f.; VII 200f. *Wiederholbarkeit* III 63, 129; VII 201
Bussfeier III 343; VII 39, 200, 202, 204f., 341
Busspraxis *Altkatholische Kirche* III 309. *Frühe Kirche* III 62f., 71; VII 200f., 340f. *Irische Mönche* III 129. *Mittelalter* VII 201, 342; VIII 45–47
Bussritus VII 194, 202–205, 265
Busssakrament VII 152, 162; 192, 200–205, 340f.; IX 294; X 242f.; →Initiation
Bussübungen XI 60
Byblos I,1 38f.
Byzanz III 66, 144; VI,1 17, 109, 200, 217, 237; VI,3 64; VII 21; IX 57

C

Calixtiner →Laienkelch →Utraquisten
Calvinismus III 174, 244–247, 255, 293
Camaldoli III 151
Cambridge III 183, 195
Canberra III 330
Canon Muratori II,1 36, 241; II,2 51; III 32
Canossa III 149
Cantatorium VII 231
Canterbury III 126, 162f., 249; V 22, 109, 111, 191; IX[1] 57f.; IX[2] 58
Canticum VII 277, 279, 290, 292f., 330f., 350
Caritas II,2 36; III 69f., 112f., 204, 277, 288, 293, 312f.; VI,3 67; VII 66, 129; VIII 40, 49, 215; IX 47, 226, 231, 234; X 88, 226, 255f.; XI 60; XII 26, 200, 214f.; →Armut, Arme, Armenfürsorge
Caritasverband III 332
carpe diem I,2 301
Cäsaropapismus VI,3 271; IX 57; →Staatskirche, Staatskirchentum
Catechismus Romanus (1566) III 256; VII 238
Catholica (Zeitschrift) III 324
causa fidei III 197f.
causa reformationis III 197f.
causa unionis III 197
Cautio criminalis III 271
CCEO/Codex Canonum Ecclesiarum Orientalium (1990) IX 29–31, 37–39, 41, 65f.; →KIRCHENAMTLICHE DOKUMENTE UND RECHTSQUELLEN: CCEO 1990
CELAM →Partikularsynode: Südamerika
Chanukka I,1 98, 310; II,1 290; XII 101, 110
Chaos I,1 127–129, 165, 180, 303; I,2 105
Chaosmächte I,1 131, 165, 304; I,2 140, 258
Chaostheorie VI,1[1–2] 243, 269, 290–303; VI,1[3] 244, 270, 291–304; X 279f.
character indelebilis VI,3 233; VII 18; IX 69, 83, 140, 147f., 234
Charisma, Charismen II,2 48, 135–137, 223, 322; V 244; VI,3 53f., 262, 266, 286f., 322; VII 98, 148; IX 42, 138; X 86, 234f.; XI 29, 69–72
Charta Oecumenica (2001) V 239; VII 191
Chartreuse III 151
Chassidim, chassidisch I,1 98; VII 284; XII 72, 76f., 97, 140
China III 120, 206, 258, 267, 270, 350, 354; XII 16, 27, 31f., 34–36, 210, 222, 271, 278–280, 288
Choral →Gregorianischer Gesang
Chorherren III 152
Chrisam VII 163, 166f., 172f., 186, 196–198; IX 73
Chrisammesse VII 346f.
Christentum III 209, 289; V 9, 23, 86, 91–93, 216, 220, 223–229, 235, 241f., 295–297; VI,3 81, 105f., 154, 156, 184f., 197f., 217, 257, 270; X 99, 143f., 224, 264f.; XII 26f. *Auswahlchristentum* X 165f. *Imperialisiertes* X 10f., 145f. *Philosophische Angriffe* III 46–48; IV 195–206, 223f., 245–247. *Praktisches* III 330
Christenverfolgung II,2 37f., 103, 257, 265, 344; III 33, 37–63, 354; VII 200, 319, 361; IX 146
Christianoi III 19
Christkatholische Kirche, Christkatholiken III 299, 302, 308–310, 365; VI,3 65, 278; VII 191, 297; IX 67, 70, 75f., 261
Christkönigsfest III 322
Christkönigstheologie VI,1 109; VI,2 34f., 141
Christlichdemokratische Volkspartei (CVP) III 332; VIII 270, 300; X 160
Christliche Arbeiterjugend (CAJ) X 43f.
Christliche Vereinigung (Innerschweizer

Bündnis mit Habsburg) III 242
Christliche Wissenschaft (Religionsgemeinschaft) IX 75
Christologie II,1 196, 314, 321f.; V 182–193, 199–201, 221, 227, 259; VI,1 24, 90, 184; VI,2; VI,3 83–86, 236, 272; X 176; XII 22, 37, 54, 63, 100, 113, 163, 169, 176, 178, 183, 283f. *Befreiungstheologisch* V 185f.; VI,2 263–272; X 99, 110, 243. *Feministisch* VI,2 272–286, 320f. *Von oben* V 184f.; VI,2 16–19, 218f. *Von unten* V 183–185; VI,2 16–20, 219, 268, 278
christomonistisch VI,3 222f.
Christophanie XII 64, 282–284
Christozentrik, christozentrisch VI,2 309ff., 314, 318; VI,3 52, 222, 249, 254
Christus-Mystik III 91; X 236
Christus-Titel II,1 250; →Messias
Chur III 87, 142, 240, 254, 290f.
CIC/Codex Iuris Canonici (1917) IX 30, 40f.; →Kirchenamtliche Dokumente und Rechtsquellen: CIC 1917
CIC/Codex Iuris Canonici (1983) I,1 257; III 343; VI,3 218, 303; IX 29–33, 40f., 65f.; →Kirchenamtliche Dokumente und Rechtsquellen: CIC 1983
Circumcellionen →Donatismus
Cîteaux III 151; XI 237
Civiltà Cattolica (Zeitschrift) III 303
Clairvaux III 151
Claudiusedikt II,2 102, 122
clerici vagantes IX 151
Club of Rome X 126
Cluny III 143, 145–147, 151, 157, 163; XI 237; XII 161
Codex Sinaiticus II,1 60
Codex Vaticanus II,1 60
Commercium (heiliger/wunderbarer Tausch) VII 93–95, 146, 350
Commune VII 363
communio plena IX 70f., 72–79, 83, 293
Communio III 72; VII 89, 222, 262; IX 44, 122. *Communio-Ekklesiologie/-Theologie* V 218, 220, 237, 251f.; VI,3 284f.; IX 80, 119
Como III 291
Compassion V 53f.; X 109–111; XI 128–130, 223–225
conditio humana X 85, 196f.
Confessio Augustana →Glaubensbekenntnis: Augsburger Bekenntnis
Confessio Tetrapolitana III 234
Confessores III 54
Confutatio III 235
Congregatio Iesu CJ →Kongregation: Englische Fräulein
Conquistadores III 266
Consensus Tigurinus (1549) III 247
consensus-Lehre IX 179
Contrait Social III 276
copula-Lehre IX 179
Corona-Virus-Pandemie VIII 262f.
Corpus Paulinum II,2 44, 148, 203, 316, 325
creatio *Continua* VI,1$^{1-2}$ 265–285, 288, 290, 293, 296; VI,1^{3} 266–286, 289, 291, 294, 297; XII 299. *Ex nihilo* VI,1$^{1-2}$ 260–265, 269f.; VI,1^{3} 261–266, 270f.
Credo →Glaubensbekenntnis
cuius regio, eius religio III 236, 263, 302, 355; IX 220, 251; →Staatsreligion
Cunctos populos (Februar 380, Dreikaiseredikt) III 68
Cyberspace VI,1 20, 60–64

D

Dabru emet (2000) I,1 268, 271; XII 69, 135–137
Damaskus I,1 35, 64f., 72, 92, 102; I,2 35,

38, 43, 53f., 65, 67, 69, 82; II,1 126; II,2 37, 41, 61, 68f., 72, 78–80, 102, 104; III 17, 131; XII 156, 159
Dammbruchargument VIII 278f.
Dämonen II,1 55, 75, 102f., 119, 343–347; V 283
Dank, danken, Danksagung II,2 233; VII 77, 88, 158, 207–213, 215, 217–220, 225–230, 235f., 241, 245, 254–257, 259–263, 265, 273, 278f., 281, 283, 294, 312, 338; →Hochgebet, Hochgebete
Daoismus →Taoismus
Darstellung des Herrn II,1 207f., 219; VII 353, 355
DDR I,1 253; I,2 83f.; III 345–348; VII 35; IX 53, 221; X 124, 279
Decretum Gratiani III 150, 181
Deismus, deistisch III 276; VI,1[1-2] 128, 241, 290, 293, 297; VI,1[3] 128, 242, 291, 294, 298
Dekalog I,1 111, 122, 317–356; V 134; VIII 71, 79, 87, 124f., 129, 135, 174, 188, 252. *Entstehung* I,1 325–330
Dekan/Dechant IX 118, 156
Dekanat IX 116, 270f.
Delegat (des Apostolischen Stuhles) IX 154
Delegation eines Kirchenamtes IX 157f., 212f.
Demiurg III 29, 31, 48; VI,1[1-2] 260; VI,1[3] 259; VI,2 221
Demokratie III 275–277, 290f. *In der Kirche* V 251f.; VI,3 304f.; IX 273f., 279, 284, 288
Dendriten III 110
Deontologie, deontologisch VIII 112f., 180–182, 187–191, 203, 205, 267f.
depositum fidei IV 116; VI,1 34; IX 163f.
Derwisch XII 151f., 186
Deuterojesaja I,2 71f.; →BIBELSTELLEN: ALTES TESTAMENT
Deuteronomisten I,1 53, 62, 79, 87, 122
Deuteronomistisches Geschichtswerk I,1 32, 52, 79; I,2 190, 192
Deuteronomistischer Kodex VI,1 150–152
Deuteronomium →BIBELSTELLEN: ALTES TESTAMENT. *Urdeuteronomium* I,1 26, 80, 82f., 116, 120; I,2 179
Deuteropaulinen II,2 47, 111, 295–323; →BIBELSTELLEN: NEUES TESTAMENT
Deutsche Christen III 327f.
Deutsche Union III 262
Deutscher Evangelischer Kirchenbund (DEK) III 328
Deutscher Orden III 161f., 204
Deutschland *Bistumskarte* IX 222. *Staatskirchenrecht* IX 219–250
devotio VII 302. *Devotio moderna* III 210, 213f.
Dharma XII 20, 28, 35, 216f., 236, 271, 288, 300
Dharmachakra XII 269
Diabase, diabatisch VII 91–93, 103
Diadochen I,1 95–97; I,2 263f., 326
Diakon II,2 318; V 212; VI,3 262, 305, 307, 309, 311; VII 66, 92, 99f., 128f., 133f., 157f., 174, 223, 229–231, 258, 269, 283, 285, 295, 329; IX 39, 149, 152f., 159f., 212f. *Ständiger* IX 149, 205; →Diakonin →Siebenerkreis
Diakonat VI,3 310; VII 129; IX 148–150, 162
Diakonenweihe VII 129; IX 39, 142, 153, 164
diakonia (munus) IX 161
Diakonie II,2 114; VI,3 296, 299–302, 311f., 318; X 88, 225, 227, 229, 252–257
Diakonin II,2 119f., 322; VI,3 261, 311; VII 158
diakonos II,2 114, 120f., 126, 272, 275, 321
Dialektik IV 181f., 195–203, 261; VIII 62, 259
Dialektische Theologie II,2 139; XII 12, 60

dialogischer Charakter der Liturgie VII 91–93
Dialogphilosophie IV 273–285, 289, 295
Diaspora III 20–26, 302, 309, 314, 332. *Jüdische* I,1 31, 86, 95, 102, 104, 264; I,2 116 (I,2^{3} 115), 265, 282 (I,2^{3} 283), 296f., 318f.; II,1 166; II,2 26, 28, 33–40, 59f., 62, 109, 326; III 17f., 21, 27
Diatessaron II,1$^{1-2}$ 34; II,1^{3} 35
Dictatus Papae (1075) III 148
Diegesenhypothese →Fragmentenhypothese
Diegesis II,1 26, 204
Diessenhofen III 210, 212
Didache/Zwölfapostellehre II,1 133, 170; III 26, 57f.; VII 145, 154f., 158, 218, 226f., 281, 313, 319; VIII 31; XII 100
Dilemma V 185–187; VI,3 25, 31, 216, 282f.; VIII 15
Diözesanadministrator →Administrator
Diözesanrichter IX 112, 141, 143, 152, 155
Diözesansynode IX 113, 116
Diözese (röm. Verwaltungseinheit) III 63f.; →Teilkirche
Direktorium VII 129, 134, 311
Disentis III 142
Diskriminierung II,2 281f., 331; IX^{1} 254; IX^{2} 253f.; XII 43, 122
Dispens, dispensieren IX 26, 201, 205–208, 210, 215f.; →Formdispens
Disputation *Leipzig 1519* III 230. *Wittenberg 1517* III 229. *Zürich 1523 (Januar)* III 239. *Zürich 1523 (Oktober)* III 239. *Zürich 1524* III 239, 355
DITIB IX 245
Divali XII 252f.
Diyanet IX 61
Djihad III 160; XII 147, 172
Dodekapropheten I,2 194f., 200
Dogma, Dogmenentwicklung, Dogmengeschichte V 63, 210; VI,1 21ff., 27; VI,2 11, 15, 39f., 52, 222f., 225, 234–242, 276, 283f., 309; VI,3 278, 288, 294
Dogmatik V 34, 65, 148, 186, 205, 221; VI,2 21, 52, 111, 169f., 209; VI,3 11ff., 72f.; IX 139, 165. *Aufbau* VI,3 19f. *Positive* VI,3 13. *Spekulative* VI,3 14
Dogmenkritik III 319
Doketismus, Doketisten III 29, 52; VI,2 214, 220
Dominikaner, Dominikanerinnen III 115, 169, 174–179, 181, 183, 192, 210–212, 218, 228–230, 237, 239f., 256, 267; VIII 78; IX 150; XII 254
Domkapitel IX 106, 113–116, 156
Donareiche III 131
Donatismus III 80, 100f.; VI,3 233
Donatistenstreit IV 92
Don-Bosco-Schwestern III 312
Dor I,1 38
Dornenkrone II,1 110; XI 152
Doxologie VI,3 57–59; VII 76, 85f., 103, 258, 261, 265, 293
Drachen I,2 329
Drei-Ämter-Lehre/-Schema V 212f.; VI,3 262; IX 161; X 225; →munus (Kirchenamt)
Dreikaiseredikt (380) →Cunctos Populos
Dreikapitelstreit III 80f.
Dreikönige II,1 147–151, 157, 182; VII 354
Dreikönigswasserweihe VII 353
Dreischritt, methodischer V 54f., 66f., 80, 82; VIII 284–296; X 10f., 39, 42–66, 206, 251
Dresden III 347
Drittes Testament X 59f., 221
Duale Struktur (kirchliche Organisationsstruktur in der Schweiz) IX 270–275, 288, 303–305
Dualismus III 28f., 31f., 271; IV 41; V 119;

VI,1$^{1-2}$ 240, VI,1^{3} 241; VI,2 241f., 276, 311; VI,3 170, 177, 179f., 183, 184–187, 197f.; VIII 68f., 258; X 77, 156; XII 266. *Diesseits-Jenseits (eschatologisch)* VI,3 119f., 138. *Leib-Seele (gnostisch)* I,2 304; II,2 153f., 249; VI,2 215; VI,3 170, 177, 185f., 197; IX 176; XII 195, 219. *Ontologischer* IV 145

E

Ebionäerevangelium II,1 328
ecclesia *Ab Abel* V 216; VI,3 246, 249f., 271, 281. *Abscondita* IX 43. *Ad intra, ad extra* X 33, 68. *Manifesta* IX 43. *Semper reformanda* V 59, 247; IX 66
Echternach III 130
Ecône III 344
Eden I,1 149, 154, 159, 163, 173
Edessa III 158
Edikt *Von Nantes* III 258, 264. *Von Nîmes* III 264. →Wormser Edikt
Edinburgh III 329f.; V 233; VI,3 287; XII 41
Editio typica VII 23, 56, 165f., 195
Effata-Ritus VII 167, 172; IX 73
Effizienz X 133, 213. *Fragmentarische* X 213f., 217. *Reproduktive* X 213f., 217
Ehe II,2 222f., 227; III 40, 69, 76f., 80, 104f., 111, 113f., 133f., 138, 146f., 150, 195, 235, 250, 255f., 285, 300, 309, 341, 364f.; X 243. *Alter* IX 201f. *Auflösung* IX 171, 178, 197, 204. *Begriff* IX 196f. *Erlaubtheit* IX 213, 259. *Form der Eheschliessung* IX 172, 178, 180, 185, 215. *Gültigkeit* IX 171, 177, 179, 199, 205. *Konsens* IX 174f., 177, 179, 181, 186, 195, 210–212, 217. *Naturehe* IX 193, 197. *Rechtsgeschichte* IX 174–192. *Sakramentalität* IX 172, 181–185, 194f., 217f. *Scheidung* I,1 352; II,2 226; IX 25, 97–100, 170f., 173f., 178, 197, 211, 217. *Unauflöslichkeit* IX 25, 172f., 176, 178, 197–199, 212, 217. *Vertrag* IX 175, 182–184, 186, 196. *Vollzug* IX 179f., 198f. *Wesenseigenschaften* IX 25, 173, 195, 197f., 212. *Wiederheirat* IX 178. *Willensakt* IX 175, 181, 211
Eheband IX 178, 185, 204f., 207
Ehebandverteidiger IX 141, 152, 155
Ehebruch I,1 103, 324, 351f.; II,2 223; IX 98f., 169, 173
Ehebund I,1 341; VII 99; IX 175f., 188f., 196, 210
Ehefähigkeit IX 187, 200–210
Ehegüterlehre IX 175–177, 188
Ehehindernis IX 187, 189, 195, 200–210, 214, 217
Ehehoheit IX 171, 178, 182f., 217; →Zivilehe
Ehelosigkeit (evangelischer Rat) XI 98–114; →Keuschheit →Zölibat
Ehenichtigkeitsverfahren/-prozess IX 118, 155, 171, 178f., 200, 211
Eheschliessungsassistenz →Trauungsassistenz →Traubefugnis
Eheverständnis IX 23, 167–172, 189, 195f.
Ehevertrag I,1 352; IX 183f.; XII 115, 195
Ehevorbereitungsprotokoll IX 214
Ehezwecke IX 168–170, 177, 186–188, 197
Eichstätt III 131; IX 117
Eifersucht II,2 194; VIII 42. *Gottes* I,1 326f., 341, 377; VIII 238
Eigenfeste →Eigentraditionen, liturgische
Eigengut →Eigentraditionen, liturgische
Eigenkirchenwesen III 127, 133; VI,3 272f.
Eigentraditionen, liturgische VII 68, 230, 240, 309, 311
Eigentum I,1 352f., 355, 370; III 97, 188, 315; VI,1 195; VI,2 67; VIII 61, 107; X 199f., 210; XII 188, 194 (XII^{3} 195); →Besitz. *Kirchliches* IX 48f., 226, 236

Einheit *Der Ehe* →Ehe: Wesenseigenschaften →Monogamie. *Der Kirche* VI,2 237; VI,3 285, 286–289, 302; X 97f., 101, 105–107, 110f., 165, 232f.
Einheitsgemeinde IX 265, 277
Einheitshypothese I,2 151
Einsegnung IX 182
Einsetzungsworte/-bericht III 154; VII 76, 145, 226f., 255f., 258–261, 264, 272
Einsiedeln III 128, 238, 274
Einswerden XI 230–239
Ekklesiologie, ekklesiologisch III 12; V 205, 216, 219, 244, 246, 248, 253, 260; VI,3 22, 23, 27, 107, 115, 117, 157, 213, 215ff.; IX 139; X 15f., 26, 84, 108, 223, 270. *Dogmatisch* VI,3 226, 242–312. *Existenzial* VI,3 226, 312–323
Ekklesiozentrik VI,3 221f.
Ekron I,1 41
El Salvador III 351
Elefant III 265; XII 32, 208, 244f., 251
Elephantine I,1 93, 352; I,2 116; →Tempel
Elohist I,1 116
Elterngebot I,1 348f.; II,2 306; →Gehorsam ggü. den Eltern
Elternpflicht IX 94, 98, 192, 248
Elternrecht IX 83f., 192, 214, 240, 259 (IX^{2} 260), 290
Empfängnis VI,2 111; VI,3 38. *Mariä E.* III 339; *Geistgewirkt* II,1 146, 214. *Immanuelweissagung* I,2 81f. *Unbefleckt* III 303; →Jungfrauengeburt →Kontrazeptiva
Empfängnisregelung, kirchliche III 341; V 63; VIII 85f., 90, 170, 176
Endentscheidungshypothese VI,3 179f.
Endgericht →Jüngstes Gericht
Engel I,1 110, 161, 163, 190, 208–212, 214, 221, 224f., 227, 229, 249, 288; I,2 162f., 165–167, 207, 224, 250, 260, 296; II,1 210, 214, 225, 267; VI,3 99, 171; VII 58, 83f., 86f., 89, 121, 126, 248, 257, 284, 357f.; XI 19, 33, 98, 108, 111, 150, 178; XII 184, 197, 242, 246
Engelhartszell III 269
Enneateuch I,1 118f.
Enterbungsthese XII 55
Enthaltsamkeit →Ehe, Ehelosigkeit
Entmythologisierung V 164–169, 175, 193, 283–285; VI,3 154, 161f.
Eparchialbischof IX 116
Eparchat, Eparchie IX 66, 116, 131; →Teilkirche
Ephesus I,1 235f., 304, 309; II,2 87f., 94, 98, 104, 122f., 207f., 214, 217, 247, 270f., 286f., 292, 300f., 304–308, 314f., 318, 326, 344f.; III 33, 75, 84–86; VI,3 262
Epikie VIII 272; IX 15
Epiklese VI,3 66; VII 75f., 90, 103, 168f., 196, 204, 219, 226, 255, 258, 260–263
Epikuräismus I,2 270, 277, 301; III 24
Epiphanie III 72; VII 51, 162, 308, 347, 351–356
Episkopalismus VI,3 275
episkopos II,2 120, 126, 272, 275, 318, 321f.
Episkopat IX 142, 148f., 162
Epistolar VII 231
Erbsünde II,2 139; III 102f., V 120; VI,2 169, 243, 251; VI,3 175f.; VII 161, 163, 340; VIII 235, 243f.; IX 176; XII 182, 300
Eremiten III 105–109, 151, 176
Erfahrung V 30, 38, 50–52, 56f., 65–68, 81f., 92, 94, 100, 106, 109f., 116, 125, 140, 160, 167, 176–181, 183–186, 189, 196f., 201; VI,1 157, 169, 190, 223f., 227–229, 237f. (VI,1^{3} 238f.), 250 (VI,1^{3} 251), 267 (VI,1^{3} 268); VI,2 15, 18, 21, 24f.; VI,3 19, 25–32, 37ff., 56, 62, 70; VIII 208, 272f.; X 42f., 56, 162f., 237–239, 246

Erfüllung II,1 168, 242, 246; XII 30, 86f., 277, 303

Erfüllungszitat II,1 151f., 155, 167–168, 203f.

Erfurt III 131, 150, 184, 226f., 270

Eridu-Genesis I,1 176

Erinnerung →Gedächtnis, Gedenken. *Gefährliche* I,2 92; V 52f., 57, 81, 124f.; VI,2 91, 177, 285, 302f.; VI,3 160; X 238f.

Erkenntnis I,1 161; I,2 273f.; →Baum der Erkenntnis

Erkenntnislehre, theologische V 24f., 33, 37f., 41, 75, 83

erkenntnisleitendes Interesse X 74, 79, 97, 113

Erkenntnistheorie, erkenntnistheoretisch IV 19; V 24, 37f., 80f., 194, 246; X 28, 30, 46, 104

Erlebnisgesellschaft X 120–122

Erleuchtung XI 207–221; XII 36, 53, 138, 218, 247, 274, 278, 282, 286–288, 290–292, 294

Erlöserorden III 191

Erlösung II,2 172f., 176, 193, 199; V 28, 39, 116, 286; VI,1 27, 62, 214, 219f.; VI,2 12f., 16, 20, 23f., 125, 203, 214f., 220f., 227, 229, 244–248, 251f., 267, 278f., 282, 289f., 294, 297–300, 303, 316, 321; VI,3 196f.; VII 32f., 78, 91, 94f., 103, 147, 150, 169, 182, 208, 216, 219, 262, 272, 281, 303f., 336, 339, 346, 349f., 362; X 41, 54, 70, 236; XII 32, 59, 62–64, 96, 106, 162, 219, 247, 262, 264, 267, 269, 273–275, 279, 295; →Heil, Heilung

Erlösungsbedürftigkeit II,2 199; VII 260

Ermächtigungsgesetz (23.3.1933) III 324

Erntedank VII 253, 306

Eroberungsmodell I,1 42

Eros *Erotik, physisch* I,2 237, 240, 243f.; XI 100, 106–108. *Philosophisch* I,2 245; IV 45f.; XI 105–108

Erstgeburt, Erstgeburtsrecht I,1 169, 173, 228, 234f., 237, 239f., 278, 301, 305, 380

Erstkommunion VII 163, 177, 189, 193, 197, 204, 337; IX 92–94. *Alter* VII 198, 241

Erwachsenentaufe VII 153, 165f., 174f., 179f., 188, 339; IX 85

Erwählung (Volk) I,1 191, 267, 270, 380; II,2 184–186, 209, 306f.

Erweckung III 293–295

Erzählkranzhypothese →Fragmentenhypothese

Erzbischof IX 116, 155; →Metropolit

Erzelternerzählungen I,1 186–249; I,2 192; →Erzmütter →Erzväter

Erzmütter I,1 48, 125, 186f., 199, 233, 379

Erzväter I,1 121, 125, 186

Eschatologie, eschatologisch II,1 196, 297f.; II,2 309f., 313, 334; V 118, 129, 190; VI,1[1-2] 227, 233, 236, 247, 290–303; VI,1[3] 227, 233, 236, 248, 291–305; VI,2 11, 22f., 62, 72, 76, 122, 130–134, 139, 149, 155, 190; VI,3 21f., 87f., 115–212, 248; X 53, 106f., 111, 196–198, 201, 239f., 242–244. *Begriff* VI,3 117f. *Individuelle* VI,2 172ff., 257f.; VI,3 134, 166ff. *Islamische* XII 196–198. *Präsentische* II,1 297f.; II,2 298, 305; VI,3 143f., 154f., 173. *Universale, kollektive* II,1 186; II,2 26, 32f., 237; VI,2 268f.; VI,3 134ff., 182

eschatologische Dimension der Liturgie VII 83

eschatologischer Vorbehalt II,2 225; VI,3 110–112, 147, 160f.; X 197

Esel I,1 203f., 211, 223, 326f., 345, 347, 355, 368; I,2 67, 73, 158, 246; II,1 329; VII 28, 346; XII 103, 254; →Weihnachtskrippe

Esoterik VI,2 113; VI,3 124

Essener I,1 98; II,1 179, 260, 335; II,2 18; III 14; VI,2 33–35

Esslingen III 210
Ethik, ethisch II,2 188f., 197; V 48, 88, 155; VI,1$^{1-2}$ 288f.; VI,1^{3} 289f.; X 76, 117, 128. *Allgemeine* VIII 13f., 27, 218; →Fundamentalmoral. *Angewandte* VIII 13f., 23, 26, 53, 111–126, 261–306. *Ethisch argumentieren* VIII 276–281. *Eurozentrisch* V 80; VI,2 276; VI,3 217. *Islamische* XII 193–195. *Jesu* II,1 354f.; VI,2 74–93. *Narrative* VIII 193, 198, 200–202. *Normative* VIII 102f. *Philosophische* VIII 20–25, 91, 154, 178, 209, 233, 267. *Politische* VIII 22, 59, 255. *Theologische* II,2 168; VIII 13f., 18–27, 29–31, 48, 62, 89–91, 100, 111, 113, 123, 126f., 135–137, 145, 162, 165, 168, 170, 178, 186, 209, 233–237, 247f., 251, 259. *Theologische: Geschichte* VIII 29–93. *Und Bibel* VIII 127–136. *Und Politik* VIII 301f. *Und Recht* VIII 137–156
ethisches Urteil VIII 268–281
Ethnogenese I,1 32, 187f., 378; I,2 156
Ethos VIII 95–102, 130, 273f.
Eucharistie *Feier* III 12, 16, 40, 56, 62, 66, 82, 84, 89f., 92, 101, 119, 128f., 132–135, 154, 240; VII 12f., 92, 206–274; IX 158f.; XI 166f. *Sakrament* II,1 297; VII 13, 16, 18, 63, 98, 206–274; IX 74, 92–103; X 241f.; XI 166f. *Symbol* VII 51f., 72; →Realsymbol
Eucharistiefrömmigkeit VII 237, 271–273
Eucharistiegebet VII 254–265; IX 27; →Hochgebet, Hochgebete
eucharistische Gaben VII 49, 66, 68, 118, 210, 217–224, 227–230, 252f., 255; IX 19, 82, 92; →Brot →Wein
eucharistische Gastfreundschaft V 237; VI,3 287; VII 269–271; IX 95
Eulogie VII 207, 219; →Lob, loben, Lobpreis
Eurozentrismus der Kirche III 362f.
Eusthatianer III 111
Euthanasie VIII 109, 112, 144; IX 164
Evangeliar VII 130
Evangelische Kirche *Deutschland (EKD)* III 292, 328, 360. *Frankreich* III 292. *Nordamerika* III 293, 295
Evangelische Räte III 155, 161; XII 74
Evangelienharmonie II,1 34, (II,1^{3} 35), 60
Evangelisches Gottesdienstbuch (1999) VII 124f.
Evangelisch-reformierte Kirche IX 70, 269f.
Evangelium *Begriff* II,1 43–46, 82–86, 222, 250; XII 176. *Offenbarung* V 54, 61, 65f., 200, 245; X 42, 52f., 55–61, 171–218 XII 50, 61, 127f., 168, 200
Evanston (USA) III 330
Evidenz IV 142–145, 150f., 215, 227, 295; V 277
Evolutionslehre III 320; V 49, 85; VI,1$^{1-2}$ 239, 275–277; VI,1^{3} 240, 276–278; VI,3 185
Evolutionsmodell I,1 43; VI,1$^{1-2}$ 255; VI,1^{3} 256
ewig, Ewigkeit IV 95–97, 100–102, 167, 213; V 91, 128, 146, 157, 211, 265f., 273, 286f., 290, 296, 300; VI,1 11, 24ff., 31, 87, 121, 168, 176, 251 (VI,1^{3} 252), 260 (VI,1^{3} 261), 263 (VI,1^{3} 264); VI,3 131f., 205f.; X 53, 69, 139, 152f., 156, 176
ex cathedra III 306; V 291; VI,3 278; →Unfehlbarkeit, päpstliche
ex opere operato III 101; VI,3 234, 237f.
Exarchat/Exarchie IX 66, 131; →Teilkirche
Exemtion III 145
exercitium IX 161
Exerzitien XI 181, 212f., 237
Exilspropheten VI,3 35
Existenzial V 31, 152, 165–167, 170, 175, 194, 249, 283–285; VI,3 78–83, 86, 92, 95, 127; XII 301f.

Exkardination IX 151
Exklusivitätsanspruch V 206, 222–227, 231, 234, 253, 259f.; VI,2 276, 279, 307–311; XII 47, 137; →Heilsexklusivismus
Exkommunikation VIII 34, 46; IX 17–19, 79, 96, 190, 232f., 291–295, 298, 307
Exodus, Exodusgruppe I,1 45, 273–372; I,2 298f.; II,1 47; VII 82, 169, 281; X 11, 46–48; XI 120–122
Exodustradition I,1 113, 115, 300
Exorzismus II,1 343–347; VII 156f., 163, 170–172; IX 73, 75
Exorzist II,1 344; IX 148
Exsultet VII 44, 88, 177, 304, 329f.
Exsurge Domine (15.6.1520) III 231
Extrinsezismus, extrinsezistisch V 28–32, 147f., 158f., 162, 166f., 169, 173, 258

F

facultas IX 162; →Befugnis →Jurisdiktionsgewalt
Faido III 260
familia Dei VI,2 97f., 103f.,
Farbe, liturgische VII 47f., 168, 303, 339, 356–358
Falschlehre(r) (ntl) II,2 156, 266, 269, 302, 317–319, 334f.; →Häresie/Irrlehre, Häretiker
Fasten I,2 30, 153, 155f., 160, 180, 202, 227, 279, 289; II,1 76, 180, 338; III 26, 35, 52, 62, 72, 154; VII 156, 213f., 315f., 335, 337–345; XI 156; XII 54, 105, 109, 111f., 167–169, 183, 186, 188, 265, 267, 274; →Augenfasten →Ramadan →Sterbefasten. *Eucharistisches* VII 271
Fastenbrechen XII 107, 186, 189–192
Fastensynode →Synode: Rom
Fastentage VII 337, 342, 356
Fastenzeit, Österliche Busszeit III 71f., 146, 179, 238f.; VII 119, 176, 204, 303, 306, 318, 338–347, 356; XII 142, 169; →Martinsquadragese
Feg(e)feuer III 180, 229, 255; VI,2 169; VI,3 118, 130, 169, 185, 193–196, 197f.
Feind I,1 66, 198f., 205, 219, 222, 253; I,2 258f., 345f., 348, 350; III 40, 156, 160; VII 291f.
Feindesliebe I,1 306, 365, 368, 380; I,2 348; II,1 266f.; II,2 21; VII 292
Feindpsalmen I,2 348–351; V 126; VII 292f.
Feldkirch III 260
Feldrede II,1 118, 265–267
Feministische Theologie V 77, 79, 249f., 298–301; VI,1 146, 204; VI,2 98f., 272–274, 280–283, 294–304, 320f.; VI,3 9, 66, 144; VII 124. *Islam* XII 154
Fetisch(-ismustheorie) X 134, 138f.
Feudalwesen, -recht III 162, 169, 284; V 25; VI,1 16, 55f. (VI,1³ 56); VI,2 244; VIII 58; X 149f., 262
Feuer I,1 42, 68, 85, 184, 288, 345; I,2 35, 43–46, 50, 59, 76, 79, 99, 123–126, 238, 246, 299, 311, 317–319, 330, 348; II,2 25f., 331; III 29, 33, 42, 128, 158, 170; IV 29, 33, 42, 128, 158, 170; VII 49, 303, 329, 336f.; XI 29, 222, 226; XII 25, 109, 209, 230, 246; →Feg(e)feuer →Osterfeuer. *Feuerbestattung* III 61, 74. *Feuertaufe* →Bluttaufe (Martyrium). *Feuertod* II,1 66f., 97, 345; III 44, 174, 180, 212, 244. *Feuerwagen* II,1 47. *Gottes* XI 32, 57, 67, 226
fides qua – fides quae V 43–47; VI,3 81f., 83–85, 100, 238
filioque III 202, 154; VI,1 23; VI,3 45, 61ff., 71f., 84f. *Streit* III 154, 202; VI,1 24; VI,3 61–66
Finanzen der Kirche III 188, 190f.
Firmung III 154; V 210; VI,3 107–111;

VII 18, 40, 63, 98, 143, 152f., 157f., 163f., 166, 174, 176f., 188f., 193, 195–199; IX 88–92, 294; X 242; →Initiationssakramente. *Alter* III 154; VII 195, 197–199; IX 89f. *Rechtsfolgen* IX 91f. *Spendeformel* VII 196–199. *Spender* III 134, 154; VII 195, 197; IX 159. *Voraussetzung* IX 90, 300
Fleisch (typologisch für Körper) I,1 154, 158; I,2 120, 129f.; II,2 153–155, 160f., 166, 168f., 187, 193; VI,2 12, 204, 209, 214f., 222, 226, 253, 269, 275, 282, 285; VI,3 35f., 43, 51, 79; →Auferstehung des Fleisches. *Ein F. (typologisch für Ehe)* I,1 158; VI,2 230; IX 179, 194, 198
Fleischkonsum I,1 97, 214f.; II,2 196, 213, 227–232; VII 343; IX 176
Fleischwerdung I,2 293; II,1 273, 280, 282, 306; II,2 338; VI,2 269, 282; VII 109, 115, 348
Florenz III 180, 204, 218f., 297
Fluch *Existenziell* I,1 164f., 172, 182, 196, 210, 265, 329f.; I,2 253, 349; →Segen, segnen: existenziell. *Kultisch* I,1 82, 100, 193, 219; I,2 92, 166, 182, 350; III 23. *Liturgisch* I,1 196, 267; I,2 348–351; VII 292
Fluchpsalmen →Feindpsalmen
Flucht I,2 15, 41, 43, 56f., 89, 114, 178, 189f., 201, 209; III 52, 249, 265, 360f.; →Weltflucht
Flüeli III 215
Fontainebleau III 287
Formalprinzip →sola scriptura
Formdispens IX 103, 190, 215f.
Formpflicht (Eheschliessung) IX 181, 184, 191, 212f., 217
Fortschritt I,2 282; V 59, 85, 92, 139; VI,3 123, 150–153; VIII 301f.; X 57, 71, 73, 117, 139
Forum internum IX 96
Fragmentenhypothese I,1 114f., 117; II,1 26
Frankenhausen III 248
Frankfurt am Main III 204, 297, 313; IV 182, 204, 274f.; XI 43; XII 29, 77, 97
Fränkische Kirche III 133–141
Frankreich III 263f., 268, 276, 281, 283–289, 321, 353; VIII 47. *Ki.-gesch.* III 129, 135, 145, 156–160, 167–171, 180, 184, 193–195, 226, 235, 244, 255, 257f., 260, 264, 269, 271, 274, 280, 285, 287–289, 292, 297, 304, 310, 322; VI,3 279; VII 165, 174, 239f.; VIII 83f., 197; IX 59, 80, 182; X 267
Franziskaner, Franziskanerinnen III 168–174, 176, 183, 218, 220, 258f., 266f.; VII 233, 286; VIII 78; XII 206, 254
Frau *Armut* XI 108. *Im AT* I,1 59, 66, 70, 153, 158f., 164, 200f., 240, 255, 277f., 281, 283, 316, 369f., 379, 381; I,2 127f., 166–169, 171, 231f.; II,1 141; →Erzmütter →Prophetinnen. *Im Christentum* I,2 303; VII 311; XI 74. *In der frühen Kirche* II,1 61f., 69, 132–135, 193, 261, 320; II,2 15, 20, 48, 112–128, 131, 193, 213f., 222, 224, 227, 237–240, 244f., 298, 307, 317, 319, 322f., 332; III 23f.; VII 149, 158; XI 41. *In der Kirche* II,2 273; III 155, 352, 365. *Starke* I,2 229; →Frau im AT. *Und Amt* V 248–251, 298–301; VI,2 47, 49f., 99, 102; VI,3 262, 264; VII 48, 297; IX 162–165. *Weisheit* I,2 229, 231, 284, 293; II,1 276f.
Frauenbewegung, religiöse III 176–179; V 77, 300
Frauen-Liturgien VII 65f.
Frauenmystik III 209–212
Frauenordination III 342, 365; V 204; VI,2 17, 98, 207, 275f.; VI,3 218, 283, 309; IX 57 (IX[2] 58), 81, 206, 258; →Frau und Amt

Frauenpfarramt III 365
Frauenrechte I,1 369f.; III 281f.; XII 28, 154
Freiburg i. Br. III 210, 217, 279; IX 117
Freiburg i. Üe./Fribourg III 261, 290f., 315, 331, 336, 344; IX 268, 296, 283
Freiheit II,2 83, 134, 146f., 158–160, 174, 180, 193, 230, 232, 253, 261f.; III 191, 231, 282, 313; V 85, 88f., 118, 120, 136, 138, 179, 181, 185, 187, 258; VI,3 51, 67, 79, 93, 121, 136, 158, 165, 180, 194, 198, 201; IX 21, 289
Freikirchen III 11, 249f., 294, 312, 356, 366, 371; V 77f.; VII 193; IX 70, 75, 238, 261, 287; X 148; XII 26
Freimaurer III 276
Freising III 131; IX 117
Fremde I,1 21, 83, 170, 253, 275, 326–328, 345–347, 353, 360, 363–366, 369, 383; II,1 342; II,2 133, 274, 303, 305, 329; III 205; V 154; X 141
Frequens (Dekret, 9.10.1417) III 198
Frieden I,1 68, 101, 139, 198, 232, 240, 242, 254, 264, 269, 306, 336, 378; I,2 157; II,1 120, 180, 222f.; II,2 181, 192, 278, 316; V 110, 233, 238f.; VI,3 104, 131, 136f., 163, 314; VII 60, 69, 121, 203f., 223, 269; X 27, 86, 90; XI 22, 26, 40, 87, 131, 186, 204, 235, 238; →Schalom. *Aargauer (1712)* III 243. *Augsburg (1555)* III 255, 261, 263; X 148. *Crépy (18.9.1544)* III 252. *Kappeler Landf. (1529)* III 242f. *Karlowitz (1699)* III 268. *Westfälischer F. von Münster-Osnabrück (1648)* III 260, 263
Friedensbewegung I,2 83f., 92; III 146, 347; V 77
Friedensgebet, interreligiöses III 359; VII 139
Friedensgruss VII 41, 43f., 66f., 156, 158, 196, 244, 265; →Kuss
Friedenskönig II,1 213
Friedenslicht VII 355
Friedensreich VII 83, 135, 350, 357
Friedenszeichen VII 39
Frömmigkeit VII 312; →Eucharistiefrömmigkeit →Marienfrömmigkeit →Schaufrömmigkeit →Volksfrömmigkeit. *Mittelalter* VII 301f., 309, 354
Fronleichnam III 332; VII 235, 302, 305
Frühe Kirche II,1 34; II,2 342; III 15–116; VI,3 27, 273; VI,2 90
Fulda III 131, 140, 146, 326
Fundamentalismus, fundamentalistisch V 13, 15, 18, 47, 75, 77f., 144; VI,1[1-2] 239, 245, 254, 268f., 275, 280, 293, 295; VI,1[3] 240, 246, 255, 269f., 276, 281, 294, 296; VI,2 18, 39, 311; VI,3 11, 216, 292; X 58, 159f.
Fundamentalmoral VIII 13, 23, 88, 305; →Ethik, allgemeine
Fundamentaltheologie V 9–36, 44, 48, 53, 55, 72, 75, 89, 108, 114, 133–135, 140, 144, 147, 150, 152, 155, 158, 166, 198, 204, 214, 219, 221f., 257, 260f., 280; VI,3 72; IX 139; X 10, 26, 38; XI 24
fünfzig (Zahl) I,1 56, 309f.; I,2 121; VII 122, 334–338
Fürbitten II,2 306; VI,3 195; VII 20, 58, 64f., 67, 87, 137f., 167, 196, 201, 280, 285, 289f., 293; →Allgemeines Gebet →Karfreitag: Fürbitten
Fürsorgewesen II,2 84, 89, 321; III 69; →Caritas
Fürstenreformation III 233, 247; IX 276f.
Fürstentag *Mainz (1076)* III 149; →Reichstag
Fusswaschung II,1 291, 314, 321f.; III 335; VI,3 232; VII 67, 225, 333f.

G

Gaben des Heiligen Geistes V 292; VI,3 52–54, 255, 286; IX 89; XI 63f., 68

Gabenbereitung (Messe) VII 217–219

Galiläa I,1 36, 100, 103f.; II,1 21, 24, 52, 58, 61f., 68–79, 83, 100, 103, 108, 121–125, 131, 153f., 159, 164, 184f., 228–230, 232, 252, 271, 290, 334, 340, 347f. (II,1³ 348); II,2 11, 16, 20–22, 24, 29, 33f.; III 16, 18, 166, 172, 176, 327; VI,2 28–32, 35, 71, 84, 102, 148, 161, 175f., 178, 185

Gallikanische Kirche, Gallikanismus III 263–265, 286, 296; VI,3 275; IX 182

Ganesha Chaturthi XII 251f.

Garizim I,1 93, 97, 100, 104, 197, 242

gastfreundlich, Gastfreundschaft I,1 214f., 217, 379; II,1 252, 262, 310; II,2 93, 137, 209, 338; III 58; VI,3 259. *Eucharistische G.* VII 269–271; IX 95

Gattenmord IX 207f.

Gaudete VII 246, 303, 357f.

Gaza I,1 38f., 41; XII 156

Gebärden VII 39–41

Gebet I,2 114, 140, 227, 254, 289, 299, 318, 334f., 339, 343, 348, 351f., 355; II,2 29, 35, 180, 183, 186, 199f., 238; V 126, 153; VI,3 41, 94, 108, 146, 297–299 VII 294–298; XI 157–182; XII 28, 30, 32, 54, 81f., 99f., 109, 112f., 116, 119, 141, 149, 167, 169, 173, 181, 184–186, 197, 209, 225, 227f., 242, 249, 255, 300. *Der Religionen* VII 139f.; XII 55, 143, 289, 297; →Friedensgebet, interreligiöses

Gebetspflicht VII 295f.; XII 177

Gebetswoche für die Einheit der Christen VII 139

Geblütsrecht III 134f.

Gedächtnis, Gedenken V 53; VI,2 159, 168; VI,3 63, 160, 188; VII 74–76; →Anamnese

Gedächtnis, kulturelles I,2 234f.; VI,2 176f.

Gedenktag VII 310

Gegenreformation III 256–261; V 22–25, 60, 77f., 204, 211, 220, 231; VI,3 225, 274f.; VII 165; XII 94f., 155, 161–163

Geheimnis V 39, 112, 137, 142, 164, 170, 265, 268, 283, 285f., 292; VI,1 19, 33, 85, 237 (VI,1³ 238); VI,2 109, 174, 225, 317; VI,3 17–19, 130, 133, 206, 231. *Des Glaubens* VII 103f.

Gehorsam *Amts-/Rechtspflicht* I,1 225; III 124; IX 144, 146, 158, 165, 260 (IX² 259f.). *Evangelischer Rat* III 155, 161; XI 84–97. *Ggü. den Eltern* I,1 348; II,2 298, 306; →Elterngebot. *Ggü. der kirchlichen Obrigkeit* III 113, 308. *Ggü. der weltlichen Obrigkeit* I,1 227; III 248. *Ggü. Gott* I,1 158, 227f., 379; II,2 186; III 124; XII 54, 148, 167f., 190f., 284

Geismar III 131

Geist V 56f., 60, 63, 77, 142f., 147, 152, 157, 181ff., 190, 193, 195f., 200, 208ff., 218, 225, 249, 291ff.; VI,1 12, 22–34, 240 (VI,1³ 241); VI,2 107, 118, 166, 217, 224–226, 238; VI,3 25f.; X 48f., 60, 70, 105, 166, 234f., 241f.; XI 18–34. *Göttlicher* I,2 129; IV 94, 148, 201, 290, 294f. *Menschlicher* IV 16, 33f., 62–64, 73–78, 94, 102, 145, 148f., 155–161, 201f., 290f. *Ntl* XI 22f., 25f. *Paraklet* VI,3 45f.; →Heiliger Geist. *Pneuma* VI,3 37ff., 90. *Ruach (atl)* I,1 141f.; I,2 172; VI,3 32ff., 55, 79, 87, 90; XI 20–22

Geist-Christologie VI,2 318; VI,3 85f.

Geistgabe, endzeitliche VII 152f.

Gelübde III 178, 186; XI 114. *Ehehindernis* IX 206f. *Martin Luther* III 227, 235

Gemara XII 83, 92

Gemeindeleiter, -in II,2 120, 124f., 127f.,

314, 317, 320, 322; III 24, 26, 35, 343; VI,2 102; VI,3 307–309; IX 152f., 156, 272f., 282, 285
Gemeinsame Erklärung zur Rechtfertigungslehre (1999) II,2 144; VIII 247
Gemeinschaft der Heiligen VI,3 290; VII 360
Gemeinwohl III 316; IV 175; VIII 63, 293; IX 267; X 201, 208, 215
Genealogie I,1 47; II,1 133, 135–142; XII 240
Generalabsolution III 343; VII 202; →Lossprechung
Generalkalender, Römischer (1969) VII 310; →Kirchenamtliche Dokumente und Rechtsquellen: Liturgische Normen
Generalvikar IX 106, 112f., 141, 155, 165
Gennesaret (See) I,1 29; II,1 72, 75f., 162, 288, 334, 351
Genf III 120, 167, 194, 243–247, 249, 270, 276, 290f., 302, 304, 353; IX[1] 260; IX[2] 261
Genfer Akademie III 247
Genfer Katechismus III 245
Gentechnologie VIII 278, 297f., 301; XII 195
Gerechtigkeit I,1 37, 175, 191f., 195, 216–219, 230, 254, 269, 271, 341, 354, 357, 371, 375, 379, 381, 383; I,2 82, 87, 205, 216, 259, 261, 272, 297–299, 305–307, 350f.; II,1 194f., 197; III 315; V 98, 101, 112, 128, 179, 188, 238f., 243, 298; VI,1 134–136, 141, 152, 172; VI,2 59–61, 67, 74, 86–88, 91, 191, 203, 208, 252f., 270, 280–286, 300–304, 313, 319; VI,3 37, 88 104, 112, 121, 131, 135, 138, 143, 145, 151f., 162f., 169, 183, 192, 202, 204, 314, 317, 320; VII 93, 224, 234, 258, 278, 292, 313, 316; VIII 35, 43, 63, 70–73, 135, 148f., 154f., 177, 198, 204, 216f., 252, 267, 276, 281, 284, 294f.; IX 20f.; X 39, 55, 69, 85, 88, 90f., 97f., 184f., 190–192, 197, 211, 213, 218, 231f., 233, 241f., 251f., 255, 257, 259f., 263, 265, 281
Gericht I,1 83, 328, 335, 343, 350, 353f., 367; I,2 47, 50, 80, 87, 89, 106, 111f., 122f., 152f., 159, 188, 190, 194f., 208, 259; II,1 129; II,2 182, 283, 328, 311–335; V 14, 179; VI,1 148, 196, 230, 232f.; VI,2 33, 62f., 72–74, 94, 133f., 156, 172ff.; VI,3 118, 130, 138ff., 146ff., 153, 157, 169, 174, 177, 184f., 191–193, 196, 203f.; VII 49, 171, 181; VIII 79f., 124; XII 141, 163, 196. *Jüngstes* →Jüngstes Gericht. *Römische Kurie* IX 106, 127f. *Und Gnade* I,1 24, 204
Gerichtsprophetie I,2 16, 45f., 187–191, 193, 201
Gerichtsrede II,1 191, 196f.
Gerichtsvikar →Offizial
Germanisierung des Christentums III 121f.; VII 231–233; VIII 45
Gesamtkirche →Universalkirche
Gesang I,1 106; I,2 74, 171, 335–339, 344; III 196, 239, 279; VII 21, 42, 82, 86f., 93, 208, 231, 234, 237f., 246, 249f., 252, 268, 279, 286, 293f., 297, 330, 344; →Kirchenmusik
Gesangbuch VII 284, 295, 297; XII 82
Geschichte Israels/Judas I,1 29–106, 252; I,2; II,1 139–141
Geschichtsauffassung I,2 315f.; IV 93, 106f., 181, 192–195, 201, 207, 220–222, 224, 262, 269; V 53
Gesellschaft, G.sformation X 9, 21–27, 57f., 64–66, 69, 71–76, 84–87, 115–124, 153, 155, 168, 178, 180–183, 187–192, 194–204, 208–210, 232–235, 238f., 248
Gesellschaftskritik, gesellschaftskritisch III 166; V 240, 242ff., 248, 254, 259; VI,3 139, 151, 158–161, 165, 271; X 253
Geser I,1 38, 50
Gesetz und Evangelium VIII 251–259

Gesten VII 39–41
Gewalt V 89, 110, 123, 211ff., 243, 272, 297, 300; VI,1 42, 52–59, 78, 109, 142–144, 161f., 177, 199f., 238 (VI,1³ 239); VI,2 83, 88, 92f., 159, 291, 296f., 301ff., 307, 310, 313; VI,3 121f., 159, 210, 271, 274; X 140f., 145f., 209; XI 227
Gewaltlosigkeit II,1 266f.; XII 33, 215, 248, 267
Gewerkschaft III 311, 313f., 324, 329, 346; VIII 220
Gewissen, G.sfreiheit III 296, 302, 310, 322; V 88f., 106, 223, 272; VI,1 58–60, 213; VII 182; VIII 73, 75, 81, 104, 221–234; IX 228, 253–255, 267; X 61, 247f.
Gewissensbildung VII 204; X 40, 247f.
Gewissenserforschung VII 204
Gewohnheitsrecht IX 27–29, 201, 238, 247, 264
GFS (Gerechtigkeit, Frieden, Bewahrung der Schöpfung) VI,3 314; X 86, 90
Gilgamesch-Epos I,1 166, 176–182
Glarus III 237f., 272
Glaube, glauben II,1 287f., 291, 302, 316, 319; V 41–47, 65–75, 135f., 153–156, 200; VI,1 40, 71f., 77, 86, 222, 276 (VI,1³ 277); VI,2 11–26, 167–172, 251ff., 317f., 323–325; VI,3 80–83; X 61–65, 101–103, 249–251
Glaube Jesu VI,2 105–111; →Orthodoxie →Orthopraxie
Glaubensartikel VI,3 19f.
Glaubensbekenntnis III 32f.; V 43–46, 145, 212f., 237, 245, 291; VI,1 22–27, 125 (VI,1³ 124), 176, 178, 201, 229; VI,2 170, 222f., 237, 309, 320; VI,3 14, 116f., 188, 190, 205, 221f., 224, 290; VII 85, 157f., 160, 167, 175, 177, 182, 188–190, 256, 270, 360; IX 73, 77. *Apostolikum* V 237; VI,2 19, 168; VI,3 14, 21, 116, 221. *Augsburger Bekenntnis (1530)* III 233–235; VII 106f. *1. Helvetisches Bekenntnis (1536)* III 243. *Confessio Helvetica posterior (1566)* III 243, 247. *Islam* XII 146, 151, 157, 183f., 197. *Judentum* XII 93, 99. *Konstantinopel* III 84. *Nizäno-Konstantinopolitanum* V 212, 237; VI,1 23; VI,2 225f.; VI,3 14, 21, 188, 221. *Nizänum* III 83, 112. *Schottisches Bekenntnis (1560)* VIII 77
Glaubensethik VIII 158, 161–163
Glaubensfreiheit →Religionsfreiheit, individuelle
Glaubensgehorsam I,1 379; III 197; →Gehorsam ggü. Gott →Gehorsam ggü. der weltlichen Obrigkeit
Glaubensinhalt V 28, 43–46, 49, 145, 194f., 224, 226; VI,1¹⁻² 278, 293; VI,1³ 279, 294; VI,2 193; VI,3 14
Glaubenssinn (sensus fidelium) V 46, 60f., 63f., 251, 254; VI,2 17; VI,3 294f.
Gleichheit unter allen Gläubigen V 249; VI,3 266, 283; IX 24f., 80, 137
Gleichnisse II,1 75, 77, 195, 305, 352–354; V 189, 244f.; VI,2 30f., 64–71, 100, 206; VI,3 141f., 238; X 177, 189, 195
Globalisierung I,1 367; II,2 147; III 223, 335, 352; VI,1 11, 16; VI,2 264; VI,3 317; X 98, 124–130; XII 9
Globalismus X 128–130
Globalität X 117, 125, 128
Glocke VII 42, 233, 331, 334, 344
Gloria II,1 208; VII 56, 58, 86, 244, 248, 331, 334, 339, 344, 356–358
Glossolalie →Zungenrede
Glück, Glückseligkeit I,2 248, 269–274; IV 45, 62–64, 74–77, 81–86, 103, 114, 290; VIII 36, 114, 186, 207, 261; XI 105, 174
Gnade II,2 69, 96, 98, 139, 142, 146, 168, 174f., 184–186, 335; V 31, 88, 151f.,181,

218, 277, 292, 294; VI,1 22, 43, 108, 126f, 160, 180ff.; VI,2 312; VI,3 235ff., 243–245; X 17, 149, 68, 265; XI 54–72, 79f.; XII 62, 128, 163, 261, 274. *Billige und teure* X 93, 258f. *Gottesgnadentum* III 135. *Und Sakrament* VI,3 232–238; VII 17f., 91, 129, 236f.; IX 101–103; →Taufgnade. *Ungeschaffene und geschaffene* V 151; VI,3 67–69, 80

Gnadengabe II,2 91, 146, 223; XI 19, 54, 69, 71, 194; XII 24, 51, 55, 90, 127f.; →Charisma

Gnadenjahr I,2 153f.

Gnadenlehre VI,3 66ff., 78ff.

Gnosis, gnostisch, Gnostizismus II,1 330; III 28–32, 52, 179; V 21, 119; VI,3 27, 186f.; XI 120, 189; XII 285

goël I,2 258; VI,1 116–127

Goldene Regel II,1 118, 195, 331; V 52; VI,2 88; XII 35, 296

Gomorra I,1 156, 196, 216f.; →Sodom

Gorze III 146

Gotik III 184–186

Gott V 87–90, 103–141, 143–157, 192f.; VI,1; VI,2 16f., 186f., 206–208, 280–283, 317f., 322; VI,3 17–19, 30, 125; X 11f., 46–49, 99–101. *Vater* II,1 42, 145, 266, 271, 291, 314, 321; II,2 131f., 328, 338; V 101f.; VI,2 135–140; VI,3 45f., 57–64, 77, 84f., 87, 173, 182; XII 181

Gottebenbildlichkeit I,1 116, 135, 231, 253, 336, 369, 375, 383; I,2 297, 303; II,2 240, 302; VI,3 90f.; IX 80, 194; XII 30, 182, 199

Gottesbegriff IV 64, 78, 108, 119, 153, 213, 289f.; V 108–114, 133-135; VI,3 17–19, 30; X 261

Gottesbeweise IV 111, 119, 122, 137, 148–150, 173f.; V 22, 109f., 133; VI,1 19

Gottesbild I,1 66–68, 87, 116, 125, 135–137, 139–142, 149f., 162, 164, 170, 182, 184f., 216f., 220–224, 226, 247, 252–254, 256f., 301f., 305, 313, 329, 337, 339–342, 373–375, 377–380, 382; I,2 58, 62–64, 79, 136–143, 168, 250, 256, 258–260; II,2 132, 159, 176; IV 24f., 35, 58, 125; V 88, 93, 113, 123, 192; VI,1 16f., 20, 33f., 34–68, 71, 79, 81f., 89f., 92, 95, 104, 107, 109, 127, 141–174, 176, 193, 204, 207, 216, 218, 230, 240f. (VI,1[3] 241f.); VI,2 94, 126, 137–140, 187, 205, 207f., 294f.; VI,3 33, 199, 202; XII 100f., 167, 178–180, 302, 304

Gottesdienst VII. *Als Kommunikation* VII 53–55. *Frühe Kirche* II,2 137, 209, 232f., 236–242, 244; III 16, 55–59, 70–72

Gotteserkenntnis V 139, 273; VI,3 51, 153; XI 207–209; XII 29f.

Gottesfreunde III 210

Gottesfurcht, gottesfürchtig I,1 219, 221, 277f., 381; I,2 206, 222, 282, 284, 343; II,1 242f.; II,2 38, 40f., 88, 140, 207, 279; IV 224;VI,1 141–155

Gottesgebärerin, Gottesmutter, Theotokos III 80f., 84f.; VI,2 231, 234, 241; VII 361; →Konzil: Ephesus (431)

Gottesherrschaft II,2 19, 24; V 145; VI,2 59–104, 119, 121, 127, 130f., 139, 147f., 157; →Reich Gottes

Gotteskindschaft II,1 266, 281f., 287, 300, 311; II,2 131–134, 157, 181, 239

Gottesknecht I,2 101, 113, 135, 141f., 144, 153, 161, 191, 302; II,1 189; VI,3 135; XII 86, 141

Gottesknechtslieder I,2 135, 144, 302; II,1 54, 190, 290; II,2 70; VI,2 152; XII 86

Gottesliebe →Liebe Gottes

Gottesmutter III 80f.; VI,2 231, 234; →NAMENREGISTER: Maria (Mutter Jesu)

Gottesname XII 179f. *Adonaj* I,1 145f. *Bibel in gerechter Sprache* I,1 146. *El* I,1 143–

146. *Elohim* I,1 110, 116, 126, 142–144; VI,3 33. *El-Schaddai* I,1 110, 143, 145, 299. *JHWH* I,1 110, 116, 126, 142f., 145f., 174f., 198, 214, 249, 286, 299f., 326f., 340, 343f.; I,2 277; VI,1 129; VI,3 257
Göttlichkeit/Gottheit Jesu III 81, 152; V 14, 166, 173, 178; VI,1 88, 237 (VI,1[3] 238); VI,2 14, 187, 209, 216–237, 276, 284
Götzen V 113, 133–135, 137, 197, 258; VI,1 45ff., 89, 221f.; X 46, 100, 105f., 130, 135, 137f., 201f., 212f., 216, 218, 232, 255, 261
Götzendienst, götzendienerisch V 92, 134, 265; VI,1 45–52, 67 (VI,1[3] 68), 90, 92f., 134; VI,2 264; VI,3 138, 164, 320
Grab III 62, 73f., 164, 279; VII 332f., 360f., 364. *Jesu/leeres* II,1 64f., 155, 185; II,2 17, 20; V 174–178, 259; VI,2 174, 176, 180–185; VII 72, 160, 285, 326f., 333, 350
Graduale (Gesangbuch f. d. Messe) VII 231
Granada III 160
Granth Sahib XII 28
Gravamina III 217
Graz III 279; V 239
Gregorianische Reform III 77, 145–156; VI,3 273f.; VII 232; X 147
Gregorianischer Gesang III 125, 344; VII 56, 294
Griechenland, Griechen (atl) I,1 37
griechisch I,1 24, 26, 95, 125, 145, 311; I,2 16, 72, 82f., 107, 195, 267, 282, 285f., 294, 318, 341; II,1 22, 43, 49, 52, 55, 65, 93, 116, 124–126, 136, 166, 170, 174, 200, 202, 239, 274, 328; II,2 34–37, 40, 56, 60, 124, 263, 277, 333, 335, 342; III 17–19, 21, 26, 28, 34, 48, 96, 98, 105, 107f., 202, 216f., 233, 240, 386; V 17, 21, 116; VI,3 37, 49, 57, 118, 156, 169, 170, 177, 184f. 230; XI 191
Grundfunktion(en) der Kirche VI,3 257, 295–301, 310, 317; X 86, 88, 222, 225–228, 245, 251f., 256–258
Gründonnerstag III 62; VII 67, 242, 326, 331, 333f., 338, 340, 342, 344, 346
Grundrechte I,1 370; III 282, 302; IX 65, 263
Grundschrifthypothese I,1 113
Guru (Lehrer) XII 27, 231, 280
Güte Gottes I,2 205, 209f., 347; V 116, 119f., 128, 273, 285; XI 18, 61, 102, 109, 147, 206, 209; →Barmherzigkeit
Guter Hirt I,1 318; I,2 141; II,1 318; VI,1 17, 109, 191, 334f. (VI,1[3] 335f.); →Hirt, Hirten (Typus)
Gütergemeinschaft, urchristliche II,1 260; II,2 28f.; XI 78
Gyrovagen III 111

H

Haare I,2 118; II,1 154; II,2 239f.; III 292
Hadithe XII 57, 148, 182, 194
Hadsch XII 146, 168, 183, 188f.
Haec sancta synodus (6.4.1415) III 197
Haggada XII 83
Hagia Sophia III 154
Hakenkreuz III 324
Halberstadt III 228
Halleluja I,2 339, 343; VII 59, 86, 142, 331, 335, 339, 344, 356f.; XII 119
Halloween VII 363
Hamburg III 185, 276; IX 117
Hanafiten XII 148f.
Hanbaliten XII 148f.
Handauflegung II,2 36; III 18; V 210; VI,3 108, 293, 306; VII 39f., 43, 90, 138, 143, 153, 156, 158, 162f., 167, 176, 196, 204; IX 24, 74, 88, 140, 145
Hapiru I,1 44; →Hebräer
Haran I,1 31, 76
Harare III 330

Häresie/Irrlehre, Häretiker III 341; V 21, 40, 72, 145; VI,2 309; VI,3 270; IX 19, 68, 79, 165, 248, 291f., 295, 298, 307; XII 59, 118, 256. *H. des Papstes (Papa haereticus)* IX 121
Hasmonäer I,1 98–101; II,2 342
Haus David I,1 55; I,2 81f., 90f., 149, 159; II,1 138, 213
Hauskirche II,2 11, 27, 87, 105, 112, 121–123, 125, 127, 137, 140, 157, 175, 209–211, 285f., 290–292, 303, 339; III 24; VI,3 256, 302
Hausgemeinde →Hauskirche
Haustafeln II,2 298, 303f., 306f., 319, 326, 332
Hauswesen Gottes II,2 48, 313, 321f.
Hazor I,1 38, 50, 63
hebräisch II,1 26, 93, 166, 170; II,2 56, 60
Hebräerevangelium II,1 328
Hebron I,1 55f., 59, 206, 232f.; I,2 61
Hedonismus I,2 273; VIII 185
Heiden AR III 314
Heiden I,1 267; I,2 200–202; II,1 176f.; II,2 171, 183f., 221; VI,2 29, 31, 50, 55f., 73, 126, 141, 167, 241, 309; VI,3 48; VII 69; XII 12, 51, 54f., 59, 126f., 198. *«Aus Schicksal»* IV 88; VII 182; XII 50. *«Aus Schuld»* II,2 183.
Heidenchristen II,1 95, 177; II,2 92, 110, 140, 142, 145, 155–157, 165, 178, 184; III 16–23; VI,2 22, 55; VII 112, 315, 325; XI 79, 82; XII 88
Heil, Heilung II,1 75, 251, 316, 342; V 20, 27f., 39f., 57f., 81, 87–89, 119, 129–131, 136–138, 146–150, 155f., 167–171, 183–186, 189, 191, 207f., 218f., 221–227, 253, 259, 280f., 286f., 290f.; VI,1 19, 33, 100f., 139, 158, 169; VI,2 12, 19, 21, 23f., 32f., 62f., 69, 73, 79f., 87f., 95, 116, 122, 125–127, 132, 165, 202f., 210, 222, 227, 229, 233f., 246, 249–253, 255, 260, 276f., 279, 290, 299f., 307ff., 311f., 314, 325; VI,3 143, 145, 149, 156, 163, 197, 200, 229, 254f.; VII 146, 273; →Erlösung →Medizin
Heiland II,1 264
Heiligabend VII 348f., 351, 359
Heilige Allianz III 289
Heiligengedenken, H.verehrung III 226, 255; VII 309–312, 316, 360–363; XII 304
Heiligenkalender VII 311f.
Heiliger Geist II,1 57, 212, 231f., 251f.; II,2 23f., 35, 154, 312; VI,3 25–112, 211f., 222–224, 227, 321f.; VII 89f., 115f.; IX 74f.; XII 283; →Gaben des Heiligen Geistes. *Taufe* II,1 51–53; II,2 135f.
Heiliger Rock III 298
Heiliges Offizium (Glaubenskongregation) III 254f.
Heiliges Römisches Reich Deutscher Nation III 287, 289
Heiliggeist-Orden III 162
Heiligkeit *Der Kirche* V 211f., 290; VI,3 289–291, 302. *Persönliche* VII 273; XII 98
Heiligsprechung VI,3 219f.; VII 309; IX 128
Heiligung VII 84f., 273, 277; XI 127
Heiligungsdienst IX 121, 161f.
Heilsarmee III 312f.
Heilsexklusivismus der Kirche V 222–227; VI,2 307–313, 316; XII 58–60, 62, 64, 67
Heilsgeschichte I,2 291; II,1 141f., 183, 210, 283; II,2 307; III 29, 34, 48, 50, 91, 155, 324; V 153, 207, 286; VI,1 139, 169; VI,2 168; VI,3 20, 62, 69, 74, 128, 155f.; VII 19, 86, 88, 114, 245; VIII 89; XI 125, 176
Heilsnotwendigkeit der Taufe VI,3 70, 234; VII 181–183
Heilsordnung IX 193–195
Heilsuniversalismus II,2 83, 172; V 40, 223; VI,2 310; VII 182

Heilswille Gottes II,2 184; V 87–89, 225; VI,3 200f.; XII 50f., 60, 62f., 166, 262, 287
Hellenisierung III 21f. *Judentum* I,1 37; II,2 190f.
Hellenismus, hellenistisch I,1 94–101; I,2 193, 221, 223, 263–310; II,2 143f.; V 145, 178; VI,1 30, 42; VI,2 29, 37, 60, 200f., 204–209, 223, 243; VI,3 57, 170, 177, 217; XI 25, 32
Hellenisten *Griechisch sprechende Diasporajuden* II,2 34f. *Unbeschnittene Christen* III 17–24
Helvetik III 285
Henochbuch I,2 224, 313; II,1 188; II,2 341; VI,2 32, 164, 204; VI,3 169
Hep-Hep-Unruhen IV 205
Hermeneutik, hermeneutisch V 19, 20, 31f., 68, 76, 144, 166, 181, 189; VI,1 63, 75ff.; VI,2 20ff., 43, 57, 170f., 209, 268, 271, 273f., 324; VI,3 126–134, 144, 205, 282; X 58f., 84, 172, 206f., 221, 279. *H. eschatologischer Aussagen* VI,1 75f.; VI,3 126–134
Herrenmahl VII 206f., 226, 313; IX 92; →Eucharistie
Herrlichkeit II,1 282f., 312, 315; II,2 73f., 96, 172, 181, 249, 284
Herrnhuter Brüderunität IX 75
Herrscherepiphanie II,1 66f.
Herz I,2 129; VI,3 36; VII 302
Herzensgebet XI 144, 146f., 150, 153, 229; XII 186
Heterodoxie VI,3 104
Heteronomie VI,3 93
Heteropraxie V 217; VI,3 104f.
Heterotopie X 62
heute (Vergegenwärtigung) I,2 279; II,1 252f., 264f.; II,2 152f., 162, 164, 196f.; VI,1$^{1-2}$ 197, 233, 251, 266–269, 279, 281; VI,1^{3} 197, 233, 252, 267–270, 280, 282; VII 72, 114f., 351f.; XI 96f., 139f.
Hexateuch I,1 115, 118f., 121
Hexenhammer III 271
Hexenverfolgung I,1 159; III 271–273
Hexenwahn III 206f.
Hierarchie *Struktur der Kirche* V 209-214; VI,3 222, 261f., 275, 277, 279–282, 284, 293, 305–309; IX 111, 137, 284. *Der Wahrheiten* V 38–41, 292f.; VI,3 16
Himmel, Himmelreich II,1 162, 191f., 195; V 97f., 100, 172, 267f., 282, 284; VI,1 43, 92, 178, 237 (VI,1^{3} 238), 241 (VI,1^{3} 242); VI,2 72, 134, 162–175, 222; VI,3 21, 118, 121f., 130, 132, 185, 205–207; VII 344; X 31, 51, 69, 71, 95, 136, 156, 174, 185, 194f., 205, 225; XI 50, 84, 133, 165, 172, 188–190,
Himmelfahrt Christi II,1$^{1-2}$ 330; II,1^{3} 329f.; II,2 24, 77; VI,2 117, 162–172; VI,3 140; VII 139, 312, 337f.
Himmelskönigin I,2 59–62, 168; →NAMENREGISTER: Maria (Mutter Jesu)
himmlische Liturgie, himmlisches Mahl VII 214, 248, 264, 267
Hinayana XII 279
Hinduismus XII 32–36, 205–218, 221–253, 264, 266, 269, 277, 279, 282, 294f., 299, 303. *Geschichte* XII 208–215. *Neohinduismus* XII 208, 213–215, 262f., 301. *Verhältnis des Christentums zum H.* XII 42, 51f., 253–263, 290 (XII$^{2-3}$ 289)
Hippo Regius III 100
Hirt, Hirten (Typus) I,1 331; I,2 89–91, 139, 160, 334f.; II,1 186, 224, 226f., 288, 311, 318; VI,1 17, 191; VII 131, 324. *(Beruf)* I,1 57f., 168, 308, 319; I,2 41; II,1 220, 222–224, 226f.; VII 348. *Des Hermas* III 62f.; VIII 31
Hirtenamt III 32, 95, 100f., 129, 131, 142, 155, 166, 192, 198, 202, 239, 253, 255,

257, 290, 306, 319, 327, 336–338, 351, 362; VI,3 262, 274, 277f., 302; IX 18, 81, 108f., 111, 120–122, 127, 131–134, 141f., 161f., 277
Hochfest VII 310
Hochgebet VII 58, 76, 85, 87f.; XII 119. *Für Messen mit besonderen Anliegen («Schweizer H.»)* VII 257f. *Römisches H.* VII 255–257
Hoffnung II,2 18f., 153, 178, 181, 193, 199, 201, 245–250, 284f., 329, 342; V 17, 51, 54, 66, 69, 110f., 128–130, 137f., 177–181, 186–188, 196, 202, 206, 259, 294, 298f.; VI,1 72, 104f., 124, 147, 155, 167, 172, 187f., 199, 211, 221, 225–231, 235f., 249f. (VI,1^{3} 250f.), 287 (VI,1^{3} 288), 302 (VI,1^{3} 303); VI,3 115ff., 125
Hohepriester II,1 183–185; VII 97; →Priestertum Christi
Holi XII 250f.
Hölle I,2 305; III 91, 206, 277; IV 256; V 72, 284; VI,1 157, 163f., 167f., 171 (VI,1^{3} 172), 218, 301 (VI,1^{3} 302); VI,2 73, 168f., 252; VI,3 118, 130, 132, 185, 199–203; X 156, 191, 204f.; XII 162, 196–198
Holocaust I,1 263, 268; XII 130, 132, 137
Homilie (Schriftpredigt) VII 131–133, 167, 196, 242, 244, 249–251; IX 159, 286
Homosexualität II,2 240; IX 23, 280, 286
Homotimie VI,3 59f.
Homousie VI,2 223f., 237; VI,3 27, 59f.
Hore VII 276f.; →Brevier →Tagzeitenliturgie
Horeb I,2 196; VI 145; VII 342; XI 124; →Sinai
Hosanna VII 28, 257, 264, 345; XII 119
Hospitalorden III 160–162, 205
Hostie VII 40, 47, 49, 51, 234f., 265f., 333f.
Hostienfrevel/H.schändung I,1 262; III 208; IX 19
Hotar →Opferpriester
Hugenotten III 244, 246, 292; VIII 77
Human- und Sozialwissenschaften V 65; X 64, 72–76, 79, 251, 273. *Humanwissenschaften* V 48, 82; VIII 19, 97, 100–103, 164, 231–234, 251. *Sozialwissenschaften* VIII 19, 95, 100–104
Humanismus III 213, 216–218, 220, 223, 238; VI,1 12, 301 (VI,1^{3} 302); VIII 56, 114; X 205, 246, 252; XII 94. *Posthumanismus* VIII 258
Humilitaten III 168, 178
Humor VIII 275
Hussiten III 198f.
Hyksos I,1 38f.
Hylemorphismus VI,3 186, 236
Hymnus I,2 87, 135f., 170, 218, 223, 253, 280, 287, 291f., 296, 299, 323, 352; VII 57f., 248, 276, 278, 281, 289f., 292–294, 317f.
Hyperaskese III 31, 109–111
Hypostase III 84; VI,1 22f., 27, 29; VI,2 224f., 234f.; VI,3 59, 61
hypostatische Union VI,1 183

I

Ich-bin-Worte Jesu II,1 313f., 321
Idealismus IV 146f., 216; XI 82, 97. *Deutscher* IV 146, 152, 185–187
Idee IV 49f., 52–57, 62, 64f., 67, 79, 97, 124f., 148, 216; V 106
Identität *Christliche* II,2 22, 180, 260, 295, 346; VI,2 57, 171, 209f., 308f., 319, 321; X 93, 95, 156, 223, 252, 257; XII 17. *Jüdische* II,2 86, 117, 161, 256, 259f. *Wer- und Wo-I.* X 36–38, 47, 99f., 110, 231
Ideologie, ideologisch V 47, 78, 108, 134, 243, 268, 297; VI,1 17, 44f., 48, 51, 67, 134, 143, 146, 149, 201; VI,2 17, 36, 42, 172, 193, 228, 239, 267, 272, 303; X 23f.,

129, 253
Iftar →Fastenbrechen
Ikone III 153, 156; XI 184
Ikonodulen III 153
Ikonoklasmus III 152, 232, 239
Ikonolatrie III 81, 239; XII 213
Ikonostas VII 344
imitatio III 44, 213; VII 361
Immaculata conceptio (unbefleckte Empfängnis) III 303
Immanenzapologetik V 30f.
Immanuel II,1 144, 146, 155, 158, 193; →Empfängnis: Immanuelweissagung
Immersionstaufe II,2 129; VII 160, 169f.
Imperium Romanum II,1 45, 223; II,2 132, 192f., 312, 344–348; III 20, 27f., 39–43, 120f.
impliziter (anonymer) Glaube V 215f., 224, 229; VI,2 312; VI,3 81
Impotenz IX 187, 202–204; →Ehehindernisse
Index verbotener Bücher III 255, 318; X 153
Individualethik VIII 267
Individualisierung III 291, 310; X 115, 118f., 158, 163, 270
Industriegesellschaft X 115f., 155
Infallibilisten III 304f.; →Unfehlbarkeit, päpstliche
Infiltrationsmodell I,1 43
Initiation VII 143, 148f., 153, 157, 162, 166f., 174, 176f., 179, 195, 197–199; XI 12, 118
Initiationssakramente VII 18, 143, 163, 189, 196f., 199; IX 39, 82–96; →Eucharistie: Sakrament →Firmung →Taufe
Inkarnation V 184, 299; VI,1 228; VI,2 204–210, 227ff., 233, 260, 269, 275f., 279, 282–286, 315, 318; IX 148, 150f.
Inklusen III 110
Inklusivismus, religionstheologischer V 222, 224–231; VI,2 311f.; XII 61–63
Inkulturation VI,2 24, 213, 258–260; VII 67–69; IX 106; XII 37, 154
Inlibration XII 303
innere kirchliche Angelegenheiten IX 279; →Spiritualia
Innsbruck III 130, 279
Inquisition III 175f., 178, 180–182, 195, 206f., 254, 256, 258, 267, 270–272; VI,1 59, 218; VI,2 310; VI,3 12, 293; X 139
Institutio christianae religionis (1536–1559) VIII 72, 74f., 214
Institutionstheorie VI,3 219f., 250f.
Instrumentalmusik I,2 44, 298, 331, 335–339
Integralisten III 320
Interdikt III 190; IX 18, 96
Interdisziplinarität VI,2 14, 205, 307, 311; X 75
Interkalarabgaben III 190
Internationaler Rat der Christen und Juden I,1 264f.
interreligiöse Kompetenz XII 65–67
interreligiöser Dialog V 221f., 237, 259; VI,2 14, 205, 307, 311; VI,3 281; XII 22, 40, 42f., 48, 53, 137, 153, 172, 192, 199, 201f., 206–208, 262, 287, 289, 292, 297
Intertextualität II,1 301f.; VII 121
Interzelebration VII 270
Interzessionen VII 257–259, 261, 263
Intradisziplinarität X 75f.
intrinsezistisch V 30–32
Introitus VII 246, 357f.
Intuitionismus VIII 108f.
Investiturstreit III 81, 145, 148–150, 164; IX 224
Inzens →Weihrauch
Islam XII 145–203. *Ausbreitung* III 131–133, 136. *Geschichte* XII 154–164. *Öffentlich-*

rechtliche Anerkennung als Religionsgemeinschaft IX IX 261, 263f., 287. *Politischer* IX 62; XII 171f. *Verhältnis des Christentums zum I.* I,1 266; XII 16, 42
Islamwissenschaft XII 164–166
Ismaeliter I,1 189, 199, 233f., 246, 379
Israel, Geschichte I,1 29–106; →Nordreich
Istanbul III 360
Itala VI,3 230
ius *Canonicum* IX 27, 51, 56. *Divinum* III 255; V 210, 212; VI,3 276, 294, 306; IX 20–27, 107, 139, 171, 194, 199, 201, 210. *Ecclesiasticum* IX 51, 56. *Emigrandi* III 236, 261. *Humanum* IX 20-27. *In corpus* IX 186, 188. *Mere ecclesiasticum* IX 22, 107, 194. *Positivum* IX 222. *Reformandi* III 236, 261; IX 219

J

Jafo I,1 39
Jahwe I,1 145; I,2 57, 335, 337; II,1 187; III 29–31, 179; V 134, 152, 179, 213; VI,1 48, 58, 81, 89, 103, 116, 120, 143, 151, 153, 188, 196, 221; VI,2 23, 27, 33, 59, 94, 186, 189; VI,3 32–36, 55, 87, 90, 121, 135–138, 140, 167f., 183, 238, 257f.
Jahwist I,1 116
Jainismus XII 31–33, 205–209, 216, 226, 264–268, 274
Jakob (bibl.) III 209
Jakobiner III 285
Jakobsbrunnen (Brunnen von Sychar) I,1 197; II,1 287, 315f., 320
Jakobstradition I,1 113, 115, 118f., 120, 197, 300
Jakobusklauseln II,2 171
Jamestown (Virginia) III 265
Jansenismus VIII 197
Jansenisten VIII 83f., 196f.
Jehowist I,1 116, 118f.
Jericho I,1 42f., 245, 296; I,2 287; II,1 79, 141; III 159
Jerusalem I,1 32, 36–38, 50, 54–56, 61–64, 73–77, 81, 84, 91–93, 96f., 144, 197f., 216, 268; I,2 21, 29–32, 42, 118, 120, 127, 146–155, 163f., 178, 191, 267, 282, 308-310, 356f.; II,1 70–72, 67–79, 147f., 159, 228–230, 232, 234–236, 271, 334; II,2 11f., 16, 21–40, 51f., 58, 60–62, 68f., 79–85, 89–91, 97–99, 103f., 108f., 131, 139–143, 157, 258, 260; III 66, 153, 157–163; V 246; VI,2 34, 56, 102, 125, 146–148, 161, 176, 178, 200, 202; VI,3 47, 136, 263, 265, 296; VII 24, 28, 72f., 77, 93, 103, 159f., 282, 285, 327, 337; XI 69, 78f., 119; *Eroberung, Zerstörung* I,1 32, 52, 75, 79, 85, 98, 104–106, 118, 137, 259, 304; I,2 42, 44, 57, 60, 67, 70f., 81, 85–87, 90, 96–105, 114, 117, 219, 357; II,1 90, 125, 172f., 179, 186, 243; II,2 22, 333; III 20f. *Himmlisches /neues* II,2 349; VI,3 204, 206; VII 33, 84, 294. *Königreich (mittelalterlich)* III 158
Jesreel I,1 63
Jesuiten III 254, 257–261, 266–269, 289, 301, 310; VIII 83f., 196f.; IX 150; XII 206, 254, 280f., 288
Jesuitengesetz (1872) III 299f.
Jesuitenverbot III 276, 280f., 299, 301f., 342; IX 259
Jesus →Namenregister: Jesus von Nazaret (Christus) *Christus* II,1 137f.; VI,2 201f.; →Messias. *Göttliche Natur* III 84–87; V 159, 166, 170, 178; VI,2 213–242. *Historischer* II,1 19, 323–338; III 164, 327; VI,1 91; VI,2 268, 320; VI,3 258. *König (der Juden /Israels)* II,1 147f., 150, 315, 357, 359 (II,1[3] 360); II,2 20; VI,2 149, 154f. *Menschliche Natur* III 84–87; →Christologie. *Prophet* XII 168, 176, 178, 182f.

Rabbi II,1 315. *Sohn Abrahams* II,1 139, 142, 150, 155, 181; XII 142. *Sohn Davids* II,1 82, 135–138, 142, 146, 149, 155, 181f., 187; XII 142. *Sohn Gottes* →Sohn Gottes, Gottessohnschaft. *Sohn Josefs* II,1 146, 253. *Vorbildfunktion* II,1 265–268
Jesusbild, Jesusbilder II,1 11, 17, 33 (II,1^{3} 33f.), 128, 188, 249; VI,2 54, 75, 255. *Im Koran* XII 178
Jobeljahr →Jubeljahr
Johanniter III 161f.
Jom Kippur I,1 310; XII 101, 109f., 120; →Versöhnung
Josefserzählung I,1 125, 188, 244–249, 381
Josephinismus III 278–280; VI,3 275
Jubeljahr II,1 250; VII 336
Juda *Geschichte* I,1 29–106; →Südreich
Judenchristen II,1 95, 138, 175; II,2 33–37, 139, 142f., 155, 157, 165, 170f., 178, 335; III 15–23, 57; VI,2 22f., 56, 200, 202, 214f., 217; VI,3 147, 217; VII 112, 315, 324; XI 79, 82
Judenpogrome, Judenverfolgung, Judenvernichtung II,2 182; III 158, 168, 207–209, 326f.; →Holocaust
Judentum II,1 176, 179–181, 307–309; IX 67; XII 24f., 72–143. *Verhältnis des Christentums zum J.* I,1 260–271; II,1 240, 316–318, 358, 361; III 207–209, 337, 352; VI,1 93; XII 16, 42, 116–143; XII$^{1-2}$ 290; XII^{3} 289
Jüdische Gemeinde *Öffentlichrechtliche Anerkennung (Schweiz)* IX 261
Jüdische Wurzeln der christlichen Liturgie VII 15, 74, 76, 78, 82, 88, 111f., 207, 211–213, 215, 217–219, 221, 223f., 226–228, 259, 261, 265, 267, 281f., 296, 310, 313–315, 317, 324–326, 336, 344, 360
Jugendarbeit, christliche III 213, 238, 312, 332; X 43, 164
Jünger, Jüngerinnen II,1 73f., 105f., 117, 163, 193, 204, 231f., 234, 254–258, 318–320; II,2 11, 16, 19f., 23f., 27, 30, 35f., 124, 342; V 69, 171f., 175–180, 184, 189, 192f., 206, 212f., 233, 242; VI,1 13, 173, 194, 201, 207, 229; VI,2 46f., 95–104, 176–179, 186f., 199, 300, 304; VI,3 258–260, 264, 296; →Zwölferkreis. *Lieblingsjünger Jesu* II,1 16, 289, 297f., 303–307, 311, 319f.; II,2 46, 337. *Vorbildfunktion* II,1 268
Jungfrau VII 258, 361
Jungfrauengeburt I,2 81–83; II,1 144–146, 214f.; V 231; XII 177
Jungfrauenweihe IX 206
Jungfräulichkeit III 104f.; XI 98. *Mariens* III 80; XII 166, 168
Jüngstes Gericht I,2 303–306, 319; II,1 50, 127f., 186; II,2 312, 341, 349; V 179; VI,2 33, 94; VI,3 118, 138–140, 146f., 153, 183–185, 190–193; XI 222; XII 54, 167, 169, 178, 184f., 196–198
Jungwacht III 332
Jurisdiktionsgewalt (potestas iurisdictionis) V 290f.; VI,3 277f.; IX 25, 44f., 142, 147, 157f., 160–162; →sacra potestas
Jurisdiktionsprimat →Primatsanspruch des Bf.s von Rom →Konzil: Vatikan 1. *Primatsdefinition* III 202; V 40, 60, 210f., 213, 290f.; VI,3 278, 308; IX 121
Justitia et Pax III 341

K

Kaaba I,1 34, 191; XII 147, 157, 168, 197
Kabbala VI,1$^{1-2}$ 254; VI,1^{3} 255; XII 76
Kadesch (Schlacht, 1274 v. Chr.) I,1 36
Kairoer Erklärung der Menschenrechte (1990) XII 49
Kairologie X 113–169
Kaisertum III 136, 142, 187, 286

Kalah-Prisma I,2 66
Kalb I,1 62–64, 214, 339; I,2 21, 39, 91, 124, 353; VI,1 48; →Rind →Stier. *Goldenes* I,1 61f., 64, 198, 274, 315, 338; V 134
Kalender →Generalkalender, Römischer (1969) →Partikularkalender. *Gregorianischer* III 258, 308f., 322; VII 308. *Islamischer* →Mondkalender. *Jüdischer* VII 301, 307, 315, 324f., 347. *Julianischer* III 258, 308, 322. *Liturgischer* III 114; VII 286, 301, 306–312; →Heiligenkalender →Kirchenjahr
Kalenderreform *(1582)* III 258. *Pius X.* III 318. *Vatikan 2* VII 302, 308–310, 342, 353f., 362
Kamaldulenser III 151, 296
Kamel I,1 204; I,2 36, 67, 246; III 265
Kanaan I,1 29, 35f., 38f.; I,2 175–177; XII 71, 80; →Israel
Kanon I,2 27f., 72, 182–186, 193–196, 281, 285; II,2 46, 317, 336, 341; III 31f.; V 58; VI,2 47–50; VII 112; IX 28. *Hochgebet* VII 240, 256; IX 28. *Kirchenrechtlich* IX 27f.
Kanonbildung I,1 24f., 105; V 58; VI,2 47–50; VII 110, 112
Kanoniker III 152; IX 28, 156
Kanonikerkapitel IX 113
Kanonisches Recht IX 56; →Kirchenrecht
Kanonstille VII 256
Kantillation VII 238
Kantonalkirche IX 270–274, 278
Kantor VII 48, 129, 230f., 294, 329; IX 144
Kantorenbuch VII 130
Kanzelparagraf (1871) III 299f.
Kanzler, Kanzlerin IX 141, 152, 155
Kapitalismus, kapitalistisch III 204, 313f., 345; V 86; VI,3 123, 152; VIII 22; X 129, 136–139. *Neoliberaler K.* X 77f., 98, 129f., 213, 215f. *Nihilistischer K.* X 77f., 130, 136, 172, 213. *Totaler K.* X 130, 132, 134f., 249. *Utopischer K.* X 130, 172, 213. *Zynischer K.* X 139, 141
Kaplan IX 141, 156
Kappadokier VI,2 224f.; VI,3 59–61
Kappel am Albis III 242f.
Kapuziner III 176, 257–260, 268
Kardinal IX 154
Kardinalskollegium III 349; IX 13, 106, 113, 116, 154
Kardinaltugenden IV 45, 76; VIII 36, 40, 48, 53, 87, 125, 204, 213, 217–220
Karfreitag II,1 360; VII 40, 75, 245, 326f., 332–334, 342–344; XI 83, 129. *Fürbitten* I,1 269; VII 251f., 303, 326, 332; XII 41, 124f., 137f.
Karkemisch (Schlacht, 605 v. Chr.) I,1 84; I,2 96
Karlsbader Beschlüsse (1819) IV 205
Karma XII 28, 217f., 220, 233, 260, 277
Karmel I,1 12, 38; III 176
Karmeliten, Karmelitinnen III 169, 175f., 258; IX 45, 132, 226
Karnak I,1 61
Karolinger, karolingische Zeit III 122, 134–141; VII 232, 285.
Karolingische Renaissance III 119, 138
Karsamstag VII 43, 328, 333
Kartäuser III 151
Karwoche VII 43, 241, 333f., 345f.
Kasel VII 48
Kastenwesen XII 28, 32, 67, 205f., 209, 213, 215f., 227f., 232, 234, 236, 241, 250, 254, 256, 260, 262, 266, 269, 272
Kasuistik VIII 83–85, 89, 114f., 193–199
Katabase, katabatisch VII 91–93, 103
Katakombe III 61f., 73; VII 363
Katakombenpakt (1965) III 350
Katechese IX 159; X 88, 229, 246, 256f.
Katechet, Katechetin IX 143–145, 152,

156, 283
Katechismus III 259, 364; VII 238. *Genf (1542)* III 245. *KKK (1992)* III 343; VI,3$^{1-2}$ 219; VI,3^{3} 218. *Petrus Canisius* III 259; XII 163
Katechist, Katechistin IX 141, 152
Katechumenat III 63; VII 155–157, 159, 163, 165–167, 174–178, 180, 188f., 198, 340, 342; IX 85
Katechumenen III 56, 71f.; VII 156f., 163, 171, 175–177, 181, 285, 339
Katechumenenöl VII 157, 167, 175, 177, 188, 346
Kategorischer Imperativ IV 176; VIII 108, 120, 181f, 184, 205f.
Katenen VIII 46
Katharer III 81, 156, 174, 179–182, 195
Katharinenthal III 210, 212
Kathedralkapitel IX 156
Kathedralklöster III 133
Katholikentag(e) III 370; VII 192; X 154. *1962* VI,3 321. *1966* XII 98. *2008* XII 138
Katholische Konferenz für ökumenische Fragen III 336
Katholische Reform III 251–261
Katholische Soziallehre VIII 22f., 89, 281, 284f., 292
Katholisch-Konservative (Partei) III 300–303, 311
Katholizismus V 88, 295; VI,3 217; X 148f., 151; XII 38, 41, 59f., 137f. *Milieukatholizismus* X 10, 148–155, 164. *Pluralisierung* X 155–163
Katholizität der Kirche V 212, 245, 292; VI,3 291f., 302
Kautelen IX 190
Kelchkommunion III 232, 234, 256; VII 159, 221–224, 228, 235–238, 242, 265, 267f.; →Konkomitanz →Utraquisten
Kemalismus IX^{1} 61f.; IX^{2} 62
Keniterhypothese I,1 18
kerygmatisch II,1 1
Kerzen III 279; VII 43f., 49, 51, 138, 142, 184, 250, 285, 329–331, 355, 359, 364
Ketubim I,1 23f., 26; I,2 184; XII 78, 81f.
Ketzer, Ketzerei III 175f., 179–182; IX 17
Ketzertaufstreit III 52f.; VI,3 233; VII 161f.
Keuschheit, Enthaltsamkeit II,2 222f.; IX 99, 176, 206; XI 98f., 109, 112–114; →Ehelosigkeit
Kibla XII 150
Kiddusch XII 119
Kiew III 202
Kind II,2 304, 306, 322; VI,2 169, 206; XII 35, 41, 111, 183; →Gotteskindschaft
Kinderlosigkeit I,1 207, 234; II,1 241; II,2 226; VII 63; IX 187, 203
Kindermord I,1 249; II,1 152f.; XII 91
Kinderrechte XII 154, 305
Kindertaufe III 134, 234; VI,3 108, 119, 230; VII 155, 157, 161, 163–174, 177–179, 181, 183–189; IX 39, 83–84, 89; XI 46
Kindheitsevanglien II,1 329f.; VI,2 27, 117
Kirche III 103; V 15, 23–28, 203–254; VI,1 34, 91, 202, 207; VI,2 55ff., 238–241; VI,3 215ff.; X 9; XI 116–118. *Begriff* VI,3 257; IX 67–72, 284. *Gebäude* III 71f., 229, 274, 371; VII 230, 300; IX 49, 277. *Organisationsstruktur* IX 105–136, 239, 263, 267–275; →Hierarchie (Struktur der Kirche)
Kirche des Ostens («Nestorianer») III 75, 80, 87; IX 36; →Thomaschristen
Kirche und Staat, Verhältnis zw. VIII 144; IX 56–62; XII 46. *Deutschland* IX 219–250. *England* III 149; IX 57f. *Frankreich* VIII 57; IX 59, 61. Mittelalter III 137f., 144, 147–150, 226. *Russland* III 202f. *Schweiz* IX 60, 251–309. *USA* IX 58f.

Kirchenaustritt III 299; IX 72, 79, 191, 230, 232–234, 257, 288; →Abfall von der Kirche (als formaler Akt). *Partieller/modifizierter* IX 296, 303–309. *Rechtsfolgen* IX 233, 250, 289, 291–302, 308 (IX^{2} 308f.). *Stiller* IX 290
Kircheneintritt IX 190, 230, 291
Kirchenfabriksgut IX 281; →Vermögen der Kirche/Religionsgesellschaft
Kirchengemeinschaft VII 192f., 269–271; IX 93
Kirchengesetz IX 279f.
Kirchengliedschaft IX 72–81, 229, 302
Kirchenhoheit, staatliche IX 59–62, 277
Kirchenjahr III 71f., 318; VII 58, 83, 194, 300–365. *Begriff* VII 300f. *Ostkirchen* VII 303, 313, 350, 356
Kirchenmitgliedschaft IX 264f.; →Kirchengliedschaft
Kirchenmusik VII 65, 101f., 208, 239f., 303; →Gregorianischer Gesang →Instrumentalmusik
Kirchenordnung VII 155; IX 278; →Apostolische Konstitutionen →Didache →Traditio Apostolica
Kirchenprovinz IX 106, 116f.
Kirchenrat IX 268f., 281
Kirchenraum VII 42f.
Kirchenrecht II,2 168; IX
Kirchenrechtskritik IX 42f.
Kirchenrektor IX 156
Kirchenschatz III 229
Kirchensprache IX 35, 37, 41, 132; →Liturgiesprache
Kirchenstaat III 135, 169, 190, 193, 224, 287f., 296f.; VI,3 275f.
Kirchensteuer IX 60f., 230–234, 237, 264–267 (IX^{2} 265–267), 269, 288–290, 292, 294–296, 302, 306, 308; →Zakat. *Juristische Personen* IX 265–267, 287. *Zweckbindung* IX 231, 266
Kirchenstiftung V 219; VI,3 222
Kirchenväter III 87–104, 216; V 24, 111, 216, 224; VI,2 45, 47, 167, 243f.; VI,3 232, 268, 270f.; VII 73, 238, 287, 289, 293, 322; IX 37, 101f., 173. *Griechische* VII 93f.
Kirchenverständnis →Kirche: Begriff
Kirchenzugehörigkeit IX 72–81, 282; →communio plena →Kirchenmitgliedschaft
Kirchgemeinde IX 257f., 264f., 268–272, 277–284, 286, 290, 296
Kirchgemeindeversammlung IX 268f., 280, 282, 284
Kirchgenossenschaft IX 281
Kirchliche Gemeinschaft *Begriff* IX 78
Kir-Moab I,1 64f.
Klage I,2 49, 87–89, 115, 137, 152f., 239, 252–259, 340, 345–347, 351–356; II,1 266; V 121, 126, 137; VI,1 50, 107, 119, 123, 153
klandestine Ehe IX 177, 180
Klarissen III 177
Klassenkampf III 296, 311
Klemensbriefe III 25f.; II,2 99. *Erster* II,1$^{1-2}$ 331; II,1^{3} 330f.; II,2 99; III 25f.; VI,1 22
Klerikalisierung III 174–176; VI,3 273; X 270
Klerikalismus II,2 145; VI,3 273; X 15, 92
Kleriker, Klerus III 133f.; V 29, 160, 168; VI,3 69, 148, 279; IX 139f., 146
Kloster III 105–116, 138. *Aufhebung* III 278f., 284, 287, 300f. *Gründungsverbot* III 302, 342; IX 259
Klosterplan von St. Gallen III 139, 162
Klosterreform III 139, 150–152
Klosterverband III 107–109, 146, 151; →Kongregation
Kniebeuge, knien VII 38f., 235, 272, 315f.,

332, 335
Koadjutorbischof →Titularbischof
Koine III 17, 27; →griechisch
Koinobiten →Zönobiten
Koinonia V 237; VI,3 296–298, 300–302, 311f., 318; X 88, 229, 256f.
Kollegialität der Bischöfe III 255f.; VI,3 309
Kollegiatskapitel IX 156
Kollekte VII 66f., 248, 252. *Paulus* II,2 28, 52, 89–92, 104, 139, 141, 216; VII 93
Köln III 27, 37, 142, 164, 175, 184–186, 210, 254, 298, 308; IX 117
Kolonialisierung, Kolonialismus, Kolonialzeit III 258, 265–268, 349; V 80; VI,2 276; XII 41, 151, 155, 208, 212–215, 254–256
Kolzim III 106
Komet →Stern
Kommensalität, offene X 107, 111, 181f., 189, 192, 195, 231–233, 250, 263
Kommunion, geistliche VII 236; →Schaufrömmigkeit
Kommunionausteilung VII 134f., 221, 229f., 252, 270; →Krankenkommunion. *Kommunionhelfer* VII 100, 223, 268
Kommunionempfang III 255, 319, 336; VII 41f., 101, 222, 242; IX 92–100, 294, 30. *Häufigkeit* VII 201, 236, 241; IX 93. *Voraussetzung* IX 93–100; →Nüchternheitsgebot
Kommunismus III 296, 313, 333, 345; IV 223; V 95
Komparative Theologie V 231; XII 20–23
Kompetenzausscheidung IX[1] 59; IX[2] 60
Kompetenzzuweisung IX 252
Kompilationshypothesen (1+2 Kor) II,2 216f.
Komplet II,1 215; VII 200, 288, 353
Konferenz für Sicherheit und Zusammenarbeit in Europa (KSZE) III 345
Konfessionsverschiedenheit *Ehe* IX 72, 189–191, 205, 213–216
Konfuzianismus XII 16, 31, 33–36, 216, 301
Kongregation IX 106, 127f., 130. *Barmherzige Schwestern von Ingenbohl* III 312, 314. *Englische Fräulein* III 269. *Evangelische Kirchen* III 266. *Kreuzschwestern von Menzingen* III 312, 314. *Vorsehungsschwestern von Baldegg* III 312. *Windesheimer* III 213
Königskirche X 147
Königstravestie I,2 269–272
Königszeit Israels I,1 50–69; I,2 61, 176, 237
Konklave →Papstwahl
Konkomitanz VII 235; →Kelchkommunion
Konkordat IX 50, 52–54, 56, 114, 223–226, 260; →KIRCHENAMTLICHE DOKUMENTE UND RECHTSQUELLEN: KONKORDATE ETC.
Konkordienformel (1577) VIII 73
Konkubinat III 98, 146, 198; IX 92, 209, 286
Konkupiszenz VI,3 254; IX 177, 186, 197
Konsens (ehebegründend) IX 174f.
Konservatismus III 296, 361, 363f.; VI,3 321
Konstantinische Schenkung III 135
Konstantinische Wende III 63–78; V 10; VI,2 239ff.; VI,3 27, 108, 147, 148f., 150, 271ff., 306; VII 156, 301, 315; X 11, 143, 145, 147, 264
Konstantinopel III 66f., 132, 136f., 153–155, 187, 201–203, 329; VI,3 58; II 159, 285; IX 34, 36; →Konzil: Konstantinopel →Synode: Konstantinopel
Konstanz III 79, 194, 211f., 234, 242, 254, 261, 290f.
Konsultorenkollegium IX 113f.
Kontemplation XI 182–187
Kontext V 50, 52f., 58, 61, 64, 67f., 77f., 80, 82, 85, 111, 157, 237, 239; VI,1 15–18, 38, 50, 60, 66f., 77, 92, 94, 122, 125, 141, 143, 186, 195, 204, 207, 241 (VI,1[3] 242);

VI,2 22ff., 237, 256–260, 263, 267, 271f., 273f., 314, 325; VI,3 12f.
kontingent, Kontingenz IV 142; V 109
Kontrazeptiva III 341; VIII 90, 170; IX 176
Kontroverstheologie VI,3 275, 285
Konvergenzerklärung von Lima (Januar 1982) VII 149, 151f., 170, 190f., 208; IX 74
Konversion VII 162, 189; IX 72, 75, 77, 79, 88, 191, 291; XII 46, 48, 70, 202, 256
Konzil III 77–81, 194, 230; IX 126, 139; →KIRCHENAMTLICHE DOKUMENTE UND RECHTSQUELLEN: KONZILSDOKUMENTE →Synode. *Alexandria* III 80. *Antiochia 1–3* III 79. *Arles* III 80. *Basel (1431–1438 [1449])* III 79, 81, 199–201, 212, 214, 217; XII 51. *Bologna* III 253f. *Capua* III 80. *Chalzedon (451)* III 75, 80f., 86f.; VI,1 15, 24, 83, 183; VI,2 11, 226, 228, 230, 233–242, 276, 317; VI,3 306; IX 146; XI 231. *Clermont* →Synode: Clermont (1095). *Concilium Germanicum (742)* III 134. *Diospolis* III 80. *Ephesus (431)* III 75, 80f., 84ff.; VI,1 183; VI,3 64; VII 361. *Ferrara (1438–1439)* III 81, 200f.; XII 51. *Florenz (1439–1443)* III 81, 201f.; VI,1 24, 26; VI,3 64; XII 51, 58f. *Jerusalem* III 79, 81. *Karthago* III 80. *Konstantinopel 1 (381)* III 80f., 83f., 94; VI,1 23f.; VI,3 58–60, 65; *Konstantinopel 2 (553)* III 80f.; VI,1 183. *Konstantinopel 3 (680–681)* III 81, 305. *Konstantinopel 4 (869/870)* III 81, 153; →Konzil: Trullanum (691). *Konstanz (1414–1418)* III 79, 81, 195–198, 217, 252. *Lateran 1 (1123)* III 79, 81, 150. *Lateran 2 (1139)* III 77, 79, 81, 150. *Lateran 3 (1179)* III 79, 81, 166. *Lateran 4 (1215)* I,1 261; III 79, 81, 167–169, 174, 181, 186, 196, 208; IV 70; V 112, 119; VI,1 24f., 261 (VI,1[3] 262); VI,3 18; VII 162, 201, 233, 236, 331; VIII 245; IX 180. *Lateran 5 (1512–1517)* III 79, 81, 201, 217f. *Lausanne (1448–1449)* III 201. *Lyon 1 (1245)* III 79, 81. *Lyon 2 (1274)* III 79, 81, 175, 202; VI,1 24; VII 18. *Mantua (1537)* III 252. *Mileu/Mileve/Mila (416)* III 80. *Nizäa 1 (325)* III 66, 68, 77f., 80–83; V 178; VI,1 15, 23, 83–84, 87, 119, VI,2 219, 222f., 225, 235, 237–240, 243, 309; VI,3 57–59; VII 325, 335, 347; IX 151. *Nizäa 2 (787)* III 81, 153. *Orange* III 80. *Pisa (1409)* III 194. *Plenarkonzil* III 78. *Rimini* III 80. *Rom* III 79f. *Seleukia (Bagdad, 410)* III 75. *Serdika (Sofia)* III 80. *Sinuessa* III 80. *Toledo* III 80. *Trient (1545–1563)* II,2 144; III 79, 81, 150, 236, 251–256; V 55, 59; VI,3 70, 195, 234, 241, 283, 293, 307f.; VII 22, 162, 164f., 181, 237–240, 286f., 308f., 362; VIII 21, 78–87, 128, 226, 245; IX 180–182; X 150. *Trier* III 80. *Trullanum (691)* III 81; →Konzil: Konstantinopel 3. *Vaishali/Vesali (buddhistisch, 386 v. Chr.)* XII 210, 279. *Vatikan 1 (1869–1870)* III 81, 197, 297, 303–308, 337f.; IV 78, 136; V 26, 31, 159, 209f., 273, 276f., 289–292; VI,1 34, 238; VI,2 118; VI,3 153, 276–280, 281f., 294. *Vatikan 2 (1962–1965)* II,1 240; III 81, 197, 335–339; IV 78, 136; V 32, 38–41, 44, 54–56, 59, 65, 87–89, 141–144, 152, 156, 206–208, 214f., 217f., 221, 234, 251, 253, 257, 285–287, 292f.; VI,1 19, 26, 33, 35, 82, 86, 89, 160, 205; VI,2 17, 42, 119, 310ff.; VI,3 15–17, 26f., 73, 107, 118ff., 150–153, 158, 195, 200, 217f., 224–227, 238, 240, 243, 246, 249f., 255f., 267–269, 280–287, 303, 313; VII 9, 12f., 22f., 95, 105–107, 117–119, 122, 125f., 129, 132, 138, 144, 165f., 189, 197, 206f., 240–244, 249f., 269, 271f., 288f., 302, 309f., 312f., 316, 326, 339; VIII 228f., 245f.; IX 69–72,

187f., 225f.; X 9, 11, 31–33, 40–45, 57, 66, 79, 85, 91, 113f., 171, 208, 221f., 267, 272. *Verona* III 173. *Vienne (1311–1312)* III 79, 81, 178, 191
Konziliarismus III 194–198
Kooperative Pastoral X 90f., 106, 111
Kopftuch II,2 238f.; IX 256; XII 15
Koptische Kirche III 75, 87, 107, 158; IX 36; XII 27
Koran I,1 34, 191; VI,2 14; IX 61; XII 20–22, 48, 51, 54f., 61–64, 81, 85, 107, 141, 146–152, 155–157, 160–166, 168–170, 173–187, 189f., 193–199, 226, 293; →Bibelstellen: Anhang. *Entstehung* I,1 22f.; XII 199
Korinth II,1 235, 243; II,2 31, 68, 74, 87f., 90f., 97, 101f., 104, 108, 110, 114, 122, 139, 203–251, 279, 326; III 25f.
Körper VI,1 251 (VI,1^{3} 252); VI,2 46, 125, 127, 151, 193, 214, 220, 279, 280f., 298f., 301f.; VI,3 169, 177, 183–187; X 24, 60, 187f.
Körperschaftsstatus *Religionsgemeinschaft* IX 237f., 258, 262 , 267–275, 283, 288–290, 292, 306–309; →Anerkennung einer Religionsgemeinschaft, staatliche/öffentlichrechtliche
Korrespondenz von Relationen X 59f., 84, 221
koscher I,1 213–215; XII 74, 113f.
Kosmos IV 32, 48, 63, 74; VI,1 12, 17, 78f., 109, 167, 178, 187, 217, 234, 238 (VI,1^{3} 239), 242–304 (VI,1^{3} 243–304); VI,2 205, 208f., 257; VI,3 179
Kosmotheismus XI 120
Krankenkommunion VII 63, 230, 233, 268
Krankensalbung VII 13, 18, 98, 346; IX 157–160, 162, 294, 300, 308; X 244f.
Kreationismus VI,1$^{1-2}$ 239, 268, 273, 284, 296; VI,1^{3} 240, 269, 274, 285, 297
Kreislauf (des Lebens) XII 28, 31–33, 217f., 220, 232, 247, 260, 262, 268, 274, 277, 300
Kreuz II,1 15, 61, 128; II,2 15f., 177, 220, 245, 262, 274, 327, 338; V 14, 21, 53, 177, 179, 191f., 199, 246, 296; VI,1 160–167, 171, 180ff., 187, 210, 217–236, 301f. (VI,1^{3} 302f.); VI,2 14, 96, 143, 159, 163, 171, 191f., 202f., 244, 247, 252, 258, 269f., 278, 289–304; VI,3 112, 159, 181, 183, 204, 212, 231; X 11, 103f., 172, 223, 230, 238, 259, 280f.; XII 54
Kreuzbrevier VII 287
Kreuzerhöhung VII 301
Kreuzigung I,1 37, 101, 104, 258f.; I,2 302; II,1 264–266, 319f., 357–361; →Todesstrafe. *Jesu* II,2 15, 24, 272; XII 54, 124
Kreuzverehrung VII 332
Kreuzweg VII 346
Kreuzzeichen VII 39–41, 138, 167f., 194, 244, 246, 269; IX 74
Kreuzzug, Kreuzzüge I,1 230; III 81, 156–168, 207, 268; XII 46. *Erster (1096–1102)* I,1 261; III 158; →Kreuzzug: Bauernkreuzzug (1096). *Zweiter (1147–1149)* III 158. *Dritter (1189–1192)* III 158f. *Vierter (1202–1204)* I,1 261; III 159, 201. *Fünfter (1217–1221)* III 159. *Sechster (1248–1254)* III 159. *Siebter (1269–1279)* III 159. *Albigenserkreuzzug (1209–1229)* III 168, 180. *Bauernkreuzzug (1096)* III 158. *Friedrichs II. (1228/29)* III 159. *Kinderkreuzzug (1212)* III 159
Krieg IV 43, 83; VIII 15; X 50; XII 155, 163, 234f. *Alter Zürichk. (1436–1450)* I,1 188. *Auftrag Gottes* I,1 67f. *Bauernk. (1524)* III 233, 247. *Beendigung durch JHWH* I,1 68. *Befreiungsk. (Nordamerika 1775–1783)* III 277, 283. *Böhmisch-Pfälzischer (1618–1623)* III 262f. *Deutsch-Französischer (Preußisch-Französischer,*

1870/1871) III 307; VI,3 275. *Dreissigjähriger (1618–1648)* III 260, 262–264, 270f.; IV 134. *Gerechter* III 156f.; VIII 52, 215. *Heiliger* XII 161; →Djihad. *Hugenottenk.e* III 257f., 264. *Hundertjähriger* III 187, 191, 204. *Hussitenk.e* III 198f. *1. Irakk. (1990–1991)* XII^{2} 193. *Jüdisch-Römischer (66–73 n. Chr.)* I,1 104, 259; I,2 295; III 16; XII 88. *Kalter* III 334, 344–349. *1. Kappelerk. (1529)* III 242. *2. Kappelerk. (1531)* III 243; VIII 71. *1. Koalitionsk. (1792–1797)* III 285. *3. Koalitionsk. (1805)* III 286. *Niedersächsisch-Dänischer* III 263. *Räuberk. (4 v. Chr.)* I,1 259. *Schmalkaldischer (1547)* III 252f. *Schwedisch-Französischer* III 263. *Sechstagek. (1967)* XII 143. *Sonderbundsk.* →Sonderbund/S.skrieg (1847/1848). *Syro-efraimitischer* I,1 72; XII 85. *1. Villmerger (1656)* III 243. *2. Villmerger (1712)* III 243. *1. Weltk. (Grosser)* III 223, 268, 295, 321–323; IV 281. 2. Weltk. III 295; VI,3 122.
Kriegsfrömmigkeit VI,1 143
Krippe →Weihnachtskrippe
Kriteriologie X 171–218
Kritik I,1 69f., 258; I,2 312; IV 23, 35, 52, 167–173, 203, 261, 274, 280; V 20, 25, 48, 80, 90–112, 114, 127, 133, 137, 140, 148, 161–166, 217, 227, 242f., 258; VI,2 289–299; XI 27, 60, 86, 99, 175, 197f.; →Sozialkritik (prophetisch). *Der utopischen Vernunft* X 196
kritische Interrelation X 59, 84, 172, 198
Krone der Schöpfung VI,1$^{1-2}$ 256; VI,1^{3} 257; VI,3 77
Kruzifix VII 142, 346; IX 257
Kubakrise III 344f.
Kultkritik *Atl* I,2 91, 289f., 297. *Ntl* II,2 36, 189
Kultreform (atl) I,2 94
Kulturkampf III 223, 272, 280f., 296, 298–303, 310f., 317, 323f., 331, 341; VII 305; IX 252, 254, 259; X 153
Kulturkritik VII 67–69
Kulturrevolution III 340; XII 36
Kultusfreiheit IX^{1} 259; IX^{2} 260; →Religionsfreiheit
Kultzentralisation I,1 81–84; I,2 100; →Tempel
Kumbh Mela XII 253
Kurfürsten III 142, 236, 254, 257, 262
Kurie *Bischöfliche* IX 116, 141, 155. *Römische* VII 238; IX 31, 106, 112, 127–130, 154
Kurienbischof →Titularbischof
Kurienreform III 257, 360, 363
Kurverein von Rhense (1338) III 187
Kuss VII 39, 50, 66f., 130, 158, 266, 332
Kyrie VII 244, 247f., 251, 285
Kyrios II,1 218, 222; II,2 74, 96f., 124, 147, 274, 281; VI,2 201; VI,3 256
Kyrus-/Kyros-Edikt I,2 133, 146
Kyrus-/Kyros-Zylinder I,1 90f.; I,2 145

L

L'Univers (Zeitschrift) III 304
La Trappe III 269
Laetare VII 246, 303
Laie V 207f., 244, 252; VI,3 218, 223, 273, 280, 282f., 286, 303, 306; IX 139f., 149f., 152, 159–161, 274, 284, 286, 288; XI 45f., 99, 151
Laienapostolat III 336f.; V 207; VI,3 286; VIII 286; IX 231; X 43f., 49, 70
Laieninvestitur III 143, 147–150
Laienkelch III 199, 232, 256; →Kelchkommunion →Utraquisten
Laienpredigt III 168, 172f., 343; VII 132f.;

IX 159
Laienrat III 341
Laisierung III 341; IX 158
Lamm I,1 179, 240, 308; I,2 39, 139; II,1 313; II,2 347; VII 266f., 324f.; XII 104–106; →Pessach →Schaf, Widder. *Gottes* II,1 312f.; II,2 347f.; VII 266f.
Lampedusa III 360
Landeskirche IX (IX[1] 56) 70, 224, 252, 257f., 264–266, 268–272, 278, 280, 282–284, 286, 290; →Staatskirche, Staatskirchentum, Landeskirche →Temporalia
Landeskirchenrat IX 268f.
Landnahme I,1 42–44, 113, 116, 118, 121f., 315, 360; I,2 171
Landschaftshypothese II,1 255
Landverheissung I,1 190, 206, 213
Langobarden III 120, 122, 135f., 286
Laodizäabrief II,2 301
Lapsi (gestrauchelte Gläubige) III 41f., 53; IX 146
Lasterkatalog VIII 219f.
Latein I,1 145; I,2 195, 341; II,1 93, 215; II,2 66, 124, 208, 263, 301; III 21, 34, 51, 90, 95f., 106–108, 136, 138, 178, 182, 217, 235, 344; XI 151
Lateinamerika II,2 179, 273; III 267, 312, 317, 340, 345, 350, 352, 358, 366; V 53, 77, 79, 191, 193, 198, 243f., 247, 297f.; VI,1 38, 50, 107, 124, 172f., 189f., 288 (VI,1[3] 289); VI,2 24, 259, 263–272; VI,3 88, 160f., 268, 302, 316; X 41f., 44f., 54, 91, 108, 177, 197, 211
Laubhüttenfest I,1 296, 307, 309f.; I,2 278, 337; II,1 290; XII 101, 106–108
Laudes II,1 215; VII 278, 280, 288–293, 321, 352
Lausanne III 194, 201, 290f., 330
Läuterung XI 221–230
Laxismus, Laxisten III 53; VIII 197
Leben-Jesu-Forschung VI,2 39–42
Lebensbaum I,1 154f.; I,2 61, 287
Lechfeld III 141
Lectio Divina VII 132; XI 138–144
Legat, päpstlicher III 82f., 85f., 131, 153, 252f.; IX 154
Lehenswesen III 137, 141f., 147, 149, 169
Lehramt (kirchliches), lehramtlich V 29, 31, 55, 60–64, 70–72, 78, 81f., 112, 143f., 156, 159, 162, 168, 174f., 206, 209f. 214f., 219, 223, 227, 246f., 249, 251, 253, 257, 263f., 276, 285, 288, 291; VI,1 21, 28, 31, 33, 37, 41, 82; VI,2 15, 19, 43, 98, 111, 308, 310, 316; VI,3 15, 18, 57, 60, 69f., 151f., 185f., 220, 224, 238, 250, 267, 271, 275, 278, 280, 284, 286f., 293, 302f., 306, 308; IX 163, 165
Lehrhaus II,1 179
Leib Christi *Ekklesiologie* II,2 135f., 147, 156, 174, 191; V 252; VI,3 266f., 274, 280; VII 42f., 97, 148, 206, 222, 262, 271, 274; X 16. *Eucharistie* VII 97, 221f., 235, 270
Leiblichkeit VII 38–42
Leiden I,2 248, 252–258, 351–355; V 51–53, 99, 110, 113, 114–128, 137, 188, 191, 198, 200; VI,1 49, 138, 162–268, 217–220, 224f.; VI,2 38, 87, 106, 185, 191, 193, 221, 231, 244, 247–250, 259, 265, 268ff., 278, 289f., 295–302; XII 52f., 122, 247, 264, 266, 273–275, 277, 279, 286f., 295f., 300
Leipzig III 229f., 286, 347
Leitungsgewalt, kirchliche IX 157, 284; →Jurisdiktionsgewalt
leiturgia (munus) IX 161
Lektionar VII 111, 126f., 129f., 136, 243, 249
Lektor, Lektorin VII 100, 105, 127f., 130, 230f., 283, 285; IX 141, 144, 148f., 160, 292
Lérins III 115
Lesehore VII 293, 363

Lesejahr VII 119f.
Leseordnung VII 118–127, 131f., 137, 140, 242, 249
Lettner VII 234
Leuenberger Konkordie III 241
Leviten I,1 83, 279, 300, 316, 364
lex credendi VII 20f., 61, 161, 196, 198
Lex Ecclesiae Fundamentalis (LEF) IX 65f., 80
lex orandi VII 20f., 61, 161, 196
lex posterior IX 223
Liberaler Katholizismus III 290f., 302
Liberalismus III 295f., 298, 300, 311–312; VI,3 115
Liberté (Zeitung) III 331
Licht I,2 164; II,1 281, 291, 311; III 28–30; VII 44, 49, 51, 61, 108, 121, 135, 150, 160, 173, 176f., 184, 194, 200, 229, 259, 276, 278, 280, 283, 285, 303, 317, 329f., 332, 340, 348, 352f., 355; XII 74, 86, 99, 110, 112, 180, 227, 230, 252f., 286
Liebe I,2 57, 62, 64, 74f., 92, 108, 137, 195, 197, 210, 236–245, 248, 184, 299, 304, 351; II,2 160, 237f.; IX 196. *Gottes* I,2 195, 245; II,2 175, 177, 182, 306, 336–339; V 119f., 152, 154, 159; VI,1 142, 156, 162; VI,3 50, 62, 67; X 132, 192, 252; XI 106, 179. *Nächstenliebe* I,1 21; II,1 310, 321f.; II,2 165, 261, 291; V 134, 154, 186, 215; VI,3 181, 298; X 132f., 192, 252; XI 101, 106, 179, 196, 235. *Ntl Doppelgebot* I,1 20; II,1 195; XII 80, 118, 172, 195, 294. *Partnerschaftliche* I,2 236–245; II,2 307; IX 169, 177, 188
Lima-Erklärung →Konvergenzerklärung von Lima (Januar 1982)
Limburg/Lahn III 358
limbus puerorum VII 183; XII 63; →Heilsnotwendigkeit der Taufe
Lindau III 234
Liturgie, leiturgia III 279; VI,1 176, 256 (VI,1[3] 257); VI,2 166, 303f.; VI,3 66, 240, 258, 282, 289, 296, 298–302, 311f., 318f.; X 88, 102f., 110, 225, 228f., 236–240, 245, 256f.; XII 119. *Als kirchliches Handeln* VII 96. *Begriff* VII 12–14. *Ostkirchen* VII 12, 14f., 21, 96, 130, 235, 260, 266f., 275, 346, 350, 356. *Und Ethik* VII 66f.
Liturgiefähigkeit VII 71
Liturgiefamilie →Ritusfamilie
Liturgiereform *20. Jh.* VI,3 281; VII 9, 128, 140, 165, 177, 241–243, 246, 249, 256, 264–266, 271, 337, 339, 341, 357. *Gregor VII.* →Gregorianische Reform. *Liturgische Bewegung* VII 240f. *Trient und 17. Jh.* VII 238f., 287, 362
Liturgiesprache III 196, 309, 336f.; VII 56–59, 61f., 65, 68–70, 87, 101, 127, 189, 202, 230, 234, 238f., 242, 249, 257, 269, 286f., 293; IX 33, 35; XII 83, 113; →Kirchensprache
Liturgiewissenschaft VI,3 22; VII 14f.
Liturgische Bewegung III 324, 336; VI,3 234f.; VII 9, 12, 15, 22, 30, 101, 240f., 251, 288, 328
Liturgische Bildung VII 30, 69–71
Liturgische Bücher VII 368f.
Liturgisches Gewand VII 47f.
Liturgisches Recht IX 33
Lob, Lobpreis, loben VII 20, 75, 77, 82, 86–88, 103, 135, 167f., 177, 188, 211f., 213, 215, 219f., 226f., 245, 247f., 254–261, 265, 275f., 278f., 281f., 289–294, 299, 329, 346, 349
locus theologicus V 24, 37f.; 85. *Alienus* X 50f. *Proprius* X 50f.
Logik IV 17, 64–74, 113, 119f., 132f., 166, 211, 230, 233f.; VIII 276–279
Logos II,1 272–275, 277–283, 300;

IV 23–43, 74f., 211; V 17, 224; VI,1 33, 89, 276 (VI,1^{3} 277); VI,2 22, 110, 204, 207, 209, 218f., 226–230, 239f., 269, 275, 284, 314f.; VI,3 76, 83, 209, 236, 248, 300; VIII 32, 35, 49. *Spermatikos* V 224; VI,2 218; XII 53
Lollarden III 195
London I,1 75, 91, 386f.; I,2 68, 671–375; III 274, 312; V 95; XII 26
Loreto III 164, 335
Los Angeles III 266
Löser →goël
Lossprechung VII 98, 201, 203; IX 95, 97f., 157; →Vergebung
Lossprechungsformel (indikativisch) VII 201, 203f.
Lousiana III 266
Löwe I,2 39, 41, 48, 61, 124, 245, 273, 328f.; II,1$^{1-2}$ 35; II,1^{3} 36; II,2 248, 331; III 279; XII 208
Lugano III 291
Lüge I,1 128, 224, 277, 325; I,2 24, 44, 198; VIII 124, 140, 189, 197
Lügenverbot I,1 353f., 356; VIII 41–44
Luzern III 204, 207, 261, 265, 274, 281, 301, 309, 314, 331, 365; IX 281f.
Luzernar VII 283, 285, 297, 329
Lwiw/Lemberg III 279
Lyon III 27, 45, 79, 173f.

M

Madrider Hutaufstand III 280
Magdeburg III 143, 146, 165, 228
Magdeburger Erklärung (2007) VII 191
Magie, magisch VI,3 229f., 234, 236, 255
Magier (Kindheitsgeschichte Jesu) →Dreikönige
Magnifikat II,1 207f., 215–217, 224, 226, 258; II,2 274; VI,1 107, 140; VII 59, 289f., 292, 297, 357; XII 141
Mahabharata XII 210, 234–237, 240, 251
Mahayana-Buddhismus XII 208, 210, 279f.
Mahl (eschatologisch) II,1 342, 356f.
Mahlgemeinschaft II,1 188, 231f., 305, 349–351; II,2 28, 170, 173, 234f., 237; VI,3 131, 231; VII 82, 212, 214, 219, 224f., 319, 331
Maigesetze (1873) III 299
Mailand III 107, 286, 291, 322; VII 21, 159, 285; →Ambrosianischer Ritus
Mailänder Toleranzkonvention («Mailänder Toleranzedikt», 313) III 38, 64f.; VII 230
Mainz III 140, 142, 149f., 228f., 254, 313; XII$^{1-2}$ 275
Makedonianer VI,3 58; →Pneumatomachen
Makkabäer I,1 98–101; VI,2 32
Makkabäeraufstand I,1 37; XII 110
Malikiten XII 148f.
Malteser III 161
Mandatssteuer IX 60 (IX^{2} 61), 288
Manichäer, Manichäismus III 32, 98f. 179; IX 175f.
Mann, männlich II,2 132–135, 239, 241; X 158, 200; XII 114, 303
Manna I,1 332; I,2 174, 299; VII 109
Mantra XII 25, 211, 227f., 249f., 280
Marána thá II,2 107, 284
Marburg III 162–164, 184, 241
Marburger Religionsgespräch III 241f.
Marc-Without-Q-Hypothesis II,1 31; →Benutzungshypothesen
Märchen I,2 198
Maria Laach III 324, 336; VII 240
Marienevangelium II,1 329f.
Marienfrömmigkeit I,2 237
Marienpsalter XI 151
Marienverehrung III 275
Marignano III 238

Markioniten III 31
Markomannen III 27
Markt V 134; VI,2 264; VI,3 124, 317; X 130–136, 138, 140f., 201, 205, 213–215, 266. *Der Religionen* IV 355f., 371; VI,3 13. *Totaler* X 130, 132, 135, 249, 255
Marktradikalimsus X 77, 214, 261
Marktwirtschaft VI,2 254; VI,3 123f.; X 131f., 141, 184, 196
Maroniten IX 35
Marseille III 115
Martertod →Bluttaufe (Martyrium)
Martinsquadragese VII 356f.; →Fastentage
Märtyrerakte VII 360f.
Märtyrergedächtnis/M.verehrung III 73; VII 301, 309, 360f.
martyria (munus) VI,3 297; IX 161
Martyrium →Bluttaufe (Martyrium)
Martyriumsliteratur III 43–45
Martyriumsspiritualität III 44f.
Martyrologium VII 311; →Heiligenkalender
Massada I,1 104; I,2 285
Materialismus IV 146f., 262f.; V 94
Mathematik IV 32, 62, 112, 132–135, 137, 140, 151–153, 165, 230, 234f., 237
Mazzot I,1 306–310; VII 325f.
Medellín III 350; VI,3 88, 316; VIII 286; X 108, 211
Medina III 131; XII 149, 157f., 176, 189–191 (XII[3] 189–192)
Medingen III 210
Meditation VI,3 95; XI 144–157; XII 17, 32, 76, 157, 206, 211, 214, 218f., 225, 236, 243, 247f., 260, 264–266, 268, 271, 274–276, 280f., 288, 296; →Zen-Meditation
Medizin I,1 57, 167, 320; I,2 293; →Heil, Heilung
Megiddo I,1 36, 38, 50, 61, 63, 78
Megillot I,2 278
Mekka III 131; VII 296; XII 61f., 146f., 150, 156–158, 168, 176, 188f.
Melk III 274
Memmingen III 234
Mendikanten →Bettelorden
Mennoniten III 248f.
Mensch II,1 35; II,1 36
Menschenbild I,1 135–139, 152, 174, 231, 358, 375; III 71, 100, 102f., 223; VIII 268–270, 274, 281–283, 292, 296, 298, 302f.; XII 69, 162, 178, 181f., 195, 199, 300
Menschenrechte I,1 263, 329, 369; III 275, 277, 281–283, 292, 326f.; V 52, 88, 136, 251; VI,1 108, 111; VIII 57, 59, 62; IX 20f., 220; XII 45–49. *Menschenrechtserklärung des Islamrats für Europa (1981)* XII 48; →Allgemeine Erklärung der Menschenrechte (1948) →Kairoer Erklärung der Menschenrechte (1990)
Menschensohn I,2 117, 122, 127, 129f., 208, 317, 319, 330f.; II,1 117, 119, 127f., 130, 189; II,2 20; VI,1 198, 203, 218; VI,2 23, 72, 133–135, 156, 163, 200, 214
Menschenwürde I,1 151, 170, 370; I,2 346; III 283, 313, 340; V 251; VIII 182, 281f. IX 80, 228
Menschwerdung V 39, 184; VI,1 130, 147, 169; VI,2 16, 209, 215, 221f., 227f.; VI,3 76, 209, 248, 300; VII 52, 83, 94, 110, 113f., 181, 340, 348f., 351, 356f., 361
Menstruation I,2 127
Menzingen III 243
Merowinger III 133–135
Messandacht VII 234, 239
Messbuch III 256, 343f.; VII 23, 68f., 115, 118, 237, 248, 243f., 254, 259, 326; →Missale Romanum (1570)
Messdiener →Ministrant, Ministrantin
Messe VII 11, 131, 134, 167, 195, 207–209, 244–269, 320; →Eucharistie (Feier). *Ausserordentliche Form* VII 22, 272, 309,

334. *Geschichte* VII 230–243. *Leseordnung* VII 118–127
Messias I,1 90, 258f., 270; I,2 73, 83, 91, 116, 132, 149, 158–160; II,1 40f., 48, 50, 54, 56, 61, 67, 78f., 81, 90, 102–104, 129, 146, 155, 157, 181, 187f., 222, 226; II,2 20, 34, 70, 77f., 153f., 156f., 175, 247, 251, 274f., 287f., 308, 315f., 336; V 177f., 184, 246, 269, 281; VI,2 12, 21ff., 27, 34f., 44f., 56, 100, 130, 132ff., 156, 201ff., 210, 277, 292, 308, 310, 320; VI,3 37, 40, 43, 135f.
Messiasbekenntnis II,1 163; V 246
Messiasglaube II,2 11, 15, 41, 57, 73f., 77, 79, 81–83, 88, 94, 100, 113, 115, 124, 134, 140, 142f., 152, 155–157, 162–166, 170–173, 176f., 183f., 186, 189, 191, 193f., 196–201, 206, 221f., 224, 227, 229, 231, 256–262, 281, 287, 290, 295f., 326, 346f.
Messlektionar VII 249; →Kirchenamtliche Dokumente und Rechtsquellen: Liturgische Normen
Messner →Sakristan
Messordo VII 230–234, 242, 244–269
Messstipendium VII 237, 253; IX 285
Mesusa XII 113
Metaethik VIII 25, 95, 98, 103–109, 111f., 204
Metanoia →Umkehr
Metapher V 111, 137, 209; VI,2 59–61, 65, 73f., 106, 182, 194, 206f., 223, 246; VI,3 130, 142, 163, 175, 182, 190, 207, 266ff.
Metaphysik IV 62f., 70, 74, 79f., 117f., 133, 136, 151, 153, 163, 166f., 169, 173, 182, 187, 222, 224; VI,1 16, 51, 83, 86f., 160–164, 166, 171; VI,2 244, 319; VI,3 156
Methoden der Kirchengeschichte III 12–14
Methodisten III 312, 330; IX 75
Metropolit III 167, 196; IX 117, 155
Midianiterhypothese →Keniterhypothese
Migration I,1 276; III 223f., 352; VIII 300; IX 19; X 52; XII 9, 15, 97, 147, 150, 154f., 170, 201, 206
Milchsuppe, Kappeler (1529) III 242
Milieu, Milieubildung X 122–124, 166f., 223, 264f., 266; →Sinus-Milieu (Studie)
Milieukatholizismus III 252f., 301
Milizsystem IX 275, 286
Milvische Brücke (312) III 64
Minarett XII 15, 150, 173, 211. *Verbot* IX[2] 258f.; XII 46, 173
Minden III 136, 298
Minderbrüder →Franziskaner
minister sacer IX 139
ministerium (nichtamtliche Dienst, vormalige Weihestufen) IX 140, 144, 149
Ministrant, Ministrantin VII 28, 48, 127, 344; IX 150
Mischehe I,2 179; IX 189f., 213–216
Mischnah I,1 218, 331; XII 83, 105; →Talmud
missa VII 208, 348. *In cantu* VII 238. *Lecta* VII 238
Missale Romanum *(1570)* III 250; VII 238f., 309, 328. *(1962)* I,1 269. *(2002)* VII 243; IX 33; →Messbuch
Missio canonica IX 49, 151f., 243f., 249f.
Mission, missionarisch III 16–19, 24, 74–76, 125–131, 213, 220, 224f., 256–268; V 177; VI,2 14, 98, 102, 145, 258, 310, 315; VI,3 46–49, 105, 116, 140, 177, 260–264, 269, 291; X 264–269; XII 17f., 29, 41, 155, 161, 199, 210, 214, 304; →Wandermission, Wandermissionare. *Afrika* III 267f., 349; XII 166. *Amerika* III 265–267. *Angelsächsische* III 130f. *Asien* III 267, 349; XII 213, 224, 253–256, 262, 280f., 288f. *Evangelische* III 268; XII 206. *Friesenm.* III 130f. *Irische Festlandm.* III 128–130. *Judenm.*

XII 46, 55, 119, 124, 130, 136, 138. *Mittel- u. Südamerika* III 266f. *Nordamerika* III 265f. *Sowjetunion* III 333
Missionsbefehl II,1 156, 158, 176f., 182
Missionsrat, Internationaler III 329f.
Missionsreisen (Paulus) II,1 234f., 245f.; II,2 87f., 92–94, 104. *Erste* II,2 60, 81, 84. *Zweite* II,2 51, 110, 207. *Dritte* II,2 51
Mithraskult III 24; VII 16
Mittlerschaft Christi VII 83, 87–89, 261, 336, 351f.
Mizwa →Bar Mizwa →Bat Mizwa
Modalismus III 79; VI,1 22, 27; VI,2 217f., 224
Modernismus III 317–320; V 29f., 159, 162; VI,3 280
Monarchomachen VIII 73–77
Monatsschrift für christliche Sozialreform (Zeitschrift) III 314
Mönchtum III 70, 104–116, 155; VII 284; XI 14f., 30, 39, 58, 75, 78, 99–101, 119, 169, 237. *Asiatisches* XII 32, 210, 265–268, 270, 273–276, 278
Mond I,1 76, 131, 310, 344f.; I,2 133, 337; VI,3 123; VII 325; XII 208, 250, 252, 265
Mondkalender I,1 310, 344–346; VI,1 134; VII 307; XII 189
Monismus III 79; IV 41
Monodisziplinarität X 76
Monogamie IX 168, 173
Monolatrie I,1 333–335
Monophysitismus III 80, 87; VI,2 110f., 227, 230, 232, 236f.
Monotheismus I,1 143, 191, 333–337; I,2 62, 142, 232; II,2 190, 229; III 24, 47f., 131; VI,3 39; XI 120f.; XII 16, 24–30, 48, 69, 93, 136, 157, 164, 181, 211, 213, 215, 260
Monotheletismus III 81
Monstranz VII 49, 235
Montagsdemonstrationen III 347f.
Montagsgebet VII 35
Montanismus, Montanisten, «Neue Prophetie» III 35f., 52; VI,3 27
Monte Cassino III 123, 357
Moral VIII 95–100, 266, 287–289, 299. *Autonome* VIII 157–172
Moraltheologie VIII 125f.
Mormonen III 293; IX 58, 75, 168
Moschee III 160; IX 61; XII 150, 157, 159, 173, 185f., 188f., 191f., 200, 202, 211
Moscheeverein XII 153
Moskau III 203, 270
Mühlberg a. d. Elbe III 235
Mühlhausen *(Elsass)* III 242. *(Thüringen)* III 248
Multidisziplinarität X 75
München III 308; IX 117; XII 58, 75, 135
Münster (Gebäude) III 13. *Basel* I,2 73; III 200, 217, 316. *Bonn* VII 298. *Straßburg* III 186. *Ulm* III 185
Münster in Westfalen III 136, 248, 254, 263, 325f., 329; VIII 74; IX 58, 89; XII 281
Münsteraner Pentateuchmodell I,1 117f., 120
munus (Kirchenamt) IX 143, 161, 274; →Drei-Ämter-Lehre/-Schema
Muslimenmission III 268
Myronsalbung IX 35, 39, 89; →Firmung
Mystagogie III 71; VI,3 94–97, 101, 103; VII 150, 157, 177, 337; XI 47–49, 107, 120, 225
Mystagogische Katechesen VII 67, 157, 159f., 337
Mysterienkult II,2 129, 205, 248; III 24; VII 16, 74
Mysterienreligion III 23f., 27
Mysterientheologie VII 17, 74
mysterium tremendum et fascinosum XII 13

Mystik I,2 237, 245; III 209–212, 214f., 258; VI,1 49f.; VI,2 248ff.; VI,3 70f., 94–97, 101, 103, 316; X 109; XI 189f., 198, 231f. *Armutsm.* XI 108. *Bauernm.* III 214f. *Der Nacht* XI 222. *Des Wortes* XI 168. *Islam* XII 151f. *Judentum* XII 76f., 140, 151, 282; →Kabbala
Mystikerinnen III 178f.
mystische Erfahrung VI,3 96, 103; XI 188–194
Mythos I,1 128f.; IV 23–42, 65, 91; V 120, 164–167, 175, 193, 283–285

N

Nablus →Sichem
Nachfolge Jesu/Christi II,1 73f., 80–82, 96, 117, 129, 164, 254–262; II,2 15f., 20, 22, 27, 29, 31, 37, 191; III 213; V 171f., 200f., 205, 213, 218, 299; VI,1 159, 170, 194; VI,2 17f., 21, 46, 57, 89, 93, 69ff., 101–104, 176, 185, 189–192, 194f., 249f., 252, 268ff., 272, 298, 300, 318f., 324; VI,3 22, 258, 286, 291–293, 295; VII 135, 225f., 273, 339, 345; IX 83; X 65f., 93, 98, 103f., 110, 222f., 229–231, 241, 243, 245–247, 258f., 261f
Nachhaltigkeit VIII 294f.
Nachkommenverheissung I,1 160, 189, 191, 193, 206, 209, 211, 213, 221
Nacktheit I,1 158–164, 376; I,2 21, 88, 156, 309; III 110; VII 160, 173
Nag Hammadi II,1 114, 328, 330
Naherwartung II,1 246; III 35; V 213; VI,2 34, 72, 165; VI,3 140, 146, 172
Nahtoderfahrung VI,3 133
Nairobi III 330
Name Gottes I,1 343f.; →Gottesname
Name Jesu II,1 187f., 190, 287; VII 73, 95f., 102, 145f., 148, 155
Namen-Jesu-Verehrung III 218
Namenstag VII 311f.
Narratologie II,1 12
Nasiräer II,1 154, 212
Nationalsozialismus I,1 263f.; III 325, 327; IV 49, 211f., 214, 219, 254, 256, 264, 274; V 78, 108, 122; VI,3 148; IX 225; XI 105; XII 71, 133, 136
Nationalsozialisten →NSDAP
Nationalsynode Schweiz *1875* III 309. *1876* III 309
Naturalismusfehlschluss VIII 119, 205, 271, 280
Naturrecht III 282; VIII 85, 152, 154, 165; IX 22f., 25, 195
Naturreligionen XII 30f., 37–39, 50
Nazaret II,1 153f., 248f., 336; III 159; VI,2 27, 29
Nazoräer II,1 154, 173
Nazoräerevangelium II,1 328
Neapel III 37
Nebiim I,1 23f., 26; I,2 183f., 196; XII 78, 80f., 85
Negative Theologie IV 98; V 111–114, 127f., 135, 139; VI,3 18, 145
Nendrum III 115
Nepotismus III 193
Nestorianier XII 156; →Kirche des Ostens
Neu Dehli III 330
Neuapostolische Kirche IX 75, 275 (IX^2 275f.)
Neuenburg/Neuchâtel IIII 302; X 60, 251, 260f. (IX^2 261), 265f., 271, 276
Neujahr VII 354; XII 252; →Rosch ha-Schanah
Neuplatonismus IV 94–97; VI,3 185; VIII 242; XI 121, 155, 230–232
Neuschöpfung *Eschatologisch/österlich* II,2 163; VI,3 88, 151, 163, 183, 186; VII 32, 86, 223, 273, 280, 317f. *Taufe* II,2 82, 130, 153, 162; VII 149–151, 153,

173, 183, 194, 200
Neuthomismus IV 78, 126
Neutralitätsgebot des Staates IX 220, 229, 256f.
New Age XII 37
New Orleans III 266
Niedere Weihen IX 149, 205; →ministerium
Nihil obstat IX 49
Nihilismus I,2 300; V 104, 107; →Kapitalismus, nihilistischer
Nikolaitismus III 146f.
Nikomachische Ethik VIII 96, 275
Nimsiden I,1 68f.
Ninive I,2 199–206, 208f., 336, 372f., 376
Nirvana XII 31, 219, 247, 264, 266, 269, 271, 274, 276–278, 280, 291f., 295
Nizäa III 86, 202; →Konzil: Nizäa
Nizäno-Konstantinopolitanum V 212, 237; VI,3 14, 21, 188, 221; →Glaubensbekenntnis
Nominalismus, nominalistisch VIII 40, 53–56
Nordreich I,1 60–69, 244–246; I,2 65f.; II,1 41; →Israel: Geschichte
Normaljahr (1.1.1624) III 263
Normbegründung VIII 119, 173–191. *Deontologisch* VIII 180–182. *Teleologisch* VIII 182–184. *Utilitaristisch* VIII 184–186
Normen VIII 82, 117f., 167, 173f., 179, 181, 187, 190, 195f., 198, 254, 274, 280; IX 54; XII 14
Normenethik VIII 203–220
notae ecclesiae V 212f.; VI,3 285ff.
Nottaufe IX 74f., 159
Nouvelle Théologie V 30; VI,3 280; X 42
Novara III 238
Noyon III 244
NSDAP III 321, 323–327; XII 133
NüchternheitVII 236, 241; XI 156
Nunc dimittis II,1 208, 215, 218f.; VII 292
Nuntius IX 154; →Titularbischof
Nürnberg III 204, 210, 229
Nürnberger Erklärung (August 1870) III 308

O

O-Antiphonen VII 357
Oberhirte VI,3 277; IX 18; X 14; →Hirtenamt
Oberleutensdorf III 314
Observanten III 176, 218
Ochse I,2 73; II,1 329; →Weihnachtskrippe
Oetenbach III 210
Offenbach III 313
Offenbarung I,1 122, 164, 267, 283, 285, 300, 309f., 381; I,2 160, 191, 314f.; II,1 194, 211, 213, 283, 327; II,2 69f., 182, 242f., 341; III 209, 228, 276, 304, 318f.; IV 182, 194f., 281f.; IX 165; X 46f., 77, 151; XII 12, 20–23, 29f., 44, 61, 63f., 74, 81, 96, 107, 147, 157f., 162, 175, 179, 183f., 216, 231, 238, 261, 303f. *Quelle* XII 102, 179, 301. *Tora* XII 107; →Laubhüttenfest
Offenbarungsrecht IX 22–25
Offenbarungsverständnis V 139–202, 205, 208ff., 249, 251f., 254, 258f., 274; VI,2 118f., 180, 243, 254, 256, 307; VI,3 15–17, 72ff.; XII 20f., 23, 30, 63, 69, 72f., 77, 174, 178f. *Belehrung* I,2 256; V 146–148, 208ff.; VI,3 15; →Selbstmitteilung Gottes
offertorium VII 252f.
officium (Kirchenamt) IX 143–147, 151–158; →Amt, Amtsverständnis
Offizial IX 112, 141, 155
Offizium VII 276f.; →Brevier →Tagzeitenliturgie. Kathedral-O. VII 285. *Monastisches* VII 283–285
Ohrenfasten VII 344f.

Ökologie VI,3 124; X 22–24, 27, 57, 66, 72, 86, 88, 137, 140, 182, 217, 221; XII 262
Ökonom IX 141, 155
Ökumene III 360, 363; V 54, 123, 213–240; VI,2 272, 310; VI,3 217f., 281f., 286–289; VII 189–192; IX 68, 71, 74f.; X 108–111
Ökumenische Bewegung III 329–331, 336; V 233, 236; VII 107; XII 12, 40.
Ökumenische Gottesdienste VII 138–140
Ökumenischer Rat der Kirchen (ÖRK) III 310, 330f.; V 233, 235f., 238f.; VI,3 65, 287; XII 41, 123
Ökumenisches Patriarchat III 203
Ölbaum I,1 267; I,2 159, 287; II,2 145, 183f.; XII 55, 87, 126, 128, 131
Ölberg II,1 191, 232; II,2 24; VII 28, 72; XI 177, 179
Olmütz/Olomouc III 279
Olten III 309
Omriden I,1 36, 51, 63–65
Ontologie IV 67, 69f., 145, 189, 201, 216, 218, 220f. *Der Zeit* IV 97, 101–103
Ontologischer Gottesbeweis IV 149f., 173; V 22, 109
Opfer *Abrahams* XII 54, 119, 167, 189–191. *Christi* →Sühne, Sühnetod, Sühnopfer. *Eucharistisches* VII 57, 103, 219, 226, 236. *Kultisches/alttestamentliches* I,1 19, 97, 167–170, 174, 179, 182, 204, 219–263, 279, 302, 306f., 315f., 333, 338, 360f.; I,2 37, 59f., 64, 91, 115, 168, 178, 207, 289f., 310; II,1 179f.; III 38–43, 67; VII 12, 36, 200, 211f., 226, 228, 236, 281, 314; XII 119. *Mensch* I,1 219–225, 227, 229. *Messopfer* VII 208, 237, 239, 241, 254. *Tier* →Tieropfer
Opferfest XII 190f.
Opferfleisch II,2 84, 213, 228–231
Opferpriester XII 226, 228–230
Opferritual XII 105, 209, 218, 227–231, 264, 268
Opfertheologie, Sühnopfertheologie V 14; VI,1 53–60, 66f., 69, 134f., 152, 156, 158, 167, 193, 199, 216f.; VI,2 202, 244–247, 269f., 278, 289–299; VII 103, 226; XII 119, 258, 276
Opfertod Jesu →Sühne, Sühnetod, Sühnopfer
Option für die Armen II,1 260–262; V 69–71, 77, 79, 82, 197–200, 202, 242, 246f., 260; VI,1 124, 184f., 189–192, 205, 288f. (VI,1[3] 289f.); VI,2 171f., 237, 268, 272; VI,3 102, 104f., 160f., 165, 210f., 267, 292, 299, 317f., 320f.; X 10, 39f., 46, 58, 97f., 104, 109f., 114, 251; XII 187
Opus Dei (Personalprälatur) IX 150
Orakel I,1 108; I,2 18f., 160, 371; III 67
Ordensgemeinschaften *Frauen* III 269, 293, 301, 312. *Neuzeit* III 268f.
Ordensregel *Augustinus* III 114f., 121, 152, 162, 176. *Basilius* III 112f., 155. *Benedikt von Nursia* III 123, 134, 139, 145, 151, 162. *Cäsarius von Arles* III 114. *Franziskus* III 176. *Klara* III 172. *Kolumban der Jüngere* III 129. *Regula Magistri* III 123
Ordinarium VII 208
Ordination V 204, 210, 233; VI,3 270, 275, 293, 307–309, 312; IX 143, 146–148, 157–160; X 243; →Bischofsweihe →Diakonenweihe →Priesterweihe. *Absolute* VI,3 306, 308; IX 147. *Relative* VI,3 270, 307–309; IX 146f.
Ordnung gottesdienstlicher Texte und Lieder VII[3] 125; →Leseordnung
ordo (Weihestand) IX 143–151, 157–160. *Sakramentalität* IX 148
Ordo lectionum Missae →Leseordnung
Organspende XII 195
Orgel VII 331, 344
Orientalisch-orthodoxe Kirchen III 203;

IX 67
Orientalisch-katholische Kirchen III 203; IX 36, 65f., 78, 116, 128, 149, 205
Orléans III 244, 303
Orthodoxe Kirchen III 143–145, 337; IX 67f., 70, 75f., 78f.; XII 26f.
Orthodoxe Theologie VI,3 9, 26f., 223; IX 101f.
Orthodoxie II,2 187; V 43, 46, 78, 145, 151, 220, 227, 258; VI,2 171f., 232, 237, 253, 268; VI,3 84f., 250, 252, 254, 290, 300; X 30, 101, 110; →Glaube
Orthopraxie II,2 187; III 278; V 43, 46, 78, 145, 151, 220, 227, 258; VI,2 268, 272, 318f., 324; VI,3 82ff., 249f., 252, 254, 290, 292, 300, 302; X 30, 101, 110
Orthonyme Paulusbriefe II,2 44, 46
Ortskirche →Teilkirche
Ortsordinarius VII 309; IX 155, 158, 165, 201, 212, 216; →Bischof: Diözesanbischof/Ortsbischof →Bischofsvikar →Generalvikar
Osho-Meditationsgemeinschaft →Bhagwan-Bewegung
Osmanen III 201–203
Osnabrück III 136, 263; XII 138
Ostererfahrung V 177; VI,2 133, 159–162, 175–188, 199–201; VI,3 259f.; XI 13, 22, 127, 167
Ostererzählung II,1 128, 328; V 176; VI,2 160f., 188
Osterfestreit VII 325
Osterfeuer VII 329
Osterkerze VII 51, 65, 142, 173, 329, 332, 335; XI 205
Österliche Busszeit →Fastenzeit
Ostern III 72; VII 32, 90; XI 26, 36
Osternacht I,2 173; III 71f.; VII 43f., 51, 72–74, 156, 158, 161f., 164, 168, 174, 176f., 193, 200, 241, 304, 326–332, 334, 337, 339f., 342, 344, 346; XI 166
Osterpflicht VII 201, 331f.; IX 93
Ostertermin VII 307f., 325; →Osterfeststreit →Quartodezimaner
Ostiarier IX 148, 160
Ostkirche III 81, 154–156, 200–203; VI,3 45, 61–65, 84, 108, 194, 232, 271; IX 34–39, 116f.; →Unierte Ostkirche
Ostkirchenrecht IX 34–39
Ostrom III 132, 187, 201–203; →Byzanz
Ottonen III 140–142
Oxford III 183f., 195, 330

P

Paderborn III 136; IX 117
Pädophilie III 358; V 204
Pali-Kanon XII 217, 270, 274f., 279
Pallottiner IX 150
Palmprozession VII 33f., 39, 345f.
Palmsonntag I,2 158; VII 28f., 33, 345f.
Pamplona III 259
Pantheismus III 298; IV 152; XI 90
Pantheon I,1 38, 334; VII 363
Pantokrator VI,1 17, 109, 201
Papiasfragment («Auslegung der Herrenworte») II,1 172, 331
Papst, Papsttum, Bf. von Rom III 139–141, 186–195, 224–226, 284–287, 297, 304–307; V 24, 60–63, 280–210, 212f., 243, 290–292; VI,1 86, 189, 276f. (VI,1[3] 277f.); VI,3 222, 255, 272f., 275f., 278f., 281, 283f., 294f., 303, 308–310; VII 258, 263; IX 24f., 35, 38, 52, 79, 106–129, 131, 139–141, 154, 201, 270, 293; X 147f., 150–152, 234. *Renaissancepäpste* III 201, 217, 220, 223–225, 273. *Und Konzil* III 81
Päpstin III 140f.; →NAMENREGISTER: Johannes Anglicus
Papstkirche VI,3 255; X 147

Päpstlicher Rat für die Interpretation von Gesetzestexten (PCI) VII 31, 99, 150, 293, 296
Papstliturgie VII 232, 238, 348
Papsttitel IX 119–121
Papstwahl III 147f.; IX 106, 113, 123f.
Papstwahldekret III 81, 148
Paradies I,1 154, 157, 376; I,2 122, 206, 238, 241f., 313; III 110; VI,3 176, 204; VII 160, 364; VIII 283; XII 196–198
Paradigmenwechsel V 10, 38–41, 65, 87–89, 141–144, 149, 151, 157, 169, 172, 194, 196, 206–208, 221, 231, 253, 257; VI,1 17; VI,2 53, 273; VI,3 15, 56; X 10, 270
Paraklet II,1 314; VI,3 45f.; →Heiliger Geist
Parallelismus *Antithetischer* I,2 228, 340. *Membrorum* I,2 214, 227f., 340. *Synonymer* I,2 227, 340. *Synthetischer* I,2 227f., 340
Paramente →Liturgisches Gewand
Paränese, paränetisch VI,3 199; VIII 31, 41, 131–134, 136
Paris III 152, 164, 175, 183f., 190, 205, 210, 212, 217, 244, 259, 274, 276, 284–286, 318, 341
Parsen XII 26, 225
participatio actuosa →Tätige Teilnahme
Partikularkalender VII 309–311
Partikularrecht IX 32f.
Partikularsynode III 79, 309, 342; →Synode. *Europa (1991)* VI,1 21, 27. *Südamerika (Aparecida 2007)* VI,1 124, 173f. (VI,1[3] 174), 187, 190. *Südamerika (Medellín 1968)* III 350; VI,3 88, 316; VIII 286; X 108, 211. *Südamerika (Puebla 1979)* III 350; V 200, 247; VI,3 88; VIII 286; X 108, 212. *Südamerika (Puebla 2005)* VI,1 173
Parusie II,1 312; II,2 25, 185, 308–313, 334; V 14, 145; VI,1 234; VI,2 51, 165; VI,3 115, 118, 130, 138–141, 146, 153, 184, 224; VII 84, 264, 276, 318, 328, 350f., 356; XI 117
Parusieverzögerung VI,3 115, 140f., 146
Pascha →Pessach
Pascha-Mahl VII 211f.; XII 105f., 140; →Pessach
Pascha-Mysterium VII 16, 73–85, 94–96, 103, 143, 148, 152f., 168–170, 176, 203, 254, 272f., 291, 312, 323, 326, 334, 339, 350; X 236f., 245
Passau III 131, 144
Passauer Vertrag (1552) III 236
Passion Jesu VII 78, 85, 230, 234, 283, 344f.
Passionsgeschichte I,1 265; II,1 78, 128, 295, 328; II,2 272; VII 326, 332, 346
Passionssonntag VII 344f.
Passionszeit VII 339, 345
Pastor Bonus →Kirchenamtliche Dokumente und Rechtsquellen: Nachsynodale Schreiben etc.
Pastoral X 10, 35f., 85 f, 91, 111, 226, 250–252
Pastoralassistent, -in, Pastoralreferent, -in V 242; VI,3 284, 309; IX 152f., 156
Pastoralbriefe II,2 48f., 118, 313–323
Pastoralkonzeption X 12, 83, 85
Pastoralrat IX 113, 116
Pastoralstrategie VI,3 226, 312–323
Pastoraltheologie →Praktische Theologie
Pate, Patin VII 156, 162f., 165–167, 171, 175, 177f., 187f.; IX 82, 85–87, 90f., 292, 294, 300f., 308
Patene VII 49, 51, 228
pater familias II,2 48, 321f.; →Vater
Patriarch, Patriarchat, patriarchal III 153, 155; V 52, 249f., 298–301; VI,1 41; VI,2 49, 53, 61, 70, 93, 97, 101, 103f., 127, 140, 237–242, 273f., 276, 278, 285, 294ff., 298; IX 38, 116f.

Patrimonium Petri →Kirchenstaat
Patronat, Patrozinium VII 208, 311, 361
Patronatswesen, Patronatsrecht II,2 121; III 265; VIII 57
Patronin II,2 93, 105, 121f.
Paulusakten II,2 100, 227, 248; →Theklaakten
Pauperismus III 310–317
Pavia III 279
Pax Romana I,2 295; II,2 192, 278; III 21
Pbow III 108
Pelagianer, Pelagianismus III 80, 101f.; IV 92, 105; VIII 257
Pentateuch *Entstehung* I,1 107–123; →Tora
Peregrinatio pro Christo III 129; →Wandermissionare
Perichorese VI,1 23, 27, 29, 33
Peristasenkatalog II,2 94, 280
Perser, Persien I,1 37, 89–94; I,2 145–169
Personalität III 316. *P.sprinzip* VIII 292
Personalpfarrei IX 212f.
Personalprälatur IX 150
Perugia III 171
Pessach I,1 230, 273f., 306, 308–310; I,2 343; II,1 337; VII 74, 76–78, 82, 211f., 216, 221, 267, 324–326, 336; XII 90, 101, 104–107, 120, 128; →Pascha-Mahl →Pascha-Mysterium. *P.-Haggada* I,1 309, 314; VII 76f., 212
Petrusevangelium II,1 328
Pest I,1 262; III 204–206, 238, 270–272
Petitio principii VIII 279f.
Pfad, Achtfacher/Achtgliedriger XII 32, 206, 275f., 286, 296, 300
Pfarrei III 75, 127f., 365; V 203; VI,3 302; VII 133f., 136f., 296, 321; IX 107, 116, 118f., 132–136, 152f., 270–272; X 88, 144, 268f., 271. *Errichtung* IX 114. *Leitung* VI,3 309–311; IX 134f., 152f., 270f., 273f., 280. *Pfarreirat* III 342f.; VI,3 283, 303, 311; IX 113, 116, 271, 284. *Pfarreiversammlung* IX 271
Pfarrer III 127, 147, 257, 288, 292, 321, 365; VI,3 308; VII 48, 142, 176; IX 107, 111, 116, 118, 133–135, 146, 152f., 156–158, 165, 177, 212f., 272f., 280–282, 285. *Wahl* IX 133, 272, 279, 284
Pfarrgemeinderat VI,3 303; IX 113
Pferd I,1 313; I,2 35f., 67, 88f., 94, 163; III 265
Pfingstbewegung III 295
Pfingsten I,1 309; I,2 129; III 15f., 72; VI,2 166f.; VII 36, 80, 115, 122, 139, 148, 153, 162, 177, 303, 334–338; XII 107, 120
Pfingstereignis II,1 252; II,2 25f.; VI,3 46–48, 261; VII 334, 337; X 10, 67
Pfingstkirchen IX 70
Pflichten aller Gläubigen VII 95; IX 80f., 294, 297, 305; →Gebetspflicht →Osterpflicht →Sonntagspflicht
Pfründe III 133, 147, 253; IX 281; →Benefizium →Kirchenfabriksgut
Pfründenkumulation III 228, 253
Pharao I,1 31, 59, 122, 202–205, 245, 273–279, 294, 296–298, 300–305, 313, 378f., 381f.; I,2 78, 83, 216, 295; II,1 145, 147, 152f.; X 46. *Tochter* I,1 59, 281–283, 304, 381; I,2 172
Pharisäer II,1 123, 176, 178–184, 197, 263, 307–309, 317f., 335; II,2 55f., 62, 84, 145, 247; V 242; VI,2 35–37, 53, 78, 146
Phasenübergang VI,1[3] 304f.
Philippusakten II,2 134
Philippusevangelium III 31
Philister I,1 53–58
Philokalie XI 149f.
Philosophie IV. *Jüdische* XII 95–98. *Gegenstand* IV 15–20. Moralph. VIII 22, 97, 120, 158, 197, 205. *Politische* IV 106f., 204, 221, 251–272

Pietismus III 214, 293, 295; IV 163f.; VI,2 254; X 177
Pilgerwesen III 73f., 157, 162ff.
Pilgrimfathers III 265
Pilsen III 199
Pippinische Schenkung III 135
Piusbruderschaft I,1 269; III 253, 344, 358, 363f.; VII 22; XII 48
Piusverein III 331
Platonismus, platonisch IV 44, 55, 94, 97, 99f., 124, 139, 271; V 21, 106; VI,1 30, 43, 137, 240 (VI,1[3] 241); VI,2 213, 228; VI,3 179, 184, 186–188, 206; XI 120f.
Pluralismus V 237. *Religionstheologischer* V 222, 225–230; VI,2 312–316
Pneuma VI,1 33; VI,3 37ff., 90
Pneumatiker III 30
Pneumatologie, pneumatologisch VI,2 315, 318; VI,3 173, 190, 206, 212f., 222–224, 227, 244, 248, 262, 287, 294f., 304ff., 311; VII 89, 158, 197, 199
Pneumatomachen VI,3 58–60; →Makedonianer
Poitiers III 114, 132; X 270
Polen (ki.-gesch.) III 144, 186, 204, 244, 249, 280, 310, 322, 332–334, 346, 348f., 353; IX 35; XII 124
Politischer Katholizismus III 301, 325
Polyandrie IX 168; XII 236
Polygamie I,1 352; IX 168, 173, 197
Polygynie IX 168
Polytheismus I,1 238, 333–335; XI 120; XII 36, 48, 147, 156f., 211, 213, 233
Pönitentiarie →Gericht: Römisch Kurie
Pontifex *Maximus* III 67f.; IX 119, 128. *Romanus* IX 119f. *Summus* IX 119
Pontifikale VII 232
Porto Alegre III 330
Postmoderne III 223; IV 189f.; VIII 121
potestas *Iurisdictionis* →Jurisdiktionsgewalt →sacra potestas. *Ordinis* →Weihegewalt →sacra potestas. *Regiminis* →Leitungsgewalt, kirchliche
potestas-directa-Lehre VIII 57, 60
Potsdam III 274
Prädestinationslehre III 102f., 245f.; XII 162
Prädikantengottedienst →Predigtgottesdienst
Präexistenz V 184; VI,2 240–210, 222f., 269
Präfation VII 87, 239, 256f., 259f., 263, 340, 363. *Fastenzeit* VII 340. *Weihnachtsfestkreis* VII 83, 94, 349f., 352, 357
Präfekt (Kongregation) IX 110, 112, 131, 154
Prag III 183, 195f., 232, 279, 346
Prager Fenstersturz *1419* III 198f. *1618* III 262
Präimplatationsdiagnostik VIII 278, 297f.
Praktische Theologie VII 178–194; X. *Geschichte* X 13–19
Prälat IX 131
Prämonstratenser III 164ff.
prana XII 232f.
Präsident (Päpstlicher Rat) IX 154
Präskriptivismus VIII 107f.
Praxeologie X 221–272
Praxis *Theoretische* X 62–64, 72. *Verhältnis zur Theorie* X 29–31. *Verständnis* X 21, 24–26
Predigerorden →Dominikaner, Dominikanerinnen
Predigt VII 14, 58, 105–107, 124f., 131f., 138, 140, 240, 250, 252, 286f., 320, 343; IX 159
Predigtgottesdienst VII 133, 250, 320
Prekarität X 118; →Armut, Arme, Armenfürsorge
Presbyter *Ntl* II,1 88, 133; II,2 46, 55, 98, 287, 325, 337; VI,3 108, 262
Presbyterat IX 142, 148–150, 162; →Pries-

terweihe
Presbyterium VII 129; IX 131
Priester I,2 15, 27, 30, 41, 60, 69, 85, 101f., 104, 116, 120f., 127f., 133f., 145–147, 149, 159f., 165, 170, 177, 179, 181, 192, 219, 249, 266, 281, 283–285, 289–292, 309f., 316, 318, 331, 337, 339, 356; II,2 137, 180; III 93, 341; VI,3 262, 305–307, 311; VII 17, 28, 41, 55, 60, 98–100, 105, 113, 129, 131, 133f., 158, 163, 174, 197, 201–204, 223, 226, 230, 232–239, 241, 243, 246, 248, 250, 253–256, 258, 262f., 265f., 268f., 273, 285, 288, 295f., 328f., 332, 344, 346; IX 147, 159f.
Priestermangel VII 134, 275
Priesterrat IX 106, 113f., 132, 152
Priesterschrift, priesterliche Grundschrift I,1 111, 116–118, 121f., 133, 209, 212, 232, 247, 300; I,2 116, 303, 331
Priestertum *Allgemeines* II,2 332; III 342; V 207f., 251; VI,3 267, 284, 303–305; VII 48, 95, 97–102, 135f., 143, 172f., 251f., 254, 259, 278; XI 117. *Besonderes* VII 97–101; IX 140. *Christi* II,2 327; VII 13, 95, 98, 101, 172
Priesterweihe III 77, 254f.; V 40; VII 40, 128; IX 142, 149, 152
Priesterzentrierung der Messe VII 236–238
Primas III 251; IX 121
Primat des Papstes III 54, 87, 154, 202, 255, 303–307, 337; →Jurisdiktionsprimat
Primatialgewalt IX 121–123
primus inter pares IX 125
Priszillianer, Priszillianismus III 80; VIII 43
Privatmesse III 309; VII 29, 238, 243
Privilegium Paulinum II,2 224; IX 25, 97, 173f., 194, 197, 204
Privilegium Petrinum IX 25, 97, 179f., 194, 197, 199, 204
Probabiliorismus VIII 81
Probabilismus VIII 81f., 195–197
Processus confessionis V 239f.; X 98, 110, 198, 261
Proexistenz VII 77–79, 82, 88, 98, 147, 221, 225, 261
Profess IX 206
Professio fidei IX 164
Projektion V 91–96, 98, 101, 104, 109–111, 197, 264–266; VI,1 11, 42, 52f., 55–59, 66, 68, 93, 104, 114, 138, 199, 228; VI,2 40, 94; VI,3 99
promotor iustitiae (Kirchenanwalt) IX 18, 141, 152
Promulgation IX 17
Propheten I,1 23–26, 34, 70, 82, 88, 142, 195, 197f., 214, 258, 288, 358; I,2 16f.; V 190f., 245; VI,1 133–135, 140; VI,2 89, 96 131; VI,3 35, 37, 47, 75, 135; VII 229; XI 17; XII 80f., 179, 182
Prophetie I,1 328; I,2 15–211; XI 21f.
Prophetinnen I,1 316; I,2 60, 170–186; XI 17, 21
Proprium (Liturgie) VII 204
Proselyten II,2 38
Proskynese II,1 157, 226f.
Prostratio VII 332
Protestation III 234; V 97, 267
Protoevangelium des Jakobus II,1 329
Provinzhypothese II,2 255
Prozession III 72, 140, 156, 206, 239f., 257, 262, 275, 288, 325, 332; VII 34, 39, 136, 235, 252, 285, 305, 329, 334, 337f, 345f., 352, 355
Pruntrut III 261
Psalter, Psalmen I,2 334–360; VII 279, 284, 288, 291f.; XI 145, 151, 164; XII 82, 86, 112, 116, 119, 141–143, 185, 300
Pseudepigrafie I,2 226, 312f.; II,2 46–48, 295–300, 310, 313f., 328

Pseudo-Matthäusevanglium II,1 329; XII 177
Psychiker III 30
Psychologie VI,3 98; X 64, 73
Ptolemäer I,1 95f.; I,2 266f., 281, 319
Publizistik, katholische III 325, 331
Puebla III 350; V 200, 247; VI,1 173; VI,3 88, 316; VIII 286; X 108, 212
Puja XII 249f., 292
Puma III 265
Puranas XII 240f.
Purim XII 101, 110f., 251
Puritaner III 264–266

Q

Quadragese, Quadragesima VII 157, 339, 341f.
Quadrivium III 182
Quantenphysik VI,1[1–2] 243, 251–253, 259f., 262, 273f., 279–286; VI,1[3] 244, 252–254, 260f., 263, 274f., 280–287
Quartodezimaner II,1 338; VII 325
Quatember VII 301
Quellenhypothese I,1 114f., 117
Qumran I,1 98, 107; I,2 72, 107, 136, 285; II,1 41, 148; II,2 18; VI,2 34f.; VI,3 258; XI 119

R

Rabba (Rabbat-Ammon/Rabbat-Bene-Ammon) I,1 35, 64
Rache I,1 234, 238f., 305, 321, 350; I,2 350f.
Rama I,1 29; I,2 175
Ramadan XII 54, 107, 146, 186–189, 191f. (XII[3] 191–193)
Ramayana XII 210, 234, 239f.
Rat für die Interpretation von Gesetzestexten (PDI) IX 150
Räte, Päpstliche IX 106
Ratha Yatra XII 253
Rationalismus III 275, 296, 298; IV 24, 41, 138, 146; V 139f., 163
Räubersynode →Synode: Ephesus (449)
Raum, heiliger XII 14
Ravenna III 135, 143
Realidentität IX 182–184, 197, 218
Realpräsenz III 154, 234, 240f., 254; VII 52, 116f., 239, 242
Realsymbol VI,3 235f., 239, 242; VII 51f., 233
Recht *Aller Gläubigen* VII 95; IX 80f., 292, 294f., 297, 305. *Ethische Bedeutung* VIII 149–156. *Und Gewissen* VIII 229f. *Und Moral* IX 114f.
Rechtfertigungslehre II,2 144, 151, 169–172, 175, 177–182, 296; III 253; VIII 62–65, 70, 129, 169, 212f., 215
Rechtsbegriff IX 13–27, 54. *Kanonischer* IX 27–34, 55f.
Rechtspositivismus IX 21f., 43; →ius positivum
Rechtssprache →Kirchensprache
Rechtsstreit I,2 87, 91, 233, 255
Reconquista III 159f.; VIII 57; XII 161
Redemptoristen III 299
Reduktionen (Jesuitenstaaten in Südamerika) III 267, 280; IX 58
Reflexionszitat II,1 151, 167f.
Reformation III 224–251; V 22, 25, 55, 77f., 204, 211, 217, 235; VI,2 24, 90f.; VI,3 70, 108f., 148, 195, 217, 221, 223, 234, 274–276, 287f., 293, 305; VII 164f.; X 119, 138, 147f., 264; XI 48f., 55, 64, 102f., 117, 179; XII 26, 155, 161–163, 199. *Deutschland* III 225–236. *Niederlande* III 248f. *Schweiz* III 236–249
Reformationsjubiläum 2017 III 366

Reformierter Weltbund II,2 144; X 98, 198, 262
Reformkloster III 150–152
Regalieninvestitur III 149f.
Regenbogen I,1 182f.; I,2 126, 328; →Bogen
Regenerationszeit III 290
Regensburg III 131, 146, 324; XII 172
Regensburger Rede (12.9.2006) III 358; XII 55, 164, 171f., 195
Regula Magistri III 123
Regula pastoralis III 124f.
Regularkanoniker III 152, 160f.
Reich Gottes I,2 280, 318; II,1 58, 75, 162, 305, 312, 330, 340f., 347, 352–355; V 39, 171, 189f., 197, 201, 213, 218f., 221, 230, 241f., 244–247, 254, 259; VI,1 7, 111, 166, 168, 170f., 173, 194, 232–236, 249 (VI,1³ 250), 287 (VI,1³ 288), 298f. (VI,1³ 299f.), 303 (VI,1³ 304f.); VI,2 13, 23, 40, 52, 59–61, 64–66, 71–74, 84, 87–92, 103f., 120, 129–131, 139; VI,3 21, 111f., 115ff., 141ff., 156f., 205, 208–213, 224f., 250, 271, 312f., 320f., 322f.; X 171–205, 222–263. *R.-Botschaft/-Verkündigung* II,1 70, 75, 78, 90, 193–197, 237, 354, 360f.; II,2 19; X 5, 173, 261. *R.-Praxis Jesu* II,1 361; II,2 19f.; X 64, 95, 198, 230, 232, 237f., 246, 248, 261, 281
Reichsdeputationshauptschluss III 287
Reichskirche III 141–143, 147, 287; X 147
Reichstag III 217. *Augsburg 1518* III 230. *Augsburg 1530* III 234f. *Augsburg 1555* III 236. *Berlin 1871* III 299. *Berlin 1932* IV 212. *Berlin 1933* III 323f.; IV 254. *Regensburg 1803* III 287. *Speyer 1126* III 165. *Speyer 1526* III 234. *Speyer 1529* III 234, 241. *Worms 1076* III 149. *Worms 1521* III 231f.
Reims III 121, 133
Reinheit I,1 128; II,1 95; III 146f., 324; VII 48, 266
Reinheitsvorschriften I,1 96, 315; I,2 127; II,2 85, 163
Reinkarnation VI,1 228; VI,3 124, 196–199; XII 17, 28, 32f., 217–219, 232, 239, 247, 260, 266, 269, 275, 277
Reislaufen →Söldnerwesen
Reklusen III 151
Rekonziliation III 41, 62; →Busse
Rekurskommission IX 268
relativ, Relativierung, Relativität IV 125; V 14–16, 39, 57, 111, 223; VI,3 91, 131, 173, 175, 216, 221, 224f., 246, 252ff., 282; X 11, 24, 142, 168, 200, 210, 235
religio licita III 64
Religion IV 23, 26, 35, 90f., 106, 163f., 169, 174, 177–182, 189, 203, 212, 216, 252, 262, 273–275, 281–283, 289; V 85–138; VI,1 17, 35–37, 41, 48, 54, 64, 71; VI,2 39, 55, 57, 155, 160, 229, 239, 298, 307–318, 322; VI,3 27, 81, 105f., 147, 270, 285. *Kennzeichen* XII 12–14
Religionen V 14, 19, 23, 26, 52, 54, 79, 81, 92f., 107, 109, 162, 194f., 205, 207, 220, 221–231, 237, 253, 259, 265, 280, 300; VI,1 7, 11, 55, 59, 89, 92, 94, 103, 114, 117, 131f., 176, 213, 245 (VI,1³ 246); VI,2 14f., 260, 279, 307, 310–316, 322; VI,3 105f.
Religionsfreiheit III 64f., 283, 296, 302, 310, 322, 333, 345; V 87–89, 136, 207, 259; VI,3 281; IX 50f., 59, 219f., 229, 277, 304, 306; XII 45–49, 115, 125f., 151, 153, 201f. *Individuelle* IX 47f., 228, 235, 253–255, 260. *Kollektive* IX 255, 257. *Korporative* IX 47f., 228, 235f., 256–258; XII 173. *Negative* IX 228, 255–257; XII 46. *Positive* IX 228, 255f.; XII 45f.
Religionsgemeinschaft/-gesellschaft IX 234–240, 263f.

Religionskritik IV 23–26; V 90–112, 137f., 258, 263–273; VI,1 41; VI,3 98, 274
Religionsmündigkeit IX 84, 241, 248, 260
Religionspädagogik VI,2 122; VII 199; X 246
Religionsrecht IX 54f.; →Staatskirchenrecht
Religionstheologie, pluralistische V 223, 227, 229, 231, 234; VI,2 312–316; VI,3 106; XII 56–59, 63f., 214, 283
Religionsunterricht III 310, 322, 325; IX 159, 220, 237, 240–250; X 144, 164; XII 18; →Bildung. *Islamischer* IX 244f., 248; XII 202
Religionsverschiedenheit *Ehehindernis* IX 205, 215f.
Religionswissenschaft III 356; V 221f.; VIII 169; XII 12f., 17–23, 67, 217
Reliquien III 73f., 163f.; VII 311, 361. *Kreuzreliquie* III 238
Renaissance III 185, 213, 220; IV 305; VIII 17, 89; X 264; →Papst, Papsttum, Bf. von Rom: Renaissancepäpste
res cogitans IV 145, 153; VI,1$^{1-2}$ 240; VI,1^{3} 241
res extensa IV 145, 153; VI,1$^{1-2}$ 240; VI,1^{3} 241
res mixta IX 48f., 221, 240f., 244, 248
Residenzpflicht IX 158
Responsorium VII 290, 293f.
Restauration III 287–289
Retter II,1 44, 153, 187–190, 218, 222, 264
Retterbaby VIII 298
Reue I,1 268; I,2 63, 128; III 38, 181, 254; VI3 194; VII 203, 247; IX 295, 300; X 242; XII 50, 108f., 126, 151, 188.
Revised Common Lectionary (1922) VII 126f.
Revolution X 17. *Februar 1848 (Paris)* III 297. *Frz. (1789–1799)* III 281–285, 289–291; IX 17, 182, 224; X 148; XII 47. *Herbst 1848 (Rom)* III 297. *Hermeneutische* X 42f.; →Dreischritt, methodischer. *Industrielle* VIII 22, 262. *Juli 1830 (Paris)* III 290, 296. *Kulturr.* III 340; X 139; XII 36. *März 1848 (Deutschland)* III 299. *Oktoberr. (1917)* III 321f. *Studentenrevolte 1968 (Paris)* III 341
Revolutionsmodell I,1 43
Rezeption einer Lehre (consensus fidelium) V 63; VI,3 295
Rheinbund III 286
Rheinfelden III 309
Rind I,1 204, 326f., 345, 347, 355, 368; I,2 67, 75, 202, 271; →Kalb →Stier
Ringparabel I,1 263, 336; XII 164
Rippe I,1 110, 153f.
Risorgimento III 296–298
rites de passage (Übergangsriten) IX 89
Ritter III 156–162
Ritterorden III 160–162
Ritual VII 36–38; XI 156; XII 14
Ritualmord I,1 262; III 40, 208
Ritus *Byz.* III 154; VII 278, 303, 353; IX 36. *Malabarisch* III 267; XII 254
Ritusfamilie VII 230; IX 36
Rituskirche IX 35f.
Rom II,2 12, 51, 94, 98, 100, 139–201, 218, 263, 269–271, 286f., 308, 315, 326, 333, 348; III 20f., 31, 37, 66, 73, 78f., 130f., 153, 162f., 167, 191–194, 227f., 274, 285, 296–298, 303, 307, 315, 323, 350, 359; VI,3 64, 149, 230, 269, 271, 275; VII 21, 122, 226, 230–232, 245, 251, 256, 265, 285, 309, 325, 342, 348, 352, 363; IX 24, 34, 36, 105, 108, 120, 130
Römisch-Katholische Zentralkonferenz (RKZ) IX 271
Rorate-Gottesdienst VII 118, 358
Rosch ha-Schanah I,1 230, 310; XII 101, 108f.

Rosenkranz VII 62, 239; XI 144, 146, 150–153, 185
Rota Romana IX 203; →Gericht: Römische Kurie
Rottenburg III 304, 307; IX 89
Rouen III 185
ruach →Geist: ruach (atl)
Rubriken VII 24, 169, 237f., 241, 243, 309
Rüsttag II,1 62, 337

S

Sabbat, Sabbatgebot I,1 88, 97, 111, 138, 308, 323f., 326–330, 344–348; I,2 116, 156; II,1 62, 75f., 175; II,2 158, 161; VI,1 94f., 135, 141, 197f., 256 (VI,1³ 257); VI,2 36f., 78–80, 117, 120f., 126, 184; VII 74, 312–218, 322, 324; XII 74, 101–104, 113f., 119; →Jubeljahr →Sonntag
Sacco di Roma III 234
Sachanalyse VIII 287–290
Sachseln III 214
Sachsenkriege III 136, 143
Sachsenmission III 131f.
sacra potestas IX 45, 142, 160f.
sacramenta maiora VII 18, 26, 143, 199
sacramenta minora VII 144, 199
Sadduzäer II,1 179, 183f., 334f.; II,2 18; VI,2 33, 36, 146f., 173f., 184; VI,3 170–172
Saeculum obscurum III 139–141
Safawiya XII 150
Saint-Denis III 135
Saint-Gilles III 165
Sakrament V 39, 88, 206, 218f., 224, 235, 249, 254, 299; VI,1 158; VI,3 22f., 78, 226ff.; VII 16–19; IX 77f.; X 240–244. *Einsetzung der* VII 81. *Ostkirche* VII 18, 143, 163, 189, 198. *Siebenzahl* III 253; V 39; VI,3 241f.; VII 18, 81; IX 179; XII 255
Sakramentalien VII 13, 61, 63f., 81, 86, 91, 204; IX 292
Sakramentar VII 231f.
Sakramentenempfang IX 19, 292f., 297, 300f., 308
Sakramentenlehre VI,3 22f., 78, 107, 228–242
Sakramententheologie VI,3 107, 235, 239; VII 17–19, 84; IX 100–103
Sakristan IX 156, 281
Säkularisation (1803) III 287f.; V 294; VI,2 24, 254f.; IX 220, 232
Säkularisierung III 288, 352, 371; VI,2 24; XII 225
Säkularkanoniker III 152
Salafiten XII 27
Salafisten XII 60, 152f.
Salamanca III 184; IV 126; VIII 54–62
Salbung III 135, 254; VI,3 108; VII 43, 97, 143, 153, 157f., 163, 166f., 186, 196, 199; IX 73, 83; X 242, 244; →Chrisam →Krankensalbung →Myronsalbung
Salerno III 182
Salesianer III 312
Salesianerinnen III 269
Salzburg III 130f., 144, 257, 262; VII 186
Samaria I,1 32, 63f., 69, 72, 87, 92f., 96, 99f., 104; I,2 32, 39, 41, 54–56, 65–67, 69, 77, 82, 84, 87, 178, 180, 190; II,1 199, 228, 231f., 234–236, 254, 334; II,2 23, 37f.; III 17, 19
Samaritaner II,1 183; II,2 18, 38
Samgha XII 210, 271, 288
Samsara XII 217f., 220, 260, 300; →Kreislauf (des Lebens) →Seelenwanderung
San Damiano III 171f.
San Diego III 266
San Francisco III 266
San José III 266
Sanctorale VII 302

Sanctus VII 84, 89, 257, 259, 263f.
Santa Barbara III 266
Santiago de Compostela III 136, 159, 162f., 191, 274
Santo Domingo V 247
Sarabaiten III 111
Sarazenen III 139, 142
Satan I,1 165, 195, 260; I,2 248–250, 303; II,1 55–57, 80, 341; II,2 95, 346, 349; V 177, 136; VIII 66, 69; IX 73
Satisfaktionstheorie V 191; VI,2 244–247
Sättigungsmahl II,2 232–235; VII 220, 226–229
Satzungsrecht →Autonomes Satzungsrecht
Säuglingstaufe VII 63, 161, 163f., 166, 174, 179–181 (VII^{3} 179f.), 187–189, 342; IX 39, 83f., 86, 102; →Kindertaufe
Säulen der Kirche II,2 32, 83; XII 127; →Paulus →Petrus
Säulen des Islams (fünf) VII 296; XII 27, 148, 150, 174, 183–189
Savona III 287
Schächer II,1 252, 264; XI 97
Schächten I,1 215; XII 191, 231
Schaf, Widder I,1 104, 168, 224f.; I,2 67, 139, 202, 240f., 271, 317, 335, 338; II,1 24, 67, 240, f., 317, 338; II,1 23, 120 (II,1^{3} 121), 175, 182f., 288, 311, 318, 353; XII 104, 107, 191; →Lamm
Schafaniden I,1 52, 79
Schaffhausen III 207, 242, 248, 302
Schafiiten XII 148f.
Schalom I,1 37, 41, 253; I,2 216; II,2 172; →Friede
Scham I,1 158, 162; I,2 309
Schamanen XII 37; →Heil, Heilung
Scharia XII 49, 193–195 (XII^{3} 194f.)
Schasu I,1 44–46
Schaufrömmigkeit VII 235f., 242, 272; →Augenkommunion
Schawuot I,1 307, 309f.; XII 101, 106f., 120
Schema Israel I,1 19–21; VII 296; XII 113
Scheol I,2 304; VI,3 167
Schiiten XII 27–30, 149f., 158, 162
Schisma, Schismatiker III 341; IX 19, 68, 79, 248, 291–295, 298, 307; XII 256
Schisma *Abendländisches* III 81, 193–195. *Grosses/Morgenländisches (1054)* III 119, 137, 144, 152–157, 201, 339, 352; IX 34
Schlange I,1 127, 156–161, 164–167, 178, 287, 295; I,2 78, 303; II,1 145; III 29f.; XII 208
Schlüssel des Himmelreiches II,1 178, 196
Schmalkaldischer Bund III 235
Schmetterlingseffekt VI,1$^{1-2}$ 298; VI,1^{3} 299; X 277–280, 282
Schoah I,1 263; XII 41, 116, 132, 139, 145
Schofar I,1 230; I,2 338
Schola cantorum III 125
Scholastik, scholastisch V 22, 24, 27; VI,1 25, 28, 290 (VI,1^{3} 291); VI,2 243; VI,3 66, 117f., 178, 186, 205, 232, 274; VIII 55–62, 77, 88, 121, 165, 195, 212, 225, 233. *Neuscholastik* IV 112, 126; V 27–32, 77f., 148, 158, 162, 167, 173, 181, 211f., 214, 277f.; VI,2 115, 253; VI,3 68, 153f., 158, 162f., 234, 276; VIII 24; X 15, 149, 177. *Spätscholastik* VIII 40, 56, 66, 255
Schönheit I,1 277; I,2 239f., 242, 259, 292; VIII 288; XI 16, 107, 156, 201
Schöpfer I,1 136, 138f., 142, 144, 214, 266, 336, 369, 371, 375; I,2 135f., 139f., 142, 215f., 222, 229f., 234, 275, 286; II,1 215; IV 69f., 124f., 131f., 152; V 44, 104, 112, 115f., 139, 169, 273; VI,1 3, 96, 237–303 (VI,1^{3} 238–305); VI,2 205, 208, 220, 226, 245, 256, 281; VI,3 18f., 67, 73, 77, 93, 152, 211; VII 108, 278; XII 25, 28f., 50f., 54, 93, 95, 102, 166f., 180, 193, 243f.; XII 246

Schöpfung I,1 130–133, 138f., 180f., 346f., 375; II,1 273; II,2 73; IV 104, 117, 124, 146, 281; V 46, 116, 146, 238; VI,1 43, 164, 237–303 (VI,1³ 238–305); VI,2 76, 88, 110, 177, 185, 205, 207–210, 218, 220, 233, 246, 257, 279, 281f., 284, 292, 303, 318; VI,3 19, 54f., 62, 64, 77, 86–88, 90, 117, 128, 132, 134, 143, 145, 155, 166, 183, 189f., 195, 201, 203, 206, 208, 211, 231; VII 33, 108, 169, 219, 262, 278f., 317, 336; XII 76, 96, 176f., 179, 181, 222, 238, 263
Schöpfungserzählungen/-mythen I,1 110, 127–154, 180, 231, 280, 329, 375f.; I,2 107, 116, 303; II,2 240, 306; V 146; VI,1¹⁻² 249; VI,1³ 250; VI,3 34; VII 35; XII 78f., 102
Schöpfungsmittlerschaft II,1 277f., 280; II,2 259, 262
Schöpfungsordnung I,2 216, 222, 282; II,2 240f., 306; VII 313, 318; IX 23, 167, 193–195, 204; XII 217
Schöpfungstheologie I,1 344; VI,1¹⁻² 237, 239, 241–244, 260, 274; VI,1³ 238, 240, 242–245, 261, 275; VI,2 208; VI,3 86–88, 208; IX 170; XII 299
Schrei Jesu am Kreuz II,1 15f., 61; II,2 177
Schrift(en), heilige XII 14, 28, 32, 34, 55, 78–84, 226–241, 261, 267, 301
Schriftbeweis VIII 128f.
Schriftgelehrte II,1 176, 179, 183f., 335
Schriftprinzip →sola scriptura
Schriftsinn III 91; VI,2 228
Schuld I,1 158, 326f.; I,2 235, 254–256; II,1 351; III 102, 181, 354; V 99, 110; VI,1 56, 58, 196, 219, 233, 245–247 (VI,1³ 246–248); VII 63, 247, 340f.; VIII 80, 233, 236, 245, 262; IX 299; X 145, 183f.; XI 60f., 87, 109, 127; X 109, 129f., 170. *Historische* XII 132
Schuldbekenntnis *Allgemeines/gemeinsames* VII 204, 247. *Der Kurie (12.3.2000)* III 354f.; XII 56, 170
Schule *Frankfurter* IV 181f.; V 188; VIII 176; X 76. *Franziskanisch* VIII 50. *Laon* VIII 46. *Salamanca* VIII 56, 59, 62, 81. *St. Viktor* VIII 46. *Tübinger* VI,3 275; VIII 87f.; X 15, 149, 177
Schultheologie V 22, 27–32, 65, 71, 73, 78, 277f.; VI,2 243, 249; VI,3 68f., 118, 153f., 234, 279; →Neuscholastik
Schutz von Benachteiligten und Schwachen I,1 151, 280, 319, 325, 328, 359–368, 370, 383
Schutzengel XI 192
Schwangerschaftsabbruch VIII 85, 90, 109, 140, 175, 298f.; IX 123, 164; XII 195
Schweden III 142, 191, 263, 286; IV 136; IX 61
Schweigen I,2 131; II,2 243; V 128; VI,2 108, 214; VI,3 19, 94f.; VII 55, 101, 256; →Stille. *Frau* II,2 213, 244
Schweigegebote Jesu II,1 103f.
Schweine I,1 97; I,2 310; II,1 107; XI 39; XII 15, 113
Schweiz (ki.-gesch.) III 311f. *Religionskarte* IX 253. *Staatskirchenrecht* IX 251–309
Schweizergarde (Regiment der frz.-kgl. Garden) III 284
Schweizerische Konservative Volkspartei (KVP) III 332
Schweizerischer Evangelischer Kirchenbund (SEK) VII 191; IX 270, 276
Schweizerischer Katholischer Frauenbund III 332
Schweizerischer Katholischer Volksverein III 332
Schwur I,1 221, 248, 292, 336, 343; I,2 273
Scientology Church IX 258
Seder XII 106
Seele I,1 149, 152; I,2 302–304, 345, 355;

II,2 153, 249; III 24, 29, 50, 52, 179, 212, 307; IV 25, 31, 44, 46–50, 75, 80, 83f., 95, 99, 101, 109, 116, 136, 142, 145, 153, 156, 166, 172f., 177, 186, 245, 285; V 106, 132, 265, 272; VI,3 70, 94f., 120, 170, 177f., 180, 183–198, 235f.; VII 47, 234, 273, 348; VIII 35, 67, 80, 83, 86, 225, 231, 233, 257; IX 40, 100, 176; X 139, 175; XI 24, 31, 33, 98f., 186, 190f., 232; XII 197f., 219, 233, 236, 238, 247f., 266f., 286. *Sterblichkeit, Unsterblichkeit* II,2 249; III 183, 201; V 106132, 272; VI,3 170, 178, 184f., 188, 198; XII 25, 159

Seelenwanderung XII 150, 219, 260

Seelisberger Thesen I,1 264f.; XII[1–2] 120–123; XII[3] 121–123

Seelsorgerat, Pfarreirat V 208; VI,3 284, 304; IX 113, 284

Seelsorgliche Dienste, Anspruch auf IX 296, 201f., 304, 308

Segen *Existenzielle Dimension* I,1 33, 131, 137–140, 165, 185, 189, 192–196, 218, 375, 378, 380; III 237; VII 63, 85f., 92, 108, 186, 222. *Innerhalb der Familie* I,1 169, 234, 239, 243; IX 76. *Kultische Dimension* I,1 12, 190, 194, 221f., 235f., 241, 279, 326, 338, 346; VII 215, 225, 296. *Liturgisch* I,1 206; I,2 349; III 76, 127, 157; VII 13, 39, 60, 63f., 86f., 92, 130, 187, 189, 213, 215f., 223, 225, 253, 268f., 285, 290, 296, 326, 331, 345f., 354f.; IX 70, 160, 177, 185; XII 112f., 115, 119, 228. *Verständnis* I,1 165, 194–196, 235, 380; VII 207f.

Sehen – Urteilen – Handeln →Dreischritt, methodischer

Seher →Propheten

Sekretariat für die Einheit der Christen III 335f.

Sekte III 35f., 40, 56, 98f., 179f.; IX 229

Selbstmitteilung Gottes I,2 259, 316; V 143, 149–156, 168f., 181f., 187, 190, 195f., 200f., 204, 214ff., 218, 249, 258; VI,1 18f., 33f., 77, 83, 160, 279 (VI,1[3] 280); VI,2 17, 19, 312–315, 317f., 322; VI,3 15–19, 69, 73–83, 102, 105, 111, 158; XII 174, 261, 299; →Offenbarungsverständnis: Belehrung

Selbsttranszendenz VI,3 157f.; XI 106

Seleukiden I,1 96–98; I,2 281, 308–310, 319

Selige VII 311

Seligpreisungen II,1 197, 258f.; V 247; VI,2 72, 85–87, 92; XI 15, 132f., 200

Semeia-Quelle II,1 295

semel catholicus, semper catholicus IX 69, 79, 192, 291

Semipelagianismus III 80

Sempach III 194

Seniorengottesdienste VII 137f.

sensus fidei V 46, 60, 63, 251

Septuaginta I,1 24–26, 95, 131, 145, 154, 263, 311, 329; I,2 16, 42, 72, 107, 195, 294, 341f.; II,1 166 (II,1[3] 165f.), 200; II,2 56; III 26

Sequenz I,1 313; VII 239, 252, 336; XI 34

Seraf, Serafim I,2 77–79; VII 264; XI 108

Sexualethik III 341; VIII 171, 178

Sexualität I,2 244f., 301; II,2 154, 223; VIII 41, 147, 240, 296, 300; IX 167, 169f., 186; XI 15, 100, 108–114, 212; →Konkupiszenz

Sexualmoral V 204; VIII 285, 300; X 160

Shintoismus XII[1] 19, 31, 33f., 290 (XII[2] 289)

Shivaismus XII 210

Sichem (Nablus) I,1 32, 38, 56, 61, 91–93, 100, 108, 116, 197f., 242f., 245; III 49

Siddur XII 113

Sidon I,1 38; I,2 122, 308; II,1 182; VI,2 29, 73

sieben (Zahl) I,1 42, 111, 132, 147, 179, 240, 242, 268, 280, 284, 367; I,2 122, 162, 164, 172, 225f., 231, 246, 253, 278, 338f.;

II,1 139f.; II,2 343, 347f.; VI,3 22f., 227, 237, 241f., 244, 263; VII 16, 18f., 136, 196, 282, 285, 313, 317, 324, 335f.; VIII 217, 219
Siebenerkreis (Jerusalemer Urgemeinde) II,1 234; II,2 33–38; III 18; VI,3 263
Sigrist →Sakristan
Sikhismus, Sikhs XII 27f., 225, 241, 299
Simonie III 147, 150; VI,3 233, 273
Sinai (Wüste, Gebirge) I,1 31, 45, 113, 115f., 273f., 309, 311, 314–317, 323, 329; I,2 61, 126, 192; II,1 156; III 74, 109f.; VII 211, 336, 342; XI 119, 121, 148f.; XII 301
singen I,2 336; III 159; VII 42, 86, 238, 246, 250, 268, 279, 284, 293f.; IX 27
Sinnfrage I,1 12–14, 33f. 125–127, 132–134; I,2 114, 253f., 279, 284, 298
Sinnlichkeit VII 42–44
Sintflut, Sintfluterzählung I,1 68, 111, 141, 175–185, 305, 377f.; I,2 206; VII 160, 169, 342
Sinus-Milieu (Studie) V 9; X 123, 166–168, 266–268
Sippenhaftung I,1 341–343
Sitte III 244f.; VIII 34, 38, 61, 153, 266
Sitten VS III 194, 260, 291, 344
Sittenlehre III 182, 239, 306; VIII 50, 95f., 165
sitzen VII 38f., 275
Sklaven, Sklaverei I,1 44f., 66, 205, 295–298, 332, 346f., 361f., 365–367; I,2 46, 151, 156; II,2 63, 102, 114, 125, 129–131, 133, 135f., 140, 152, 160, 177, 179, 209, 226, 263, 270, 272–274, 286–293, 303, 331f.; III 56, 69, 76, 96f., 111, 137, 159, 266; V 250, 301; VII 149, 155, 336; VIII 33, 61; XII 103–107
Skrutinium VII 157, 167
Slawen, Slawenmission III 143–145, 153
societas perfecta III 78; VI,3 223, 225, 275–277
Sodalitium Pianum III 320
Sodom und Gomorra I,1 156, 196, 216–218; →Gomorra
Sohn Gottes, Gottessohnschaft II,1 40–42, 50, 52–54, 56f., 61, 63, 67, 81, 96, 102f., 129 (II,1[3] 130), 141, 146, 157, 182, 266, 287f., 315f., 339, 341; II,2 20, 71, 131f., 259; VI,1 23, 82, 84, 168, 170, 181, 231f.; VI,2 123, 133, 201, 203f., 207f., 210, 215f., 218f., 222f.; VI,3 40, 42f., 84; XII 162
Soissons III 135
Sol invictus III 42, 63, 65, 72; VII 35, 348
sola fide II,2 144; III 228, 235; VI,3 234; VIII 253
sola gratia II,2 144; III 228, 234; VI,3 193
sola scriptura III 79, 215, 228, 253f., 305; V 24, 55, 59; VI,3 292; VIII 128
Söldner I,1 100; III 189, 238, 240, 327; VIII 70
Solidarität I,2 351; II,1 258, 260; II,2 89f., 236, 276; III 16, 40, 60, 69, 289, 316; V 53, 119, 124, 139, 143, 192f., 202, 299, 301; VI,1 79; VI,2 68, 95, 270, 300; VI,3 104, 163, 191f., 198, 200–203, 211, 248, 317; VII 271, 273, 291, 343; VIII 264, 293–295
Solidaritätsbeitrag IX[1] 308; IX[2] 308f.
Solidaritätsprinzip VIII 293f.; X 208, 274
Solidarność III 346
Solothurn III 260, 291, 301f., 309; IX 251, 268, 281f.
Sonderbund/Sonderbundskrieg (1847/1848) III 297, 300f.; IX 252, 254
Sonne XII 184, 208f., 227f., 230, 246, 301
Sonne-Mond-Gleichnis III 169, 186
Sonnenkalender VII 308; →Kalender, julianischer
Sonntag I,2 157; III 66, 68f.; VII 74, 82, 118, 120, 122f., 134–136, 206f., 226, 229, 241, 246f., 259, 268, 291, 302, 304, 306,

309f., 312–325, 335, 342, 348, 356, 361–364; IX 236, 254; X 160. *Sonntagspflicht* VII 98, 143, 247, 314, 319–321
sophia II,1 274–279, 330; VI,2 205–209; VI,3 37
soter II,1 44; →Retter
Soteriologie V 191; VI,1 16, 55; VI,2 24f., 215f., 244–247, 251ff., 254f., 268f., 277f., 289ff.; VI,3 19f.; *Buddhismus* XII 290f.
Souveränität III 190
Sowjetunion (ki.gesch.) III 332–334, 339, 345–347
Sozialarbeit III 293
Sozialdemokratie III 316f.
Soziale Frage III 96f., 300, 313–317
Sozialer Katholizismus III 301, 314
sozialer Wandel III 48, 59–61, 69f.
Sozialethik, (kirchliche) III 296, 317; VIII 17f., 71, 125f., 267, 293
Sozialform(en) der Kirche X 9, 86, 88f., 91, 143, 149, 156, 159, 161, 164, 223, 263f., 267, 270, 272
Sozialismus III 291, 298, 313, 316; V 95. *Religiöser* III 316f.; V 79; VI,3 156
Sozialkritik, prophetische I,1 34, 82; I,2 41, 82, 86f., 92, 189, 192
Soziallehre, Sozialverkündigung, kirchliche III 322, 343; VIII 22f., 27, 89, 281, 284f., 292; X 45, 56, 65, 150, 154, 172, 206–209, 211f., 274; →Katholische Soziallehre
Sozialpastoral X 90f., 107f., 111
Sozialreform III 40, 48, 59–61, 69f., 96f., 101, 313, 315, 351; VI,1 196. *Atl* I,1 81–84; I,2 154
Sozialwissenschaften →Human- und Sozialwissenschaften: Sozialwissenschaften
Soziologie X 64, 73, 118, 123
Speisevorschriften I,1 88, 96, 213–215, 328, 379; II,2 85, 117, 163, 230, 253, 256f., 259, 302; III 238f.; XII 15, 270
Spenden (Geld, Naturalien) VII 219, 229, 237, 252f.; →Almosen
Speyer III 165, 234, 254; IX 117
Spezialseelsorge IX 226, 236f., 254, 283
Spiel III 61; VII 29–35, 72, 100f.
Spiritaner III 268
Spiritualen III 176
Spiritualia IX 279f., 282, 285
Spiritualität V 249f., 299–301; VI,1 50, 84, 116; VI,3 9, 11, 101, 315f.; VII 62f.; X 12, 101–103, 110, 178, 245, 258, 281; XII
Sport III 61
Spruchstrafe IX 298
St. Gallen III 139, 146, 211, 240, 242, 248, 290, 302, 304, 332, 342; VII 275, 297f.; IX 89, 115, 251, 268, 295, 301; XII 133
St. Petersburg III 274
Staat und Kirche (Verhältnis) →Kirche und Staat, Verhältnis zw.
Staatskirche, Staatskirchentum, Landeskirche III 250f., 278, 284, 288, 293f., 300f.; VIII 144; IX 56–58 (IX^2 57f.), 220, 277f., 283; →Landeskirche
Staatskirchenrecht IX 43, 46–63. *Bundesrepublik Deutschland* IX 219–250. *Schweiz* IX 251–309
Staatskirchenvertragsrecht IX 50–54
Staatsreligion III 68–70; IV 93, 106; V 88; VI,3 27, 147, 270; VII 230; IX 252; X 146
Stabilitas III 123
Stäfa III 128
Stammbaum →Genealogie
Stans III 215
Starez, Starzen (Laienmönch) III 155
status/processus confessionis V 239; X 110, 198, 261
stehen VII 38f., 275, 283f., 290, 316
Sterbefasten XII 33
Sterbehilfe VIII 138, 304f.; XII 195

sterben VII 146–148
Stern, Sterne I,1 131; II,1 147–149; IV 27f., 135; VI,1 259; XI 83; XII 196, 208
Steyn III 217
Stier I,1 62f.; II,1$^{1-2}$ 35; II,1^{3} 36; VI,1 48; XII 208; →Kalb →Rind
Stiergötterkult I,1 64, 198; →Kalb, Goldenes
Stiftskapitel IX 156
Stille III 150–152; VI,3 94f.; VII 53, 55, 93, 102, 176, 245, 248, 252, 256, 272, 281, 293, 297f., 332, 344; XII 109, 185, 284; →Schweigen
Stoa I,2 270; II,1 274; II,2 222; III 14, 24, 50; XI 89f., 94, 99, 111, 155
Stockholm III 330
Stola VII 48, 142
Stolgebühr IX 302f.
Strafe →Gericht. *Kanonische* IX 17–19, 165, 297f. *Spruchstrafe* →Tatstrafe
Strafwunder II,1 258
Straßburg II,1 27; III 186, 211, 234, 244f., 254, 361; V 239
Stringenz VIII 288
Stringtheorie VI,1$^{1-2}$ 243, 294; VI,1^{3} 244, 295
Strothmann-Argument VIII 280
Stühlingen III 233
Stundengebet →Brevier →Tagzeitenliturgie
Stupa-Kult XII 279f.
Sturm I,1 141, 144; I,2 123f., 130, 208f., 246; II,2 25; VI,3 25, 33; X 152; XII 246
Styliten III 110
Subdiakon, Subdiakonat IX 140, 148f.
Subjekt der Liturgie VII 95
Subordinatianismus III 82; VI,1 22f., 27; VI,2 218f., 223; VI,3 57
Subsidiarität III 316; VIII 264, 294
Subsidiaritätsprinzip VIII 294; X 209, 254, 274
subsistit V 232, 234; VI,3 281; IX 70
Substanz →Wesen (Substanz)
Substitutionstheorie XII 55, 89, 118, 126, 139
Südreich I,1 60–69, 244–246; I,2 67f.; II,1 41; →Juda: Geschichte
Sueben III 120f.
Sufismus XII 27, 76, 151–153, 160, 185, 285
Suffraganbistum, Suffraganbischof IX 117
Sühne, Sühnetod, Sühnopfer I,1 231; II,1 180, II,2 176f., 327; V 157, 191, 270; VI,1 49, 56,193, 217; VI,2 25, 202, 244, 246, 269, 278, 289f., 293; VII 226, 228, 237, 258, 261; XII 106
Sukkot →Laubhüttenfest
Sünde, Sünder I,1 135, 158, 167, 171, 176, 181, 265, 377; I,2 56, 79, 111, 127, 141, 254, 257, 289, 303; II,1 21, 76, 140f., 177, 187f., 224, 229, 262f., 349–351; II,2 17, 106, 142, 150, 153, 160, 164–168, 175, 178f., 189, 193, 198, 305, 327, 336; V 14, 72, 117, 120, 125, 157, 191, 249, 287, 299f.; VI,1 56, 136, 152, 155–159, 173, 231–236; VI,2 81, 161, 202f., 233f., 243–246, 251ff., 278, 289ff., 295, 299f.; VI,3 146, 171f., 175f., 194f., 197, 230, 254, 290f., 292; VII 49, 57, 60, 93, 148, 151, 168–171, 213, 223, 320, 330; VIII 39, 44, 47, 49, 79f., 82, 194, 197, 213, 235–249, 252, 255, 258, 282f.; IX 83, 95–98, 157, 167, 300. *Soziale/strukturelle* II,2 166–168, 192, 195, 250; V 249, 299; VI,1 136, 172f. (VI,1^{3} 173f.); X 208, 211f., 215f., 241, 272
Sündenbekenntnis III 62, 235; VII 157, 201–204; XII 109f.
Sündenbock VI,1 52–55, 142, 193; XII 109. *Christen als* II,1 332; III 39f. *Juden als* I,1 262
Sündenfall I,1 157; I,2 303; V 120; VI,3 175; VII 108; VIII 282
Sündenmacht II,2 86, 142, 147, 152, 157, 167, 187, 199, 250, 258
Sündenvergebung →Vergebung

sündige Kirche VI,3 290f.
Sunniten IX 61; XII 27, 148f., 153, 158, 162
Suprematsakte (1534) III 250
Sure, Suren XII 157, 165, 175–182, 185–187, 190; →Bibelstellen: Anhang
Suspension IX 18
Sutra XII 270f.
Syllabus errorum III 298, 303; VI,3[1–2] 276; VI,3[3] 275
Symbol I,1 147–149; V 128, 130f.; VI,2 205, 257, 286, 291–294, 300–302, 321; VI,3 112, 232, 235f.; VII 51f. *Symbolhandlung* X 237–240. *Symboltheologie* V 129–132, 138, 170f., 201, 258; VI,3 235ff.; VII 233
Symbolum III 33; →Glaubensbekenntnis
Synagoge *Gebäude* II,1 179; II,2 34, 88, 207; XII 74f., 84, 88. *Institution* I,2 115. *Liturgie* I,1 218; VII 112, 123, 229, 282, 284, 314; XII 78, 82, 102f., 108, 112. *Synonym für die jüdische Gemeinde* II,1 166 (II,1[3] 165), 247, 261, 307–312, 317; II,2 38, 40f., 183, 194, 279, 281, 283; XII 89f. *Typologie* I,2 73; XII 117, 139
Synaxis VII 96
Synhedrium II,1 63
Synodalrat IX 268f., 284f.
Synode (Kirchenversammlung) III 35f., 77–80, 134; →Konzil →Partikularsynode. *Legislative einer kantonalkirchlichen Körperschaft* III 309; IX 268f., 282, 284f. *«Kadaversynode» (897)* III 140. *Synode 72 (Schweiz)* III 342f.; VI,1 25, 27; VI,3 218, 316; VII 257; IX 214. *Alexandria (430)* III 80. *Antiochia 1 (264)* III 79. *Antiochia 2 (268)* III 79. *Antiochia 3 (269)* III 79. *Arles (353)* III 80. *Capua (391)* III 80. *Clermont (1095)* III 157. *Deutsche Evangelische Kirche (6.9.1933)* III 328. *Diamper (1599)* XII 255. *Diospolis (411)* III 80. *EKD (1950)* XII 123. *Elvira (um 302)* III 77, 80. *Ephesus (449, «Räubersynode»)* III 80, 85f. VI,2 232, 234. *Erfurt* III 150. *Fastensynoden (Rom)* III 148. *Fritzlar (1118)* III 164. *Gangra (355)* III 111. *Gemeinsame Synode der Bistümer in der Bundesrepublik Deutschland (1971–1975)* III 342; VII 139; IX 113; XI 87; XII 56, 131. *Karthago (255)* III 52f. *Karthago (256)* III 53. *Karthago (418)* III 80. *Konstantinopel (360)* III 112. *Konstantinopel (448)* VI,2 232. *Konstantinopel (543)* VI,3 203. *Konstantinopel (843)* III 153. *Laon (909)* III 145. *Lateran (1059)* III 147; →Konzil: Lateran. *Mainz* III 150. *Mileu (Mila, 416)* III 80. *Orange (529)* III 80. *Passau* III 150. *Räubersynode* →Synode: Ephesus (449). *Ravenna (968)* III 143. *Reims (1148)* III 166. *Rimini (359)* III 80. *Rom (261)* III 79. *Rom (312)* III 80. *Rom (340/341)* III 80. *Rom (378)* III 80. *Rom (382, «Tomus Damasi»)* VI,2 225; VI,3 61. *Rom (386)* III 80. *Rom (390)* III 80. *Rom (417)* III 80. *Rom (430)* III 80. *Rom (465)* III 80. *Rom (1014)* VI,1 24. *Rom (1074, Fastensynode)* III 148. *Rom (1075, Fastensynode)* III 148. *Rom (2014/2015)* III 361f. *Rom (1302)* III 188. *Schweiz (1875) III 309. Schweiz (1876)* III 309; *Schweiz 1972* →Synode: Synode 72. *Serdika (Sofia, 343)* III 80, 83. *Sinuessa (303)* III[1–2] 80. *Sutri (1046)* III 148. *Toledo (400)* III 80. *Toledo (675)* VI,1 25. *Trier (335)* III 80. *Würzburg* →Synode: Gemeinsame Synode etc.
Synoptiker II,1 22–33, 271, 293f., 305, 328f.
Synoptische Frage II,1 113
Synopse II,1 37
Syrisch II,2 40, 341; III 96, 107
Syro-Malabarische Kirche IX 36, 38; XII 26, 256f.

Syro-Malankarische Kirche IX 36; XII 27, 257; →Unierte Ostkirche

T

Tabennisi III 107f.
Tabernakel VII 49, 347; XI 83
Tabor I,2 176; II,1 54; III 199; XI 221; →Verklärung
Taboriten III 199
Tag Jahwes →Jüngstes Gericht
Tagesgebet VII 75f., 244, 248, 363
Tagzeitenliturgie VII 13, 23f., 58, 85, 132, 139, 275–294, 296–299, 311, 317, 363; IX 158; XI 167–170; XII 82, 119; →Brevier →Psalter, Psalmen. *Geschichte* VII 22, 281–289
Talar VII 48
Talionsrecht I,1 319–322
Tallit XII 113f.
Talmud I,1 209, 280, 313f., 324, 343; I,2 172; XII 82f.
Taoismus XII 31, 36f., 216
tätige Teilnahme VII 9, 95, 101f., 240, 243, 271–273, 296; XI 166
Tatstrafe IX 18f., 164f., 291f., 298
Taube I,1 129; I,2 63, 200, 240f.; II,1 52f., 251; III 125; VI,3 29, 40; VII 336; XII 208
Taufaufschub VII 187; IX 84
Taufberufung VII 100, 174, 194, 200, 204, 316
Taufbuch IX 87, 91, 103f.
Taufe II,1 36, 38, 40f.; III 71, 231, 253, 363; V 210, 224, 235, 240, 292, 299; VI,2 49; VI,3 44, 48f., 78, 108, 229f., 233, 239, 267; VII 37f., 99–101; IX 71–75, 83–89, 191; X 144, 164, 241f., 262; XI 12, 17, 45–50, 60, 69, 117f., 121, 131, 204f., 221f., 241; →Erwachsenentaufe →Initiationssakramente →Kindertaufe. *Alte Kirche* VII 155–162. *Geschichte* VII 153–177. *Gültigkeit* IX 73–76. *Jesu* II,1 21, 51, 339f.; II,2 30, 334; VI,2 52, 61ff., 217; VI,3 40–44, 46, 48, 232; VII 154, 303. *NT* II,1 233; II,2 36, 38, 40f., 107, 129f., 134f., 152, 155f., 162, 166, 185, 197, 207, 219, 249, 302, 322; VII 154f. *Rechtsfolgen* IX 88, 297. *Voraussetzungen* IX 83–85
Täufer, Täuferbewegung III 182, 234, 240, 247–249; VI,2 90; VI,3 148; VII 162, 164, 189; VIII 74; IX 58; X 148
Tauferneuerung VII 195f., 331, 339f.
Taufformel III 52f., 363; VI,3 43; VII 17, 37, 61, 100, 145f., 162, 170, 189; IX 73f.
Taufgedächtnis/Tauferinnerung VII 136, 139, 170, 178, 192–194, 198, 200, 204, 247, 316, 339; →Asperges
Taufgnade VI,3 70, 108–110; VII 153, 158, 161, 180, 182; IX 69
Taufkerze VII 65, 167, 172f.; XI 205
Taufkleid II,2 129; VII 48, 161, 167, 172f., 186, 337
Taufpraxis II,1 51; II,2 248; →Immersionstaufe
Taufpriestertum →Priestertum, allgemeines
Taufritus II,2 129; VII 157, 163, 166f., 189; IX 73
Taufschein IX 88, 90, 95, 103
Taufspender VII 99f., 162; IX 73, 158f.
Taufwasserweihe VII 64, 142, 164, 168–170, 331, 353; IX 73
Taufzeuge, -zeugin IX 86f.; →Pate, Patin
Tausch →Commercium (heiliger/wunderbarer Tausch)
Taylor-Prisma I,2 68
Te Deum VII 289, 356
Tefillin XII 113
Tehillim I,2 339; →Psalter, Psalmen
Teilkirche VI,3 280, 288, 303, 313; IX 111, 116, 130–132, 270–272, 288, 292f., 295,

299
Teilungshypothesen (1+2 Kor) II,2 213–217
Tel Aviv I,1 51; I,2 372
Teleologie, teleologisch VIII 52f., 112f., 119, 181–184, 187, 189–191, 203, 267f., 274
Tempel I,1 37, 52f., 60, 77f., 87f., 91f., 97f., 100, 103f., 116, 133, 141, 144, 167, 186, 274, 292, 295, 310, 312, 316, 330, 334, 338, 360; I,2 63, 77f., 91, 94, 97f., 100, 118–120, 146f., 149f., 158–160, 177–182, 193, 284, 310, 329f., 334, 338, 357f.; II,1 77, 179f., 313; II,2 27, 228, 327; III 16, 18–23, 68, 74f., 163; VI,2 149f., 155; VI,3 52, 90, 267; VII 264, 281f., 314, 324f., 344; XII 208. *Reinigung* VI,2 149f.; VI,3 298; X 191f., 228. *Zerstörung* I,1 25, 37, 85f., 104–107, 187, 226, 230f., 259–261, 310; II,1 41, 90f. (II,1^{3} 90–92), 98f., 125, 172f., 179f., 186, 227, 243, 307, 359; II,2 22, 311f., 333; V 242; XII 88
Tempelweihfest →Chanukka
Templerorden III 160f., 191
Temporale VII 302
Temporalia III 145; IX 279f., 282, 285
Tenach/Tanach I,1 23, 25f., 255, 269; I,2 184; XII 78, 83
Territorialabtei IX 110, 125
Territorialitätsprinzip IX 132, 135f.
Territorialprälatur IX 130f.
Terziarinnen III 178
Tetrarchie III 43, 63
Tetramorph XII 245f.; →Adler →Engel →Löwe →Mensch
Teufel III 270f.
Thal SG III 314
Theismus X 99, 110; XI 90, 174–176
Theklaakten II,2 100, 134, 227
Theodizee I,1 226; V 114–124, 137, 258; VI,1$^{1-2}$ 49f., 162, 165, 238, 242; I,1^{3} 49f., 162, 166, 239, 244; X 28, 104
Theodotus-Inschrift II,2 34f.
Theologie *Der Befreiung* III 340, 350–352; V 53, 66, 69, 71, 77, 79, 134, 193, 197–199, 202, 243f., 254; VI,1 289 (VI,1^{3} 290); VI,2 263–266, 271f., 273f., 301; VI,3 88, 129, 160f., 165, 179, 267, 268f., 290, 303, 317; X 40, 54, 88, 91, 93, 99, 197, 207. *Nach Auschwitz* V 121–123, 127f. *Verständnis* V 64–71, 81–83
Theonomie VI,3 51, 92–94
Theophanie I,2 77–79, 123–127; →Vision
Theotókos →Gottesgebärerin
Theozentrik IV 131
Theravada-Buddhismus XII 210, 279
Thesenanschlag (31.10.1517) III 229; XII$^{1-2}$ 162
Thomasakten VII 157f.
Thomaschristen III 267; XII 26, 206, 253–256, 262
Thomasevangelium II,1 114, 327–329, 332; II,2 134; III 31; VI,2 45–47, 98
Thomismus, thomistisch IV 78, 126; VI,1 36; VI,2 215; VIII 51f., 54, 56, 154
Tiara III 188f., 343
Tiefenpsychologie V 99, 193–197, 259; VI,3 97–101
Tiere I,1 137–139, 154, 159f., 178–182, 185, 214f., 238, 253, 278, 308, 337, 347f.; I,2 67, 202, 204, 299, 325, 328–331; VI,1$^{1-2}$ 246; VI,1^{3} 247; VII 266, 313, 323, 338; XII 113f., 205, 208, 262f., 266; →Adler →Bär →Elefant →Esel →Kalb →Kamel →Lamm →Löwe →Pferd →Puma →Rind →Schaf →Schwein →Stier →Taube →Ziege
Tierfrieden III 110
Tieropfer I,1 179, 224f., 230f., 263, 279, 302, 306, 360; I,2 297, 310; XII 104–107, 109, 190f., 231, 247
Tina-Syndrom X 131
Tisch des Brotes VII 117; →Altar

Tisch des Leibes Christi VII 107, 241, 244f.; →Altar
Tisch des Wortes VII 105, 117, 119, 130, 244f., 249; IX 159; →Ambo
Tischgebet VII 213, 219f., 227, 259; XII 112f.
Tischgemeinschaft II,2 82, 85, 109, 163, 170; V 189, 235, 300; VI,1 97, 159; VI,2 81, 95; VI,3 142; X 96, 107, 177, 186, 230, 274
Titularbischof IX 110, 147
Titusbogen I,1 105; I,2 338f.; II,1 68, 99
Tobijaden I,2 179f., 267, 281f.
Tochter Zion →Zion
Tod I,2 275; II,2 166, 173, 177, 181, 199, 250; V 51, 57, 99, 102–107, 116, 118, 135, 137, 146, 157, 174, 179–181, 187f., 271, 287; VI,1 46, 112f., 152, 165–169, 172–174, 221–224, 232–234; VI,2 186, 189, 194f., 251f., 277, 299; VI,3 21, 60, 104f., 112, 116ff., 125, 145, 158, 166ff., 174–182; VII 146–148; X 23, 25, 77f., 101, 110, 135, 142, 159, 165, 172, 185, 195, 199, 211, 216–218, 241, 244f., 249, 261
Todesgefahr IX 294, 300, 308; →Nottaufe
Todesstrafe I,1 104, 259, 350f., 354, 360, 370; I,2 310, 320; III 39, 67, 101, 181f., 207, 278; VIII 140
Todsünde III 227; IX 95f.
Toledo III 132, 159
Toleranz I,1 89, 283, 335f.; I,2 306; V 79; VI,2 83; VI,3 291; XII 61, 152, 211f.
Toleranzedikt (Galerius, 311) III 43
Toleranzpatent III 279
Toleranzvereinbarung (Konstantin d. Gr., Licinius, Mailand 313) III 38, 64; VI,3 270
Tomus Damasi →Synode: Rom (382)
Tonsur III 232, 340; IX 140, 149f.
Tora I,1 23f.; I,2 184–186, 223, 282, 284; II,1 177, 179, 190–192, 283; II,2 158–169; V 82, 189; VI,2 33, 36, 55f., 74–84, 88, 120, 146, 149; VII 111f., 123, 280, 292, 296; X 172, 192; XII 61, 75, 78–80, 82f., 87f., 92f., 95f., 99, 103, 115, 136, 141; →Pentateuch: Entstehung. *Gehorsam* II,1 175; II,2 161–164, 166, 169–171, 261. *Schrein* XII 84
Tordesillas, Vertrag von (1494) III 225
Töss III 210, 212
totale Institution X 105
Totenbuch, Islamisches XII 197f.
Tötungsverbot I,1 349–351
Tours III 75, 114, 120, 132, 163
Tradierung des Glaubens V 10; X 94, 110, 162. *Kulturell-soziale* X 264. *Missionarische* X 264–266. *Pädagogische* X 264f.
Traditio Apostolica III 54, 57; VI,1 22; VII 156–158, 199, 221, 226f., 255, 260, 262, 282f.
Tradition/Überlieferung, kirchliche I,2 282; III 340; V 41, 46, 55, 58–60, 62, 64, 81f.; VI,1 69, 204, 210; VI,2 23, 39, 48, 110f., 117, 121, 238, 283, 304; VI,3 13, 31, 66, 70, 75, 100, 220, 225, 247, 278, 292, 305; IX 163
Traditionshypothese II,1 26, 32
Tränenbrief II,2 104, 215–218
Translatio imperii III 136ff.
Transsubstantiation VII 233
transzendentale Illusion X 196
transzendentale Mystifizierung X 196
Transzendenz IV 185, 273; V 129, 197; VI,1 20, 43, 49, 62f., 85; VI,2 116, 124, 229, 278, 282; VI,3 26, 158; XII 14
Trappisten (Zisterzienserorden der strengeren Observanz) III 269
Traubefugnis IX 157, 159, 212f., 215
Trauer I,1 264, 310; I,2 89, 153f., 248, 276; II,1 118, 259, 342, 355; II,2 49, 185, 284f., 349; III 134, 386; V 74; VI,1 66, 69, 74;

VI,2 196; VI,3 207, 317; VII 184, 271, 303, 327, 341f.; X 10, 36f., 39, 54, 113, 171, 231, 233, 253., 272; XI 44, 62f., 108, 173; XII 110, 116, 193
Trauerfasten VII 332, 342
Trauermetten VII 333, 346
Traum, Traumdeutung I,1 239f., 247, 249, 300; I,2 17, 239f., 247, 249, 317, 320–327; II,1 151f.; VI,3 96f.; →Vision
Trauma I,1 37, 254f., 304f., 313f.
Trauungsassistenz VII 99; IX 39, 158f., 180f.
Trauvollmacht →Traubefugnis
Trauzeugen IX 180f., 212
Trennung von Kirche und Staat VIII 144; IX 58f., 271, 287
Trennungskantone IX 271, 276
Treue *Bundestreue* I,1 116, 279, 334, 336; I,2 75; VII 87, 257, 281, 314; IX 83, 195; XII 125. *Im Dienst* IX 144. *In der Ehe* I,2 58; IX 98, 188, 195, 197. *Zum Gelübde* IX 206. *Zum «Gesetz»* I,1 78, 383; I,2 267, 272f., 297. *Vertragstreue* I,1 71; IX 223
Treueid VI,3 218f.; VII 16; IX 226. *Ggü. Christus* VII 16. *Ggü. JHWH* I,1 120; VI,1 118. *Ggü. dem Kg.* III 149. *Ggü. dem Staat* IX 226.
Treuga Dei (Gottesfrieden) III 146
Trialog der abrahamitischen Religionen XII 21f.
Triduum paschale/sacrum VII 326–328, 338, 342
Trient →Konzil: Trient
Trier I,1 73; III 27, 107, 133, 164, 254, 298; IX 223
Trinität, immanente und ökonomische VI,1 27, 33; VI,3 62, 71, 74f.
Trinitätslehre, Trinitätstheologie I,1 141, 214; III 84, 104, 247; IV 187; V 145; VI,1 23–34; VI,2 225; VI,3 26, 50, 57, 66, 74ff., 272; XII 162, 177, 179, 295–303. *«Psychologische»* VI,3 63, 66
Tritojesaja I,2 71f.
Tritopaulinen →Pastoralbriefe
Triumphalismus VI,2 179f., 276; VI,3 222, 268, 271, 275
Trivium III 182
Trondheim III 191
Trullanum →Konzil: Konstantinopel 3
Tschechien III 258, 348f.
Tschechoslowakei III 346f.
Tugend, Tugenden IV 44–47, 77f., 81–86; VIII 27, 31, 35–41, 48f., 52f., 87, 93, 110, 124f., 149, 203–220, 242f., 272, 275, 303; XII 21, 34f., 234. *Göttliche* IV 45; VI,3 67. *Theologische* VIII 36f., 53, 87, 125, 204, 217–220
Tugendethik VIII 26, 79, 92, 203–220
Tugendlehre VI,3 66f., 103
Tuileriensturm (1792) III 284
Tun-Ergehen-Zusammenhang I,1 172f., 305f., 321, 364; I,2 215–217, 220, 235f., 248, 254, 256, 272–274
Tu-quoque-Argument VIII 279
Turin III 217, 312
Tutiorismus VI,3 322; VIII 82, 85–87
Tyros/Tyrus I,1 38, 199; I,2 45, 122; II,1 72, 182; II,2 51; III 42; VI,2 29, 73

U

Übergangsritus, Übergangsritual VII 37, 63–65, 143, 159, 197
Über-Ich X 247
Ufenau III 128
Ulm III 185, 212, 233
Ultramontanismus III 252, 288f., 298, 304–307; VI,3 275
Umkehr, Bekehrung I,1 267f.; I,2 63, 81, 121f., 195 (I,2³ 196), 201f., 204, 207f.;

II,1 44, 73, 118, 127, 162 (II,1^{3} 161), 192; II,2 22, 71, 185; III 181; VII 132, 148–151, 154, 190, 194, 200–205, 247, 326, 339–345, 357; XI 36–40, 42, 45, 47f., 50, 60, 85, 87, 107, 121, 167, 220f.
Umma XII 60, 151, 157, 184, 188f.
Umweltethik VIII 303f.
Unabhängigkeitserklärung (1776) →Kirchenamtliche Dokumente und Rechtsquellen: Historische Rechtstexte
Una-sancta-Bewegung →Ökumenische Bewegung
Unbewegter Beweger IV 79f., 290; V 109; VI,1$^{1-2}$ 36, 270, 290, 294; VI,1^{3} 36, 271, 291, 295
Unfähigkeit zur Übernahme kirchlicher Aufgaben IX 18
Unfehlbarkeit (päpstliche), Unfehlbarkeitsdogma III 289, 296, 303–307; V 40, 60, 63f., 210f., 290–292; VI,3 276, 278f., 294f., 308; IX 164f.
Ungültigkeit kirchlicher Handlungen IX 18
Unierte Ostkirche IX 34–37, 89, 116f.
Uniformitas →Vereinheitlichung: Liturgie
universale/universelle Bestimmung der Güter X 199, 210f., 215
Universalkirche III 299; IX 111, 116, 119f., 295
Universität III 170, 182–185
Unsterblichkeit der Seele V 106, 132, 272; VI,2 24; VI,3 170, 177f., 184–188, 198
Unterlinden III 210
Unternehmensethik III 314; VIII 302
Unterscheidung der Geister VI,3 54, 103–107; XI 27–34
Upanishaden XII 32, 208f., 217, 226, 231–233, 237, 259
Uppsala III 330
Ur in Chaldäa I,1 31, 197
Urevangeliumshypothese II,1 26
Urflut I,1 109, 130, 180; I,2 229f., 328
Urkirche II,1 165 (II,1^{3} 166), 234, 247, 258f.; II,2 32, 110, 139, 142, 328; III 15–22, 107
Urknall I,1 129; VI,1$^{1-2}$ 243, 251, 253, 255, 258f., 262f.; VI,1^{3} 244, 252, 254, 256, 259f., 263f.
Urkundenhypothese →Quellenhypothese. *Neuere* I,1 115–117
Ursulinen III 257
Utilitarismus VIII 108, 184–186
Utopie I,2 157; V 128f.; VI,1$^{1-2}$ 287, 289; VI,1^{3} 288, 290; VI,3 111, 161, 164; X 62, 77, 117, 242. *Utopische Vernunft* X 196. *Utopischer Horizont* X 86, 90, 141, 194, 196, 198, 201, 203
Utraquisten III 199
Utrechter *Kirche* III 308f. *Union* III 310, 360; IX 78

V

Vaduz III 364
Vajrayana-Buddhismus XII 211, 280
Valladolid, Disput von (1550/51) VIII 61
Vancouver III 330
Vater II,2 118, 207, 321; →Gott Vater
Vaterland (Zeitung) III 331
Vätertheologie, Patristik VI,1 25, 28, 80, 293 (VI,1^{3} 294); VI,3 224f., 232
Vaterunser I,1 142; I,2 129 351; II,1 119, 189; VII 58, 145, 157, 175, 204, 244, 265, 279, 281, 290, 293, 297; XII 99f., 185
Vatikan III 228, 273, 297, 323, 332–334; IX 129
Vatileaks III 358
Veda, Veden I,1 22; XII 32, 208f., 217, 226–231, 233, 237, 250, 261. *Atharva* XII 209, 228. *Rig* XII 209, 227–230. *Sama* XII 209, 228. *Yajur* XII 209, 228

Venedig III 217, 335
Verden III 136
Verein für Inländische Mission III 314
Vereine freisinniger Katholiken III 309
Vereinheitlichung *Liturgie* VII 231f. *Kalender* VII 309
Vereinskatholizismus III 299, 301, 323, 331f., 336
Verfassungsrecht IX 65f.
Vergebung I,1 265; I,2 113, 161, 194, 210; II,1 49, 75f., 158, 187–189, 218, 267, 339, 343, 351f.; II,2 131, 172, 174, 176, 302, 338; VI,2 247; VI,3 136, 163, 204; VII 148–150, 154, 158, 161, 190, 200f., 203f., 214f., 223, 247, 258; X 483f., 189, 240, 242, 259f.; XII 100, 109, 121, 141, 163, 178, 187; →Busswesen
Vergebungsbitte I,1 218, 268; II,1 267; VII 204, 235; XII 122
Verheissung I,1 196; VI,1 167; VI,2 27, 69, 87, 193, 310; VI,3 121, 135f., 159, 163–165, 167, 171, 265, 290, 318; →Landverheissung →Nachkommenverheissung
Verherrlichung II,1 283; II,2 230
Verklärung Jesu II,1 21, 54, 81, 101, 104, 156; II,2 334; VI,2 120f.; XI 190, 221
Verkündigung, Martyria V 61, 177, 190, 200, 208, 246, 295; VI,1 107, 115, 163, 168, 230; VI,2 14, 22, 41, 43, 51, 122f., 176, 178, 188, 193, 199, 265, 303f.; VI,3 47f., 96, 101, 103, 105, 296f., 299–302, 311f., 318; X 88, 229, 236, 238–240, 245, 256f. *Jesu* VI,2 59–104, 143, 145, 159
Vermittlung(en) des Glaubens X 45, 48, 55, 61–63, 65f., 72, 86, 88, 104, 169, 171f., 221, 246, 249–251, 257, 260, 272
Vermögen der Kirche/Religionsgesellschaft IX 232f., 236, 281
Vermögensverwaltungsrat IX 113f., 280–282
Vernunft I,1 134; II,2 187, 196f.; III 277; V 14, 18, 24, 26–28, 38, 46–50, 79, 81, 106, 140, 146f., 182, 195; VI,1 62, 238 (VI,1[3] 239); VI,2 16f., 39, 118, 218, 234, 254, 256; VI,3 63; X 29, 50, 104, 111, 249; XI 31, 90, 136, 183
Vernunftgebrauch IX 39, 90, 94
Versailler Vertrag (1919) III 324
Versailles III 274
Versäulung X 153
Versöhnung I,1 233, 235, 239, 242–245, 247, 310, 381; III 105, 124, 217; VII 60, 67, 136, 194, 200–205; XI 59–64, 124, 128, 165, 236, 238f.; →Apokatastasis (Allversöhnung) →Bussfeier →Rekonziliation
Versöhnungsbrief II,2 104, 217f.
Verstockung I,2 79f., 152; II,1 238f.; II,2 183–185; XII 89
Versuchung Jesu II,1 54, 156
verum-semen-Lehre IX 203
Verwandtschaft *Ehehindernis* IX 208–210
Vesper II,1 215; VII 275, 278, 285, 288–290, 292f., 297, 310, 319–321, 326, 329, 357
Via Egnatia II,2 263, 277f.
Vicarius/Vikar IX 110, 112, 131, 141, 152f., 155f., 213
Vienne III 27, 37, 79
vier (Zahl) XI 58; →Wahrheiten, Vier Edle
Vier-Quellen-Modell →Urkundenhypothese, neuere
vierzig (Zahl) I,1 31, 45, 65, 104, 111; I,2 33, 38, 44, 104; II,1 55f., 231f., 330, 340; VII 331, 338f., 342f., 355f.; XI 120, 136
Vigil VII 327–330, 348
Villmergen III 243
vincula, tria vincula IX 71, 76–79, 82, 302
Vinzentinerinnen III 269
virtual reality VI,1 60f.
Vishnuismus XII 210

visio beatifica VI,2 110f.; VI,3 206
Vision I,2 24f., 49f., 77f., 110f., 123–130, 159–169, 313f., 317–320, 323, 328–331; II,2 24, 32, 74–76, 87, 124, 157, 254, 302, 341–343, 347–350; V 156; VI,2 62, 72, 93, 131, 134, 170, 180, 240, 320; VI,3 35, 111, 128f., 142, 168, 211, 231, 317f.; VII 264; XI 69, 83, 108, 127, 165, 188–190; →Traum, Traumdeutung
Visitandinnen →Salesianerinnen
vocatio IX 244; →Missio canonica
Volk Gottes II,1 342; V 207, 213, 244, 252; VI,1 50; VI,3 267, 281; IX 119, 139; X 48, 92
Völkerrecht VIII 59
Völkersprüche I,2 41–45, 48, 122
Völkerwanderung III 86, 119–125, 267
Volksfrömmigkeit III 209, 238–240, 257, 275, 364; VI,3 194; VII 13, 239, 346, 354
Volkskirche III 100, 371; V 240, 242; VI,3 109, 215, 319; X 164–166, 263
Volksmission III 259f.
Volkswerdung →Ethnogenese
Vollkommenheit III 180
Vollmacht *Jesu* II,1 158, 184, 192, 232; VI,2 78, 82, 87, 94, 129, 131, 135, 139. *Petri* II,1 178
Vormesse VII 244; →Wortgottesdienst
Vorsokratiker IV 23–43, 221; XII 232
Votivmesse III 307; VII 118, 237f., 316, 358
Vulgata I,2 341; III 96; VII 105

W

Wächterrat (Iran) IX 58
Wahhabiten XII 60
Wahl, kanonische IX 152; →Papstwahl
Wahlrecht, kirchliches IX 294, 300
Wahrheit I,1 11; I,2 220; II,1 19, 283; IV 35, 49, 51–53, 62, 70, 73, 82, 86, 89, 95–99, 109, 113f., 140, 142–144, 151, 194, 221, 227, 231, 234f., 273f., 278f.; V 13, 23, 29, 38–41, 42f., 45f., 49, 58, 61–63, 73–75, 77, 106, 108f., 142, 146–148, 150, 153, 155, 157, 160, 162, 168, 182, 200, 206, 209f., 214, 221, 224f., 227–230, 232, 234, 249, 267, 271f., 277f., 280–283, 286f., 291–293, 295; VI,1 83f., 100, 122, 124, 176, 186–188, 230; VI,2 16f., 21, 39, 42, 159f., 182, 241, 254, 256, 270, 272, 286, 307ff., 311ff., 315, 319, 322–325; VI,3 11, 13, 15f., 45f., 76, 83, 85f., 161, 209, 248, 293f., 300; VIII 32, 43f., 159, 175, 228, 281; X 30, 35, 56, 61, 68, 101, 103f., 110f., 152. *Strahlen der* XII 21, 42, 58f., 61, 63, 262, 286. *Vier Edle W.en* XII 32, 206, 269, 274, 277, 287, 291, 296
Waise I,1 83, 170, 328, 350, 354, 358, 363f., 366, 369, 383; VI,1 119, 123 (VI,1[3] 122f.)
Waldenser III 166–168, 172–174, 176, 199, 360
Wallfahrt →Pilgerwesen. *Zum Zion* I,2 343, 356–358; II,1 149; XI 127, 160; XII 106f.
Wandalen III 120–122, 267
Wanderasketen III 110; XII 32
Wandercharismatiker II,1 122; XI 204
Wandermissionare II,1 122f.; III 16–19, 63, 261; XI 68, 77, 196
Wanderprediger II,1 122, 124; III 165–167, 176, 258f.
Wanderpropheten II,1 122
Wanderradikale II,1 122f.; III 104–106, 172
Wandlung VI,3 215; VII 79–82, 88, 91–95, 259–262, 273f.; →Einsetzungsworte/-bericht
Wartburg III 232
Waschung XII 30, 116, 185, 253; →Fusswaschung
Wasser I,2 128, 174f.; VI,3 36, 40, 42, 44, 108, 229, 239; VII 17, 28, 37, 40, 49, 142f.,

157–160, 162, 164, 168–170, 176, 181, 189, 192–194, 210, 229f., 247, 252, 340, 353, 364; IX 73f., 88; XI 20, 34, 62, 145, 179, 222, 226
Waterloo III 286
Weesen III 237
Wegzehrung (Viaticum) VII 63
Weherufe II,1 259
Weihbischof IX 155; →Titularbischof
Weihe *Ehehindernis* IX 205f.
Weihegewalt (potestas ordinis) IX 45, 142, 157–159, 161f.; →sacra potestas
Weihepriestertum →Priestertum, besonderes
Weihestand IX 144f.; →ordo
Weihnachten III 72; VI,1 176–183, 208; VII 83f., 121, 248, 306, 308, 347–350, 354f.
Weihnachtsfestkreis VII 94, 347–360
Weihnachtskrippe I,2 73; II,1 329; VII 350
Weihrauch II,1 149; VII 41, 43, 50, 230, 232, 252, 285, 297, 329; XII 250
Weimarer Republik I,2 100; III 322f.
Wein I,2 242; VII 43, 49, 66, 68, 76, 81, 159, 209f., 213, 215, 217–223, 225, 227–230, 233–235, 252f., 255, 258, 260–262, 273–275, 343, 353; IX 172; XII 103, 105–107, 115; →Eucharistische Gaben
Weisheit I,2 212–215, 299; II,1 275, 278f.; II,2 21, 220f., 328, 330; V 117, 273, 285; VI,1 19, 33, 149, 254; (VI,1[3] 255) VI,2 22, 76, 204–209; VI,3 37, 167f.; →sophia
Weisheitsliteratur I,2 212–307; II,1 275
Weisse Väter III 268
Weisser Sonntag VII 337
Weiterleben nach dem Tod I,2 301, 304
Welt (im Sinne von irdisch) XI 13, 125–133
Weltuntergang III 35, 248, 293; VI,1[3] 305; VI,3 116, 124, 138, 143
Weltethos III 340, 366; VIII 160; XII 79, 194
Weltflucht III 29f., 35, 110, 151, 272; VI,3 129, 138; X 234
Weltgebetstag der Frauen VII 139
Weltkirchenrat III 328–331; V 233
Weltreligion (Begriff) XII 11f.
Weltverantwortung X 234, 252
Werkgerechtigkeit II,2 144, 180; III 228; VII 286
Werkzeugfunktion der Kirche V 206, 218f.; VI,1 59, 108, 191, 193, 214, 303 (VI,1[3] 304); VI,3 243, 245, 247, 249, 254
Wertanalyse VIII 290–295
Werte II,2 196, 274f.; XII 14
Wertebildung VII 180, 186; VII 264, 291f.; IX 91, 247, 287
Wertekonflikt VIII 232, 288
Wertewandel VIII 263f.
Wesen (Substanz) IV 41, 65, 79f., 96f., 112–114, 170, 222, 249, 271, 290; V 91–96, 109, 143, 265–267; VI,3 59, 62f., 71, 74, 78, 226
Wesensphilosophie, hellenistische VI,2 213f., 218f., 222–229, 234ff., 253f., 284, 309; VI,3 57–61
Westminster III 304
Widerstand gegen das Hitler-Regime III 325–329
Wiedergeburt →Reinkarnation
Wiederkunft Christi →Parusie
Wiedertäufer →Täufer
Wien III 183, 186, 204, 234, 237, 254, 268, 270, 274, 279, 288, 306, 314, 334, 370
Wiener Kongress (1814/1815) III 288–291; X 148
Wildhaus III 236f.
Wille Gottes II,1 17, 55, 178, 182, 187; II,2 188, 197, 199, 346
Willensfreiheit III 102; V 120; IX 207
Wirtschaftsethik VIII 302f.
Wissenschaftlichkeit der Theologie V 29, 65, 69f., 258
Wissenschaftsfreiheit der Theologie

III 319–321
Wissenschaftslehre IV 186
Wissenschaftstheorie IV 18, 98; V 24, 76, 79, 260; VIII 101, 103, 111f., 141, 147–149, 159; X 12, 17, 21, 45, 62–65, 75f., 251
Wittenberg III 201, 219, 225, 227, 229–233, 235, 241, 249, 328, 366; VII 300
Witwen I,1 83, 170, 328, 354, 358, 363f., 366, 383; II,2 29f., 35, 223, 226f., 323; III 40, 54, 95, 105, 111, 138, 177; VI,1$^{1-2}$ 123 (VI,1^{3} 122f.)
Wochenfest →Schawuot
Wohnortprinzip, Wohnsitz, Wohnsitzpflicht IX 88, 158, 212, 264
Working poor VI,3 124; X 121, 140, 201, 250
Worms III 81, 149, 184, 231f.
Wormser Edikt (1521) III 232, 234
Wormser Konkordat (1122) III 150; IX 224; X 147
Wort und Buch VII 110–112
Wortgottesdienst II,2 233; VII 13, 26, 106, 115, 133–140, 167, 192, 196, 202, 226, 229, 242, 244, 249–252, 265, 282, 319, 321, 329–331, 346
Wort-Gottes-Feiern VII 13, 133–136
Wortverkündigung, Theologie der liturgischen VII 106–118
Wunder I,2 323; V 140, 148, 156–173, 193, 201; VI,1$^{1-2}$ 279f.; VI,1^{3} 280f.; VI,2 113–119, 122–125; VII 217, 331, 352; XI 132; →Strafwunder. *Jesu* II,1 75, 103–105, 107, 164, 271, 286, 290, 347; V 148, 157–172, 173, 175, 182, 201, 258, 274–287; VI,2 113–127; XI 80, 82
Wurstessen (1522) III 238
Würzburg III 130f., 143, 254, 318, 342; VI,3 165, 218; IX 117
Würzburger Synode III 342f.; VI,3 218, 316
Wüste I,1 21, 26, 29, 31, 62, 113, 115f., 167, 208, 216, 273f., 298, 306, 309, 311, 332; I,2 44, 80, 132f., 174f., 207, 250, 298f., 358; II,1 49–51, 55f., 72, 338, 340; III 105f., 108–110, 112, 211; XI 13–15, 39, 58, 62, 75, 116–126, 147, 209–215, 221f.
Wüstenmönchttum III 123
Wüstenmütter III 104f., 108f.; XI 209
Wüstenväter III 104–109; XI 58, 75, 78, 160, 209, 211–213, 215f.

X

Xenodochien III 70
Xenosophie XII 200

Y

Yad Vashem I,1 268
Yoga VI,3 95; XII 206, 236–239, 247f.

Z

Zahl →acht →fünfzig →sieben →vier →vierzig →zwölf. *Im AT* I,2 46, 48, 50; II,1 139f.
Zaire (Ritus, 1988) VII 68f.
Zakat XII 187f.
Zeichen VII 46–51, 233. *Der Zeit* III 170, 338; V 18, 54f., 65–68, 82, 157; VI,3 12, 313, 316, 318; X 10, 12, 47–58, 60–62, 64–66, 79f., 85f., 98, 113–115, 124, 130, 142, 169f., 171, 213, 221f., 233, 248, 260
Zeichenfunktion der Kirche V 206, 218f.; VI,3 242f., 251f., 254
Zeichenhandlung I,2 20f., 203; II,1 290, 326; VII 43, 145
Zeichentheorie, augustinische VI,3 232
Zeloten II,1 179; III 16
Zen-*Buddhismus* XII 282, 288. *-Meditation* VI,3 95; XII 278, 281f., 284f., 288
Zenopapyri I,2$^{1-2}$ 281; I,2^{3} 282

Zentralismus III 190, 289, 304; VI,3 274
Zentrum (Partei) III 299f., 323–325
Zeugen Jehovas III 293; VI,3 137; IX 75, 261, 287
Ziege I,1 155, 240; I,2 240f., 317, 334; II,2 67; XII 104, 114, 191
Zion (Berg; Topos) I,2 38, 84f., 88–90, 101, 139f., 152, 154, 158, 163f., 194, 223, 286, 343, 356–358; II,1 350; →Jersualem →Wallfahrt: Zum Zion
Zionstheologie I,1 75, 86
Zisterzienser III 151, 161, 164, 177f., 210, 233, 242, 269
Zivilehe III 300, 322f.; IX 182f., 211, 216–218, 259
Zivilstandsgesetz (DR, 1874) III 300
Zölibat II,2 226; III 76f., 80, 114, 134, 138, 146, 148, 150, 154, 195, 235, 239, 250, 256f., 285, 309, 319, 341f., 364; VI,3 218, 308; IX 38, 138, 148f., 158, 205f.; X 151, 244, 286; XI 15, 110, 112, 114; XII 255 →Ehelosigkeit. *Ostkirche* III 77
Zöllner II,1 261–263, 349–351 (II,1^3 349–352); VI,2 31, 95, 185; XII 59, 198
Zönobiten III 105, 107–116, 155
Zorn I,1 168, 170f.; I,2 205f., 209f., 233f., 322; VI,1 166; VIII 80, 219, 240. *Gesetz des Z.s* VIII 65, 254. *Gottes* I,1 77, 147, 179, 238, 287, 312, 363; I,2 55, 63, 85, 101, 127f., 163, 178, 202, 249, 299, 340; II,2 283; VI,1 49, 142, 148, 155f., 159, 199; VIII 238
Zoroastrismus XII 24–26, 208, 225, 246, 301
Zufall I,2 294, 300; V 182; VI,1 201, 206, 238, 260, 269, 272–274, 278f., 291, 297f.; XI 94, 201
Zukunftsangst VI,3 122–125; XI 82
Zukunftshoffnung VI,3 122–126, 129, 131; XI 130, 214, 222
Zungenrede II,2 25, 136f., 241–243; III 295; VI,3 48, 54
Zürich I,1 188; I,2 376; III 167, 120, 232, 237–240, 242f., 247–249, 290f., 302, 309, 311, 316f., 355, 370, 386, VIII 69f.; IX 251, 260f., 264, 266, 268, 275–279; X 148; XII 18, 75
Zürichsee III 128f.
Zwangsheirat IX 207, 212
Zweifel IV 38, 95, 99, 138–140, 143, 153–160, 248; V 37, 71–75, 82, 86, 104, 178, 277f., 281, 283; VI,3 11, 13; IX 204
Zwei-Evangelien-Hypothese II,1 31
Zwei-Naturen-Lehre III 80, 86
Zweiquellentheorie II,1 20–33, 60, 113f., 133, 200f., 205; II,2 21
Zwei-Reiche-Lehre VI,2 91; VIII 62, 66–69, 161
Zwei-Schwerter-Theorie III 188; VI,3 272
Zwischenzustand VI,3 177f., 184–187, 188, 191, 195
zwölf III 33, 129f., 252, 266. *Stämme* I,1 47–49, 186, 188, 197, 237, 381; II,1 117, 120, 128, 140, 348f.; VII 214
Zwölferkreis II,1 16, 74, 89, 105, 171, 204, 233 (II,1^3 233f.), 256f., 304, 347–349 (II,1^3 348f.); II,2 16f., 24, 27, 29–33, 36, 52f., 75; III 15, 17; VI,2 96, 103, 150, 176–179; VI,3$^{1-2}$ 259, 264; VI,3^3 258f., 263; VII 214
Zwölfer-Schiiten XII 28, 150
Zwölfprophetenbuch →Dodekapropheten

Namenregister

Dieser Registerteil verweist in alphabetischer Reihenfolge auf alle namentlich genannten Personen. Autorinnen und Autoren in Literaturangaben wurden nicht aufgenommen. Biblische Namen nach: Ökumenisches Verzeichnis der biblischen Eigennamen nach den Loccumer Richtlinien, revidierte Fassung 1981. Ist neben dem Pseudonym, dem Ordens- oder Papstnamen auch der bürgerliche Name aufgenommen, sind nur bei einem der Namen die Stellen genannt, ebenso bei unterschiedlichen Schreibungen. Zahlreichen Namen sind in Klammern Erläuterungen zur besseren Identifikation in Klammern beigefügt.

A

Aaron (atl) I,1 93, 273, 281, 287, 291, 293, 298–300, 304, 306, 312, 315f., 338, 382; I,2 92, 171, 174, 192, 291f.
Abaelard, Peter IV 305; VI,2 247; VIII 48f., 243f.
Abbas Effendi Abdal XII 29
Abbas, Mahmud III 360
Abbé Pierre XI 132f., 237
Abdi-Chepa (Kg.) I,1 56
Abed-Nego (atl) I,2 327
Abel (atl) I,1 167–174, 232, 267, 377; I,2 273; II,1 129; V 216; VI,3 246, 249, 270, 280; VII 123; VIII 213, 282; XII 79, 119, 141, 176
Abimelech (Kg. der Philister) I,1 219, 234
Abjatar (atl Priester) I,1 59; I,2 104
Abraham (Erzvater) I,1 31, 33f., 110, 113–116, 118f., 125, 186–236, 243, 249, 293, 299f., 377–379; I,2 26, 184; II,1 127, 138f., 143, 209, 218; II,2 75, 133, 160, 164, 259f.; III 121; VI,2 80, 161, 174; VII 116; XI 121, 124, 204; XII 16, 50f., 54, 71, 79, 99, 101, 108, 114f., 119, 125f., 128, 133, 142, 145f., 166–168, 176, 183, 185, 188–191
Abraham (Wüstenvater) I,2 59; III 108
Abraham ben Meïr Ibn Esra I,1 108; I,2 71
Abram (atl) I,1 108, 149, 189, 192f., 200, 202–204, 207, 210f., 213; →Abraham (Erzvater)
Abschalom (atl) I,2 344
Abu Bakr (Kalif) XII 149, 158
Abu Dawud XII 148
Abu Said, Nasr Hamid XII 175
Achaikus (ntl) II,2 208, 212
Ada (Frau Lamechs) I,1 173, 201
Adalbero (EBf. von Bremen, 12. Jh.) III 143
Adalbero I. von Bar (Bf. von Metz) III 146
Adalbert (Bf. von Prag) III 144
Adalrich (Mönch) III 128
Adam (atl) I,1 110, 127, 137, 150f., 154, 157, 159, 162–164, 167, 169, 174f., 377; II,1 137; II,2 247; VI,1$^{1-2}$ 246; VI,1^{3} 247; VIII 283f.; XI 124; XII 141, 176, 182
Adam, Karl III 324
Adenauer, Konrad X 154
Adeodatus (Sohn des Augustinus) III 98, 100
Adonija (atl) I,1 59
Adorno, Theodor IV 44, 181f., 305
Adriaan Florisz Boeyens →Hadrian VI. (Pp. 1522–1523)
Adrienne von Speyr V 156
Aebli, Hans (Landamman v. Glarus) III 242

Aelred von Rivaulx, sel. XI 151
Aeneas (röm. Kg.) II,1 66
Agamben, Giorgio IV 251f., 255, 264–267
Agatonix, hl. III 44
Ägidius vom Rom III 176
Agnes von Prag, hl. III 346
Agni (Gottheit) XII 227, 229f., 241, 246
Agrippa I. →Herodes Agrippa I.
Agrippa II. (röm. Klientel-Kg.) II,1 108, 125 (II,1[3] 126), 309; II,2 98
Aguirre, Luis Pérez V 247
Ahab (Kg. im Nordreich) I,1 63f.; I,2 18–25, 27, 34, 36f., 83, 102
Aharoni, Yohanan I,1 50
Ahas (Kg. im Südreich) I,1 72f.; I,2 32, 52f., 65, 69f., 82–84
Ahasja (atl) I,1 64, 68
Ahija (Prophet) I,1 61
Ahmoses (Pharao) I,2 39
Ahura Mazda (Gottheit) XII 25f.
Aiyanar (Gottheit) XII 247
Akki der Wasserschöpfer I,1 294
Alarich III 103; IV 93
Alberich I. (Markgraf von Spoleto) III 141
Albert von Vercelli III 176
Albert, Hans VIII 174–176
Albertus Magnus, hl. III 176, 183; IV 111, 116f., 305; VIII 50; XII 93, 161
Albertz, Rainer I,2 188
Albinus (röm. Statthalter) II,2 33, 328
Albrecht von Brandenburg (EBf. von Magdeburg und Mainz) III 228
Albrecht von Mainz →Albrecht von Brandenburg
Al-Bunna, Hassan XII 153
Alexander (Arzt in Lyon) III 59
Alexander (Bf. von Jerusalem, 3. Jh.) III 42
Alexander der Grosse I,1 37, 94f., 136; I,2 83, 161, 193f., 263f., 266, 281, 326, 329; II,1 83, 143, 148
Alexander III. (Pp. 1159–1181) III 166, 180; IX 179, 199
Alexander IV. (Pp. 1254–1261) III 208
Alexander Jannai (hasmonäischer Kg. und Hohepriester) I,1 100f.
Alexander V. ([Gegen-]Pp. 1409–1410, Bologna) III 194
Alexander VI. (Pp. 1492–1503) III 218f., 224f.
Alexander von Hales III 175; VI,3 67; VIII 50
Al-Farabi / Abu Nasr Muhammad Ibn al-Farakh XII 159
Alfons Maria von Liguori, hl. VIII 83
Alfonso von Aragón III 225
Al-Ghazzali / Abu Hamid Muhammad XII 160
Al-Hallaj XII 165
Ali Ibn Abi Talib (Kalif) XII 29, 149f., 157f., 162
Alt, Albrecht I,1 186
Altermatt, Urs XII 133
Althusser, Louis X 24, 51, 63
Alves, Rubem V 132
Amazja (atl Priester) I,2 15, 27, 41
Amberger, Josef X 16
Ambrosius von Mailand, hl. III 70, 88, 90, 94ff., 99; IV 91; VII 335; VIII 36–38, 40, 48, 209; XI 75; XII 246
Amédée VIII. von Savoyen →Felix V. ([Gegen-]Pp. 1439–1449, Bologna)
Amel-Marduk (Kg. von Babylon) I,2 116
Amenemope I,2 214, 232f.
Amiran, Ruth I,1 50
Amittai (Vater des Jona) I,2 199
Ammonios Sakkas III 90
Amon (Kg. im Südreich) I,1 75, 77; I,2 25, 94, 99
Amos (Prophet) I,1 69f., 198, 293; I,2 15, 27–29, 32, 38–51, 56, 82, 178, 188, 190,

371; XII 85
Amram I,2 174
Amulius (röm. Kg.) I,1 168, 170
Anacharsis IV 82
Anawati, Georges XII 12, 42, 165
Anaxagoras IV 32, 42
Anaximander IV 29–31, 170
Anaximenes IV 31f., 42, 170
Andreas (Apostel) II,1 73, 315; II,2 29; III 203, 360
Andronikus (ntl) II,2 16, 31, 76, 112f., 115, 123f.; VI,2 102
Ani (atl) I,2 217
Anna (Prinzessin von Byzanz, Frau des Kiewer Grossfürsten Vladimir) III 144
Anscombe, Elisabeth VIII 205–207
Anselm von Canterbury, hl. IV 98, 149, 305; V 22, 109, 111, 191; VI,1 16, 19, 55f.; VI,2 243–247, 249, 290; XI 207
Antiochus III. d. Gr. (seleuk. Kg.) I,1 96; I,2 281, 308
Antiochus IV. Epiphanes (seleuk. Kg.) I,1 97; I,2 281, 309, 312, 314, 319, 329f.; VI,2 33
Antipas (ntl Märtyrer) II,2 344
Antipater/Antipatros (röm. Klientel-Kg.) I,1 101–103
Antonius der Einsiedler («Mönchsvater»), hl. III 12, 99, 104ff., 162; XI 119
Antonius Pius (röm. Ks.) III 37, 49
Antonius von Florenz VIII 55f., 78f.
Antonius / Marcus Antonius (röm. Feldherr) II,1 334; II,2 263
Äon (alexandrischer Gott) VII 352
Aoz I,2 71
Apel, Karl-Otto VIII 176
Aphia (ntl) II,2 115, 119, 125, 290
Aphrodite (Gottheit) II,1 53; II,2 206
Apollinaris von Laodicea VI,2 226f.
Apollo (Gottheit) II,1 145
Apollonios (gr. Ks.priester) II,1 222
Apollonius (seleuk. Heerführer) I,1 96
Apollonius von Tyana (Exorzist, 1. Jh.) II,1 344
Apollos (ntl) II,2 87, 112, 114f., 123, 219f., 326
Apophis (mythische Gestalt) I,1 165
Appian (Historiograf) I,1 95
Aquila (ntl) II,2 68, 87, 102, 113, 122f., 207, 209, 214, 226, 314; VI,2 102
Aratos (Dichter, Gelehrter) II,2 60
Archelaos (röm. Klientel-Kg.) I,1 103f.; II,1 153, 221, 334f.; VI,2 28
Archippus (ntl) II,2 115, 125, 290, 297
Arduini VI,1 120
Arendt, Hannah IV 217, 251f., 255–262, 267–272
Aretas III. (nabatäischer Kg.) I,1 101
Aretas IV. (nabatäischer Kg.) II,2 79, 102
Arikha, Abba XII 83
Aristarch (ntl) II,2 113, 125, 290, 297
Aristides von Athen III 60; VIII 32–34
Aristobul II. (hasmonäischer Kg.) I,1 101f.
Aristoteles II,1 40, 56, 59, 272; III 183; IV 20, 25, 28f., 31, 35, 39, 41f., 50, 62–86, 89, 97, 111, 114, 116, 118, 122–125, 132f., 170f., 211, 213, 215f., 219f., 223, 260, 290f., 305; V 22, 109, 268; VI,1$^{1-2}$ 260; VI,1^{3} 261; VI,3 178, 186; VIII 20, 50–53, 61, 81, 96, 118, 130, 176, 205–207, 210, 213f., 218f., 221, 240, 243f., 257f., 272, 275; XII 92f., 159–161
Arius III 78, 82f.; VI,1 23; VI,2 219f., 222f., 226
Arjoch (atl) I,2 322–324
Arjuna Pandava XII 236–239
Arnold, Franz Xaver X 17
Arsenius der Grosse (Wüstenvater) III 108
Artaxerxes I. (pers. Kg.) I,1 92; I,2 147, 150, 180

Artaxerxes II. (pers. Kg.) I,1 93; I,2 147
Asaf (levitischer Sänger) I,2 339
Asarhaddon (Kg. von Assur) I,1 76, 120, 297; I,2 66f.
Asarja (Gefährte Daniels) I,2 318
Asarja (Kg. im Südreich) →Usija
Ascher (atl) I,1 48
Aschera (Himmelskönigin) I,1 76, 78; I,2 60–62, 178, 287
Aschi, Rab XII 83
Asella (Asketin), hl. III 95
Ashvattama XII 235
Asinio (Bf. von Chur) III 87
Asklepios (Gottheit) I,1 167; II,2 228
Asoka (ind. Kg.) XII 210, 272
Assmann, Aleida I,2 234
Assmann, Jan I,1 335; I,2 234; XI 120
Assur (Gottheit) I,1 37, 67, 71, 120; I,2 37
Assurbanipal (Kg. von Assur) I,1 76, 177f., 183; I,2 67, 94f., 232, 336, 375f.
Astarte →Ischtar
Astricus (Abt) III 144
Asura (Dämon) XII 246f.
Atalja (atl) I,1 64
Atatürk →Kemal, Mustafa
At-Daraqutui XII 148
Athanasius von Alexandrien / der Grosse, hl. III 88, 106, 113; VI,1 24; VI,2 216, 227f.; VI,3 59; XI 119
Athenagoras I. (Patriarch von Konstantinopel) III 339
Athene/Minerva III 23
Atirat (Göttermutter) I,2 61
At-Tirmidhi XII 148
Atum (Gottheit) I,1 295
Auer, Alfons VIII 157–170, 238
Augustin von Canterbury (Missionar der Angelsachsen), hl. III 125ff.
Augustinus Aurelius von Hippo, hl. I,1 323f.; II,1 26; II,2 139; III 70f., 88f., 97ff., 104, 114, 156, 209, 216, 271; IV 56, 89–110, 115, 124, 141, 289, 291, 305; V 21f., 42–44, 64, 72f., 119f., 169, 219; VI,1 24, 30, 265 (VI,1[3] 266); VI,2 85, 113–115, 243f., 290; VI,3 12, 63, 66, 83f., 147ff., 175, 194, 196, 199, 206, 232, 237, 239, 255, 272; VII 17, 112, 161, 222; VIII 38–46, 66, 84, 197, 214, 224, 242–244, 257; IX 69, 147, 175f.; X 11, 176; XI 40, 43, 111, 159–161, 178, 230f.; XII 59, 246
Augustus / Octavianus Augustus (röm. Ks.) I,1 102, 104; I,2 83, 294; II,1 42–44, 66, 107 (II,1[3] 108), 145, 149, 220–223, 225, 334, 336; II,2 63, 204, 226, 262, 345; III 21, 37, 66
Aur (atl) I,2 226
Aurelian / Domitius Aurelianus (röm. Ks.) III 42, 63; VII 348
Ausländer, Rose II,1 274
Austin, John L. IV 243; VII 60
Auxilius (Irlandmissionar) III 128
Avernus, Guillelmus VIII 196
Averroes / Abu al-Walid Muhammad ibn Ahmad Ibn Ruschd IV 111; XII 160
Avicenna / Abu ali Ibn Sina XII 159f., 165
Ayer, Alfred Julius VIII 106
Aymans, Winfried IX 44

B

Baal (Gottheit) I,1 64, 69, 78, 144, 344; I,2 60f., 63, 178
Bach, Johann Sebastian III 275
Bachl, Gottfried V 257
Bacon, Francis IV 131, 305; X 139
Bacon, Roger III 183, 219; IV 305
Baeck, Leo XII 97, 135
Baer, Karl Ernst von IX 187
Baha-ullah →Mirza Husayn Ali Nuri
Balak (Kg. v. Moab) I,2 19; II,1 148

Balduin I. von Bouillon/Boulonge (Kg. von Jerusalem) III 158
Balthasar VII 354
Balthasar, Hans Urs von III 91f.; V 131; VI,2 256; VI,3 68, 178, 191, 204; X 103
Bar Kochba →Simon Bar Kosiba
Barabbas (ntl) II,1 185
Barak (atl) I,2 176
Barenboim, Daniel XII 140
Barnabas / Josef Barnabas (ntl) II,1 257f.; II,2 28, 32f., 39, 76, 80–82, 84–88, 104, 108–110, 116, 326
Baronio, Cesare (Kard.) III 139
Barrett, Charles Kingsley II,1 284
Barth, Hans-Martin XII 20, 22
Barth, Karl II,2 139; III 328f.; V 78, 86, 93; VI,1$^{1-2}$ 247; VI,1^{3} 248; VI,2 41, 256; VI,3 154; VII 178; VIII 257; X 262; XI 180; XII 12, 60
Bartholomaios I. (Patriarch von Konstantinopel) III 203, 360; XII 153
Bartholomäus (Apostel) II,2 29
Bartimäus (Blinder, ntl) XI 148
Bartolomé de Medina VIII 81
Baruch (atl) II,2 341
Basilius I. (byz. Ks.) III 153
Basilius von Cäsarea (der Grosse), hl. III 70, 88, 92, 94, 96f., 104, 111ff., 123; VI,1 22f.; VI,2 224; VI,3 59; XI 18f., 71, 100f.
Bataille, Georges X 24
Batseba (Mutter Salomos) I,2 277; II,1 140f.
Baudler, Georg VI,2 291–294
Bauer, Bruno VI,2 39
Bauer, Christian X 267
Bauer, Dieter I,1 17; I,2
Bäumer, Bettina XII 285
Bea, Augustin (Kard.) III 336; XII 42, 123f.
Beck, Ulrich X 115, 117–120, 128f.
Becker, Jürgen VI,2 131, 135
Becker, Patrick VI,1$^{1-2}$ 284; VI,1^{3} 286
Beckmann, Max I,1 163
Beda Venerabilis, hl. VII 324
Beeri (atl) I,2 32, 52, 55
Begnini, Umberto III 320
Beinert, Wolfgang III 357
Bekker, Balthasar III 271
Bellarmin, Robert (Kard.), hl. VI,3$^{1-2}$ 275; VI,3^{3} 274; IX 76
Belo, Fernando X 24
Belsazzar/Belschazzar I,2 116, 311, 317, 324; →Daniel (Prophet)
Benaja (atl) I,1 56
Ben-Chorin, Schalom XII 134f.
Benedikt von Aniane, hl. III 139
Benedikt von Nursia, hl. III 12, 70, 95, 104, 111, 116, 123ff.; VII 284; XI 30, 39f., 107, 193; XII 284
Benedikt IX. (Pp. 1032–1045) III 148
Benedikt XII. (Pp. 1334–1342) III 212
Benedikt XIII. ([Gegen-]Pp. 1394–1417, Avignon) III 194, 198
Benedikt XV. (Pp. 1914–1922) III 321f., 333, 349; IX 30
Benedikt XVI. (Pp. 2005–2013) [Ratzinger, Joseph] I,1 269; III 203, 316, 344, 354, 357ff., 363f.; V 59; VI,1 86, 124, 189f., 268 (VI,1^{3} 269), 276–278 (VI,1^{3} 277–279); VI,3 178, 187f., 219; VII 33, 326; IX 38, 72, 99, 117, 124; XII 55, 137f., 164, 171f., 195, 283, 289
Bengsch, Alfred (Kard.) III 344
Benjamin (atl) I,1 48, 235, 243
Benjamin, Walter IV 251f., 255, 261–264; X 137
Benk, Andreas V 127f.; VI,1 164 (VI,1^{3} 165), 170
Benn, Gottfried IV 275
Bentham, Jeremy VIII 205
Beor (atl) I,2 18

Berechja (atl) I,2 160
Berengar von Friaul III 140
Berenike (Schwester Agrippas II.) II,2 98
Berger, Peter L. XI 89
Bergoglio, Jorge Mario →Franziskus I. (Pp. seit 2013)
Bergson, Henri-Louis IV 305
Bergsträßer, Gotthelf XII 165
Berkeley, George IV 148, 305
Bernardin von Siena, hl. III 218
Bernardone, Pietro (Vater des Franz von Assisi) III 171
Bernhard von Clairvaux (Ordensgründer), hl. III 151, 158, 161, 163, 209; IV 305; VI,2 248f.; VIII 47; XI 107, 151, 168, 186, 237
Bernhardt, Reinhold XII 57
Bernini, Gian Lorenzo III 273f.
Berthold (Bf. von Regensburg, 13. Jh.), sel. III 209f.
Bertone, Tarcisio (Kard.) XII 172
Besa (atl) I,1 63
Betuël (atl) I,1 237
Betz, Georg VI,1 37
Bever, Max III 327
Beza, Theodor VIII 76f.
Bhisma Pandava XII 235
Bianchi, Enzo XI 170
Bieberstein, Klaus II,1 13; II,2 14
Bieberstein, Sabine I,2 14; II,1; II,2; V 18, 175, 189, 249; VI,1 125; VI,3 144, 168f., 172, 183
Biel, Gabriel VIII 55, 154
Bieritz, Karl-Heinz VII 300
Bildad (atl) I,2 251
Bileam (atl) I,1 119, 121; I,2 17f., 92; II,1 148
Bilha (atl) I,1 48, 235, 240, 378
Binsfelder, Peter X 14
Birgitta von Schweden, hl. III 191
Bischof, Franz Xaver XII 133
Bischofberger, Otto XII 248
Biser, Eugen V 19
Bismarck, Otto von III 299, 311
Blandina (Märtyrin), hl. III 45
Blank, Josef VI,3 39
Blank, Renold V 11, 69, 155, 252; VI,1
Blesilla/Bläsilla (Asketin), hl. III 95
Bloch, Ernst IV 58; VI,2 122, 294; XII 37
Blondel, Maurice V 30
Blumberg, Hans IV 15–20
Blumhardt, Christoph (1842–1919) X 177
Blumhardt, Johann Christoph (1805–1880) X 177
Boccaccio, Giovanni III 140; XII 164
Bock, Wolfgang IX 244
Böckenförde, Ernst-Wolfgang IX 241
Böckle, Franz VIII 161
Bodenstein, Andreas (Karlstadt) III 232
Boehm, Omri I,1 225
Boethius, Anicius Manlius Severinus (5./6. Jh.) IV 78, 117, 213, 305
Boetius von Dacien (13. Jh.) IV 116
Boff, Clodovis III 351; V 66, 70, 244; X 52, 63, 93, 172, 250
Boff, Leonardo III 351; V 234, 244; VI,2 266, 270, 316; VI,3 178f.; X 52, 250
Bohm, David VI,1^{1-2} 284; VI,1^{3} 286
Böhmisch, Franz VI,1 20, 63
Bohr, Niels VI,1^{1-2} 296; VI,1^{3} 297
Boleyn, Anna III 249f.
Bolz, Norbert X 136–138
Bomm, Urbanus VII 240
Bonaventura, hl. III 176, 210; IV 115; VI,3 233, 274; VIII 50f.; X 13; XI 205
Bondolfi, Alberto VIII
Bonhoeffer, Dietrich I,1 134; II,2 147; III 329; V 86; VII^{1-2} 178f.; VII^{3} 178; X 60, 93, 100, 258f.; XI 104f., 142f.
Bonifatius IX. ([Gegen-]Pp. 1389–1404, Rom) III 194

Bonifatius VIII. (Pp. 1294–1303) III 88, 187ff.; VI,3 255; VIII 67
Bonifatius/Winfreth, hl. III 126, 128, 130f., 134
Booth, William III 312
Bopp, Linus X 16
Borchert, Wolfgang V 118
Borgia (-Farnese), Lucretia III 225
Borgman, Erik X 10
Boris I. (Khan von Bulgarien) III 144
Boros, Ladislaus VI,3 178–180
Borromini, Franceso III 274
Bosshart, David X 136–138
Böttigheimer, Christoph V 19, 199
Bourdieu, Pierre X 122
Boutros-Ghali, Boutros III 355
Brahma (Gottheit) XII 219, 227, 232, 238, 241–244, 246
Braithwaite, Richard VIII 107
Brandt, Willy III 345
Brantschen, Johannes VI,3 192, 204, 211f.
Brasser, Martin IV
Braulik, Georg VII 123
Brecht, Bertold/Bert III 140; VI,1 185; XII 37
Briggs, Sheila II,2 273
Brock Nakashima, Rita VI,2 321
Brody, Baruch VIII 199
Brombacher, Kuno III 324
Brosi, Urs IX
Brouwer, Luitzen Egbertus Jan IV 237, 240
Brück, Michael von XII 272, 276, 288
Bruners, Wilhelm I,2 359
Brunner, Emil VI,3 26
Brunner, Peter VII 96
Bruno von Egisheim →Leo IX. (Pp. 1049–1054)
Bruno von Kärnten →Gregor V. (Pp. 996–999)
Bruno von Köln (Ordensgründer), hl. III 151
Bruno von Toul →Leo IX. (Pp. 1049–1054)
Brüske, Gunda VII
Buber, Martin I,2 339; IV 273–285; V 94; VI,2 124, 281; XII 77, 84, 95–97, 99, 134f., 138
Bucer, Martin III 245; VIII 75
Büchel, Markus (Bf. von St. Gallen) III 361
Bucher, Rainer X 266f.
Buchez, Philippe III 291
Budde, Achim VII 298
Buddha (Gautama Siddharta) III 98; XII 19f., 30–32, 63f., 156, 206, 209f., 215f., 219f., 264, 266, 269–280, 286–288, 290–295
Budge, Ernest A. Wallace I,2 232
Bühlmann, Walter I,2 14, 77
Bullinger, Heinrich III 243f., 247; VIII 71
Bultmann, Rudolf V 163–167, 169f., 175, 193, 283–285; VI,2 41, 143, 257; VI,3 154f., 161, 163
Buonaiuti, Ernesto III 320
Burchardus von Straßburg VII 238
Buri, Fritz XII 293
Bush, George W. III 358
Butting, Klara I,2 176

C

Cabral, Pedro Álvarez III 225
Cäcilian (Bf. von Karthago) III 100
Cajetan, Thomas (Kard.) III 230
Calderón, Carlos Alberto XI 183f., 236
Caligula (röm. Ks.) I,1 104; II,1 66; II,2 204, 311
Calixtus I. (Bf. von Rom 217–222), hl. III 60
Calixtus II. (Pp. 1119–1124) IX 224
Calov, Abraham VI,3 117
Calvin, Jean III 103, 226, 243ff., 270;

VII 164, 302; VIII 71–77, 213–215, 246, 252, 256; IX 57f.; X 255
Câmara, Dom Hélder (EBf. von Olinda und Recife) III 351; X 12, 28, 31f., 41, 68, 140
Cano, Melchior V 24, 37f.; X 50f.
Capra, Fritjof XII 37
Cardijn, Joseph VIII 284; X 43f.
Carnap, Rudolph IV 237, 305
Carpus (Märtyrer), hl. III 44
Carretto, Carlo XI 122–125, 187, 236
Cäsar, Gaius Julius (röm. Ks.) I,1 102f., 136; II,1 42, 66, 83, 223; II,2 63, 204, 278; VII 308
Cäsarius von Arles, hl. III 70, 104, 114; VII 354
Casaroli, Agostino (Kard.) III 345
Casas, Bartolomé de las I,2 289f.; III 282
Casel, Odo VI,3 240; VII 17, 32, 73f., 78, 100f.
Casey, Michael XI 144
Caspar, Mirka VI,1 61
Caspar, Robert XII 42, 166
Cassidy, Edward (Kard.) III 354, 363
Cassirer, Ernst IV 305; V 130
Castellion, Sébastien VI,1 53
Cavour, Camillo III 297
Celan, Paul IV 214
Chadidscha (Frau Mohammeds) XII 156
Chadwick, Henry VIII 222f.
Chagall, Marc I,1 163
Chani ben Dosa (Exorzist, 1. Jh.) II,1 344
Channa (Diener Buddhas) XII 273
Chantal, Jeanne-Françoise Frémyot de (Ordensgründerin), hl. III 269
Chardin, Pierre Teilhard de VI,1 12, 235, 275 (VI,1[3] 276); VI,2 257; VI,3 150f., 161
Charrière, François (Bf. von Lausanne, Genf und Fribourg) III 344
Charron, Pierre V 23
Chateaubriand, Vicomte François-René de III 289
Chazan, Robert I,1 261
Chenu, Marie-Dominique VIII 291; X 42, 206
Chergé, Christian de XI 84, 95–97
Childerich III. (fränk. Kg.) III 134
Chlodwig (fränk. Kg.) III 121; VII 162
Chloë (ntl) II,2 208, 212, 219
Chnum (Gottheit) I,1 152
Choni (Exorzist, 1. Jh. v. Chr.) II,1 344
Christian IV. (dän. Kg.) III 263
Christina (schwed. Kg.in) IV 136
Christlieb, Theodor III 294
Christus →Jesus von Nazaret (Christus)
Chrodehild (Frau Chlodwigs) III 121
Chrysipp (Stoiker) XI 31
Chung, Hyun Kyung VI,2 277
Cicero, Marcus Tullius II,2 58; III 216; IV 62, 90, 94, 305; VIII 36, 48, 96f., 207, 222f.
Claudel, Paul XI 37–39
Claudius (röm. Ks.) II,1 333; II,2 63, 102, 204; III 20, 37
Clemens (röm. Konsul) III 60
Clemens von Alexandrien II,1 331; III 59, 61, 89f.; VI,2 218, 228; VI,3 194; X 143
Clemens von Rom II,1 331; III 25f.
Cölestin V. (Pp. 1294) III 359; IX 124
Comander, Johann III 241
Comblin, Joseph X 51
Commodus (röm. Ks.) III 37, 60
Comte, Auguste X 123
Condwiramus (Gattin Parzivals) XI 107
Cone, James H. VI,1 15
Congar, Yves VI,3 68, 273; X 42, 225f.
Conrad-Martius, Hedwig XI 44
Consalvi, Ercole III 288
Consentius (span. Priester, 4. Jh.) VIII 43
Constantius Chlorus I. (röm. Ks.) III 43,

64f.
Cop, Nicolas III 244
Corecco, Eugenio IX 44
Cornelius (Bf. von Karthago, 3. Jh.) III 53
Cortés, Hérnan III 266
Coyne, George V. VI,1[1–2] 263; VI,1[3] 264
Cranach, Lucas d. Ä. I,1 159, 163
Cranmer, Thomas (EBf. von Canterbury) III 249
Crispus (Sohn des Licinius) III 67
Cromwell, Oliver III 264f.; IX 182
Crossan, John D. VI,2 41; X 188, 190
Crüsemann, Frank I,2 183; II,2 162; XII 98
Crüsemann, Marlene II,2 312
Cullmann, Oscar VI,3 155f., 163
Cusanus →Nikolaus von Kues (Kard.)
Cyprian von Karthago, hl. III 42, 44f., 52ff., 89; V 87, 223; VI,3 194, 200, 255, 270; VII 16; XI 166; XII 59
Cyrill von Jerusalem, hl. III 92; VII 66f., 159f., 197, 337

D

d'Herbigny, Michel III 333
d'Holbach, Paul Henry Thiry V 106
D'Sa, Francis XII 260f.
Dadha (Gottheit, Gefährtin Krishnas) XII 246
Dagan (atl) I,2 17
Dagobert I. (merowingischer Kg. der Franken) III 122
Daly, Mary VI,2 140, 272
Damasus I. (Pp. 366–384), hl. III 77, 95; VI,3 60f.; VII 230
Damasus II. (Pp. 1048) III 148, 357
Dan (atl) I,1 48
Daniel (Prophet) I,2 311–333; VI,3 138, 169
Daniélou, Jean X 42
Dante Alighieri XII 162
Darius I. (pers. Kg.) I,1 89; I,2 134, 146f., 160, 163, 263
Darius II. (pers. Kg.) I,1 92
Darius III. (pers. Kg.) I,1 89, 94
Darwin, Charles IV 25; VI,3 150
Dasa (Dämon) XII 246
David (Kg. Israels) I,1 33, 36, 50f., 54–60, 67, 96, 144, 194, 216, 238; I,2 26, 39, 75, 83, 90f., 249, 277, 291, 316, 343f., 357f.; II,1 55, 85, 139–141, 147, 213, 218, 224; XII 80f., 176, 185
David Maimonides XII 92
David von Augsburg (Mystiker), sel. III 210
Debora (Amme Rebekkas) I,1 243
Debora (Richterin, Prophetin) I,1 50, 316; I,2 17, 26, 171f., 175–177, 185; XII 131
Decius (röm. Ks.) III 37, 41ff., 53, 90; X 143; XII 89
Decurtins, Kaspar III 315
Defoe, Daniel I,1 153
Delp, Alfred XI 34
Delumeau, Jean VIII 236
Demas (ntl) II,2 113, 125, 290, 297, 314
Demeter (Gottheit) II,2 206, 228
Demetrius (ntl) II,2 339
Demmer, Klaus VIII 187
Demokrit IV 25, 305
Descartes, René III 275f.; IV 38, 99, 131–161, 185, 217, 235, 273, 292, 305; V 72f.
Deuterojesaja I,2 71f., 116, 120, 132–144, 151; II,1 47; VI,3 35, 135
Dhritarashtra XII 235
di Giovanni, Benvenuto (Maler) I,1 163
Dianeios (Bf. von Cäsarea) III 112
Diaz, Bartolomeu III 220
Diblajim (Schwiegervater Hoseas) I,2 52, 55
Didymus →Thomas (Apostel)
Diego de Acebo (Bf. von Osma) III 174

Diemers, Daniel VI,1$^{1-2}$ 60 VI,1^{3} 61
Dietrich, Walter VI,1 143
Dike (gr. Göttin) IV 35
Dilthey, Wilhelm IV 215
Dina (atl) I,1 48, 125, 235, 242f.
Dio Chrysostomus XI 62
Diodor (Historiograf) I,1 95
Diodor von Sizilien (1. Jh. v. Chr.) I,1 222
Diogenes IV 42
Diognet III 50
Diokletian (röm. Ks.) III 37, 41ff., 63f.; X 143f.
Dion (gr. Erzieher) IV 48
Dionysius Aeropagita III 92; VI,3 18; VIII 159
Dionysius Exiguus (Mönch, 6. Jh.) II,1$^{1-2}$ 336; II,1^{3} 335
Dionysius von Alexandrien III 42
Dionysos (Gottheit) II,2 205, 229, 263, 277
Dionysos I. (Tyrann von Syrakus) IV 48, 212
Dionysos II. (Tyrann von Syrakus) IV 48
Dioskur (Patriarch von Alexandrien) III 85f.
Döllinger, Ignaz von III 304, 308; VI,3 279
Domingo de Soto VIII 56, 60f.
Dominikus de Caleruega / de Guzmán (Ordensgründer), hl. III 174ff.; XI 78
Domitian (röm. Ks.) II,1 66, 109, 245; II,2 308, 333, 344f.; III 37; X 143
Domitilla (Frau des Konsuls Clemens) III 60
Domitius Ulpianus VIII 149
Don Bosco, Giovanni (Ordensgründer), hl. III 312
Donatus hl. III 101
Döpfner, Julius (Kard.) III 342
Dorotheus von Gaza XI 147f.
Dositheus, hl. XI 147f.
Dostojewski, Fjodor Michailowitsch V 125
Douglas, Mary X 188
Drews, Arthur VI,2 39
Drey, Johann Sebastian von IV 190; V 28f.; VI,2 255; X 15, 149, 177
Drona XII 235
Dsang Wu Dschung XII 35
Dschalaladdin Rumi XII 151f.
Dschuang von Biën XII 35
Dsï Lu XII 35
Dubach, Alfred VII 187
Dubček, Alexander III 346
Ducke, Karl-Heinz III 348
Dufour, Guillaume Henri III 301
Dumoulin, Heinrich XII 258, 285, 288
Duns Scotus, Johannes III 176; IV 69, 305; VIII 54f.
Dupanloup, Félix (Bf. von Orléans) III 303
Duplessis-Mornay, Philippe V 23
Dupuis, Jacques XII 58
Duquoc, Christian VI,3 202
Durkheim, Émile X 123; XII 13
Dussel, Enrique X 215
Dvaupadi (Frau des Arjuna Pandava) XII 236
Dvorkin, Ronald VIII 206

E

Ea (atl) VIII 283
Ebadi, Shirin XII 154
Ebeling, Gerhard V 34; VI,2 41, 257; VIII 68, 176, 231, 233, 246, 254; XI 158
Ebertz, Michael X 167f.
Ebner, Ferdinand IV 279
Ebner, Martin VI,2 39, 62
Echnaton (Gottheit) I,1 12, 336
Eck, Johannes III 230, 234
Eckhart, Meister VI,1 5; V 330; VI,3 18, 70, 95; VIII 211
Eco, Umberto I,1 224

Eder, Manfred III 7
Edward VI. (engl. Kg.) III 250
Efraim (atl) I,1 48, 249; →Josef (atl)
Egeria III 73f., 109; VII 313, 327, 345
Ehrlich, Ernst Ludwig XII 70, 84, 95, 97f., 135
Ehrlich, Nepomuk V 26, 29
Eichhorn, Gottfried II,1 26
Eichmann, Adolf IV 257
Eigenmann, Urs V 55, 68, 134, 190, 245; VI,3 165, 297, 320; X
Eilberg, Amy XII 75
Einhard III 136
El (Göttervater) I,2 61
El Greco (Domínikos Theotokópoulos) III 274
Ela (Sohn des Besa) I,1 63
Eleazar (Exorzist, 1. Jh.) II,1 344
Elhanan (atl) I,1 58
Eliade, Mircea XII 12
Eliasar (atl) I,2 281
Eliëser (Rabbi) I,1 209, 288
Eliëser (Sohn des Mose) I,1 289f.
Elifa (atl) I,2 251, 256f.
Elihu (atl) I,2 221, 251f.
Elija (Prophet) I,1 64, 198, 334; I,2 16, 26f., 187f., 196, 207, 292; II,1 47–51, 156, 212; XI 121
Elisabeth (Mutter Johannes' des Täufers) II,1 207–209, 211, 214–216, 219, 225; III 269; XI 150
Elisabeth I. (engl. Kg.in) III 249f., 264
Elisabeth von Schönau (Mystikerin) III 209
Elisabeth von Thüringen, hl. III 163f.
Elischa (Prophet) I,1 198, 334; I,2 16, 26f., 37, 187; II,1 50; XII 91, 183
Eljakim →Jojakim
Ellacuría, Ignacio V 53
Elsbeth Stagel (Mystikerin) III 212
Emmilia (Mutter Basilius' des Grossen) III 112
Empedokles IV 32, 42
Engels, Friedrich III 295
Enkidu I,1 178
Enlil (Gottheit) I,1 179, 181, 319
Enomiya-Lassalle, Hugo Makibi XII 258, 280–282, 289
Enosch (atl) I,1 110, 174f.
Eon von Stella (Eremit) III 166
Epaphras (ntl) II,2 115, 125, 290, 297, 299f.
Epaphroditus (ntl) II,2 113, 115, 265
Ephräm der Syrer, hl. III 92; VII 322
Epikur IV 24, 305; V 116
Epiphanios von Salamis III 92; VII 158
Erasmus von Rotterdam III 213, 212f., 226, 236ff.; VIII 56
Erastus (ntl) II,2 209f.
Erdő, Péter IX 44
Erdoğan, Recep Tayyip IX 61
Erikson, Erik H. I,1 190
Esau (atl) I,1 125, 170, 189f., 234f., 237–244, 380; III 209
Esra (Priester) I,1 92f.; I,2 147, 183
Ester (atl Kg.in) XII 111, 131
Estienne, Robert I,1 157
Etchegaray, Roger (EBf., Kard.) III 354
Ethelbert (Kg. von Kent), hl. III 126
Eugen IV. (Pp. 1431–1447) III 200f.
Euripides II,2 58
Eusebius von Cäsarea II,1 88, 93, 133, 170, 307; III 65, 92; VI,2 31, 239f.; VI,3 148f., 150, 271
Eusthatios von Sebaste (Asket) III 111f.
Eustochium (Tochter der Asketin Paula) III 95
Eutyches III 85; VI,2 232–234
Eva (atl) I,1 127, 151, 157, 159, 162–164, 167–169, 174, 278, 300, 377; II,1 137;

VIII 282f.; XII 141, 176, 182
Evagrios Pontikos XI 140, 212, 214
Evers, Dirk VI,1$^{1-2}$ 247; VI,1^{3} 248
Evodia (ntl) II,2 120, 126, 266, 272
Ezechiel (Prophet) I,1 85, 88, 343; I,2 27, 116–133, 190f.; II,1 52

F

Faber, Eva-Maria VII 19, 192, 271
Faber, Johann (Generalvikar von Konstanz) III 239
Fabian (Bf. von Rom 236–250), hl. III 42
Fander, Monika VI,2 193
Farel, Guillaume III 244f.
Farnese, Giulia III 225
Fatima (Tochter Mohammeds) XII 158
Faulhaber, Michael von (Kard.) XII 258
Fausta (Frau des röm. Ks.s Licinius) III 67
Felicitas, hl. III 44
Felix (röm. Statthalter) II,2 98, 103
Felix V. ([Gegen-]Pp. 1439–1449, Bologna) III 200f.
Ferdinand I. (Ks. HRR) III 236, 241, 255f.; VIII 149
Ferdinand II. (Ks. HRR) III 262f.
Ferdinand von Aragón (span. Kg.) III 160; XII 94
Festus Porcius (röm. Statthalter) II,2 98, 103
Feuerbach, Ludwig IV 24, 305; V 90–104, 197, 264–266
Fichte, Johann Gottlieb III 276; IV 146, 186–188, 204, 206, 305
Ficino, Marsilio IV 305
Fidelis von Sigmaringen, hl. III 257
Finkelstein, Israel I,1 51; VI,1 100
Fischer, Klaus X 277, 279f.
Fisher, John (Kard.) III 250
Flasch, Kurt I,1 148
Flavian (Märtyrer), hl. III 59
Flavian (Patriarch von Konstantinopel) III 85
Flavius Claudius Constantius II. (röm. Ks.) III 67
Flavius Josephus I,1 95, 100f., 107, 259, 277, 329; II,1 44, 57, 108f., 147, 152f., 202f., 243, 260, 332f., 335, 337, 339; II,2 33, 39f., 66, 78; VI,2 29, 50, 144
Flavius Valerius Constantinus →Konstantin I. der Grosse / Flavius Valerius Constantinus (röm. Ks.)
Florentini, Theodosius III 314
Flury, André I,1; I,2 14
Flusser, David II,1 343; XII 97, 135
Fogazzaro, Antonio III 319
Foot, Philippa VIII 205f.
Formosus (Pp. 891–896) III 140
Fortunatus (ntl) II,2 208, 212
Foucauld, Charles de X 62; XI 79, 107, 122, 125
Francisco de Osuna XI 208
Francisco de Vitoria VIII 56, 59f.
François I. (frz. Kg.) →Franz I. (frz. Kg.)
Frankemölle, Hubert II,1 166; XII 70
Frankfurt, Harry XI 234
Frankl, Viktor E. I,1 134
Franklin, Benjamin III 276
Franz I. (frz. Kg.) III 234f., 238, 252; VIII 74
Franz II. (Ks. HRR) III 286
Franz Ferdinand (österr. Prinz) III 321
Franz von Assisi (Ordensgründer), hl. III 12, 170ff., 176f., 362; VI,2 249; X 60; XI 43, 78, 107f.; XII 161, 289
Franz von Sales (Bf., Ordensgründer), hl. III 269; XI 184
Franz Xaver, hl. III 259, 265, 267; XII 255
Franziskus [I.] (Pp. seit 2013) I,1 270; III 203, 316, 352f., 359ff., 365f.; VIII 158, 170–172, 189, 247, 263, 269, 292, 303;

XII 138
Frege, Gottlob IV 232, 234, 237, 305
Freiherr von Stein, Heinrich IV 205
Frère Roger →Schutz, Roger (Frère Roger)
Freud, Sigmund I,1 149; IV 239; V 90, 99–102, 194, 263, 268f.; VI,3 97, 99; X 247
Frevel, Christian I,1 117
Frey, Jörg II,2 66f.
Frick, Robert X 175
Fridolin von Säckingen (irischer Missionar), hl. III 130
Fried, Erich I,2 333; V 37
Friedman, Milton X 132, 138
Friedrich I. Barbarossa (Ks. HRR) III 159, 181, 183
Friedrich II. (Ks. HRR, Kg. von Jerusalem) III 159, 169, 186, 208
Friedrich II. der Grosse (preuß. Kg.) III 276, 280; IV 164, 169, 179
Friedrich III. (Ks. HRR) III 217
Friedrich III. von Sachsen / der Weise (Kurfürst) III 232, 235
Friedrich IV. von Tirol (österr. Herzog) III 198
Friedrich V. von der Pfalz (Kurfürst) III 262
Friedrich von Lothringen →Stefan IX. (Pp. 1057–1057)
Friedrich Wilhelm I. (preuß. Kg.) VIII 149
Friedrich Wilhelm II. (preuß. Kg.) IV 169
Friedrich Wilhelm III. (preuß. Kg.) III 293
Friedrich Wilhelm IV. (preuß. Kg.) III 298
Fries, Heinrich V 44, 237f.; VI,3 288
Froschauer, Christoph III 238
Frostin, Per V 97
Fuchs, Ernst VI,2 41
Fuchs, Ottmar VI,3 297; X 18, 227, 269
Füglister, Robert X 17
Fukuyama, Francis X 141
Fulgentius von Ruspe III 89
Funke, Sebastian VI,1 61
Fürer, Ivo (Bf. von St. Gallen) III 342
Furrer, Walter X 247
Fuss, Michael XII 287
Füssel, Kuno V 171; X 52

G

Gabriel (Erzengel) II,1 209, 214; XII 61, 107, 157, 174, 177, 189
Gabriel, Karl X 156, 266
Gad (atl) I,1 48
Gadamer, Hans-Georg IV 273; VIII 176
Gaia IV 26
Gaius (ntl, korinthischer Christ) II,2 208–210, 218
Gaius (ntl, Mitglied der johanneischen Gemeinde) II,2 338f.
Galen, Clemens August Graf von (Bf. von Münster) III 325f.
Galerius (röm. Ks.) III 43, 64; X 144
Galilei, Galileo IV 132, 135f.; XI 198
Gallardo, Carlos Bravo VI,1 150, 152
Gallienus (röm. Ks.) III 42
Gallio (Prokonsul von Achaia) II,2 87, 101f., 208
Gallus, hl. (Eremit) III 129
Gamaliël I. (Pharisäer) II,2 60, 62
Gandhari XII 235
Gandhi, Mahatma / Mohandas Karamchand Gandhi VI,2 91; XII 213, 215, 239
Ganesha (Gottheit) XII 32, 243–245, 251f.
Ganoczy, Alexandre VI,1$^{1-2}$ 29, 240, 245f., 265, 279; VI,1^{3} 29, 241, 246f., 266, 280
Garibaldi, Giuseppe III 296f.
Gassendi, Pierre IV 149f.
Gasser, Albert III
Gasser, Vinzenz (Bf. von Brixen) III 306
Gautama Siddharta Shakyamuni →Buddha
Gayatri (Gottheit) XII 246

Gebara, Ivone VI,2 195, 300
Gebhard (Bf. von Eichstätt) →Viktor II. (Pp. 1055–1057)
Gedalja ben Achikam (Statthalter in Juda) I,1 81, 86, 360; I,2 98, 104f.
Gelasius I. (Pp. 492–496)hl. VI,3$^{1-2}$ 272f., VI,3^{3} 271f.
Gelasius II. (Pp. 1118–1119) III 165
Gentili, Alberico VIII 59
George, Geo XII 222
Gerontius III 92
Gerschom (atl) I,1 285, 289f.
Gerson, Jean III 194, 197f.
Gertrud von Helfta / die Grosse (Mystikerin) III 210
Gessius Florus (Statthalter) I,1 104
Gestrich, Christof VIII 246
Geulincx, Arnold IV 146
Gieseler, Johann Carl Ludwig II,1 26
Gilbert von Poitiers VI,3 67
Gilgamesch (Kg. von Uruk) I,1 166, 176
Ginés de Sepúlveda, Juan VIII 61
Gioberti, Vincenzo III 297
Gioia, Flavio III 219
Giordano Bruno IV 305
Giovanni von San Paolo (Kard.) III 170
Giovannni Pico della Mirandola IV 305
Girard, René VI,1 52–57 (VI,1^{3} 53–57), 59, 66f., 114, 143, 199
Glasenapp, Helmut von XII 205, 216, 219, 287, 299
Gmür, Felix (Bf. von Basel) XII 142
Gnilka, Joachim XII 178, 180
Gobel, Jean-Baptiste III 285
Goebbels, Joseph III 325
Goethe, Johann Wolfgang von I,1 245; II,1 274; III 276; IV 90, 204; VI,2 294; X 178; XII 95, 164
Goffman, Erving X 105
Goliat (atl) I,1 57–59
Gomer ([erste] Frau Hoseas) I,2 52, 55, 57
Gorbatschow, Michael III 346f., 355
Görres, Albert X 102
Görres, Joseph III 298
Gössmann, Elisabeth VI,2 272
Gottfried von Bouillon (Herzog) III 158
Gouges, Olympe de I,1 369
Gräb, Wilhelm VII 187
Graber, Rudolf (Bf. von Regensburg) III 324
Gracián, Jerónimo XI 185
Graf, Anton X 15f.
Grant, Jacquelyn VI,2 277, 321
Gratian (Mönch, Rechtsgelehrter) III 150; IX 178
Gratian (röm. Ks.) III 68
Grebel, Konrad III 239f.
Gregor I. der Grosse (Pp. 590–604), hl. III 88, 95, 122, 124ff., 207; X 13, 210; XI 39f., 181, 193, 195f.
Gregor II. (Pp. 715–731), hl. III 130f.
Gregor III. (Pp. 731–741), hl. III 130f.
Gregor V. (Pp. 996–999) III 357
Gregor VI. (Pp. 1012) III 148
Gregor VII. (Pp. 1073–1085), hl. III 148f., 188, 207; VI,3$^{1-2}$ 273; VI,3^{3} 272; VII 232; X 147
Gregor IX. (Pp.1227–1241) III 175, 181
Gregor XI. (Pp. 1370–1378) III 192f.
Gregor XII. ([Gegen-]Pp. 1406–1415, Rom) III 194, 198
Gregor XIII. (Pp. 1572–1585) III 256, 258; VII 308
Gregor XVI. (Pp. 1590–1591) III 296; VIII 227; XII 48
Gregor der Ältere (Bf. von Nazianz) III 93
Gregor der Wundertäter III 92, 112
Gregor Palamas XI 149
Gregor von Nazianz der Jüngere, hl. III 88, 92ff., 96f., 112; VI,2 224; VI,3 59; VII 93
Gregor von Nyssa, hl. III 92, 94, 96, 112;

VI,1 23; VI,2 224; VI,3 59
Greinacher, Norbert X 9
Greith, Carl Johann (Bf. von St. Gallen) III 304
Greshake, Gisbert VI,3 178, 187, 189
Grichting, Martin IX 288
Griesbach, Johann Jakob II,1 22, 27, 31
Gromyko, Andrej III 345
Grosche, Robert III 324
Grünenfelder, Regula II,1 11
Guardini, Romano VII 14, 30, 70, 101; XI 65f., 157f.; XII 293
Gubler, Marie-Louise II,1 13
Guéranger, Prosper VII 301
Guest, Tim VI,1 61
Guido I. (Bf. von Assisi) III 173
Guido von Montpellier (Ordensgründer) III 162
Guido von Tuszien (Graf) III 141
Guigo II. (Karthäuser, 12. Jh.) XI 136, 139, 182, 188, 197
Guillaume d'Auvergne →Avernus, Guillelmus
Guiskard (EBf. von Lyon, 12. Jh.) III 166, 173
Gülen, Fethullah XII 153
Gung Tscho XII 35
Gunneweg, Antonius H. J. I,2 54
Günther, Klaus VIII 120
Gusinde, Martin XII 38
Gustav Adolf II. (schwed. Kg.) III 263
Gutenberg, Johannes Gensfleisch zu III 219
Guthrie, Donald VI,1 57
Gutiérrez, Gustavo I,2 260; III 351; V 243f., 297f.; VI,1 119; VI,2 366; VI,3 160f.; X 67, 104; XI 222
Gyatso, Tenzin (14. Dalai Lama) XII 289, 296

H

Habakuk (Prophet) I,2 27
Habermas, Jürgen IV 181, 214, 258f., 261; V 48, 69; VIII 151–153, 176, 202
Haci Bektas Veli XII 150
Hadad (atl) II,1 55
Hadadeser (atl) I,2 35
Hadrian (röm. Ks.) I,1 105; III 37; VI,2 56, 167
Hadrian I. (Pp. 772–795) VII 232
Hadrian VI. (Pp. 1522–1523) III 343, 357
Hagar (atl) I,1 125, 187, 189–191, 198, 205–212, 223, 225, 228f., 233, 319, 378f.; II,2 133, 260; XI 121
Haggai (Prophet) I,2 28, 149, 159f., 164, 191
Hagiorites, Nikodemos XI 149
Hahne, Werner VII 33
Halbfas, Hubertus V 131
Halkes, Catharina VI,2 272
Haller, Berchtold III 240
Hammarskjöld, Dag XI 29
Hammurapi (Kg. von Babylon) I,1 84, 318f.; I,2 213
Hananias (ntl) II,1 258, 260; II,2 28
Hananja (Gefährte Daniels) I,2 323
Hananja (Prophet) I,2 102
Händel, Georg Friedrich I,2 162; III 275
Handke, Peter XI 110
Hänggi, Anton (Bf. von Basel) IX 283
Hanna (atl, Mutter Samuels) II,1 216; XII 131
Hanna (Beterin im Tempel von Schilo) XI 146f.
Hanna (ntl) II,1 207f., 216, 219, 225, 227; VII 353
Hanuman (Gottheit) XII 239f.
Harald Blauzahn (dän. Kg.) III 207
Hardenberg, Carl August von IV 205
Hare, Richard Mervyn VIII 108, 112

Häring, Hermann V 115; VI,1$^{1-2}$ 162, 165f.; VI,1^{3} 163, 166
Harnack, Adolf von II,1 116; III 318; X 224
Harnoncourt, Philipp VII 271
Hartmann, Nikolai IV 305; VIII 109
Hasael (Kg. von Aram) I,2 36
Hasan (Sohn Ali Ibn Abi Talibs) XII 149
Hasenhüttl, Gotthold VI,3 161f., 163
Hathor (Gottheit) I,1 152; I,2 230f., 375
Häußling, Angelus Albert VII 61
Havel, Václav III 346f.
Hawking, Stephen VI,1$^{1-2}$ 251f., 274; VI,1^{3} 252f.; 275
Hayek, Friedrich August von X 130f., 133, 138, 215
Hebbel, Friedrich I,1 58f.
Hecking, Detlef II,1 11
Hefele, Karl Joseph von (Bf. von Rottenburg-Stuttgart) III 304f., 307
Hegel, Georg Wilhelm Friedrich IV 20, 39, 138, 146, 149, 185–207, 283, 293f., 305; V 91, 95
Heidegger, Martin IV 211–228, 256f., 261, 305
Heiler, Friedrich XII 226
Heine, Heinrich I,2 311
Heininger, Bernhard II,2 76
Heinrich I. (dt. Kg.) III 141, 144
Heinrich II. (Ks. HRR) III 143f.
Heinrich III. (Ks. HRR) III 148
Heinrich IV. (Ks. HRR) III 148f.
Heinrich IV. (frz. Kg., zugl. Heinrich III. als Kg. von Navarra) III 258
Heinrich Seuse/Suso III 178, 210ff.; XI 190f.
Heinrich V. (Ks. HRR) III 149f., 164; IX 224
Heinrich VIII. (engl. Kg.) III 235, 249f., 287
Heinrich von Berg (Vater Heinrich Seuses) III 211
Heisenberg, Werner VI,1$^{1-2}$ 281, 296; VI,1^{3} 282, 297
Helena, hl. (röm. Ks.in) III 65, 73; VII 301
Helvetius, Claude Adrien V 106
Heman (levitischer Sänger) I,2 339
Hemmerle, Klaus (Bf. von Aachen) XII 98
Hengsbach, Friedhelm X 10
Hennecke, Christian X 270
Hennecke, Edgar II,1 327
Henoch I,2 284, 313; II,1 47f.; II,2 341; VI,2 164
Henrici, Peter (WBf. in Chur) IX 284
Henrix, Hans Hermann XII 70
Henry I. (engl. Kg.) III 149
Hera/Juno (Gottheit) III 23
Heraklit von Ephesos II,1 274; IV 33–36, 40, 42f., 139, 185, 220f., 223, 283
Herder, Johann Gottfried II,1 26
Herman, Nikolaus VII 94
Hermas (Apostolischer Vater) VIII 31; X 175
Hermogenes (Gnostiker) III 52
Herodes Agrippa I. II,2 33
Herodes Antipas (Tetrarch) I,1 103f.; II,1 153, 184, 334; V 171; VI,2 28f., 37, 102, 147, 173, 221
Herodes I. der Grosse (Klientel-Kg.) I,1 103f., 233, 248f., 259, 298; I,2 91; II,1 107 (II,1^{3} 108), 125, 147f., 150, 152f., 221, 225, 334f.; VI,2 27f., 38
Hervieu-Léger, Danièle X 270
Herwegen, Ildefons (Abt) III 324
Herzgsell, Johannes XII 23
Herzl, Theodor IV 274
Herzog, Eduard III 309
Heschel, Abraham Joshua I,1 374; XII 77
Hesiod IV 24, 27, 40
Hesychios XI 149
Hettinger, Franz V 162, 277f.

Heym, Stefan IV 275
Heyward, Carter VI,2 141, 280–286, 321
Hibernius, Petrus IV 118
Hick, John V 117; VI,2 313–316, 318; XII 57, 63f.
Hieronymus / Sophronius Eusebius Hieronymus (von Stridon), hl. I,2 207, 296, 312; II,2 64; III 88, 90, 94ff., 104, 108, 113; VI,2 166; VII 105, 265; VIII 42f., 80; XI 140; XII 100, 246
Hilarius von Poitiers, hl. III 94, 114
Hildegard von Bingen, hl. III 209; VI,3 70
Hilkija (Hohepriester) I,1 77; I,2 60, 104
Hillel (Rabbi) I,2 277
Hilpert, Konrad VIII 162f.
Hinkelammert, Franz Josef V 85; X 10, 93, 124f., 138f., 196, 203–205, 213
Hipparch von Samosta (Märtyrer) III 57
Hippasos von Metapont IV 42
Hippokrates II,2 55
Hippolyt von Rom, hl. III 45, 54, 94; VI,1 22; VII 156
Hirscher, Johann Baptist von VIII 88; X 15, 149, 177
Hiskija (Kg. im Südreich) I,1 33, 72–75, 79f., 118, 167, 293, 295, 334, 359; I,2 33, 53, 67–70, 73, 84f., 94, 178, 218, 238, 291
Hitler, Adolf I,1 134, 306; I,2 100; III 321, 323ff., 327f., 333; IV 211, 254ff.
Hobbes, Thomas III 276, 282; IV 107, 199, 204, 253f., 258, 305
Hochstaffl, Josef VI,3 145
Höffe, Otfried VIII 184
Hoffmann, Paul II,1 125; VI,3 256
Höhn, Hans-Joachim V 19, 23, 37, 47f., 55, 60, 64f., 112
Hölderlin, Friedrich IV 187, 203f., 224f.
Holika (Dämonin) XII 250
Holtzmann, Heinrich Julius II,1 27
Homer IV 24, 26, 61; XII 234
Homolka, Walter XII 138
Honecker, Erich III 348
Honecker, Martin VIII 161
Honoratus (Bf. von Arles, †430), hl. III 104, 115
Honorius I. (Pp. 625–638) III 305
Honorius III. (Pp. 1216–1227) III 174
Hoornaert, Eduardo X 143
Horkheimer, Max IV 181; V 139, 188
Horsley, Richard A. VI,1 109
Horus (Gottheit) I,1 165; I,2 230
Horx, Matthias X 137
Hoschea (Kg. im Nordreich) I,1 72; I,2 54, 65
Hosea (Prophet) I,1 69f., 198, 293; I,2 27–29, 42, 52–64, 82, 178, 188, 190, 199, 329
Hugo (Abt von Cluny), hl. III 149
Hugo von Payens (Ordensmeister) III 160
Hugo von St. Viktor IV 305; VI,3 232; VIII 48; XI 146
Hugo von Vienne (burgundischer Kg.) III 141
Hulda (Prophetin) I,1 77, 316; I,2 17, 26, 171f., 177–179, 185; XII 81
Humbert Silva Candida (Kard.) III 154
Hume, David IV 168, 305; V 160f., 279
Hünermann, Peter VI,2 174
Huonder, Vitus (Bf. von Chur) IX 274
Hus, Jan (Johannes) III 195ff., 225, 227, 230, 232
Husain (Sohn Ali Ibn Abi Talibs) XII 149
Husschyn, Johannes (Ökolampad) III 241
Husserl, Edmund IV 15f., 138, 215f., 305; XI 41, 43

I

Ibn Hisham XII 156
Ibrahim →Abraham

Iddo (atl) I,2 160
Iersel, Bas van II,1 71
Ignatius (Patriarch von Konstantinopel) III 153
Ignatius von Antiochien, hl. II,1$^{1-2}$ 172, 174; II,1^{3} 172f.; II,2 292, 316; III 33; VI,2 214; VIII 31
Ignatius von Loyola (Ordensgründer), hl. III 163, 259, 267; XI 28, 69, 78, 181, 193
Ijob (atl) I,2 220, 246–262, 316, 347; II,2 95; V 116f., 126, 137; XII 81, 141
Imad ad-Din Zengi (Emir von Aleppo) III 158
Indra (Gottheit) XII 227, 229–231, 246
Ingarden, Roman XI 42, 45
Innozenz III. (Pp. 1198–1216) I,1 261; III 159, 167ff., 172f., 180f., 188f., 224; IX 121
Innozenz IV. (Pp. 1243–1254) III 162, 186
Innozenz V. (Pp. 1276), sel. III 176
Irchuleni (atl) I,2 35
Irenäus von Lyon, hl. II,1 35f. (II,1^{3} 35–37), 60, 241, 304, 307, 309, 331; II,2 51; III 31ff., 59, 94; V 21, 117; VI,1 22; VI,2 215–217, 243; VII 262; XII 246
Irene (byz. Ks.in) III 136
Isa →Jesus
Isaac, Jules XII 42, 120, 124f.
Isaak (atl) I,1 31, 125, 146, 170, 174, 186–189, 191, 199, 201, 213, 219–225, 228–240, 243, 299f., 378, 380; I,2 250; II,2 75, 260; XII 54, 79, 115, 119, 167f., 176, 183; →Ismael
Isaak (Wüstenvater, 4. Jh.) XI 140
Isaak der Syrer / von Ninive (7. Jh.) III 111; XI 159
Isabella I. von Kastilien III 160; XII 94
Isai (atl) I,2 91
Isaias (Wüstenvater) III 108
Ischtar (Gottheit) I,1 67, 76, 294, 334; I,2 18, 37, 60, 245; II,1 53
Isebel (atl) I,1 63f.; I,2 27; II,2 346
Ishvara →Brahma
Isidor von Sevilla, hl. IV 305; VIII 46
Isidor von Skete, hl. (Wüstenvater) III 108
Isis (Gottheit) I,2 287, 296; II,2 205, 263, 277
Ismael (atl) I,1 31, 125, 170, 189, 191, 198, 208, 210–213, 220, 223, 228f., 233–235, 243, 319, 379f.; XII 54, 79, 167f., 176, 183, 188, 190f.; →Isaak
Issachar (atl) I,1 48
Itur-asdu (atl) I,2 17
Ivo von Chartres (Bf.), hl. III 150
Iwan III. (russ. Grossfürst) III 203
Iwan IV. der Schreckliche (russ. Zar) III 203

J

Jabal I,1 173
Jabin (Kg. von Hazor) I,2 175f.
Jacob, Benno I,1 384
Jacopone da Todi (geistl. Dichter) III 210
Jaël I,2 176f.
Jagannath (Gottheit) XII 253
Jäger, Willigis XII 281
Jahan (Schah/Grossmogul) XII 211
Jahwe →JHWH
Jake I,2 226
Jakob/Israel (atl) I,1 31, 47f., 125, 170, 174, 186–188, 190, 192, 194, 197, 233–249, 273, 275, 285, 293, 299f., 378, 380f.; I,2 49f., 194, 286, 288, 337, 354; II,2 329; III 209; XII 71f., 79, 115, 183
Jakob I. (engl. Kg.) III 264f.
Jakob II. (engl. Kg.) III 265
Jakobus der Ältere / Zebedäus (Apostel) II,1 73, 81, 234, 254f., 304, 348; II,2 29,

31, 33, 342; III 159
Jakobus der Jüngere («Herrenbruder») II,1 234, 332; II,2 12, 17, 29, 32f., 80, 82–85, 109, 328; VI,2 27, 175, 179
Jalics, Franz XI 130f., 224, 227–230, 237
Jamblichos (Philosoph) II,1 260
James, William (Philosoph) I,1 134; IV 40, 305
Jan Kiu XII 35
Jansen, Cornelius VIII 197
Janssen, Claudia II,2 249
Jardinai, Samuel XII 83
Jaroslav Borsita Graf von Martinitz III 262
Jaruzelski, Wojciech III 346
Jason (atl Hohepriester) I,1 97
Jason (ntl) II,2 208
Jaspers, Karl XII 37
Jeberechja (atl) I,2 69
Jedida (atl) I,1 80
Jedutun (levitischer Sänger) I,2 339
Jeggle-Merz, Birgit VII 65f.
Jehu (Kg. im Nordreich) I,1 36, 68f., 71; I,2 34, 37
Jehuda Hanasi XII 83
Jemina (atl) I,2 247
Jeremia (Prophet) I,1 52, 79, 84, 360; I,2 21, 23, 27, 60, 96, 98–115, 120, 129, 133, 171, 188; II,2 70f.; XII 91
Jerobeam I. (Kg. im Nordreich) I,1 36, 60–64, 197f., 243, 339; I,2 15
Jerobeam II. (Kg. im Nordreich) I,1 36, 69, 71, 79; I,2 15, 32f., 38–40, 52f., 195, 199
Jesaja (Prophet) I,1 72; I,2 21, 27, 29, 68–70, 72–82, 84, 94, 188; II,1 239, 290; VI,2 152; VI,3 41, 47; XII 85, 89, 91
Jeschua (Hohepriester) I,1 91; I,2 149, 165, 249
Jesreel (atl) I,2 52
Jesus Sirach I,2 136, 200, 283–293
Jesus von Nazaret (Christus) I,1 19–21, 37, 86, 104, 143, 145, 174, 205, 231, 248f., 252, 254, 256, 258f., 265f., 270, 377; I,2 30, 64, 73, 83, 91, 113, 129, 133, 141f., 144, 148, 156, 158, 186, 208–210, 279f., 293, 331, 351, 353; II,1 323–361; II,2 11, 15f., 18–20, 25, 28, 30f., 55, 62, 65, 69f., 72–75, 78, 98, 147, 156, 158, 161, 176–178, 183, 233f., 237, 254, 259, 272–276, 284f., 325, 327f., 334f., 337f., 342f., 349; III 11, 15f., 29f., 38, 82ff., 98; V 11, 27f., 82, 121, 140f., 143, 145, 147, 150, 155–163, 166–193, 197–199, 201f., 212f., 216, 218–223, 225, 227f., 230, 235, 241f., 246, 248f., 254, 258, 260, 280f., 286f., 290, 301; VI,1 15, 17, 19, 22, 33, 42f., 48, 51–53, 67, 78f., 82–98, 106f., 109–113, 121–127, 130, 137, 139f., 144, 149f., 154–163, 165–171, 173, 176–237, 287f. (VI,1³ 288f.), 298f. (VI,1³ 299f.), 301–303 (VI,1³ 302–304); VI,2; VI,3 13, 19–21, 25–27, 38–53, 61–66, 69, 75f., 83–87, 105, 111, 115–117, 128, 131, 139–148, 151, 154, 156f., 159f., 163–168, 170–174, 181–184, 188–191, 199, 201f., 204, 206, 208–211, 221–227, 229, 231f., 236, 238f., 241, 243–252, 254–268, 285f., 289, 291–293, 295–301, 303–306, 312, 315–318; VII 35, 39f., 44, 50, 52, 73, 77–84, 87–89, 93f., 96, 109f., 113–117, 121, 145f., 154, 171, 200, 213–217, 219–221, 223f., 227f., 248, 254, 257–260, 264, 266f., 271f., 278, 304, 312, 314, 317, 319, 333–337, 339–342, 344–348, 350–353, 355, 358, 360, 364; VIII 129, 235, 252, 300; IX 44f., 120, 173; X 10f., 31, 70f., 76–78, 95–97, 99, 103f., 106, 109, 145f., 171–177, 179–195, 199f., 222–224, 229–234, 237–246, 252, 259, 280f.; XI 50, 116, 121f.; XII 20–22, 30, 50, 53, 55, 61–64, 70, 83, 85–90, 95, 98–100, 102, 105f., 117f., 121f., 124f., 127–129, 134, 138, 141–143, 146,

160, 166, 168, 176–179, 181–184, 198, 222, 271, 283, 287, 292–295, 303
JHWH/Jahwe I,1 19, 31, 45f., 52f., 61, 64f., 67f., 75, 77f., 81f., 85f., 88, 90, 92f., 97, 100, 106, 109f., 116, 118, 120, 122, 126, 141–146, 150, 153, 155, 159, 161f., 174f., 186, 192, 195, 198, 214, 227, 238–240, 249, 259, 278, 286f., 291, 298–300, 302, 317, 322–324, 326–329, 331–344, 360, 375, 377, 382f.; I,2 22f., 45, 57f., 61–63, 77f., 87, 89–92, 100f., 107–112, 116, 118–120, 122–127, 129f., 135f., 142, 149, 152–155, 159, 161, 163–167, 170, 172f., 176, 178, 193, 195, 201–205, 209, 215, 229f., 232–234, 246, 249f., 277, 293, 322, 339, 342f., 345–347, 356–358; II,1 41, 187; II,2 131; III 29–31, 179; V 134; VI,1 48, 58, 81, 89, 103, 105, 116, 120, 129, 142f., 151, 153, 196, 221; VI,2 23, 27, 59, 94, 186, 189; VI,3 32–36, 121, 135–138, 167f., 183, 257; VII 59, 292; X 48; XI 21f., 26, 109, 121, 125, 148, 234; XII 79f., 82, 100f., 111, 126, 301, 303
Jimla (atl) I,2 20, 22
Jinnah, Ali XII 213
Jischmael I,1 86
Joab (atl) I,1 59, 238
Joachim von Fiore IV 56; VI,3 27, 69, 137
Joahas (Kg. im Südreich): I,1 78; I,2 96
Joasch (Kg. im Nordreich) I,2 25, 32, 40, 52
Joël (Prophet) I,2 28, 42, 207; V 152; VI,3 35, 37, 47, 79; XI 22; XII 81
Joest, Wilfried V 34; VIII 255
Johanan (Rabbi) XII 83
Johanna («Päpstin») →Johannes Anglicus
Johanna (Frau des Chuza, ntl) II,1 257; VI,2 102
Johanna (neapol. Kg.in) III 193
Johannes (Apostel, Sohn des Zebedäus) II,1 73, 81, 234, 254f., 304, 306, 348; II,2 29, 32f., 46, 83, 337, 342; III 19; VII 145, 354
Johannes (EBf. von Lyon, 12. Jh.) III 167
Johannes (Evangelist) II,2 12, 46; III 215; VI,2 162; VI,3 42f., 265; XII 246
Johannes Anglicus («Päpstin») III 140f.
Johannes Cassian, hl. III 104, 115, 123; XI 66, 75, 140, 147, 210f.
Johannes Chrysostomus, hl. I,1 260f.; II,2 124; III 88, 92f., 96f., 110, 209; VI,2 230; VIII 224; XI 168; XII 89–91
Johannes Colobos (Wüstenvater) III 108
Johannes der Täufer I,2 196; II,1 21, 23, 49–52, 57f., 73, 117–119, 127f., 207–215, 217f., 229, 251, 272f., 281, 283, 287, 312, 315, 336, 338–340, 356; II,2 30, 219; III 35, 74; V 171; VI,2 38, 52, 61–63, 71, 133, 173, 205; VI,3 42f., 139; VII 51, 83, 148f., 154, 266, 357; XI 121f.; XII 176, 183, 294
Johannes Duns Scotus →Duns Scotus, Johannes
Johannes Hyrkan I. (hasmonäischer Kg. und Hohepriester) I,1 100
Johannes Hyrkan II. (hasmonäischer Kg. und Hohepriester) I,1 101–103
Johannes I. («Kg.» von Münster, Jan van Leyden) III 248
Johannes VIII. (Pp. 872–882) III 140
Johannes VIII. Palaiologos (byz. Ks.) III 202
Johannes X. (Pp. 914–928) III 140
Johannes XI. (Pp. 931–936) III 141
Johannes XII. (Pp. 955–964) III 140f.
Johannes XXII. (Pp. 1316–1334) III 190; IV 116
Johannes XXIII. ([Gegen-]Pp. 1410–1415, Pisa/Bologna, 15. Jh.) III 194, 196ff.
Johannes XXIII. (Pp. 1958–1963), hl.

I,1 267; III 283, 316f., 335ff., 339, 341, 349; V 16, 18, 54; VI,3 218, 280, 283; X 10, 12, 31f., 41, 44, 48, 50, 52f., 56f., 60, 66–69, 72, 207; XII 41–43, 123–125, 132
Johannes Klimakus / vom Sinai XI 148f.
Johannes Markus (Apostelschüler) II,2 86f., 110
Johannes Paul I. (Pp. 1978) [Albino Luciani], sel. III 343; XII 303
Johannes Paul II. (Pp. 1978–2005) [Karol Wojtiła], hl. I,1 267f.; III 316, 340, 343, 348, 350, 354, 364; V 40, 203; VI,1^1–2 277; VI,1^3 278; VI,3 65, 283, 294; VII 50, 139, 206; VIII 85, 157, 170, 187, 245; IX 30f., 37, 66, 98f.; XII 55f., 71, 132, 138, 142f., 153, 160f., 167, 169f., 192f., 289–291
Johannes Scottus Eriugena IV 305
Johannes Tauler III 178, 201f.; VI,2 248; VII 348; XI 51, 194
Johannes vom Kreuz / Juan de la Cruz, hl. III 176, 258; XI 78, 132, 225–227
Johannes von Alexandrien III 85
Johannes von Damaskus, hl. III 92, 153; XII 161
Johannes von Gott (Ordensgründer), hl. III 162
Johannes von Patmos (Seher) II,2 342f., 346; XI 165
Johannes von Staupitz III 227
Johannes Zacharias III 227
Johnson, Elisabeth A. VI,2 204
Jojachin (Kg. im Südreich) I,1 85, 87; I,2 97f., 102, 105, 117, 146, 159; II,1 140
Jojakim (Kg. im Südreich) I,1 78, 81, 84f.; I,2 96f., 99–102, 105
Jona (Prophet) I,2 198–211; XI 225; XII 81, 141, 183
Jonas, Hans VIII 302
Jonatan Makkabäus I,1 98
Jonsen, Albert VIII 199
Joram (Kg. im Südreich) I,1 64, 68, 238; I,2 37
Joschafat (atl Kg.) I,2 20–25
Joschija (Kg. im Südreich) I,1 33, 36, 52f., 62, 76–83, 85, 116, 118, 122, 198, 308f., 315, 330, 334, 359; I,2 60, 94–96, 99–101, 105f., 171, 177f., 291
Jose bar Chanina (atl Rabbi) I,1 373
Jose ben Jehuda (atl Rabbi) I,2 174
Josef (atl) I,1 47f., 119, 197, 244–249, 275, 381; I,2 318, 326; XII 79, 141, 176; →Manasse →Efraim
Josef (ntl, Mann der Maria) I,1 205, 248f.; II,1 141f., 144, 146, 151, 153, 187, 214, 220–222, 253; III 15; VI,2 27
Josef I. (portug. Kg.) III 280
Josef II. (Patriarch von Konstantinopel) III 202
Josef von Arimathäa II,1 62–64
Josef/Joses («Bruder Jesu») VI,2 27
Joseph II. (österr. Ks.) III 278f., 287
Jossua, Jean-Pierre VI,3 202
Josua (atl) I,1 31, 42, 108, 118f.
Jotam (Kg. im Südreich) I,2 32, 52f., 69, 81, 84
Juan de la Cruz →Johannes vom Kreuz
Jubal I,1 173
Jud, Leo III 239f.
Juda (atl) I,1 48; II,1 141
Judas («Herrenbruder») II,2 12, 325, 335; VI,2 248
Judas Iskariot («der Zelot») II,1 16, 348; II,2 30
Judas Makkabäus I,1 98; I,2 310, 320
Judit (atl) XII 131
Julian Apostata (röm Ks.) II,1 66
Julian von Eclanum IV 92
Juliana von Norwich VI,2 248
Juliane von Lüttich, hl. VII 235

Julianus (Flavius Claudius, röm. Ks.) III 67f., 112; IV 90
Julius II. (Pp. 1503–1513) III 201, 238
Julius III. (Pp. 1550–1555) III 254
Jung, Carl Gustav I,1 149f.; V 194f.; VI,3 97–99; XII 37
Junia (ntl) II,2 16, 31, 76, 112f., 115, 119, 123f., 244; III 23; VI,2 102
Junias (ntl) II,2 123f.
Jupiter Heliopolitanus I,1 105; I,2 77
Justin der Märtyrer / Apologet, hl. II,1 34 (II,1³ 35), 67, 331; III 31, 33, 49f., 60, 94; V 21, 224; VI,1 22; VI,2 57, 218; VII 220, 226f., 229f., 251, 268, 313, 317; VIII 32
Justinian I. (oström. Ks.) III 36f., 87, 110, 122, 270; VI,2 241

K

Kabiros (Gottheit) II,2 277
Kain (atl) I,1 127, 167–174, 232, 252, 267, 377; I,2 206, 273; VII 123; XII 79, 141, 176
Kaisser, Stephan IV 11
Kalixt II. (Pp. 1119–1124) III 150
Kallscheuer, Otto IV 181
Kalsky, Manuela VI,2 319
Kambyses II. (pers. Kg.) I,1 89; I,2 146
Kant, Immanuel I,1 149, 220; III 276, 282; IV 112, 116, 136, 149f., 162–185, 195, 200, 203, 229f., 245, 257, 259, 264, 274, 292f., 305; V 140; VI,2 255; VIII 84, 108, 118, 120f., 158, 162, 164–166, 181f., 205f.; XI 174; XII 46
Kapellari, Egon (Bf. von Gurk-Klagenfurt) VII 48f.
Kaplan, Mordecai Menahem XII 75f.
Karl I. (engl. Kg.) III 264
Karl I. der Grosse (fränk. Kg., Ks.) III 135ff., 143, 207; VI,3 64, 272; VII 162, 232
Karl IV. (Ks. HRR) III 196
Karl V. (Ks. HRR) III 231, 234ff., 252ff.; VIII 59
Karl der Kahle (westfränk. Kg.) III 139
Karl Martell (fränk. Hausmeier) III 131, 133f.
Karl von Anjou (frz. Kg.) III 187
Karlmann I. (fränk. Kg.) III 135f.
Karlstadt →Bodenstein, Andreas (Karlstadt)
Karna XII 235
Karrer, Leo VI,3 314f
Karsthans →Murer, Johannes
Kaschnitz, Marie Luise VI,2 196
Käsemann, Ernst VI,2 41, 257
Kaspar VII 354
Kasper, Walter (Kard.) V 94; VI,1 84; VI,2 159f., 171, 179; VI,3 27, 268, 272, 274; VII 191f.; IX 99; XII 138
Katharina die Grosse (russ. Zarin) III 280
Katharina von Aragón III 249
Katharina von Medici (frz. Kg.in) III 258
Katharina von Siena, hl. III 178, 192f.; VI,3 70; XI 132, 181
Katte, Hans Hermann von VIII 149
Kaufmann, Franz-Xaver VI,3 217; X 141, 264
Kaufmann, Ludwig VI,3 279, 282
Kaufmann, Rolf V 194–197; VI,3 99f.
Keel, Othmar I,2 230
Keller, Augustin III 301
Kelsos III 46–48; V 21; VI,1 85; XI 126
Kemal, Mustafa IX¹ 61; IX² 62
Kemosch (Gott der Moabiter) I,1 65f.
Kenaan (atl) I,2 18, 21, 25
Kenny, Anthony IV 134
Kephas II,2 17, 83, 107, 112, 219; →Petrus/Simon/Kephas
Keren-Happuch (atl) I,2 247

Kermani, Navid XII 174
Kern, Walter VI,1 159; VI,3 255
Kessler, Hans V 173, 192; VI,1$^{1-2}$ 245, 278f.; VI,1^{3} 246, 179f.; VI,2 11, 20, 131, 135, 137, 200, 209, 236, 255
Ketteler, Wilhelm Emmanuel von (Bf. von Mainz) III 307, 313
Ketton, Robert XII 161
Keupp, Heiner XI 234
Kezia (atl) I,2 247
Khavdabo (Gottheit) XII 247
Kierkegaard, Søren IV 190, 206, 215, 305; V 72, 240–243, 295–297; VI,2 256
Kilian («Frankenapostel»), hl. III 130
King, Martin Luther VI,2 91
Klara von Assisi (Ordensgründerin), hl. III 172, 177, 210
Klasvogt, Peter XII 89
Klausner, Joseph XII 135
Klein, Niklaus VI,3 279, 282
Klemens (Mitarbeiter des Paulus) II,2 113, 126
Klemens II. (Pp. 1046–1047) III 148, 357
Klemens III. ([Gegen-]Pp. 1084–1100) III 149
Klemens V. (Pp. 1305–1314) III 188ff.
Klemens VII. ([Gegen-]Pp. 1378–1394, Avignon) III 193f.
Klemens VII. (Pp. 1523–1534) III 234
Klemens IX. (Pp. 1667–1669) III 251
Klemens XI. (Pp. 1700–1721) III 280
Klemens von Alexandrien II,1 93, 133; V 21; VI,3 194; VIII 32, 34f.; XII 206
Klemens von Rom VIII 31
Klinger, Elmar X 10, 32, 38
Klinghardt, Matthias II,1^{3} 32
Klostermann, Ferdinand X 227
Knapp, Markus V 19, 56f., 199
Knauer, Peter V 19
Knitter, Paul F. VI,2 313
Knox, John VIII 76f.
Knutzen, Martin IV 164–166
Koch, Kurt (Kard.) XII 138
Köcher, Renate X 158
Kohelet (Prophet) I,2 221, 265–279
Kohlberg, Lawrence VIII 232
Kolb, Frank II,2 39f.
Kolping, Adolf, sel. III 312
Kolumban der Jüngere (Frankenmissionar), hl. III 129
Kolumbus, Christoph III 220, 266
Konfuzius XII 34f.
König, Franz (Kard.) III 334; XII 41, 259
Konrad I. (ostfränk. Kg.) III 141
Konrad III. (dt. Kg.) III 158
Konshu-mes I,2 376
Konstantin I. der Grosse / Flavius Valerius Constantinus (röm. Ks.) III 64–67, 72f., 121, 135; V 10; VI,2 90, 219, 222, 237, 241; VI,3 148, 271; VII 162, 322; X 144
Kopernikus, Nikolaus III 220; IV 133, 166; X 125
Koppe, Johann Benjamin II,1 26
Kore (Gottheit) II,2 206, 228
Korff, Wilhelm VIII 125
Kornelius (röm. Hauptmann) II,1 234, 243, 259
Kosch, Daniel II,2; V 18, 175, 249; VI,2 54; VI,3 142, 144
Kozk, Menachem Mendel von I,1 215
Kraus, Hans-Joachim VI,1 58
Krause, Christian (ev. Bf.) III 363
Kremer, Jacob VI,2 181f.
Kreusch, Irina IX
Krieg, Cornelius X 16
Krishna (Gottheit, Kg.) XII 234, 236–239, 247, 250
Krispus (ntl, Synagogenvorsteher) II,2 207f., 210
Krösus (Kg. von Lydien) I,2 19, 134

Krüger, Thomas I,2 228
Kuefenstein, Franz (Graf) von III 315
Kuhn, Thomas Samuel V 76
Küng, Hans III 340; V 63, 94; VI,1 172 (VI,1^{3} 173), 229, 270 (VI,1^{3} 271); VI,2 160, 316; VI,3 198, 294f.; XII 79, 194, 242
Kunti XII 235
Kunz, Ralph VII 125
Kuster, Niklaus III
Kyrill von Alexandrien, hl. III 84f., 89; VI,2 228, 231, 237
Kyrill (Bibelübersetzer), hl. III 143
Kyrus II. (pers. Kg.) I,1 89–91; I,2 116, 133f., 145f., 190

L

La Mettrie, Julien Offray de IV 146
Laban (atl) I,1 234f., 237, 239f.
Lachmann, Karl II,1 27
Lactantius/Laktanz III 65, 89; V 86
Lai, Whalen XII 288
Lakshmi (Gottheit) XII 243, 246, 252
Lamech (atl) I,1 173f., 201
Lamennais, Félicité de III 290
Lampe, Peter II,2 67f.
Lange, Martin III 348
Langton, Stephen I,1 157
Laodicea, Apollinaris VI,2 226f.
Laotse XII 36f.
Lapide, Pinchas XII 135
Laplace, Pierre-Simon VI,1 35
Lappidot (Mann der Debora) I,2 175
Lasker-Schüler, Else IV 251
Lassalle, Ferdinand III 313
Lasson, Adolf IV 206
Layard, Austen Henry I,2 36
Lazarus (ntl) I,2 184; II,1 259, 312, 314, 316, 320; V 162; VII 176; VIII 37
Le Saux, Henri XII 12, 258f.
Lea (Asketin), hl. III 95
Lea (Frau Jakobs) I,1 48, 125, 186f., 233, 235, 240, 242, 378, 380; II,1 140; XI 195
Lefebvre, Marcel (EBf. von Dakar, Bf. von Tulle) III 344; XII 48
Lehmann, Kard (Kard.) X 227; IX 99
Leibniz, Gottfried Wilhelm IV 146, 152, 164, 305; V 114f.
Leicht, Robert VI,1 214
Leimgruber, Stephan XII
Lemuël I,2 226, 228
Lenin (Wladimir Iljitsch Uljanow) III 333
Leo I. der Grosse (Pp. 440–461), hl. III 85ff., 94, 124; VI,2 232–235; VI,3 309; VII 80
Leo III. (Pp. 795–816), hl. III 136
Leo V. (Pp. 903) III 140
Leo IX. (Pp. 1049–1054), hl. III 148, 153, 357
Leo X. (Pp. 1513–1521) III 201, 224, 228ff.
Leo XII. (Pp. 1823–1829) III 296; VII 240
Leo XIII. (Pp. 1878–1903) [Vincenzo Gioacchino Pecci] III 300, 315ff.; IV 126; VII 240; VIII 89, 292; X 206
Leon III. (byz. Ks.) III 152
Leonidas (Vater des Origenes) III 90
Leopold III. (Herzog) III 194
Lepage, Henri X 132
Lercaro, Giacomo (Kard.) X 41, 68
Leslie, Charles VIII 106
Lessing, Gotthold Ephraim I,1 263; II,1 26; V 161, 182; VI,2 255; XII 96, 164
Leukippos IV 80
Levi (atl) I,1 26, 48, 235, 242, 279, 300
Levi (Zöllner, ntl) II,1 21, 74, 171 (II,1^{3} 170), 255, 262, 350
Levinas, Emmanuel IV 149; V 122
Lévi-Strauss, Claude XII 38
Licinius (röm. Ks.) III 64f., 67; X 144
Link, Christian VI,1 143

Liutprant von Cremona III 141
Livius / Titus Livius (röm. Historiker) II,2 276
Locke, John III 282; IV 164, 204, 305; VIII 206; XII 46
Lohfink, Gerhard VI,2 170; VI,3 178, 187; XI 181, 234f.
Löhr, Aemiliana VII 301
Loisy, Alfred III 318; V 29; X 223f.
Lot (atl) I,1 156, 193, 198f., 205f., 218
Lothar I. (fränk. Kg.) III 139
Lothar von Segni →Innozenz III. (Pp. 1198–1216)
Louf, André XI 218
Louis →Ludwig
Löwenstein, Karl von (Fürst) III 314
Lubac, Henri de (Kard.) VI,3 68; X 42; XII 285, 288
Lucius (ntl) II,2 208
Lucius Volcacius Tullus (Prokonsul) II,1 223
Ludwig der Deutsche (ostfränk. Kg.) III 139, 144
Ludwig der Fromme (fränk. Kg., Ks.) III 138f.
Ludwig IV. der Bayer (Ks. HRR) III 212
Ludwig VII. (frz. Kg.) III 158
Ludwig IX. der Heilige (frz. Kg.), hl. III 159, 187
Ludwig X. (frz. Kg.) III 208
Ludwig XIV. («Sonnenkönig», frz. Kg.) III 266, 274
Ludwig XV. (frz. Kg.) III 280
Ludwig XVI. (frz. Kg.) III 284
Luitwin (Bf. von Trier) III 133
Lukas (Evangelist) II,1 241–243; II,2 23, 50–53; III 215; VI,2 157, 161–166, 170ff., 206; XII 246
Lukas (Mitarbeiter des Paulus) II,2 113, 125, 290, 297, 314
Lüke, Ulrich VI,1 65, 277 (VI,1[3] 278)
Lusseyran, Jacques XI 192–194, 236
Luther, Martin I,1 262, 325; I,2 198, 281; II,2 139, 144f.; III 103, 176, 201, 215, 219, 226ff., 236f., 241, 251; IV 216; V 55; VI,1 15; VI,2 24, 251–253; VII 164, 237, 286; VIII 55, 63–70, 72, 128, 213f., 225f., 246, 252–256; IX 181, 276; X 177; XI 155, 197f.
Luz, Ulrich VI,2 86; XI 41; XII 60, 83, 94, 118, 162f.; XII 293, 295
Luzius II. (Pp. 1144–1145) III 161
Luzius III. (Pp. 1181–1185) III 168, 181
Lydia (ntl) II,1 243; II,2 87, 121; VI,2 102

M

Maat (Gottheit) I,2 215f., 230, 306; II,1 275f.
Macarius der Ägypter III 92, 108
Mach, Ernst IV 305
Machiavelli, Niccolò IV 204; VIII 114
MacIntyre, Alasdair VIII 206f.
Magnus Eriksson (schwed. Kg.) III 191
Mahavira (Stifter des Jainismus) XII 33, 209, 264–266, 274
Maher-Schalal-Hasch-Bas I,2 69, 71
Mahud von Ghazni XII 211
Maistre, Joseph Marie de III 289
Makarios von Korinth XI 149
Makedonios von Konstantinopel VI,3 58
Makrina die Jüngere (Schwester des Basilius von Cäsarea) III 112
Makrina, hl. (Grossmutter des Basilius von Cäsarea) III 112
Maleachi (Prophet) I,2 28, 186, 195, 314
Maly, Václav III 346
Manasse (Kg. im Südreich) I,1 48, 75–77, 81, 223, 297; I,2 17, 94; →Josef (atl)
Mani III 98; IX 175

Manning, Henry Edward (EBf. von Westminster) III 304
Manuel II. Palaiologus (byz. Ks.) XII 172
Manz, Felix III 248
Mao Tse-tung III 350
Marböck, Johannes I,2 281–283
Marcel, Gabriel IV 211
Marcella (Asketin), hl. III 95
Marcian (durch Heirat mit →Pulcheria zum oström. Ks. erhoben) VI,2 237f.
Marduk (Gottheit) I,1 84f., 90, 319; I,2 142, 144
Marguerite Porète (Begine) III 212
Maria (Mutter des Jakobus d. J. und des Joses) II,1 61f.; VI,2 102
Maria (Mutter Jesu) I,1 205, 248f., 265; I,2 237; II,1 16, 141f., 144, 146, 187, 200, 207f., 210–216, 219–221, 225, 234, 319, 329; II,2 29; III 84f., 269, 303f., 307; VI,2 12, 27, 215, 231f., 234, 241; VI,3 13, 178, 264; VII 51, 354f. 361, 363; XI 151f.; XII 50, 86, 98, 118, 121f., 127f., 141, 166, 168, 176–178
Maria (Schwester des Pachomius) III 105, 108
Maria (Gemeindeleiterin) II,2 114, 121, 124
Maria I. Tudor (engl. Kg.in) III 249f.
Maria Magdalena (ntl) II,1 61f., 257, 285f., 318–320, 348; II,2 15, 33; V 176; VI,2 46f., 102, 176–178, 184; VI,3 182, 259
Maria Stuart (Kg. von Schottland) VIII 77
Maria Theresia (österr. Ks.in) III 278; X 14
Maria und Marta (Schwestern des Lazarus) II,1 320; III 172; VI,2 103, 141; VI,3 264; XI 195f.
Maria von Betanien →Maria und Marta
Mariamne (2. Frau Herodes' I.) I,1 103
Mark Aurel (röm. Ks.) III 34, 37, 49f.; IV 305
Markion von Sinope II,1^{1} 34, 241; II,1^{3} 32, 34f., 241; III 31f., 52, 60; VI,2 215, 220f.
Markschies, Christoph II,1 327
Markus (Evangelist) II,1 88f.; III 215; VI,2 21, 52, 138, 152f., 161; VI,3 40, 43, 258, 263; XII 246
Markus (Mitarbeiter des Paulus) II,2 113, 125, 290, 297, 314, 333; →Johannes Markus; →Markus (Evangelist)
Marozia/Mariuccia (Geliebte Sergius' III.) III 140f.
Marsilius von Padua III 190, 194
Marta und Maria →Maria und Marta
Marta von Betanien II,1 288, 316; →Maria und Marta
Marti, Kurt I,1 140, 146, 216, 376
Martianus Capella IV 305
Martin V. (Pp. 1417–1431) III 198ff.
Martin von Tours (Bf.), hl. III 75, 104, 114, 163
Martin, Dennis III 141
Martini, Carlo M. (Kard.) XI 169f.
Marx, Karl III 291, 295, 310; IV 190, 195, 199, 206, 305; V 90, 94–100, 102, 104, 108, 263, 266–268; VI,3 150; X 27, 138, 204f.
Marzia (Geliebte des Ks. Commodus) III 60
Masaccio (Maler) I,1 163
Massignon, Louis-Ferdinand Jules XII 12, 165
Mathilde von Tuszien (Markgräfin) III 149
Mattanja (Kg. im Südreich) I,1 85; I,2 98; →Zidkija
Mattatias (Priester) I,1 98, 100
Matthäus (Evangelist) II,1 133, 170–172; III 215; V 246; VI,2 60, 84–89, 161f., 206; VI,3 40, 42f., 199, 264; XII 246
Matthäus (Zöllner, Jünger) II,1 188; II,2 29, 32
Matthias (Apostel) II,1 233; II,2 30; III 164

Matthias (Ks. HRR) III 262
Maureder, Josef XI 67
Maxentius (röm. Ks.) III 64
Maximian (röm. Ks.) III 43, 64
Maximilian I. (Ks. HRR 1508–1519) III 230
Maximilian I. Joseph (bayer. Kg. 1806–1825) III 280
Maximilian I. von Bayern (Kurfürst, 1573–1651) III 262
Maximilian II. (Ks. HRR 1564–1576) III 257
Maximilla (Prophetin, Montanismus) III 35
Maximinus Daia (röm. Ks.) III 64
Maximinus Thrax (röm. Ks.) III 37
Mayeur, Jean-Marie III 7
Mazzini, Giuseppe III 296
McKenzie, John L. VI,1 120
Mechthild von Hackeborn (Mystikerin), sel. III 210
Mechthild von Magdeburg (Begine), sel. III 178, 210; VI,2 248f.; VI,3 70
Mechthild von Süs (Mutter Heinrich Seuses) III 211
Meinecke, Friedrich IV 281
Meister Eckhart (Mystiker) III 210f.; IV 305; V 111; VI,1 5; VI,3 18, 70, 95f.; VIII 211; XI 54, 68, 84, 93, 138, 190, 194, 196f., 231; XII 97
Melanchthon, Philipp (Schwarzerd) III 233ff., 241; VIII 72, 256; IX 277
Melchior VII 354
Melchisedek (bibl.) I,1 206, 331; II,2 327
Meliton von Sardes I,1 260; VII 78, 325; XII 88
Mello, Anthony de X 203
Menahem (Kg. im Nordreich) I,2 53
Menander II,2 58
Mendelssohn, Moses I,1 263; IV 163; XII 84, 95f.
Menelaos (Hohepriester) I,1 97
Merenptah (Pharao) I,1 39f., 46, 296
Mermillod, Gaspard (Kard.) III 304, 315
Mersenne, Marin IV 135
Merton, Thomas XII 280, 289
Merz, Annette II,2 122; VI,2 37, 45, 57, 81, 98, 100, 120–122, 134f., 175, 177
Mescha (Kg. von Moab) I,1 65–67
Meschach (atl) I,2 327
Mesrop, hl. III 75
Messner, Reinhard VII 19, 141, 171
Messori, Vittorio XII 290
Methodius von Olympia III 92
Methodius (Bibelübersetzer, EBf.), hl. III 143
Mette, Norbert X 18, 73, 268, 271
Metternich, Klemens von (Fürst) III 288, 290
Metz, Johann Baptist I,1 264; I,2 92; V 19, 52–54, 123, 124, 242; VI,2 258; VI,3 159f., 165; X 76, 93, 109, 257; XI 128; XII 131
Meyer, Ivo I,2 196f.
Micha (Prophet) I,1 70, 73f.; I,2 20, 22–27, 29, 32; 84–93; XII 85
Michael III. (byz. Ks.) III 143f.
Michael Kerullarios (Patriarch von Konstantinopel) III 153f.
Michael VIII. Palaiologos (byz. Ks.) III 201f.
Michael von Cesena III 194
Michaels, Axel XII 13, 241f., 249, 293f.
Michelangelo Merisi da Caravaggio I,1 159, 163, 275; III 274
Mieth, Dietmar VIII 161, 200f., 211f.
Milka (atl) I,1 232
Mill, John Stuart IV 305
Milo (Bf. von Trier und Reims) III 133
Mindszenty, József (ungar. Primas) III 334
Minos (Kg. auf Knossos) I,2 375

Minucius Felix III 40
Miranda, José Porfirio VI,1 89
Mirjam (atl) I,1 273, 281, 291, 293, 304, 312f., 316, 382; I,2 17, 26, 92, 170–176, 183, 185, 192, 337; II,2 160; XII 131
Mirza Ghulam Ahmad XII 151
Mirza Husayn Ali Nuri («Baha-ullah») XII 29f.
Mischaël (atl) I,2 323
Mithras III 72
Mitinit (Kg. von Aschdod) I,2 67
Mitra (Gottheit) XII 229–231
Moeller, Charles X 36
Mohammed (Prophet) III 131f.; XII 19, 21f., 29f., 54f., 61, 81, 85, 87, 107, 146–158, 162f., 170, 174–179, 183f., 189, 211, 271, 294
Mohlberg, Kunibert VII 14
Möhler, Johann Adam IV 190; X 15
Moingt, Joseph X 105f., 141
Moltmann, Jürgen V 119; VI,1 162, 164; VI,2 258; VI,3 21, 88, 144, 159f., 165; VII 32, 79; X 177
Moltmann-Wendel, Elisabeth VI,2 127, 272
Monchanin, Jules XII 259
Monika, hl. III 98ff.; IV 90f., 108ff.
Montaigne, Michel Eyquem de IV 38, 305
Montanus III 35
Montesquieu, Charles-Louis de Secondat, Baron de La Brède de III 276; IV 204, 258
Montini, Giovanni Battista →Paul VI. (Pp.)
Moore, George Edward IV 238
Morgan, Jacques Jean Marie de I,1 318
Mörsdorf, Klaus IX 44
Morus, Thomas, hl. III 250
Mose der Äthiopier (Wüstenvater) III 108
Mose (bibl.) I,1 11, 31, 93, 100, 107f., 112–115, 120–122, 143f., 167, 175, 193f., 205, 215, 263, 267, 273, 275f., 279, 281f., 284–296, 298–300, 303f., 306, 310–312, 316, 322f., 336, 338, 340, 350, 361, 381f.; I,2 16, 26, 92, 126, 171–176, 183f., 192, 196, 282, 291, 347; II,1 147, 151–153, 156, 283; II,2 73f., 84, 155, 160; III 47, 74, 110; XI 121, 124; XII 24, 61, 76, 79–81, 91, 93, 95f., 99–101, 104, 106, 109, 115, 126, 128, 168, 179, 183, 185, 301
Moses Maimonides XII 84, 92–94, 96
Mozart, Wolfang Amadeus III 276
Mu'awiya (Kalif) XII 158
Muhammad al-Kamil (Sultan) III 159
Müller, Friedrich Max XII 226
Müller, Harald XII 222
Müller, Ludwig (ev. Reichsbf.) III 328
Mumtaz Mahal (Frau des Schaha Jahan) XII 211
Munkar (Todesengel) XII 197
Muñoz, Ronaldo VI,1 49–50
Müntzer, Thomas III 232, 248; VIII 68
Murer, Johannes III 237
Murri, Romolo III 318f.
Mursi, Mohammed XII 153
Mußner, Franz XII 70
Mussolini, Benito III 323, 333; IV 256
Mutimir (serb. Fürst) III 144
Mutschelle, Sebastian VIII 84f.
Myconius, Oswald III 240
Mygdonia (Diakonin) VII 158

N

Naaman (atl) I,2 27
Naaman der Syrer (ntl) II,1 253
Nabonid (Kg. von Babylon) I,1 90; I,2 116, 133f., 145
Nabopolassar (Kg. von Babylon) I,2 95, 133
Nadab (Sohn Jerobeams I.) I,1 63
Naftali (atl) I,1 48

Nahor (Bruder Abrahams) I,1 232, 334
Nahum (Prophet) I,2 27
Nakamura, Yoshiro XII 200
Nakir (Todesengel) XII 197
Nanak (Guru) XII 27f., 241
Nanna (Gottheit) I,1 197
Napoléon Bonaparte I. (frz. Ks.) III 150, 161, 280, 283, 285ff., 293ff.; IV 204f.; VI,1 35; IX 252
Napoléon III. (frz. Ks.) III 297
Natan (Prophet) I,1 59; I,2 26f., 75; II,1 213; XII 81
Natanaël (Apostel) II,1 304, 315
Nebukadnezzar II. (Kg. von Babylon) I,1 84–86, 304; I,2 95–98, 101f., 116, 317, 319, 321, 324f., 329
Nebusaradan (atl) I,1 85
Necho II. (Pharao) I,1 36, 76, 78, 84f., 297; I,2 95
Negus (äthiopischer Kg.) XII 157
Nehemia (Statthalter, Prophet) I,1 92; I,2 147, 151, 154f., 179–182, 266
Nero (röm. Ks.) II,1 66, 97f., 106, 332; II,2 100, 204; III 20, 37; VI,2 50; X 143
Nestorius III 84f.; VI,2 230–232
Neuner, Josef III 321; V 233, 236f., 239, 251; VI,3 268, 271f., 285, 289; XII 42, 258f.
Neuwirth, Angelika XII 175
Newton, Isaac IV 164, 167
Niebuhr, H. Richard VI,1 16
Niemand, Christoph VI,2 135, 138, 143–157
Niemöller, Martin III 328
Nietzsche, Friedrich I,1 368; IV 190, 206, 215, 220, 222, 227, 231, 305; V 90, 99, 102–108, 111, 269–272; VI,1 13, 35, 163 (VI,1³ 16); VI,2 294, 298; VI,3 11, 13; VIII 162; XII 25
Nikanor (Siebenerkreis) II,2 35
Nikolaus von Kues / Cusanus (Kard.) IV 305; V 111; VI,3 18; XII 97
Niklaus von Flüe (Mystiker), hl. III 214f.; XI 68f., 83, 92, 233
Nikodemus (ntl) II,1 287, 315, 317; VI,3 44
Nikolaus (Siebenerkreis) II,2 35
Nikolaus I. (Pp. 858–867) III 153; IX 177
Nikolaus II. (Pp. 1059–1061) III 147
Nikolaus II. (russ. Zar) III 322
Nikolaus IV. (Pp. 1288–1292) III 176
Nikolaus V. (Pp. 1447–1455) III 217
Nikolaus von Kues (Kard.) IV 305; V 111; VI,3 18; XII 97
Nimsi I,1 69
Ninus, hl. III 75
Nishitani, Keiji V 131, 229
Noadja (Prophetin) I,2 17, 172, 179–182
Noah (bibl.) I,1 110f., 174, 178, 182, 185, 281; I,2 316; II,1 137; XII 79, 168
Nobili, Roberto de XII 255f.
Nocke, Franz-Josef VI,3 128, 146, 171, 173, 181, 193, 198, 202, 204; VII 52, 161
Noet von Smyrna VI,2 217
Nolde, Emil I,1 163
Nöldeke, Theodor XII 165
Nonna (Mutter des Gregor von Nazianz) III 93
Noppel, Constantin X 16
Norbert von Xanten (Ordensgründer), hl. III 164ff.
Nouwen, Henri Jozef Machiel XI 129, 218–221
Novak, Michael X 136
Novatian (Gegen-Bf. in Rom) VI,1 22
Novatian (röm. Ks.) III 53
Numitor (röm. Kg.) I,1 168, 170
Nussbaum, Martha XI 130
Nympha (ntl) II,2 121; VI,2 102

O

Obadja (Prophet) I,2 28
Obama, Barack III 361; XII 171
Obrist, Willy V 194–196; VI,3 98–101
Octavianus Augustus →Augustus / Octavianus Augustus
Oddo di Colonna →Martin V. (Pp. 1417–1431)
Odoaker III 119
Oduyoye, Mercy Amba VI,2 277
Oesterreicher, Johannes Maria XII 42, 124
Ohlig, Karl-Heinz VI,2 23f., 227f., 230–233, 243, 245, 248–252, 255
Ohola (atl) I,2 127
Oholiba (atl) I,2 127
Okeanos IV 26, 42
Ökolampad →Husschyn, Johannes (Ökolampad)
Omar Ibn al-Khattab (Kalif) III 131; XII 149, 158
Omri (Kg. Israels) I,1 63, 65; I,2 37
Onesimus (Bf. von Ephesus) II,2 292f.
Onesimus (ntl) II,2 114, 125, 286–293, 297, 303
Onesiphorus (ntl) II,2 315
Origenes II,1 331; III 31, 42, 46, 57, 89ff., 209; IV 305; V 21; VI,1 22; VI,2 218, 228, 243; VI,3 12, 194, 203, 255; VIII 35, 42; X 143, 175f.; XI 126, 208, 214
Örsy, László IX 45
Osiris (Gottheit) II,2 277
Osman I. (Emir) III 202
Ostara (Gottheit) VII 324
Otto I. (Ks. HRR) III 140
Otto II. der Rote (Ks. HRR) III 141f., 144
Otto, Eckart I,1 120–122
Otto, Rudolf XII 13

P

Pacelli, Eugenio →Pius XII. (Pp. 1939–1958)
Pachelbel, Johann III 275
Pachomius III 105f., 107ff., 112f.; XI 100f.
Padi (Kg. von Ekron) I,2 67
Palamon (Eremit) III 107
Palladius (Bf., 5. Jh.) III 128
Palladius von Helenopolis (Wüstenvater, 4.–5. Jh.) III 92, 108
Panikkar, Raimon VI,2 313; XII 12, 63f., 280, 282–284
Pannenberg, Wolfhart V 34; VI,2 257; VII 192; XI 46f., 213f.
Paolo dal Pozzo Toscanelli III 220
Papen, Franz von III 325
Paphnutius (Wüstenvater) III 108
Papias (Bf. vo Hierapolis, 1./2. Jh.) II,1 88f., 170, 331
Papias von Dios Hieron (1. Jh. v./1. Jh. n. Chr.) II,1 223
Papilus, hl. III 44
Parks, Rosa X 279
Parmenas (Siebenerkreis) II,2 35
Parmenides IV 34–36, 40, 42f., 141, 185
Parsch, Pius VII 101, 301
Pärt, Arvo VII 294
Parvati (Gottheit) XII 243–246
Pascal, Blaise IV 90, 103, 111, 153; VI,1^{1-2} 238f.; VI,1^{3} 239f.; VIII 196f.; XI 92, 200f.
Paschalis II. (Pp. 1099–1118) III 150
Pascher, Joseph VII 301
Patricius (Vater des Augustinus von Hippo) IV 90
Patrick, hl. III 116, 128
Paul III. (Pp. 1534–1549) III 235, 252, 254, 259
Paul IV. (Pp. 1555–1559) III 254
Paul V. (Pp. 1605–1621) III 267, 269

Paul VI. (Pp. 1963–1978), hl. III 316, 337ff., 341, 344f.; VI,3 152; VII 138, 242; VIII 157; IX 140; X 68, 206; XII 43–45
Paul von Samosta III 79
Paula (Asketin), hl. III 95, 104
Paullus Fabius Maximus (Prokonsul) II,1 223
Paulus (ntl) I,2 296, 312f., 349; II,1 51, 127, 174, 199, 210, 228, 232–238, 240–242, 306, 320; II,2 11–326; III 15f., 19ff., 77, 105, 303; IV 216; V 21, 152; VI,1 56, 86, 121, 157, 161, 165, 171; VI,2 43, 55f., 102, 161f., 175f., 178f., 183, 203, 206, 244, 289, 292; VI,3 39, 47–54, 57, 69, 79, 87, 103, 140, 143, 172–176, 183, 190, 202, 211, 229, 231, 257, 260–267, 269, 273, 321; VII 16, 145, 225; VIII 42, 133f., 222f., 241f.; IX 96; X 105, 145, 174, 217, 232, 235, 262; XI 25f., 48, 57f., 66, 69f., 79, 89f., 179, 188f., 194, 235f.; XII 43, 50, 70, 87, 98, 118, 122, 127, 133, 141
Paulus Orosius III 120
Pausanias II,2 211
Péguy, Charles VI,3 204
Peirce, Charles Sanders IV 305; X 56
Pekach (Kg. des Nordreichs) I,1 72, 246; I,2 53f., 65, 81
Pekachja I,2 53
Pelagius (Begründer des Pelagianismus, um 400) III 101f.; IV 92; VIII 257
Pelagius II. (Pp. 579–590) III 124
Pellikan, Konrad III 240
Peng-Keller, Simon XI
Peres, Shimon III 360
Perpetua, hl. II,2 134; III 44
Persis (ntl) II,2 114, 124; VI,2 102
Peter von Amiens III 158
Peter von Aragón (span. Kg.) III 187
Peters, Tiemo Rainer V 113
Petrarca, Francesco III 216
Petros von Sebaste, hl. III 112
Petrus Abaelardus VIII 46f., 243f.
Petrus Canisius, hl. XII 59f., 118, 163
Petrus Chrysologus, hl. III 94
Petrus Lombardus («Sentenzenmeister») IV 117; VI,2 314; VI,3 66f., 232; VII 18; VIII 49–52
Petrus Venerabilis (Abt), sel. III 163; XII 161
Petrus/Simon/Kephas (Apostel) II,1 16, 21, 24, 68, 73, 75, 80, 88f., 93, 102, 104f., 109, 157, 174, 177f., 234, 254f., 259, 262, 288, 304, 306, 311, 315, 320, 348; II,2 12, 17, 29, 31–33, 52, 80, 84–86, 104, 109, 112, 116, 219f., 258, 295, 333f.; III 19, 22, 66, 303; V 210, 212f., 246, 290–292; VI,2 46f., 125, 133, 175–179, 185, 193; VI,3 47f., 222, 258–260, 264f., 269, 277f.; VII 89, 145, 148; VIII 42; IX 24f., 70, 107–109, 120; XI 208
Petuchowski, Jakob J. XII 70, 97
Peukert, Helmut V 19, 53; X 18
Pfister, Paul XII 258
Pflieger, Michael X 16
Philemon (ntl) II,2 11, 44, 113, 125, 286–292, 303
Philipp I. der Grossmütige (Landgraf von Hessen) III 235, 241
Philipp II. (Kg. von Makedonien) I,2 263
Philipp II. (span. Kg.) III 159, 267
Philipp IV. von Anjou / der Schöne (frz. Kg.) III 187ff.
Philipp Neri, hl. VII 362
Philippus (Apostel) II,1 234, 315; II,2 29; III 105; VI,2 28; XII 86
Philippus (Siebenerkreis) II,2 35–38
Philippus (Tetrarch, † 34 n. Chr.) I,1 104; II,1 125, 334
Philippus Arabs (röm. Ks.) III 37
Philo/Philon von Alexandria I,1 24, 277, 323f., 329; II,1 53, 145, 148, 278f., 335;

II,2 26, 55, 58, 190, 204; III 91; IV 91; VI,2 207, 218; VIII 222
Phöbe (ntl) II,2 93, 114f., 119–122, 126, 244; VI,2 102; VI,3 261
Photios I. (Patriarch von Konstantinopel) III 143, 153; VI,3 64
Piaget, Jean VIII 232
Piccolomini, Enea Silvio →Pius II. (Pp. 1458–1464)
Pieper, Josef VIII 218, 237
Pieris, Aloys XII 280, 285f., 291
Pierozzi, Antonin →Antonius von Florenz
Pietri, Luce III 7
Pilatus (Pontius Pilatus) I,1 104, 155f.; II,1 63, 97, 225, 332f., 337, 357 (II,1^{3} 357f.), 359 (II,1^{3} 360); VI,2 50, 144f., 147f., 153–155, 157; XII 124, 129
Pinhas (atl) I,2 285, 291
Pinsk, Johannes VII 301
Pippin der Jüngere (fränk. Kg.) III 134ff.; VII 232
Pirmin (irischer Missionar), hl. III 130
Pius I. (Bf. von Rom ca. 142–ca.155), hl. III 60
Pius II. (Pp. 1458–1464) III 220
Pius IV. (Pp. 1559–1565) III 255
Pius V. (Pp. 1566–1572), hl. III 88, 256; VII 238f.; XI 151
Pius VI. (Pp. 1775–1799) III 279, 282, 284
Pius VII. (Pp. 1800–1823) III 280, 285, 287ff., 296
Pius IX. (Pp. 1846–1878) [Giovanni Maria Mastai-Ferretti] III 296ff., 303ff., 308, 341; V 29; VI,3 276; X 151; XII 48
Pius X. (Pp. 1903–1914) [Giuseppe Sarto], hl. III 317ff., 363; V 29, 159, 162; VI,3 279f.; VII 101, 240f.
Pius XI. (Pp. 1922–1939) [Achille Ratti] III 316f., 322, 326, 333, 349
Pius XII. (Pp. 1939–1958) [Eugenio Pacelli] III 307, 316f., 326, 333f., 349; V 56, 143; VII 181, 241; X 72; XII 60, 132
Pizarro, Francisco III 266
Plato/Platon I,2 83, 303; II,1 145, 260, 274, 278; IV 20, 35, 38f., 41, 44–62, 64f., 68, 76, 80, 96, 98–100, 124f., 132, 139, 195, 212f., 220f., 224, 241, 257, 290, 305; V 105f., 271; VI,1$^{1-2}$ 260; VI,1^{3} 261; VI,2 213; VI,3 178; VIII 48, 221, 239f., 272; XI 107
Plinius der Jüngere II,1 333; III 38f., 56; VII 319
Plotin IV 90, 305; XI 232; XII 159f.
Plutarch II,1 83f., 143, 208
Podgorny, Nikolai III 339
Poetzl, Otto XII 165
Pohlodek, Philip IV 11
Poimen (Wüstenvater) III 108
Polykarp von Smyrna, hl. II,2 316; III 33f., 45; VII 360
Pompejus I,1 102; II,2 58; III 21
Ponthinus (Bf. von Lyon), hl. III 34
Popper, Karl IV 24, 49, 305; X 205
Poppo (Bf. von Brixen) →Damasus II. (Pp. 1048)
Porphyrius I,2 311f.; VIII 42
Potin (Märtyrer), hl. III 45
Praetorius, Michael III 275
Praxeas III 52; VI,2 217
Preysing, Konrad von (Kard.) III 326
Prignano, Bartolomeo →Urban VI. (Pp. 1378–1389)
Priscilla (Prophetin, Montanismus) III 35
Priska (ntl) II,2 68, 87, 102, 113, 119, 121–123, 207, 209, 214, 226, 244, 314, 326; VI,2 102; VI,3 261
Priszilla (ntl) II,2 207; →Priska (ntl)
Proba (röm. Witwe) XI 161
Prochorus (Siebenerkreis) II,2 35
Proklos IV 305

Prosper von Aquitanien VII 20
Psammetich I. (Pharao) I,1 76
Ptahhotep I,2 213
Ptolemäus I. Soter I,1 95; I,2 266, 308
Pua (atl Hebamme) I,1 221, 276f., 304, 381; I,2 172
Pulcheria (oström. Ks.in), hl. VI,2 237
Pyrrhon von Elis IV 38, 305
Pythagoras I,2 83; II,1 260; IV 40

Q

Queiruga, Andrés Torres VI,1 47, 116, 157, 211, 241 (VI,1[3] 242)
Quinctilius Varus (röm. Statthalter) I,1 259
Quine, Willard Van Orman IV 150, 240f., 305
Quiñonez, Francisco de (Kard.) VII 287
Quirinius Sulpicus (Statthalter von Syrien) II,1 221, 225, 335

R

Rabaud, Jean-Paul III 292
Rabindranath Tagore XII 214
Rad, Gerhard von I,2 157, 292
Radbruch, Gustav IX 21
Radcliffe, Timothy XI 59, 109, 113
Radford Ruether, Rosemary VI,2 272, 276, 316, 320f.
Raffael (Maler) I,1 159
Ragaz, Leonhard III 316; VI,2 91; X 45, 55, 93, 95, 177
Rahab (atl) II,1 140f.
Rahel (Frau Jakobs) I,1 48, 125, 186–188, 233, 235, 240, 243f., 378, 380; II,1 140; XI 195; XII 115, 131
Rahner, Hugo VII 33
Rahner, Karl I,1 149; V 19, 31, 45, 63, 111f., 122, 151f., 179–181, 184, 185f., 203, 215f., 220, 222, 224, 229, 237f.; VI,1 32f.; VI,2 108f., 180, 188, 257, 311f.; VI,3 18, 30, 68f., 85, 89, 93, 126f., 157–159, 164, 178, 180, 198, 217, 235–237, 243f., 288f., 295, 319, 321f.; VII 113; X 10, 17, 32, 102, 226f., 235, 252f., 265, 269; XI 194; XII 62, 258
Rahula (Sohn des Gautama Siddharta Shakyamuni) XII 272, 276, 294
Raimund von Capua III 192
Raimund von Toulouse (Markgraf) III 158
Rama XII 239f.
Ramakrishna Paramahamsa XII 213f.
Rammohan Roy XII 213
Ramón Llull III 210
Ramses II. (Pharao) I,1 295f.; I,2 337, 376; VI,1 108
Ramsey, Ian Thomas VI,2 116
Rastislav (Fürst) III 143
Ratti, Achille (Kard.) →Pius XI. (Pp. 1922–1939)
Ratzinger, Joseph (Kard.) →Benedikt XVI. (Pp. 2005–2013)
Rauscher, Joseph Othmar von (Kard.) III 306
Rautenstrauch, Stephan X 14f.
Ravana (Dämon) XII 240, 247
Rawls, John VIII 206
Re / Ammun-Re (Gottheit) I,1 165f.; II,1 145
Rebekka (atl) I,1 125, 186–189, 199, 233f., 237–239, 243, 293, 378; II,1 140; XII 115, 131
Reck, Norbert V 122f.
Reginlinde (Schwabenherzogin) III 128
Rehabeam (Kg. im Südreich) I,1 32, 36, 60f.
Reimarus, Hermann Samuel V 161f., 175, 280ff.; VI,2 39
Reinach, Adolf XI 44
Reinach, Anna XI 44

Reinders, Angela M.T. VI,1 63f.
Reinhardt, Anna (Frau Zwinglis) III 239
Reinkens, Joseph Hubert (Bf.) III 308
Remalja (atl) I,2 81
Rembrandt von Rijn III 274; XI 218f.
Remigius (Bf. von Reims), hl. III 121
Remus I,1 168, 170, 174f.
Renan, Ernest V 163, 282f.; VI,2 39f.
Renenutet (Gottheit) I,2 234
Renz, Andreas XII 69
Rezin (Kg. von Aram/Syrien) I,1 72; I,2 65, 81
Ricci, Matteo III 267
Rich, Arthur VIII 270
Richard I. Löwenherz (engl. Kg.) III 159
Richard von St. Viktor VIII 48
Richard, Pablo V 133; VI,1 46
Richelieu (Duc Armand-Jean du Plessis von Richelieu, Kard.) III 263f.
Ricœur, Paul V 115; VIII 24, 202
Rilke, Rainer Maria I,2 334; IV 215
Rinckart, Martin I,2 280
Rinser, Luise I,2 276f.
Robert II. Curthose (Herzog) III 158
Robert von Arbrissel (Ordensgründer) III 166
Robert von Genf (Bf.) →Klemens VII. ([Gegen-]Pp. 1378–1394, Avignon)
Robert von Molesme (Ordensgründer), hl. III 151
Robespierre, Maximilién de I,1 369; III 283, 285, 292
Röhm, Ernst IV 254
Röist, Marx (Bürgermeister) III 239
Romero, Oscar III 351
Romuald von Ravenna / von Camaldoli (Ordensgründer), hl. III 151
Romulus (röm. Kg.) I,1 168, 170, 174f.; II,1 66
Romulus Augustulus (röm. Ks.) III 119
Roncalli, Angelo →Johannes XXIII. (Pp. 1958–1963)
Rorty, Richard IV 40
Rosenkranz, Karl IV 206
Rosenthal, Fritz →Ben-Chorin, Schalom
Rosenzweig, Franz IV 273, 280–284; XII 84, 95–97, 134
Rosolato, Guy VI,1$^{1-2}$ 58; VI,^{3} 59
Ross, Anthony XI 59, 71
Rothgangel, Martin XII 131
Rousseau, Jean-Jacques III 275f., 282; IV 90, 162, 199, 203, 305
Rousselot, Pierre V 30
Ruben (atl) I,1 48, 300
Rubens, Peter Paul III 274
Rudolf von Habsburg (dt. Kg.) III 187
Rudolf von Schwaben (dt. [Gegen-]Kg.) III 149
Rufus von Aquileia III 112
Ruggieri, Giuseppe X 42
Ruh, Kurt XI 188f.
Rulla, Luigi M. XI 217
Rumi →Dschalaladdin Rumi
Rupert von Deutz XI 139
Rupp, Horst F. XII 131
Russell, Bertrand (Philosoph) IV 232, 237f., 305
Russell, Charles Taze (Wachtturm-Gesellschaft) III 293
Russell, Letty M. VI,2 272
Ruster, Thomas V 86; VI,1 39, 50
Rut (atl) II,1 140f.

S

Sabellius III 79
Sacharja (Prophet) I,2 28, 149, 158–169, 191, 249
Saier, Oskar (EBf. von Freiburg i. Br.) IX 99
Sailer, Johann Michael (Bf. von Regens-

burg) VIII 87f.; X 15
Sajak, Clauß Peter XII 22
Saladin (Sultan von Ägypten [1171] u. Syrien [1174]) III 158; XII 92
Salmanassar I. (Kg. von Assur) I,1 64
Salmanassar III. (Kg. von Assur) I,1 69; I,2 34–37, 371
Salmanassar V. (Kg. von Assur) I,1 72f., 294; I,2 65, 67
Salome (ntl) II,1 61f.; VI,2 102
Salome Alexandra (hasmonäische Kg.in) I,1 101
Salomo (Kg. Israels) I,1 32, 36, 50f., 59–61, 63, 80, 116, 197, 311; I,2 97, 104, 217, 226, 236, 271, 277, 295f., 358; II,1 85, 275, 277; VI,1 105; XII 80f., 176
Salvian (Bf. von Marseille) I,2 312; III 94
Salvino degli Armati III 219
Salya XII 235
Samuel (Prophet) I,1 53, 198; I,2 16f., 26f.
Samuel (Rabbi) I,1 209
Sanballat (pers. Statthalter) I,2 179–181
Sander, Hans-Joachim VI,1 110; X 10, 35, 45, 51f., 55f., 61
Sanders, Ed Parish VI,2 41
Sandys, Edwina VI,2 302
Sanherib (Kg. von Assur) I,1 74f.; I,2 67f., 70f., 372
Sanson, Bernhardin III 238
Sapphira (ntl) II,1 258, 260; II,2 28
Sara (atl) I,1 31, 125, 186–191, 198–214, 216, 220, 223, 225, 228, 232–234, 249, 293, 378f.; II,1 140; II,2 133, 160, 260, 333; XII 115, 131, 168
Sarapis (Gottheit) II,2 277
Sarasvati (Gottheit) XII 243, 246
Sargon I. (Kg. von Assur) I,1 294
Sargon II. (Kg. von Assur) I,1 72–74, 293f.; I,2 54f., 65–67, 85, 88, 165, 374
Sarikaya, Yasar XII 194
Sarrha (Wüstenmutter) III 104
Sartre, Jean-Paul IV 136, 142, 305
Saul (Kg. Israels) I,1 32, 51, 53–57, 63, 238; I,2 344; XII 80, 176
Saulus II,2 39, 41, 60, 66; →Paulus (ntl)
Savonarola, Girolamo III 218, 225
Sayyea Ali Muhammad (Stifter der Bahai) XII 29
Scapula (Christenverfolger) III 52
Schadrach (atl) I,2 327
Schafan (atl) I,1 77, 81, 86
Schallum (Kg. im Nordreich) I,2 53
Schallum (Mann der Hulda) I,2 178
Schamesch (Gottheit) I,1 144, 318, 334
Schammai (Rabbi) I,2 277
Schear-Jaschub I,2 71, 81
Scheiwiler, Alois (Bf. von St. Gallen) XII 133
Scheler, Max IV 305; VIII 109; XI 42
Schell, Hermann III 318
Schelling, Friedrich Wilhelm Joseph IV 146, 187, 203f., 206, 305; VI,2 255f.
Schemaja (Prophet) I,2 179, 181
Scherr, Gregor (EBf. von München und Freising) III 304, 308
Scheschbazzar (atl) I,2 146
Scheschonq (Pharao) I,1 61
Schifra (atl Hebamme) I,1 221, 276f., 304, 381; I,2 172
Schillebeeckx, Edward V 51f., 68, 125, 251; VI,1 96, 99, 139f., 203f.; VI,2 257; VI,3 202, 306, 308; X 48, 59, 100, 224, 234, 231, 237, 262
Schim'on ben Gamli'el (Rabbi, nach 70 n. Chr.) II,1 180
Schim'on I. (Hohepriester, um 300 v. Chr.) II,1 180
Schim'on II. der Gerechte (Hohepriester, um 200 v. Chr.) II,1 179f.
Schimmel, Annemarie XII 12, 42, 152, 212
Schischak →Scheschonq (Pharao)

Schiwy, Günther VI,1 235, 275 (VI,1^{3} 276)
Schleicher, Kurt von IV 255
Schleiermacher, Friedrich Daniel Ernst I,1 149; II,1 26; VI,2 255; VI,3 117; VIII 88
Schlensog, Stephan XII 246, 254
Schlette, Heinz Robert V 124–126, 222
Schlick, Moritz IV 237
Schlier, Heinrich II,2 191
Schlink, Eduard VII 150
Schmeller, Thomas II,1 123
Schmidt, Helmut (dt. Bundeskanzler) X 123
Schmidtchen, Gerhard X 158
Schmidt-Leukel, Perry V 18f., 24, 147, 199, 205, 228f.; VI,2 313, 316; XII 23, 57f., 63
Schmitt, Carl IV 252–255, 261, 263
Schnackenburg, Rudolf VI,2 163
Schneemelcher, Wilhelm II,1 327
Schneider, Michael XI 212f.
Schneider, Nikolaus (ev. Bf.) III 362
Schneider, Theodor VI,1 129; VI,3 26, 36, 42, 60, 80, 131, 171, 229, 241
Schockenhoff, Eberhard VIII 210f.
Scholem, Gershom XII 77
Schoonenberg, Piet VI,3 85
Schopenhauer, Arthur IV 188, 305; VIII 162
Schott, Anselm VII 240
Schottroff, Luise VI,2 38, 66, 68f., 93, 177, 195, 272
Schreiber, Stefan II,2 312
Schroer, Silvia VI,2 204
Schröter, Jens II,1 327
Schulammit I,2 237
Schüller, Bruno VIII 113, 161, 183
Schulz von Thun, Friedemann VII 53
Schulz, Hieronymus (Bf. von Brandenburg und Havelberg) III 228
Schulze, Gerhard X 120, 122
Schüngel-Straumann, Helen I,2 62, 173; VI,2 272
Schupp, Franz X 93, 237
Schurr, Viktor X 17
Schüssler Fiorenza, Elisabeth I,2 293
Schüssler Fiorenza, Francis V 19, 249f., 298–301; VI,2 104, 177, 185, 204, 272
Schuster, Peter VI,1$^{1-2}$ 277; VI,1^{3} 278
Schütz, Heinrich III 275
Schutz, Roger (Frère Roger) XI 56, 61, 67, 78, 127f., 187, 200, 237–239
Schüßler, Rudolf VIII 195
Schwager, Raymund VI,1 52, 57, 142f., 199
Schwally, Friedrich XII 165
Schwartzerdt, Philipp →Melanchthon Philipp (Schwarzerd)
Schwarz, Berthold III 219
Schweitzer, Albert VI,2 40
Schwienhorst-Schönberger, Ludger I,2 238, 269
Searle, John IV 243
Sebulon (atl) I,1 48
Secharja (Kg. im Nordreich) I,2 53, 69
Secundinus (Irlandmissionar) III 128
Segundo, Juan Luis V 154f., 247; VI,1 35–36
Seleukos I. Nikator (seleuk. Kg.) I,1 95
Seleukos IV. Philopator (seleuk. Kg.) I,2 281
Selvatico, Pietro V 158, 169, 173, 177, 184f., 189–191, 222; VI,2
Seneca II,2 101, 190; IV 305; VIII 32
Senn, Felix V; VI,3
Septimus Severus (röm. Ks.) III 37, 60
Serapion von Thmuis (Bf.), hl. VI,3 58
Sergius III. (Pp. 904–911) III 140
Sergius Paulus (Prokonsul) II,2 60, 103
Serubbabel (atl) I,1 91; I,2 146, 149, 159f., 165f., 180, 191
Servet, Michel III 246; VI,1 53
Set (3. Sohn Evas) I,1 110, 174, 377
Seth (Gottheit) I,1 165; I,2 230

Sforza, Alfonso Giovanni III 225
Sharma, Ankit XII 222
Shiva (Gottheit) XII 32, 241, 243–246
Sichem (atl Fürst) I,1 235
Siebenrock, Roman XII 260
Siger von Brabant IV 116
Sigismund von Luxemburg (ungar. u. dt. Kg.) III 196ff., 200
Silas (Mitarbeiter des Paulus) II,2 87, 110f., 207, 278, 281
Silbermann, Neil A. VI,1 100
Silbil (Kg. von Gaza) I,2 67
Silpa (atl) I,1 48, 235, 240, 378
Silvanus (Gottheit) II,2 263
Silvanus (ntl) II,2 110f., 278f., 308, 333
Silvester I. (Bf. von Rom 314–335), hl. III 135
Silvester II. (Pp. 999–1003) III 144
Simeon (atl) I,1 48, 235, 242, 300
Simeon (ntl) II,1 207f., 219, 225, 227; VII 353
Simeon Ben Jochai (Rabbi) I,1 288
Simeon II. (Hohepriester) I,2 283–285, 291
Simon («Bruder Jesu») VI,2 27
Simon Bar Kosiba I,1 105; II,1 41; XII 88
Simon Ben Jeschua Ben Eliasar Ben Sira (atl) →Jesus Sirach
Simon der Stylit III 104, 108
Simon Magus III 147
Simon Makkabäus I,1 98
Simon von Cyrene III 29
Simons, Menno III 248f.
Simplikios IV 305
Simri (atl) I,1 63
Sin (Mondgott) I,2 133
Singer, Peter VIII 186
Sisera (Heerführer von Hazor) I,2 175–177
Sita (Frau des Rama) XII 239f.
Six, Jean-François XII 165
Sixtus (Xystus) II. (Bf. von Rom 257–258), hl. III 42
Sixtus V. (Pp. 1585–1590) III 257
Slavata, Wilhelm III 262
Smith, Adam X 134
Smith, George I,1 177
Smith, John III 249
Sobrino, Jon V 53, 191, 199f.; VI,1 38, 46, 90; VI,2 18, 191, 266, 268, 270f., 316, 324; X 51, 76–78, 99, 176f., 197
Sohm, Rudolph IX 42f.
Söhngen, Gottlieb VIII 257
Sokrates III 49; IV 18, 38, 40–42, 48, 58–62, 107, 305; VIII 32; X 143
Sölle, Dorothee V 35, 66, 76–81, 113, 118, 216f., 219, 258, 294f.; VI,2 191, 258, 282, 294f.; VI,3 70, 94, 134
Solon I,2 266
Soma (Gottheit) XII 230
Sophia Palaiologa (Frau des Grossfürsten Iwan III.) III 203
Sosipater (ntl) II,2 209
Sosthenes (Mitarbeiter des Paulus) II,2 111, 115
Spee (von Langenfeld), Friedrich III 271
Spiegel, Paul XII 129
Spinoza, Baruch de IV 265, 305; XII 84, 93, 95
Spittler, Christian Friedrich III 294
Sri Gnanananda XII 259
Stalin, Josef Wissarionowitsch III 333, 344; IV 256
Staubli, Thomas I,2 342; VI,3 33; X 60
Stecher, Reinhold (Bf. von Innsbruck) III 341
Steck, Odil Hannes I,2 194
Stefan I. (Bf. von Rom 254–257), hl. III 52f.
Stefan I. (ungar. Kg.), hl. III 144
Stefan II. (Pp. 752–757) III 135
Stefan IX. (Pp. 1057–1058) III 357
Stefan VI. (Pp. 896–897) III 140
Stefan IX. (Pp. 1057–1058) III 357

Stein, Edith, hl. XI 41–45, 206, 236; XII 133
Steindl-Rast, David XII 280, 284f.
Steinkamp, Hermann X 73, 227
Stephanas (ntl) II,2 114, 208, 210, 212
Stephanus, hl. («Diakon», Siebenerkreis) II,1 232, 267f.; II,2 35–38, 61; III 18f., 73; VI,3 47, 297; VII 354; X 21, 178
Stier, Fridolin II,1 136; II,2 14, 123, 153, 188
Stoeckle, Bernhard VIII 162
Stosch, Klaus von V 114, 117, 120, 139f., 145, 148, 231; XII 20f.
Strabon (Geograf in der Antike) II,2 58f., 276, 300
Strahm, Doris V 158, 169, 173, 177, 184f., 189–191, 222, 225, 250; VI,2; VI,3 106
Strauss, David Friedrich VI,2 39
Strobel, Regula VI,2 296
Štrossmajer, Josip Juraj (Bf. von Đakovo und Syrmien) III 305
Studer, Basil VI,1 17
Stuflesser, Martin VII 198
Suárez, Francisco IV 126; VIII 81f.
Suenens, Joseph (Kard.) X 32, 68
Sueton II,1[1–2] 333; II,1[3] 332; II,2 102; III 38; VI,2 50
Suitger (Bf. von Bamberg) →Klemens II. (Pp. 1046–1047)
Sulla (Lucius Cornelius Sulla Felix, röm. Diktator) II,1 66
Sulpicius Severus III 94
Surya (Gottheit) XII 228, 246
Susanna (atl) I,2 318
Susanna (ntl) II,1 257; VI,2 102
Suso, Heinrich →Heinrich Seuse/Suso
Swami Abhishiktananda →Monchanin, Jules
Swidler, Leonhard XII 63
Synkletika (Wüstenmutter) III 104
Syntyche (ntl) II,2 120, 126, 266, 272

T

Tabita aus Joppe (ntl) II,1 257f.
Taborda, Francisco VI,3 241; X 21, 178
Tacitus II,1 85, 97f., 332f., 337; II,2 100; III 38; VI,2 50, 144
Tagore →Rabindranath Tagore
Taine, Hyppolite Adolph X 123
Tamar (atl) II,1 140f.
Tamez, Elsa II,2 168, 179
Taru-Tarchun(t) (Wettergott) I,1 63
Tatian (röm. Ks.) III 60
Tatian der Syrer (ca. 120–ca. 180) II,1 34 (II,1[3] 35), 60
Tauler, Johannes →Johannes Tauler
Tawadros II. (kopt. Pp.) III 360
Taylor, Charles VIII 24, 202; XI 89f.
Tebartz van Elst, Franz-Peter (Bf. von Limburg) III 358
Tell, Wilhelm I,1 188
Tempels, Placide XII 38
Tempier, Étienne (EBf. von Paris) III 183
Teresa von Ávila, hl. III 258; V 156; VI,2 282; XI 41, 44, 78, 132, 146, 153, 185, 225
Tertius (Schreiber des Paulus) II,2 111, 120, 208
Tertullian I,2 312; II,1 331; III 31, 33, 39ff., 51ff., 89; VI,1 22, 31; VI,2 217, 244, 290; VII 16, 313; VIII 34f.; XI 98f., 165
Tethys IV 42
Tetzel, Johannes III 282
Teuscher, Simon IX 170
Thales von Milet IV 26–29, 31, 42, 170
Theißen, Gerd II,1 324; II,2 310f.; VI,2 30, 37, 41, 45, 57, 81, 98, 100, 119–122, 135, 175, 177; VIII 241f.; XI 41; XII 13
Thekla (ntl) VI,2 49
Theobald, Michael II,1 279; II,2 186, 188, 194

Theodor von Mopsuestia VI,2 230
Theodora (Wüstenmutter) III 104
Theodoret von Cyrus III 92
Theodosius I. (oström. Ks.) III 68, 70, 83f.; IV 93; VI,2 220, 241; VI,3 271; IX 35; X 145
Theodosius II. (oström. Ks.) III 85
Theophanu (Ks.in HRR) III 142
Theophilus (ntl) II,1 199, 203, 205f., 230f.
Theunissen, Michael IV 190
Thoma, Clemens XII 70
Thomas (Apostel) II,1 286, 304, 319, 328; II,2 29; XII 253f.
Thomas Becket, hl. III 163
Thomas von Aquin, hl. III 102, 176, 183, 207, 209, 271, 318; IV 20, 63, 78, 111–128, 131f., 289, 291f., 305; V 22, 27, 40, 109, 111; VI,1 25; VI,2 105, 110, 118, 249f., 275; VI,3 12, 148, 178, 186, 233, 274; VIII 22, 50–56, 72, 79, 81, 87, 89, 104, 128, 149, 159, 181, 207, 210f., 215, 218, 225, 240, 244, 257–259; IX 20; XI 78f., 105f., 111, 180–183, 213; XII 49, 93, 161f.
Thomas von Kempen (sel.) III 213f.
Thot (Gottheit) I,1 294
Thurow, Lester X 139f.
Thutmosis I. (Pharao) I,1 294
Thutmosis III. (Pharao) I,1 331; I,2 287, 375
Tiberius (röm. Ks.) II,1 97, 107f. (II,1³ 108), 225, 332f., 336f.; II,2 63, 204
Tiglat-Pileser III. I,1 71f.; I,2 53f., 65–67, 84
Tillich, Paul V 130f., 216; VI,2 257; VI,3 88, 156f., 159, 164; XII 13
Tilly, Johann T'Serclaes von (General) III 262f.
Timon (Siebenerkreis) II,2 35
Timotheus (ntl) II,2 44, 48, 87, 111, 113–115, 125, 207, 265, 278–280, 286, 289, 297, 299, 308, 313–315, 318f., 326f.
Titius Justus (ntl) II,1 243; II,2 207
Titus (ntl) II,2 48, 82f., 90, 113, 115, 215–217, 312–314, 319, 322
Titus (röm. Ks.) II,1 89f., 98f., 106f., 109f., 335, 375; II,2 312; VI,2 164
Tobija (atl) I,2 179, 181
Tobit (atl) I,2 318
Toch, Michael I,1 261
Tommaso di Ser Giovanni di Simone Cassai (Maler) →Masaccio
Torquemada, Tomas de X 139
Torsy, Jakob VII 311
Tov, Israel Baal Shem XII 76f.
Tracy, David V 90
Trajan (röm. Ks.) II,1 172, 333; III 33, 37ff.; VII 319
Trakl, Georg IV 215, 275
Trible, Phyllis I,1 208, 255
Tritojesaja I,2 148–157
Tryphäna (ntl) II,2 114, 124; VI,2 102
Tryphosa (ntl) II,2 114, 124; VI,2 102
Tubal-Kain I,1 173
Tucholsky, Kurt IV 23
Tychukus (ntl) II,2 292, 305, 315, 317
Tyrrell, George III 318f.; V 29

U

Uçar, Bülent XII 194
Ulf Gudmarsson (Mann der Birgitta von Schweden) III 191
Ulpianus →Domitius Ulpianus
Urban II. (Pp. 1088–1099), sel. III 157
Urban IV. (Pp. 1261–1264) III 177
Urban V. (Pp. 1362–1370), sel. III 191
Urban VI. (Pp. 1378–1389) III 193f.
Urbanus (ntl) II,2 113
Urija (atl) I,2 69; II,1 140f.
Usija (Kg. im Südreich) I,2 32, 40, 52, 69, 77, 81, 182

Uta-napischti/Utnapischtim I,1 166, 178–180, 182
Uthman (Kalif) XII 149, 157f., 175

V

Valdès, Petrus III 12, 166f., 172f.
Valentinian II. (röm. Ks.) III 68
Valentinus (Doket) III 52
Valerian (röm. Ks.) III 37, 42
Valmiki XII 239
van der Goes, Hugo I,1 159
van der Ven, Johannes X 74
van Gennep, Arnold VII 37
van Leyden, Jan →Johannes I. («Kg.» von Münster, Jan van Leyden)
Vandenbroucke, François XI 78
Varuna (Gottheit) XII 229–231
Vasco da Gama III 220; XII$^{1-3}$ 212; XII^{3} 254
Vauchez, André III 7
Vāyu (Gottheit) XII 229–231
Velázquez, Diego I,2 290; III 274
Veličkovskij, Paisij XI 149
Velte, Nicola II,1 13
Venard, Marc III 7
Venetz, Hermann-Josef II,2 14, 173; VI,3 142, 256, 258, 261f.
Venus (Gottheit) II,1 53; II,2 206
Vermigli, Pietro Mariano VIII 215
Verweyen, Hansjürgen V 19, 50, 72, 199
Vespasianus (röm. Ks.) I,1 104f., 259; II,1 44, 98f., 106–110, 335; II,2 312
Veuillot, Louis III 304
Vigil, José Maria VI,1 189
Viktor II. (Pp. 1055–1057) III 148
Vinzenz von Lérins, hl. III 88, 94
Vinzenz von Paul (Ordensgründer), hl. III 269
Virata (ind. Kg.) XII 235
Virgil (irischer Missionar), hl. III 130
Virt, Günter VIII 183
Vishnu (Gottheit) XII 32, 240f., 243f., 246, 252
Vivekananda / Narendranath Datta XII 214
Vladimir (Grossfürst von Kiew), hl. III 144
Vogel, Raphaela II,1 14
Vogelsang, Karl von (Baron) III 314
Vogt, Markus VIII 125
Vögtle, Anton VI,2 183
Volgger, Ewald VII 204
Voltaire (François-Marie Arouet) III 276; V 115
Vorgrimler, Herbert V 156f.; VI,1 26, 31, 148; VI,3 117, 126, 129f., 132, 145, 178, 192, 203
Vyasa (Seher) XII 234

W

Wacker, Marie-Theres I,2 62
Wadjet (Gottheit) I,1 165
Waisman, Friedrich IV 237
Waldenfels, Hans V 19, 222, 228f.; XII 256
Wałęsa, Lech III 346
Wallenstein (Albrecht Wenzel Eusebius von Waldstein) III 263
Wallimann, Thomas VIII, 14, 261–306
Walter, Norbert X 133
Walter, Silja (Sr. Hedwig) VII 293; XI 50
Wanke, Joachim (Bf. von Erfurt) IX 136
Wardhamana (Mönch) XII 264, 267f.
Watt, Joachim (Vadian) III 240
Watzlawick, Paul VII 53; X 79
Weber, Günther V 35, 73–75, 111f., 174, 177f., 210; VI,3 11, 13
Weber, Leonhard M. X 17
Weber, Max III 245f.; X 150
Wedemeyer, Maria von (Verlobte Bonhoeffers) XI 105
Weil, Simone XI 191f.

Weiser, Adolf V 166; VI,1 58
Weiß, Johannes II,1 113; X 177
Weisse, Christian Hermann II,1 27
Weitling, Wilhelm III 291
Welker, Michael VI,3 85, 104
Wellhausen, Julius I,1 115, 118
Wenzel IV. von Luxemburg (böhm. Kg., Kg. HRR, 14./15. Jh.) III 196, 198f.
Wenzel I. (Herzog, 10. Jh.), hl. III 144
Werbick, Jürgen V 19, 24, 49f., 198f.; VI,1 30, 32, 81; VI,3 225, 265; XI 230
Werner von Bacharach / von Oberwesel, sel. III 208
Wernle, Paul II,1 113
Wette, Wilhelm M. L. de I,1 256
Weyand, Gabriele VI,1 68
Whitehead, Alfred North IV 41, 305
Widukind (Sachsenfürst) III 136
Wilhelm I. (dt. Ks.) III 276, 293, 299
Wilhelm III. von Oranien (engl. Kg.) III 265
Wilhelm von Aquitanien (Herzog) III 145
Wilhelm von Auxerre X 13
Wilhelm von Ockham III 190, 194; IV 305; VIII 55, 154
Wilhelm von Saint-Thierry XI 150
Wilke, Christian Gottlob II,1 27, 31 (II,1^{3} 32)
Wilkins, Charles XII 239
Willa, Josef-Anton VII
Williamson, Richard (Bf. der Piusbruderschaft) I,1 269; III 358; XII 137
Willibrord (angelsächsischer Missionar), hl. III 130
Winfreth →Bonifatius
Winter, Dagmar II,1 324
Wittgenstein, Ludwig IV 15, 131, 211, 229–250, 279, 294f., 305
Wohlmuth, Josef VI,1$^{1-2}$ 256; VI,1^{3} 257
Wojtiła, Karol →Johannes Paul II. (Pp. 1978–2005)
Wolff, Christian IV 164
Wolff, Hans Walter I,2 62, 86, 89
Wölflin, Heinrich III 237
Wolfram von Eschenbach XI 107
Wortmann, Sönke III 141
Wulfila (Bf. der Terwingen) III 75, 121
Wüst, Otto IX 283; X 272
Wyclif, John III 195
Wyss, Denise III 365
Wyss, Dorothee (Frau des Niklaus von Flüe) III 214

X

Xenophanes IV 23–26, 289f.; V 93
Xerxes I. (pers. Kg.) I,2 134
Xystus →Sixtus

Y

Yadin, Yigael I,1 50f.
Yajnavalkya (Lehrer) XII 233
Yasodhara (Cousine des Gautama Siddharta Shakyamuni) XII 272
Yudhishthira Pandava XII 235f.

Z

Zacharias (ntl) II,1 35 (II,1^{3} 36), 129, 207–212, 214, 217, 219, 225–227; XII 142, 176, 246
Zacharias (Pp. 741–757), hl. III 135
Zachäus (Zöllner, ntl) II,1 261, 263; XI 109
Zadok (Hohepriester) I,1 56, 59, 96, 98
Zajíc von Hasenburg, Zbyněk (EBf. von Prag) III 196
Zapp, Hartmut IX 233
Zarathustra/Zoroaster XII 25f., 228
Zauner, Wilhelm X 227
Zebedäus (ntl) II,1 304
Zefanja (Prophet) I,2 27

Zenetti, Lothar VI,3 25, 29, 215
Zenger, Erich I,1 117; I,2 357; XII 101
Zeno von Verona (Bf., 4. Jh.), hl. III 94
Zenon von Kaunos I,2[1-2] 281; I,2[3] 282
Zenon von Kition (Philosoph, Begründer der Stoa) IV 305
Zerfaß, Rolf X 227
Zeus/Jupiter I,1 97; I,2 310, 330, 372; III 23; IV 26
Zeyer, Albert X 279
Zidkija (Kg. im Südreich) I,1 53, 60, 85f.; I,2 18, 21, 25, 97–100, 102–104, 106, 118
Ziegler, Martin (Oberkirchenrat) III 348
Zilla (Frau Lamechs) I,1 173, 201
Zimrilim (Kg. von Mari) I,2 17
Zippora (atl) I,1 285, 289f., 294
Žižka, Jan III 199
Zoeller-Greer, Peter VI,1 273
Zofar (atl) I,2 251
Zoroaster →Zarathustra/Zoroaster
Zvi, Ehud Ben I,1 217
Zweig, Stefan XI 36
Zwingli, Barthomoläus III 236
Zwingli, Huldrych III 224ff., 232, 234, 236ff., 247f.; VII 164, 302; VIII 70–72, 246, 252; IX 58

Register der Bibelstellen

Die Reihenfolge der biblischen Bücher richtet sich nach der Ordnung in der Einheitsübersetzung. In diesem Verzeichnis sind alle biblischen Zitate und Verweisstellen aufgenommen. Sie ermöglichen es, die breite theologische Rezeption der Bibel zu erfassen. Zusätzlich aufgenommen sind Verweisstellen zur Logienquelle (Q). Erweitert wird das Bibelstellenverzeichnis mit einer Zusammenstellung aller in der Reihe erwähnten oder zitierten Koranstellen.

Altes Testament

Genesis (1. Buch Mose)

Gen I,1 26, 125–250; I,2 184f.
Gen 1 I,2 230
Gen 1–Ex 19 I,1 357
Gen 1–2 Kön 25 I,1 118f.
Gen 1–3 VIII 235
Gen 1–9 I,1 126–185
Gen 1–11 VIII 234, 282
Gen 1,1–Lev 9,24 I,1 118f.
Gen 1,1–Dtn 34,8 I,1 118f.
Gen 1,1 II,1 280; VI,1$^{1-2}$ 251f.; VI,1^{3} 252f.; XII 78
Gen 1,1–2,4a I,1 109f., 116, 127–146, 150f., 180f., 231f., 253, 280, 329, 336, 375; II,1 277; VI,1$^{1-2}$ 245f., 255; VI,1^{3} 246f., 256
Gen 1,2 VI,3 34, 87
Gen 1,2f. I,2 253
Gen 1,3 VI,3 238; VII 108
Gen 1,3f. II,1 280
Gen 1,5 VII 279
Gen 1,6 VI,3 238
Gen 1,6–8 I,2 126
Gen 1,21 I,2 328
Gen 1,26f. I,1 135; I,2 303; II,2 240; VI,3 231; XII 78
Gen 1,26ff. I,2 331
Gen 1,27 VI,3$^{1-2}$ 91; VI,3^{3} 90; VIII, 282; IX 194; XII 182
Gen 1,27f. IX 23
Gen 1,28 I,1 138f.; I,2 255
Gen 1,29 I,1 138
Gen 1,29f. I,1 181, 376
Gen 1,30 I,1 138
Gen 1,31 I,1 181; I,2 253; VI,1$^{1-2}$ 250, 287; VI,1^{3} 251, 288; XII 78
Gen 2,2f. XII 102
Gen 2,3 I,1 346; VII 313
Gen 2,4 I,1 116, 346; II,1 137
Gen 2,4–25 II,2 240
Gen 2,4b–24 I,1 109f., 147–155, 376
Gen 2,4b–3,24 I,1 143; VI,1$^{1-2}$ 245f.; VI,1^{3} 246f.; IX 194
Gen 2,4b–Jos 24 I,1 119
Gen 2,4b–2 Kön 25 I,1 119
Gen 2,7 I,1 150, 161; I,2 130; VI,3 34, 87
Gen 2,17 VI,3 175
Gen 2,21 XII 182
Gen 2,21ff. IX 23
Gen 2,23f. I,1 158; IX 194
Gen 2,24 II,2 306
Gen 2,25–3,24 I,1 155–167, 376
Gen 3 I,1 164–167, 181, 276, 357
Gen 3–11 VIII 235
Gen 3,1 XI 18
Gen 3,1ff. I,2 303
Gen 3,3 I,1 154
Gen 3,5 XI 231
Gen 3,6 I,1 160
Gen 3,8 I,1 141
Gen 3,9 I,1 172; I,2 206
Gen 3,9f. I,1 161; VI,1 148
Gen 3,13 I,2 206
Gen 3,15 V 286
Gen 3,19 I,1 151; VI,3 175;

XII 115
Gen 3,20 I,1 151, 278
Gen 3,21 I,1 376f.
Gen 4 I,1 167–175, 181, 232, 357, 377
Gen 4,1 I,1 151, 299; XI 111
Gen 4,1.3.26 I,1 143
Gen 4,1–16 VII 123
Gen 4,1–26 I,1 167–175
Gen 4,6 I,2 206
Gen 4,6f. I,1 171
Gen 4,15 VI,1 120
Gen 4,19 I,1 201
Gen 4,23f. I,1 173f.
Gen 4,25 I,1 151, 174; VI,1[1–2] 246; VI,1[3] 247
Gen 4,26 I,1 110, 174f., 299
Gen 5 II,1 137
Gen 5,1.3–5 I,1 151; VI,1[1–2] 246; VI,1[3] 247
Gen 5,2 I,1 137
Gen 5,24 II,1 47; VI,2 164
Gen 6–9 I,1 68, 111, 281; VI,1 117
Gen 6,5 I,1 181f.
Gen 6,5f. I,2 206
Gen 6,5–9,17 I,1 175–185, 377f.
Gen 6,6 I,1 182
Gen 6,11 I,1 181
Gen 6,13 I,1 182
Gen 6,17 VI,3 34, 87
Gen 7,4ff. VII 342
Gen 7,15 VI,3 34, 87
Gen 7,22 VI,3 34, 87
Gen 8,1 I,1 141
Gen 8,4 I,1 110
Gen 8,8–12 II,1 53
Gen 8,20 I,1 263
Gen 8,21 I,1 182
Gen 9,4 I,1 215
Gen 9,4ff. I,1 328
Gen 9,5 I,1 138
Gen 9,6 VI,1 120
Gen 9,12–15 I,1 183
Gen 11–14 I,1 31
Gen 11,1–9 VII 108
Gen 11,4 I,1 194
Gen 11,26–29 I,1 232
Gen 11,26–17,3 I,1 189
Gen 11,27–25,11 I,1 190–233
Gen 11,27–36,43 I,1 244
Gen 11,29 I,1 201, 207
Gen 11,30 I,1 206f.
Gen 12–25 I,1 33
Gen 12–36 I,1 32, 186–190
Gen 12–50 VI,1 104
Gen 12,1 I,1 149, 300; VI,1 69; VI,3 121
Gen 12,1–3 I,1 253, 378
Gen 12,1–4a I,1 192–196, 226
Gen 12,1–9 VI,3 135
Gen 12,1.3f. VII 108
Gen 12,2 V 286; VI,1 69
Gen 12,3 I,1 208, 218, 380; II,1 138
Gen 12,4 VI,1 69
Gen 12,5–8 I,1 197–199
Gen 12,6 I,1 108
Gen 12,7 I,1 143, 206
Gen 12,7f. I,1 110, 300
Gen 12,10 I,1 363
Gen 12,10–20 I,1 199–205, 243, 357, 379; I,2 35
Gen 12–50 VI,1 104f.
Gen 13 I,1 198, 205f.; VI,1 120
Gen 13,14f. I,1 193
Gen 13,16 VI,3 167
Gen 13,18 I,1 233
Gen 14 I,1 331
Gen 14,18–20 II,2 327
Gen 14,19 I,1 169
Gen 14,22 I,1 169, 343
Gen 15 I,1 116, 206; VI,1 117
Gen 15,1–3 I,1 223
Gen 15,1–6 VI,3 167
Gen 15,1–7 VI,1 148
Gen 15,6 I,1 191; II,2 164, 259
Gen 15,6–11 VI,1 117
Gen 15,7 I,1 197
Gen 15,17–18 VI,1 117f.
Gen 15,18 I,1 52
Gen 16 I,1 198, 205–212, 223, 379
Gen 16,2 I,1 319
Gen 16,7–12 II,1 143, 209
Gen 16,9 I,1 208
Gen 16,14 I,1 233
Gen 17 I,1 213, 223
Gen 17,1 I,1 143, 145; XI 234
Gen 17,2 VI,1 117
Gen 17,4 VI,1 117
Gen 17,4f. I,1 189
Gen 17,4–6 II,1 138
Gen 17,10f. XII 114
Gen 17,15f. I,1 189
Gen 17,15–17 II,1 143, 209
Gen 17,15–19 VI,3 167
Gen 17,16 II,1 138
Gen 17,17 I,1 216, 220
Gen 17,17f. I,1 223
Gen 18 I,1 196, 212, 379
Gen 18,1 I,1 233
Gen 18,1–15 I,1 213–216

Gen 18,14 I,1 220
Gen 18,16–33 I,1 216–219, 223
Gen 18,18 II,1 138
Gen 18,20–33 I,1 217
Gen 18,27 VI,1 148
Gen 19 I,1 156, 198, 217, 219
Gen 19,1.15 I,1 214
Gen 19,12–26 I,1 218
Gen 19,26 XI 48
Gen 19,30–38 I,1 205
Gen 20 I,1 198, 210
Gen 20–22 I,1 116
Gen 20,1 I,1 363
Gen 20,1–18 I,1 199, 219, 234
Gen 20,7 I,2 26
Gen 21 I,1 198, 212, 233, 379
Gen 21,9–14 I,1 319
Gen 21,19 I,1 160
Gen 21,21 I,1 223
Gen 21,25–31 I,1 234
Gen 21,32f. I,1 234
Gen 21,33 I,1 233
Gen 22 I,1 223, 121
Gen 22,1 I,1 110
Gen 22,1–19 I,1 219–232; XII 190
Gen 22,2 I,1 263; II,1 53
Gen 22,5 I,1 223
Gen 22,11f. I,1 225
Gen 22,11–13 VI,1 149
Gen 22,11.15 I,1 110
Gen 22,12 I,1 221
Gen 22,15–18 I,1 195, 221, 225
Gen 22,19 I,1 233
Gen 22,20–24 I,1 232
Gen 23 I,1 232f.
Gen 23,1 I,1 220
Gen 23,19 I,1 293
Gen 24,1–36,43 I,1 234–243
Gen 24,4 I,1 201
Gen 24,34–38.42–49.58.67 VII 126
Gen 25–35 I,1 120
Gen 25–36 I,1 380
Gen 25–50 I,1 120
Gen 25,7f. VI,3 167
Gen 25,7–11 I,1 232f.
Gen 25,9 I,1 293
Gen 25,10 I,1 169
Gen 25,19–34 VII 126
Gen 25,20 I,1 237
Gen 25,23 I,1 189, 237
Gen 25,26 I,1 237
Gen 25,27–34 I,1 239
Gen 25,28 I,1 238
Gen 26 I,1 198
Gen 26,1–11 I,1 199
Gen 26,3 I,1 363
Gen 26,15–28 VII 126
Gen 26,27 I,1 300
Gen 27 I,1 169
Gen 27,1 I,1 240
Gen 27,21–28,5 I,1 239
Gen 27,22 I,1 190
Gen 27,26 I,1 246
Gen 27,31–28,5 I,1 239
Gen 27,36 I,1 237
Gen 27,37 I,1 239
Gen 27,40 I,1 239
Gen 27,43ff. I,1 197
Gen 28 I,1 116
Gen 28,3 I,1 143, 145
Gen 28,10–19a VII 126
Gen 28,10–22 I,1 239
Gen 28,11 I,1 241
Gen 28,15–17 VI,1 148
Gen 28,20–22 I,1 239, 241
Gen 29,1–32,5 I,1 240
Gen 29,31–30,24 I,1 48, 235
Gen 30,3 I,1 319
Gen 30,21 I,1 242
Gen 31,50 I,1 208
Gen 31,53 I,1 334
Gen 32,7–9 I,1 240f.
Gen 32,11 I,1 241
Gen 32,13 VI,1 93
Gen 32,14–22 I,1 241
Gen 32,20 XI 150
Gen 32,23 I,1 241
Gen 32,23–33 I,1 235f.; XI 221, 236; XII 72
Gen 32,27–31 I,1 241
Gen 32,28f. I,1 47, 236
Gen 32,32 XI 68
Gen 33,3f. I,1 242
Gen 33,10 I,1 242
Gen 33,16–20 I,1 242
Gen 33,18–20 I,1 197
Gen 33,19 I,1 169
Gen 34 I,1 235, 242f.
Gen 34,2 I,1 208
Gen 35,1–15 I,1 236
Gen 35,9f. I,1 47
Gen 35,11 I,1 145
Gen 35,19 I,1 233
Gen 35,23–26 I,1 48
Gen 36,8 I,1 237
Gen 37 I,1 244
Gen 37–50 I,1 188, 244–249, 381
Gen 37,8 I,1 246
Gen 37,18 VI,1 120
Gen 38 II,1 140
Gen 38,26 II,1 141
Gen 39–40 I,1 244

Gen 39,13 I,1 44
Gen 40–41 I,2 326
Gen 41,57 I,1 245, 363
Gen 45 I,1 245
Gen 46,3 I,1 194
Gen 47,4 I,1 363
Gen 47,13 VI,1 120
Gen 48,5 I,1 245
Gen 48,8–20 I,1 235
Gen 48,22 I,1 183
Gen 49,3–27 I,1 48
Gen 49,8 I,1 222
Gen 49,22 I,1 245
Gen 49,29–33 I,1 233
Gen 49,30f. I,1 293
Gen 50,13 I,1 233, 293
Gen 50,14–21 I,1 245
Gen 50,15–18 I,1 247
Gen 50,19–21 I,1 247
Gen 50,26 I,1 248

Exodus (2. Buch Mose)

Ex I,1 26, 273–372; I,2 184f.
Ex 1 I,1 221, 248
Ex 1–2 I,1 285f.; I,2 172, 185
Ex 1–4 I,1 275–290
Ex 1–6 I,1 274
Ex 1–11 I,1 31
Ex 1–14 I,1 45, 331
Ex 1–16 I,1 359
Ex 1–17 I,1 331
Ex 1–18 I,1 274, 314
Ex 1–23 I,1 359
Ex 1,1–5 I,1 248, 273
Ex 1,1–14 I,1 256, 275f.
Ex 1,8–12 I,1 275
Ex 1,11 I,1 208, 295f.
Ex 1,13f. I,1 276
Ex 1,15 I,1 44, 276; II,1 147
Ex 1,15–2,10 I,1 276–283, 381
Ex 1,15–22 II,1 152
Ex 1,17–19 I,1 277
Ex 1,17–21 VI,1 149
Ex 1,19 I,1 278
Ex 1,22 I,1 278, 282, 305; II,1 147
Ex 2 I,1 249, 369
Ex 2–34 I,1 120, 122
Ex 2,1 I,1 300, 316
Ex 2,1–4 I,1 279
Ex 2,2 I,1 279f.
Ex 2,3–5 I,1 281
Ex 2,5–6 I,1 281f.
Ex 2,7–10 I,1 281f.
Ex 2,11–15 I,1 284f., 381
Ex 2,16–21 I,1 294
Ex 2,15–22 I,1 284f.
Ex 2,23–25 I,1 285
Ex 3 XI 148
Ex 3,1–5 VI,1 148
Ex 3,1–4,17 I,1 288
Ex 3,1–4,18 I,1 285–288
Ex 3,6 VI,3 171
Ex 3,7 I,1 317; VI,1 120
Ex 3,7f. X 11, 46f., 100
Ex 3,7–10 VI,1 107
Ex 3,7–12 II,1 210
Ex 3,8 I,2 242; VI,3 121, 135
Ex 3,10 I,1 317; X 47
Ex 3,12 VI,1 70; VI,3 135
Ex 3,13f. VI,1 128–131
Ex 3,13–16 I,1 145
Ex 3,14 I,1 286, 340; II,1 313; IV 98, 123, 213; VI,1 13, 159; VI,3 135, 171; VII 145; X 47; XI 50, 221; XII 101
Ex 3,15 VI,3 135; XII 101
Ex 3,17 VI,3 121
Ex 3,17–19 VI,1^{1-2} 241; VI,1^{3} 242
Ex 4,18–20 I,1 288
Ex 4,24–26 I,1 289f.
Ex 4,19 I,1 285
Ex 4,20 I,1 289
Ex 4,21 I,1 301f.
Ex 4,21f. I,1 312
Ex 5 I,1 298f.
Ex 5,21 I,1 299
Ex 6 I,1 299f.
Ex 6,2–12 I,1 143
Ex 6,3 I,1 110, 300
Ex 6,7 I,1 317
Ex 6,12.30 I,1 287
Ex 7–12 I,1 274, 299–306, 382
Ex 7,1 I,1 303
Ex 7,1–5.9 I,1 299
Ex 7,4 XII 72
Ex 7,13.22 I,1 302
Ex 7,14–25 I,1 300
Ex 7,16.26 I,1 306
Ex 7,26–8,11 I,1 301
Ex 8,12–15 I,1 301
Ex 8,15 I,1 302
Ex 8,16–28 I,1 301
Ex 8,22f. I,1 306
Ex 9,1–7 I,1 301
Ex 9,8–12 I,1 301
Ex 9,12 I,1 302
Ex 9,13–35 I,1 301
Ex 9,27 I,1 302
Ex 9,34 I,1 302
Ex 10 I,1 138
Ex 10,1–20 I,1 301
Ex 10,9 I,1 306
Ex 10,20.27 I,1 302

Ex 10,21–29 I,1 301
Ex 10,24–26 I,1 306
Ex 11,1 I,1 205
Ex 12 I,1 229f., 309f.
Ex 12,5 XII 104
Ex 12,12 I,1 335
Ex 12,21–24 XII 104
Ex 12,27 XII 104
Ex 12,29–33 I,1 301, 305
Ex 12,37 I,1 45, 296, 311
Ex 12,40–15,21 I,1 274
Ex 12,42 VII 328
Ex 12,43–13,16 I,1 306
Ex 13,14 I,1 325
Ex 13,17f. I,1 311
Ex 13,20 I,1 311
Ex 13,21 VII 329
Ex 14–15 I,1 303, 310–314, 382
Ex 14,1–2.9 I,1 311
Ex 14,4.17 I,1 301
Ex 14,9.21.27.30 I,1 311
Ex 14,15–15,1 I,2 173; VII 331
Ex 14,16 I,1 311
Ex 14,20 I,1 314
Ex 14,21 I,1 311; VI,3 34
Ex 14,21f. I,1 311
Ex 14,29 I,2 173
Ex 15 I,1 312f.
Ex 15,1–18 I,2 173
Ex 15,1–21 I,2 174
Ex 15,3f. I,1 184
Ex 15,4 I,1 311f.
Ex 15,8 I,1 312; VI,3 34
Ex 15,8–10 I,1 141
Ex 15,13 I,1 256, 312
Ex 15,18 I,1 312, 331
Ex 15,19–21 I,2 173
Ex 15,20 I,1 281, 293, 316; I,2 170
Ex 15,20f. I,1 312f.; I,2 173, 185, 337
Ex 15,21 I,2 170f.
Ex 15,22 I,1 311
Ex 15,22–18,27 I,1 274
Ex 16 XI 77
Ex 18 I,1 316
Ex 18,4 I,1 289
Ex 19–20 I,1 274, 310, 359, 382
Ex 19–Num 10 I,1 314–317
Ex 19,3 I,1 236
Ex 19,4f. VII 360
Ex 19,4–6 VI,3 135
Ex 19,5f. II,1 335
Ex 19,6 I,2 116
Ex 19,8 I,1 316; I,2 116
Ex 19,9 I,1 323
Ex 19,16–19 I,1 329; II,2 26
Ex 19,23f. I,1 323
Ex 20 I,1 253, 317–356; VI,1 141
Ex 20,1–4 XII 79
Ex 20,1–17 I,1 111
Ex 20,1–20 VI,1 151
Ex 20,2 I,1 330f., 346, 382; X 48; XII 100
Ex 20,2f. VI,1 151
Ex 20,2–5 II,1 313
Ex 20,2–17 I,1 326, 328f.; VI,1 150; VIII 135, 188f.; XII 79
Ex 20,2–21 I,1 322
Ex 20,3 I,1 335, 339; VI,2 82; XII 100
Ex 20,4 I,1 337f., 361; VI,1 89
Ex 20,4f. I,1 339
Ex 20,5 I,1 341
Ex 20,6 I,1 340, 344
Ex 20,7 I,1 343
Ex 20,8–10 VI,1 94
Ex 20,8–11 VII 313; XII 103
Ex 20,9f. I,1 347
Ex 20,12–16 XII 79
Ex 20,13 I,1 231, 284, 349
Ex 20,14 I,1 351; IX 169
Ex 20,16 I,1 352, 354
Ex 20,17 I,1 355
Ex 20,18f. I,1 323, 329
Ex 20,18–21 VI,1 149
Ex 20,22 I,1 323, 358
Ex 20,22f. I,1 360
Ex 20,22–23,19 I,1 315, 322, 358
Ex 20,22–23,33 I,1 118–120, 215, 358, 360; VI,1 150
Ex 20,24–26 I,1 316, 360
Ex 20,27 I,1 100
Ex 21 I,1 321, 362
Ex 21–23 I,1 82, 274, 356–371; VI,1 196; →SACHREGISTER: Bundesbuch
Ex 21,1–23,19 VI,1 151f.
Ex 21,1–11 I,1 361
Ex 21,2 I,1 345; VI,1 120
Ex 21,2–6 I,1 367
Ex 21,2–11 VI,1 196
Ex 21,12 I,1 284
Ex 21,15 I,1 284, 348
Ex 21,16 I,1 352
Ex 21,17 I,1 348
Ex 21,23–25 I,1 319f.
Ex 21,26f. VI,1 120
Ex 21,29 I,1 320
Ex 22,1f. I,1 353
Ex 22,6f.9–12 I,1 353

Ex 22,9f. I,1 343
Ex 22,19 I,1 333, 335
Ex 22,20 I,1 359, 363; VI,1 120
Ex 22,20–22 VI,1 115, 119, 122f. (I,1[3] 122)
Ex 22,20–23 VI,1 196
Ex 22,20–26 I,1 328, 363
Ex 22,21–23 I,1 364
Ex 22,24–26 I,1 365–367
Ex 22,25 VI,1 120, 196
Ex 22,26 I,1 359; VI,1 196
Ex 23,1f. I,1 353
Ex 23,1–8 I,1 367f.
Ex 23,4 I,1 253, 306, 380
Ex 23,4f. I,1 368, 383
Ex 23,6 VI,1 120, 196
Ex 23,7 I,1 353, 359
Ex 23,9 I,1 328, 359, 363; VI,1 123
Ex 23,10 VI,1 120
Ex 23,10f. I,1 345; VI,1 196
Ex 23,10–13 I,1 368
Ex 23,11 I,1 367
Ex 23,12 I,1 345; VI,1 196; VII 313
Ex 23,13 I,1 333, 335
Ex 23,14–19 I,1 307, 368
Ex 23,16 I,1 307f.; XII 107
Ex 23,19 I,1 215; XII 114
Ex 23,20 II,1 46f.; VI,1 196
Ex 24 I,1 315; VII 223
Ex 24, 1–11 I,1 274
Ex 24,3 I,1 316
Ex 24,6 VI,1 196
Ex 24,7 I,1 359
Ex 24,9–11 I,1 214, 338, 341; VII 211
Ex 24,10ff. VI,1 196
Ex 24,12 I,1 323
Ex 24,12–31,18 I,1 274
Ex 24,12–40,38 I,1 274
Ex 24,13–18 II,1 156
Ex 24,17 I,1 323
Ex 24,18 VII 342
Ex 24,20 I,2 126
Ex 25–31 I,1 315
Ex 29 I,1 116
Ex 29,45 I,1 317; II,1 282
Ex 30,11–16 VI,1 153
Ex 31,12–17 VII 314
Ex 31,18 I,1 323
Ex 32 I,1 198, 274, 338f.; V 134f.; VI,1 45, 47f., 92; X 101
Ex 32,10 I,1 194
Ex 32,16 I,1 331
Ex 33–34 I,1 274
Ex 33,11 V 286; VI,1 19, 33
Ex 33,18–23 I,1 213, 338, 341
Ex 34–40 I,1 116
Ex 34,6f. I,1 341
Ex 34,10–13 VI,1 148
Ex 34,10–26 VI,1 151
Ex 34,11–16 I,1 365
Ex 34,12–16 I,1 243
Ex 34,14 I,1 333, 335, 341
Ex 34,18–26 I,1 307
Ex 34,21 I,1 345; VII 313
Ex 34,22 I,1 307f.
Ex 34,26 I,1 215
Ex 34,28 I,1 322f.; VII 342
Ex 34,29–35 II,2 73f.
Ex 35–40 I,1 274, 315
Ex 35,1–3 I,1 345
Ex 38,8 I,2 182

Levitikus (3. Buch Mose)

Lev I,1 26; I,2 184f.
Lev 1–7 I,1 315
Lev 1,3 I,1 263
Lev 4,27–35 VI,1 156
Lev 5,1–19 VI,1 156
Lev 5,21–26 I,1 343
Lev 6,18–20 VI,1 156
Lev 7 I,1 328
Lev 7,3–9 VI,1 156
Lev 8–10 I,1 315; VI,1 151
Lev 10 VI,1[1–2] 154; VI,1[3] 155
Lev 11 I,1 214, 328
Lev 11–15 VI,1 151
Lev 11–16 I,1 315
Lev 11,26 XI 145
Lev 11,44 XII 114
Lev 12–26 I,1 322
Lev 15,19–27 I,2 127
Lev 16 I,1 310
Lev 16,1–34 XII 109f.
Lev 17–26 I,1 315; VI,1 152f., 154 (VI,1[3] 155)
Lev 17,11f. I,1 215
Lev 18,21 I,1 223
Lev 19,2 VII 360
Lev 19,9f. I,1 367
Lev 19,10 I,1 328
Lev 19,12 I,1 343
Lev 19,18 I,1 21, 253, 353, 365, 380, 383f.; VI,1 153; VI,2 77, 82, 94; XI 235; XII 80, 118
Lev 19,33f. I,1 21, 253, 328, 347, 353, 365, 380, 383
Lev 20,2–5 I,1 223
Lev 20,9 I,1 348
Lev 20,26 VI,1 153
Lev 23 I,1 307, 345

Lev 23,1–24 XII 102
Lev 23,3 VII 314; XII 102
Lev 23,4–8 I,1 310
Lev 23,12 XII 107
Lev 23,15–21 I,1 309f.
Lev 23,22 I,1 367
Lev 23,23–25 I,1 310; XII 109
Lev 23,26–32 I,1 310
Lev 23,33–36 I,1 310
Lev 23,39–43 I,1 309
Lev 23,42f. I,2 278; XII 108
Lev 24,16.22 I,1 365
Lev 25 II,1 250; VI,1 197
Lev 25,8–31 I,2 154
Lev 25,10 VI,1 120
Lev 25,23 VI,1 196
Lev 25,25 VI,1 118
Lev 25,25–28 VI,1 120
Lev 25,35–38 I,1 366f.
Lev 25,39–43 I,1 362
Lev 25,47–49 VI,1 118
Lev 26,11 II,1 282

Numeri (4. Buch Mose)

Num I,1 26; I,2 184f.
Num 1,1–10,10 I,1 315
Num 1,31 I,1 245
Num 1,46 I,1 45
Num 2,32 I,1 45
Num 3,5–10 I,1 300
Num 4,3 I,2 121
Num 4,23 I,2 121
Num 4,30 I,2 121
Num 6,3 II,1 212
Num 6,22–27 VII 354
Num 6,25f. I,1 147
Num 11,21 I,1 45
Num 11,29 XI 21
Num 12 I,2 171, 174, 183
Num 12,1 I,1 295
Num 12,6–8 I,2 192
Num 13,11 I,1 245
Num 14,12 I,1 194
Num 14,19 I,1 256
Num 15,32–36 I,1 345
Num 18,1–7 I,2 181
Num 20,1 I,1 316; I,2 171
Num 20,1f. I,2 174
Num 20,12 I,1 316
Num 20,14f. I,1 238
Num 21,4–9 I,1 167, 295
Num 21,14 I,1 67
Num 22–23 I,1 116
Num 22–24 I,2 17, 19
Num 22,6 I,1 196
Num 22,22.32 I,2 249
Num 23,7 II,1 148
Num 24,2 I,1 142; XI 21
Num 24,9 I,1 196; I,2 92
Num 24,17 I,1 105; I,2 92; II,1 148
Num 26,59 I,2 171
Num 28–29 I,1 307
Num 29,1–6 I,1 310
Num 31,18 I,1 278
Num 35 I,1 349
Num 35,18f. VI,1 118
Num 35,27 I,1 350
Num 35,30 I,1 350, 354
Num 35,34 II,1 282

Deuteronomium (5. Buch Mose)

Dtn I,1 26; I,2 100, 171, 179, 184f.
Dtn–2 Kön I,2 190
Dtn 1–3 I,1 122
Dtn 1,7 I,1 52
Dtn 1,31 VI,1 145
Dtn 1,39 I,1 161
Dtn 4 I,1 349
Dtn 4,12 VI,1 89
Dtn 4,12–20 I,1 338
Dtn 4,13 I,1 322f.
Dtn 4,35 I,1 335
Dtn 4,41f. I,1 350
Dtn 4,45–28,68 I,1 122
Dtn 5 I,1 122, 253, 317–356
Dtn 5–28 I,1 118f.
Dtn 5,6 I,1 330f., 346, 382; VI,1^{1-2} 154; VI,1^{3} 155
Dtn 5,6–21 I,1 111, 322, 327; VIII 135, 188
Dtn 5,6–27 XII 79
Dtn 5,7f. I,1 329
Dtn 5,7–10 I,1 330, 339–341
Dtn 5,8 I,1 337
Dtn 5,8f. VI,1 89
Dtn 5,11 I,1 343f.
Dtn 5,12–15 I,1 346f.; XII 103
Dtn 5,14f. I,1 328
Dtn 5,15 I,1 346f.; I,2 156; VII 314
Dtn 5,16 II,2 306
Dtn 5,17 I,1 231, 284, 348
Dtn 5,18 I,1 351; IX 169
Dtn 5,19 I,1 352
Dtn 5,20 I,1 354
Dtn 5,21 I,1 354f.
Dtn 5,22 I,1 100, 323
Dtn 5,28–6,13 VI,1 149
Dtn 6,4 I,1 214, 380; VI,2 77
Dtn 6,4f. I,1 120, 383; XI 235; XII 80, 99
Dtn 6,4–6 VI,2 94
Dtn 6,4–9 I,1 340; VII 296

Dtn 34,10 I,2 183
Dtn 44,14–17 X 101
Dtn 58,2–6 II,1 56

Josua

Jos I,1 26; I,2 184f.
Jos 1,2 XII 72
Jos 1,4 I,1 52
Jos 1,7 I,2 196
Jos 1,8 XI 145
Jos 2 II,1 140
Jos 2,10 I,1 311
Jos 3,10 I,1 108
Jos 3,11.13 VI,1^{1-2} 248; VI,1^{3} 249
Jos 5,6 VII 342
Jos 6 I,1 42; II,1 140
Jos 15,5–11 I,1 56
Jos 18 I,1 116
Jos 18,28 I,1 56
Jos 19,25 VI,1 120
Jos 20–21 I,1 350
Jos 24 I,1 197, 245
Jos 24,15 I,1 144

Richter

Ri I,1 26; I,2 184f.
Ri 1,1 I,1 108
Ri 1,21 I,1 56
Ri 2,19 I,1 52
Ri 3,10 VI,3 34
Ri 4 I,1 316
Ri 4,2–5 I,2 175
Ri 4,6–8 I,2 176
Ri 4–5 I,2 171
Ri 5 I,1 47, 50; I,2 176
Ri 5,4f. I,1 46
Ri 5,7 I,2 171
Ri 5,28–30 I,2 177
Ri 6,22f. VI,1 148
Ri 6,34 VI,3 34; XI 21
Ri 8,22f. I,1 331
Ri 9 I,1 245
Ri 10,4 I,2 158
Ri 11 I,1 223
Ri 11,17f. I,1 238
Ri 11,29 VI,3 34
Ri 12,14 I,2 158
Ri 13,2–5 II,1 143, 209
Ri 13,5 II,1 154
Ri 13,7 II,1 143
Ri 13,25 VI,3 34
Ri 14,6.19 VI,3 34; XI 21
Ri 15,14 VI,3 34
Ri 16,17 II,1 143, 154
Ri 17,6 I,2 175
Ri 17,7 I,1 363

Rut

Rut I,1 26, 93; I,2 184f.; XII 81
Rut 1,1 I,1 363
Rut 2 I,1 363
Rut 3,12–14 VI,1 120
Rut 4,3f. VI,1 120

1. Buch Samuel

1 Sam I,1 26; I,2 184f.
1 Sam 1,13f. XI 147
1 Sam 2,1–10 II,1 216
1 Sam 2,1–11 II,1 207
1 Sam 2,2a VII 360
1 Sam 2,22 I,2 182
1 Sam 3,10 XI 139, 186
1 Sam 4,6 I,1 44
1 Sam 7,16 I,1 198
1 Sam 8 II,1 342
1 Sam 8,5 I,2 90
1 Sam 8,15.17 I,1 70
1 Sam 9–15 I,1 53
1 Sam 9,6 I,2 16
1 Sam 9,9f. I,2 17
1 Sam 10,1 II,1 41
1 Sam 10,5 I,2 337
1 Sam 10,6ff. XI 21
1 Sam 11 I,1 54
1 Sam 13,3 I,1 284
1 Sam 14,41 I,2 60
1 Sam 16 I,1 54
1 Sam 16,4–13 I,2 91
1 Sam 16,13f. VI,3 34
1 Sam 16,14–23 I,2 344
1 Sam 17 I,1 57f.
1 Sam 17,12 I,2 91; II,1 147
1 Sam 17,58 II,1 147
1 Sam 19,18ff. I,2 26
1 Sam 20,6 II,1 147
1 Sam 23,1–14 I,1 55
1 Sam 24,7 II,1 41
1 Sam 25 I,1 55
1 Sam 25,25 I,2 200
1 Sam 27–29 I,1 55
1 Sam 27,10 I,1 173
1 Sam 28 I,2 60
1 Sam 28–31 I,1 53
1 Sam 30 I,1 55
1 Sam 31 I,1 54

2. Buch Samuel

2 Sam I,1 26; I,2 184f.
2 Sam 1 I,1 54
2 Sam 1,19ff. I,2 344
2 Sam 2–20 I,1 32
2 Sam 2,4 I,1 54; II,1 41
2 Sam 2,10 I,1 236

2 Sam 3,3 I,2 316
2 Sam 3,10 I,1 51
2 Sam 3,33f. I,2 344
2 Sam 4,3 I,1 363
2 Sam 5 I,1 54
2 Sam 5,2 II,1 143
2 Sam 5,6–12 I,1 56
2 Sam 6 I,2 344
2 Sam 6–1 Kön 2 I,1 54
2 Sam 6,5 I,2 338, 344
2 Sam 7 I,2 26; II,1 41
2 Sam 7,3 VI,1 148
2 Sam 7,8–16 VI,3 135
2 Sam 7,9 I,1 194
2 Sam 7,12–14 II,1 213
2 Sam 7,16 I,2 357; II,1 138, 213
2 Sam 8 I,2 91
2 Sam 8,1–10 I,1 56
2 Sam 8,13 I,1 194
2 Sam 8,13f. I,1 237f.
2 Sam 11 II,1 141; VI,3 135
2 Sam 12 I,2 26; VI,3 135
2 Sam 12,7 I,2 75
2 Sam 12,30 I,1 60
2 Sam 14,11 VI,1 118
2 Sam 14,17 I,1 161
2 Sam 17,11 I,1 51
2 Sam 21,19 I,1 58
2 Sam 22,7 I,1 60
2 Sam 23,1ff. I,2 344
2 Sam 23,2 VI,3 34
2 Sam 24,1 I,2 249

1. Buch der Könige

1 Kön I,1 26; I,2 184f.
1 Kön 1–11 I,1 32
1 Kön 1,14 II,1 55
1 Kön 1,34.39 II,1 41
1 Kön 1,47 I,1 194
1 Kön 2,26 I,2 104
1 Kön 3 I,1 59
1 Kön 3–5 I,2 226
1 Kön 3–10 I,1 59
1 Kön 3,4–15 II,1 275
1 Kön 3,5–12 VII 126
1 Kön 3,9 I,1 161
1 Kön 5 I,1 59
1 Kön 5,1 I,1 52, 56
1 Kön 5,10 I,2 217
1 Kön 5,11 I,1 194
1 Kön 5,19 I,2 249
1 Kön 6 I,1 60
1 Kön 6–8 I,1 59
1 Kön 6,1 I,1 292, 296
1 Kön 6,12f. II,1 282
1 Kön 6,14–36 II,1 179
1 Kön 7 I,1 60
1 Kön 7,15–51 II,1 179
1 Kön 7,21 I,2 165
1 Kön 8,16 XII 72
1 Kön 8,39 I,1 221
1 Kön 8,64 I,1 361
1 Kön 9 I,1 59
1 Kön 9,3 I,2 357
1 Kön 9,15 I,1 50
1 Kön 9,16 I,1 108
1 Kön 9,17–19 I,1 60
1 Kön 9,26 I,1 311
1 Kön 10 I,2 226
1 Kön 10,23 I,1 59
1 Kön 11 I,1 59–61
1 Kön 11,1–13 I,1 295
1 Kön 11,9–13 I,1 59
1 Kön 11,11–22 I,1 237
1 Kön 11,15f. I,1 238
1 Kön 11,29–39 VI,1 105
1 Kön 12 VI,3 135
1 Kön 12–16 I,1 189
1 Kön 12,1–24 I,1 61
1 Kön 12,21 I,1 236
1 Kön 12,25 I,1 197
1 Kön 12,26–33 I,1 61f., 339
1 Kön 13 I,1 198
1 Kön 14,25f. I,1 61
1 Kön 15–16 I,1 63
1 Kön 15,13 I,2 60
1 Kön 16,29–21 I,1 64
1 Kön 16,31–33 I,1 295
1 Kön 17–18 I,1 334
1 Kön 17–21 I,2 27
1 Kön 17,18 I,2 16
1 Kön 19,8 VII 342
1 Kön 19,11–13 VI,1 92, 160
1 Kön 19,12 XI 20
1 Kön 19,19–21 II,1 50; VI,3 231
1 Kön 19,35f. I,1 74
1 Kön 21,19 I,1 350
1 Kön 22,1–38 I,2 19–27
1 Kön 22,6–9 I,2 20
1 Kön 22,10–12 I,2 21
1 Kön 22,11 I,2 18
1 Kön 22,13–16 I,2 22
1 Kön 22,17 I,2 24, 197; II,2 74
1 Kön 22,18 I,2 197
1 Kön 22,18–23 I,2 24
1 Kön 22,19 I,2 24; II,2 74
1 Kön 22,21–24 VI,3 35
1 Kön 22,24–38 I,2 25

2. Buch der Könige

2 Kön I,1 26; I,2 184f.
2 Kön 1–2 I,1 64
2 Kön 1,8 II,1 50
2 Kön 2 I,1 198
2 Kön 2,1–18 II,1 47

2 Kön 2,8 II,1 50
2 Kön 2,11 VI,2 164
2 Kön 3,8f. I,1 238
2 Kön 3,26f. I,1 223
2 Kön 4–8 I,2 16
2 Kön 4,1–7 I,1 365
2 Kön 4,23 I,1 344
2 Kön 4,35 I,1 160
2 Kön 5 I,2 27
2 Kön 8,8 I,1 363
2 Kön 8,18.26 I,1 64
2 Kön 8,20.22 I,1 238
2 Kön 9–10 I,1 68, 334
2 Kön 9–11 I,2 37
2 Kön 9–20 I,1 189
2 Kön 9,1–15,11 I,1 69
2 Kön 9,15–29 I,2 52
2 Kön 13,16 I,1 183
2 Kön 14,25 I,2 39, 195, 199, 204
2 Kön 14,28 I,2 39
2 Kön 15,8–12 I,2 53
2 Kön 15,10–14 I,2 53
2 Kön 15,10–17,6 I,1 69
2 Kön 15,14–22 I,2 53
2 Kön 15,23–26 I,2 53
2 Kön 15,27–31 I,2 53
2 Kön 16,3 I,1 223
2 Kön 16,5–9 I,1 246
2 Kön 16,7–9 I,1 72
2 Kön 16,10–18 I,1 73
2 Kön 16,14–16 I,1 361
2 Kön 16,6 I,1 238
2 Kön 17,4 I,2 54, 65
2 Kön 17,16 I,2 60
2 Kön 18 I,1 334
2 Kön 18–20 I,2 27
2 Kön 18,4 I,1 167, 295
2 Kön 18,7 I,2 67, 70
2 Kön 18,9–12 I,1 72
2 Kön 18,13 I,2 37
2 Kön 18,14–16 I,1 75
2 Kön 18,18 I,2 68
2 Kön 18,20f. I,1 74
2 Kön 19,34 I,1 75
2 Kön 19,35–37 I,2 68
2 Kön 20,12–19 I,1 74
2 Kön 21,3 I,2 60
2 Kön 21,6 I,1 223
2 Kön 21,16 I,2 94
2 Kön 21,24 I,1 79f.
2 Kön 22 I,1 316; I,2 28, 60, 171, 177
2 Kön 22–23 I,1 76–82, 315, 330; I,2 100
2 Kön 22,14–20 I,2 17
2 Kön 22,16f. I,2 178
2 Kön 22,17 I,1 52
2 Kön 23,4 I,2 61, 178
2 Kön 23,7 I,2 60
2 Kön 23,10 I,1 223
2 Kön 23,11 I,2 94
2 Kön 23,15 I,1 198
2 Kön 23,29 I,2 96
2 Kön 23,33–35 I,1 297
2 Kön 23,35 I,2 96
2 Kön 24,1–17 I,1 85
2 Kön 24,7 I,1 84; I,2 96
2 Kön 24,10–17 I,2 97f.
2 Kön 25,8–11 I,1 85
2 Kön 25,12 I,2 115
2 Kön 25,24f. I,1 86
2 Kön 25,26 I,1 86, 246
2 Kön 25,27 I,2 116
2 Kön 27,8 I,2 98
2 Kön 28,25 I,1 52

1. Buch der Chronik

1 Chr I,1 26; I,2 106, 184f.; XII 82
1 Chr 1,1 VI,1[1–2] 246; VI,1[3] 247
1 Chr 3,1 I,2 316
1 Chr 3,19 I,2 149
1 Chr 5,29 I,2 171, 174
1 Chr 11,2 II,1 143
1 Chr 16,9 I,2 164
1 Chr 17,7–14 VI,3 135
1 Chr 21,1 I,2 249f.; II,1 55

2. Buch der Chronik

2 Chr I,1 26; I,2 106, 184f.; XII 82
2 Chr 5,12–14 I,2 339
2 Chr 6,41 II,2 129
2 Chr 18,20–23 VI,3 35
2 Chr 20,21 I,1 313
2 Chr 23,6ff. I,2 181
2 Chr 26,16–20 I,2 182
2 Chr 33,19 I,2 17
2 Chr 34,22–28 I,2 17, 171
2 Chr 36,22f. I,1 91
2 Chr 36,23 I,2 136

Esra

Esr I,1 26; I,2 106, 185, 316; XII 82
Esr 1,1–4 I,1 91; I,2 133
Esr 1,2–4 I,2 146
Esr 2,2 I,1 91
Esr 5,1 I,2 158, 160
Esr 6,1–5 I,1 91
Esr 6,3–5 I,2 146
Esr 6,13–22 I,1 91

Esr 6,14 I,2 158, 160
Esr 7–10 I,1 93
Esr 7,6 I,1 106
Esr 7,11–26 I,1 93
Esr 7,12–26 I,2 147, 183
Esr 9–10 I,1 93, 365

Nehemia

Neh I,1 26; I,2 185; XII 82
Neh 1–7 I,1 92
Neh 2,1–8 I,2 150f.
Neh 3 I,2 181
Neh 5,1–3 I,2 154
Neh 5,1–13 I,2 151
Neh 6,1–9 I,2 179
Neh 6,4 I,2 172
Neh 6,6f. I,2 180
Neh 6,10–13 I,2 179, 181
Neh 6,14 I,2 17, 179
Neh 6,15 I,2 151
Neh 7,4f. I,2 151
Neh 7,7 I,1 91
Neh 8 I,1 325; XI 136
Neh 8,1–12 VII 111
Neh 11,1f. I,2 151
Neh 12,16 I,2 160
Neh 13 I,1 365
Neh 13,4ff. I,2 179
Neh 13,54 I,1 93

Tobit

Tob I,1 24, 26; I,2 185; XI 108f.

Judit

Jdt I,1 24, 26; I,2 185; VI,1 107
Jdt 9,11 VI,1 107, 123

Ester

Est I,1 26, 310; I,2 184f.; XII 82
Est 1,12 I,2 322
Est 3,7 XII 111
Est 7,7 I,2 322
Est 9,17–23 XII 110f.

1. Buch der Makkabäer

1 Makk I,1 26; I,2 185
1 Makk 1 I,2 310
1 Makk 1,14–16 I,2 267
1 Makk 1,15 I,2 309
1 Makk 1,41–64 I,1 97
1 Makk 1,47 I,2 310
1 Makk 1,60 I,1 290
1 Makk 4,36–59 XII 110
1 Makk 4,52–59 I,1 98, 310

2. Buch der Makkabäer

2 Makk I,1 26; I,2 185; VI,3 169
2 Makk 3–6 I,2 310
2 Makk 4 I,1 97
2 Makk 4,7–17 I,2 308
2 Makk 6,1–11 I,1 97
2 Makk 6,10 I,1 290
2 Makk 7,1–41 VI,2 173
2 Makk 7,23–29 VI,3 169
2 Makk 7,28 VI,1$^{1-2}$ 261; VI,1^{3} 262
2 Makk 10,1–8 I,1 98, 310
2 Makk 10,5–9 XII 110
2 Makk 11,13–38 I,1 98
2 Makk 12,39–45 II,2 248
2 Makk 12,42–45 VI,3 195
2 Makk 12,43–45 VI,3 169

Ijob

Ijob I,1 26; I,2 184f., 220f., 246–262, 300; V 126; VI,3 138; XII 81
Ijob 1–2 I,2 251; II,1 55
Ijob 1,1–3 I,2 246
Ijob 1,1–5 I,2 251
Ijob 1,1–8 VI,1 149
Ijob 1,6–12 I,2 248–251; VI,1 149
Ijob 1,13–21 I,2 246, 251
Ijob 2,1–7 I,2 248–251
Ijob 2,6f. II,2 95
Ijob 2,7–13 I,2 251
Ijob 2,11–13 I,2 255
Ijob 3 V 126
Ijob 3–11 I,2 251
Ijob 3–42,6 I,2 251
Ijob 3,3–26 I,2 252f.
Ijob 4–31 V 126
Ijob 4,1–11 I,2 256
Ijob 4,7f. V 117
Ijob 4,8 VI,3 168
Ijob 4,12–21 I,2 256
Ijob 5,11 VI,1 106, 122 (I,1^{3} 121), 211
Ijob 6,14–30 I,2 258
Ijob 7,11–21 I,2 258
Ijob 9,1–12 I,2 255
Ijob 10,1 I,2 254
Ijob 10,2 I,2 255
Ijob 12,19 VI,1 106, 122 (I,1^{3} 121), 211
Ijob 12–20 I,2 251
Ijob 16,18–22 I,2 258
Ijob 19 I,2 258

Ijob 21–27 I,2 251
Ijob 22,1–11 I,2 257
Ijob 22,21–30 I,2 257
Ijob 24–27 I,2 252
Ijob 24,14 I,1 350
Ijob 25,6 I,2 331
Ijob 26,12 I,2 328
Ijob 27,19 I,1 160
Ijob 28 I,2 221, 252
Ijob 28,23–28 VI,1 149
Ijob 28,28 I,2 221
Ijob 29,14 II,2 129
Ijob 31,37 I,2 259
Ijob 32–37 I,2 251f.
Ijob 34,14f. VI,3 87; XI 21, 25
Ijob 38–41 VI,1$^{1-2}$ 247; VI,1^{3} 248
Ijob 38,1–21 I,2 259
Ijob 38,1–39,30 I,2 251
Ijob 38,1–42,6 I,2 251
Ijob 40,1f. I,2 251
Ijob 40,3–5 I,2 251
Ijob 40,6–14 I,2 261
Ijob 40,6–41,26 I,2 251
Ijob 42,1–6 I,2 251
Ijob 42,2–6 I,2 261
Ijob 42,3 I,2 261
Ijob 42,5 I,2 260f.
Ijob 42,7–9 I,2 251; V 126
Ijob 42,7–17 I,2 251, 259; VI,3 168
Ijob 42,10f. I,2 251
Ijob 42,12f. I,2 246f.
Ijob 42,12–15 I,2 251
Ijob 42,16f. I,2 247, 251

Psalmen

Ps I,1 26; I,2 184f., 334–358
Ps 1 I,2 343, 349; VI,3 168; XII 81f., 185
Ps 1–41 I,2 342
Ps 1–145 I,2 343
Ps 1,1–3 I,1 106
Ps 1,2 VII 284; XI 145
Ps 1,3 XI 145
Ps 1,6 I,2 340
Ps 2 I,1 136, 222; I,2 343; II,1 341
Ps 2–41 I,2 349
Ps 2,2 II,1 41
Ps 2,7 I,1 194; II,1 42, 53; II,2 131
Ps 2,8f. I,1 195
Ps 3 I,2 345
Ps 3,1 I,2 344
Ps 3,3.5.9 I,2 335
Ps 3,4 I,2 352
Ps 4 I,2 345
Ps 4,1 I,2 335
Ps 4,3 I,2 335
Ps 4,4 VII 292
Ps 5 I,2 345
Ps 5,1 I,2 335
Ps 5,3 VI,1$^{1-2}$ 248; VI,1^{3} 249
Ps 6 I,2 345
Ps 6,2 I,2 340
Ps 6,11 I,2 348
Ps 7 I,2 345
Ps 7,13 I,1 183
Ps 8 I,2 258; VI,1$^{1-2}$ 246; VI,1^{3} 247
Ps 8,5 I,1 175
Ps 8,5–7 I,2 331
Ps 9 I,2 314
Ps 9–14 I,2 345
Ps 10 I,2 341
Ps 13 I,2 345–347, 351
Ps 16,8–11 II,1 267
Ps 16,11 I,1 375
Ps 17,8 I,2 78
Ps 18 I,2 345
Ps 18,3 VI,1 120
Ps 18,32 I,2 327
Ps 18,48 I,1 195
Ps 18,51 II,1 41
Ps 19 VI,1$^{1-2}$ 246; VI,1^{3} 247
Ps 20,7 II,1 41
Ps 21 I,1 195
Ps 21,1 I,2 340
Ps 21,13 I,1 184
Ps 22 I,2 345, 347, 351–356
Ps 22,1 I,2 335
Ps 22,2 I,1 21; I,2 351; II,1 16, 266; II,2 177
Ps 22,6 I,1 257
Ps 22,22.25.27 XI 77
Ps 23 I,2 334f.
Ps 24,7 I,1 236
Ps 25,1 XI 159
Ps 25,6 VII 75
Ps 25,16 XI 77
Ps 27,4 XI 185
Ps 27,8 XI 12, 185
Ps 28,2 I,2 340
Ps 28,8 II,1 41
Ps 30,6 II,1 65; VI,1 156
Ps 31 I,2 345
Ps 31,6 I,1 21, 256; II,1 16, 266
Ps 32 I,2 345
Ps 33 VI,1$^{1-2}$ 246; VI,1^{3} 247
Ps 33,6.9 II,1 277f.
Ps 34,11 VI,1 122 (VI,1^{3} 121), 211
Ps 34,16 XI 188
Ps 35,1–6 I,2 345
Ps 35,2–4 VI,1 149
Ps 35,10 VI,1 120, 123

Ps 35,26 II,2 129
Ps 36,8 I,2 78
Ps 37 VI,3 168
Ps 38 I,2 345
Ps 38,11 I,2 347
Ps 38,12 II,2 15
Ps 38,21 I,2 249
Ps 39 I,2 345
Ps 40,18 XI 77
Ps 41 I,2 345
Ps 41,14 I,2 342
Ps 42–72 I,2 342
Ps 42–84 I,2 349
Ps 42,1 I,2 336; XI 164
Ps 42,3 XI 178
Ps 42,4 I,1 126
Ps 44,1 I,2 336
Ps 45,1 I,2 335f.
Ps 46,1 I,2 336
Ps 46,10 I,1 184
Ps 47 II,1 341
Ps 47,1 I,2 336
Ps 47,2f. I,2 336
Ps 47,6 I,2 338
Ps 47,8–10 VI,1$^{1-2}$ 248; VI,1^{3} 249
Ps 48,1 I,2 336
Ps 49 VI,3 168
Ps 50,1 I,2 336
Ps 50,23 VII 212
Ps 51 I,2 345
Ps 51,1 I,2 344
Ps 51,17 VII 296
Ps 52–55 I,2 345
Ps 56,1 I,2 335
Ps 57,1 I,2 344
Ps 58 I,2 348; VII 291
Ps 60,8 I,1 197, 243
Ps 62,5 I,2 349
Ps 62,12f. I,2 48
Ps 63 VII 285
Ps 67,4–7 VI,2 74
Ps 68,8 I,1 46
Ps 68,11 VI,1 154
Ps 68,14 II,1 53
Ps 69,30 XI 77
Ps 70,2 VII 289; XI 147
Ps 72 I,1 195, 222, 315; II,1 341
Ps 72,4 VI,1 120
Ps 72,10f.15 II,1 149
Ps 72,17 I,1 194f.
Ps 73–89 I,2 342
Ps 73,1 I,2 336
Ps 73,18f. VI,3 168
Ps 73,24 VI,3 168
Ps 74,15–17 VI,1$^{1-2}$ 246; VI,1^{3} 247
Ps 74,16 VII 276
Ps 76,4 I,1 184
Ps 77,2 I,2 340
Ps 78 I,1 33
Ps 80,4 XI 178
Ps 80,17 I,2 348
Ps 81,1–6 I,2 337
Ps 81,3 I,2 336, 338
Ps 81,4 I,2 338
Ps 82 I,1 334
Ps 82,6 II,1 313
Ps 83 I,1 198f.; I,2 348; VII 291
Ps 84,4 VI,1$^{1-2}$ 248; VI,1^{3} 249
Ps 84,10 II,1 41
Ps 85–89 I,2 349
Ps 85,1.5 XI 50
Ps 86,4 XI 159
Ps 86,15 I,1 257; I,2 352
Ps 88 I,2 345
Ps 88,2 I,2 340
Ps 88,6 VI,3 167
Ps 88,9 II,2 15
Ps 88,13 VI,3 167
Ps 88,14 II,1 65
Ps 88,16 XI 150
Ps 89,6–8 I,1 334
Ps 89,11 I,1 147; VI,1 121, 210
Ps 89,39.52 II,1 41
Ps 90 I,2 345
Ps 90–106 I,2 342
Ps 90–119 I,2 349
Ps 90,12 XI 30
Ps 91,11–13 II,1 56
Ps 93 II,1 341
Ps 93–100 I,2 342
Ps 93,1 II,2 129
Ps 94,6 I,1 350
Ps 95,2 I,2 336
Ps 95,7b VII 280
Ps 96–99 II,1 341
Ps 96,1f. I,2 336
Ps 97,5 VI,1$^{1-2}$ 248; VI,1^{3} 249
Ps 98,3 VI,1$^{1-2}$ 122; VI,1^{3} 121
Ps 100 VI,1$^{1-2}$ 256; VI,1^{3} 257
Ps 102,1 XI 176
Ps 103,3 I,1 256
Ps 103,6 VI,1 115
Ps 103,8 I,1 254
Ps 103,19 VI,1$^{1-2}$ 248; VI,1^{3} 249
Ps 104,5–9 VI,1$^{1-2}$ 246; VI,1^{3} 247
Ps 104,19 VI,1$^{1-2}$ 246; VI,1^{3} 247
Ps 104,24 I,1 149; II,1 275, 278; VI,1$^{1-2}$ 246; VI,1^{3} 247
Ps 104,27 I,1 214
Ps 104,27–30 I,1 142
Ps 104,29f. VI,3 34, 87

Ps 104,30 XI 21
Ps 105 I,1 33
Ps 105,14 II,1 41
Ps 106 I,1 33; VII 75
Ps 107–150 I,2 342
Ps 107,9 VI,1 122 (VI,1^{3} 121), 211
Ps 108,8 I,1 197, 243
Ps 109 I,2 348; VII 291
Ps 109,26 II,2 129
Ps 109,28 I,2 349
Ps 111,10 I,2 222
Ps 114 I,2 341
Ps 114,3f. XI 150
Ps 114,11 I,1 236
Ps 115 I,2 341
Ps 115,4–7 VI,1 89
Ps 115,4–8 VI,1 45
Ps 115,10 I,2 341
Ps 116,5 I,1 257
Ps 118,24 VII 276, 334
Ps 119 I,2 342
Ps 119,62 VII 282
Ps 119,164 VII 282, 285
Ps 120–134 I,2 356
Ps 120–150 I,2 349
Ps 126 I,2 356–358; XI 50
Ps 129,8 II,1 187
Ps 132,10.17 II,1 41
Ps 132 I,2 357
Ps 132,13f. I,2 356
Ps 134,3 I,2 356
Ps 136 I,1 293
Ps 136,1 I,1 313
Ps 136,25 XII 113
Ps 137 I,1 86VI,1 57
Ps 137,7 VI,1 58
Ps 137,8f. I,2 348
Ps 139 I,1 221; VI,1$^{1-2}$ 246; VI,1^{3} 247; XI 12
Ps 139,13 I,1 169
Ps 139,17f. I,1 147
Ps 139,23 XI 198
Ps 141 VII 285
Ps 141,1 I,2 340
Ps 143,8 II,1 65
Ps 144,1–6 I,1 184
Ps 144,7 XI 150
Ps 144,12 I,2 231
Ps 145,1 VI,1$^{1-2}$ 248; VI,1^{3} 249
Ps 145,7–10 II,1 342
Ps 145,13 VI,1$^{1-2}$ 248; VI,1^{3} 249
Ps 145,13–15 II,1 342
Ps 145,15 I,1 214
Ps 145,15f. VII 121
Ps 146 II,1 342
Ps 146,6 VI,1$^{1-2}$ 246; VI,1^{3} 247
Ps 146,6–9 VI,1 120
Ps 146–148 I,2 343
Ps 146–150 I,2 343
Ps 146,7 I,1 257
Ps 147,6 VI,1 106, 121f. (VI,1^{3} 121), 211
Ps 147,12 I,2 341
Ps 149 I,2 343
Ps 149,1 XI 74
Ps 149,2 VI,1$^{1-2}$ 246; VI,1^{3} 247
Ps 150 I,2 337, 343
[Ps 151] I,2 342

Sprichwörter

Spr I,1 26; I,2 184f., 225–236, 296; XII 81
Spr 1–9 I,2 218, 226, 228–232
Spr 1,7 I,2 222; VI,1 149
Spr 1,8–19 I,2 227f.
Spr 1,9–11 I,2 239
Spr 1,15 I,2 239
Spr 1,20–33 I,2 229; II,1 276
Spr 2 I,2 228
Spr 2,8 VI,1 120
Spr 3,1–12 I,2 228
Spr 3,6–8 I,2 239
Spr 3,21–35 I,2 228
Spr 4,1–7 I,2 239
Spr 4,1–9 I,2 228
Spr 4,10–19 I,2 228
Spr 4,20–27 I,2 228
Spr 5 I,2 228
Spr 6,16–19 I,2 227
Spr 6,20–35 I,2 228
Spr 7 I,2 228
Spr 8,1–36 II,1 276
Spr 8,12–21 VI,1 149
Spr 8,22–31 I,2 229f.; VII 30
Spr 8,22–36 II,1 276
Spr 9,1 I,2 226, 231
Spr 9,1–5 I,2 231
Spr 9,7–12 VI,1 148
Spr 9,13–18 I,2 231
Spr 9,19 I,2 222
Spr 10–30 I,2 218, 229
Spr 10–31 I,2 213
Spr 10,1 I,2 228
Spr 10,1–22,16 I,2 226
Spr 10,4 I,2 235
Spr 10,12 I,1 368
Spr 13,9 I,2 214
Spr 13,24 I,2 225
Spr 14,1 I,2 231
Spr 14,8 I,1 160
Spr 14,31 I,1 371; VI,1 120

Spr 16,4 I,2 228
Spr 16,8 I,2 225
Spr 17,4 I,2 227
Spr 17,15 VI,1 120
Spr 19,16 I,2 235
Spr 20,13 I,1 160
Spr 21,13 VI,1 120
Spr 22–23 I,2 232–235
Spr 22,7 I,1 365
Spr 22,17–23,11 I,2 214, 218
Spr 22,17–24,22 I,2 226
Spr 22,22 VI,1 120
Spr 22,22–25 I,2 233
Spr 22,24 I,2 234
Spr 23,4f. I,2 233
Spr 23,10f. VI,1 120
Spr 24,3 I,2 231
Spr 24,17 I,1 368
Spr 24,23–34 I,2 226
Spr 25–29 I,2 226
Spr 25,1 I,2 226, 238
Spr 25,1ff. I,2 218
Spr 25,21 I,1 306, 368, 380, 383
Spr 26,4 I,2 219
Spr 26,14 I,2 227
Spr 26,27 I,2 215, 225
Spr 30 I,2 226
Spr 30,7–9 I,2 227
Spr 31 I,2 226, 229, 231
Spr 31,1–9 I,2 228
Spr 31,10–31 I,2 227, 229
Spr 31,26 I,2 229; II,2 129

Kohelet

Koh I,1 26; I,2 184f., 221, 226, 265–280, 296, 300; II,1 175; VI,3 168; XII 82
Koh 1,1 I,2 277
Koh 1,2 I,1 170; I,2 221, 269
Koh 1,2–3,22 I,2 269
Koh 1,3 I,2 221
Koh 1,4–11 I,2 265
Koh 1,9 I,1 356
Koh 1,12–2,26 I,2 269, 271
Koh 1,13–18 I,2 272
Koh 1,14 I,2 272
Koh 2,3–11 I,2 271
Koh 2,11 I,2 270
Koh 2,12–23 I,2 272
Koh 2,17 I,2 270
Koh 2,21–23 I,2 278
Koh 2,23 I,2 270
Koh 2,24–26 I,2 270
Koh 3,1–9 I,2 270
Koh 3,10–15 I,2 270
Koh 3,16–22 I,2 270
Koh 3,16–6,10 I,2 268
Koh 4,1–3 I,2 270
Koh 4,1–6 I,2 270
Koh 4,1–6,9 I,2 269f.
Koh 4,4–12 I,2 270
Koh 4,13–16 I,2 270
Koh 4,17–5,6 I,2 270
Koh 5,7f. I,2 270
Koh 5,7–14 I,2 270
Koh 5,9–6,9 I,2 270
Koh 6,10–8,17 I,2 269f.
Koh 8,12–9,6 I,2 272–274
Koh 9,1–6 I,2 273f.
Koh 9,1–12,7 I,2 269f.
Koh 9,7–9 I,2 278; VI,3 168
Koh 9,7–10 I,2 270, 274, 277
Koh 11,9–12,7 I,2 270, 275–277
Koh 12,8 I,2 269
Koh 12,9 I,2 268
Koh 12,9–11 I,2 221
Koh 12,12–14 I,2 221
Koh 12,13 I,2 222, 277

Hohelied

Hld I,1 26; I,2 184f., 226, 236–245, 296; XII 81
Hld 1,1 I,2 236
Hld 1,1–5,1 I,2 238
Hld 1,2–4 I,2 236, 239
Hld 1,2–2,7 I,2 238
Hld 1,5f. I,2 239
Hld 1,7f. I,2 240
Hld 1,15 II,1 53
Hld 1,16f. I,2 239
Hld 2,1–3 I,2 240
Hld 2,2 I,2 239
Hld 2,3 I,2 239
Hld 2,4 I,2 239
Hld 2,8f. I,2 239
Hld 2,8–14 I,2 240
Hld 2,8–17 I,2 238
Hld 2,10–14 I,2 239
Hld 2,16 I,2 239
Hld 3,1–4 I,2 240
Hld 3,1–5 I,2 238
Hld 3,6 II,1 149
Hld 3,6–8 I,2 239
Hld 3,6–5,1 I,2 238
Hld 3,9f. I,2 239
Hld 4,1 II,1 53
Hld 4,1–7 I,2 239f.
Hld 4,8 I,2 245
Hld 4,8f. I,2 239
Hld 4,9–11 I,2 239, 242
Hld 4,12–15 I,2 239
Hld 4,12–5,1 I,2 240
Hld 4,13 I,2 238
Hld 5,1 I,2 237f., 244
Hld 5,2 I,2 239

Hld 5,2–8 I,2 240
Hld 5,2–8,14 I,2 238
Hld 5,10–16 I,2 239
Hld 5,12 II,1 53
Hld 6,2 I,2 240
Hld 6,4–7 I,2 239
Hld 6,5–7 I,2 239
Hld 6,8f. I,2 239
Hld 6,10 I,2 239
Hld 6,11 I,2 240
Hld 7,1 I,2 237
Hld 7,1–6 I,2 239
Hld 7,1–7 I,2 239
Hld 7,8–10 I,2 239
Hld 7,12f. I,2 239
Hld 8,1f. I,2 239
Hld 8,5 I,2 239f.
Hld 8,5–14 I,2 238
Hld 8,6f. I,2 238f.
Hld 8,8–10 I,2 239f.
Hld 8,11f. I,2 239
Hld 8,13f. I,2 239

Weisheit

Weish I,1 26; I,2 184f., 294–307
Weish 1,1 I,2 297
Weish 1,1–15 I,2 299
Weish 1,2–6,21 I,2 298f.
Weish 1,5–7 VI,3 37
Weish 1,7 VI,3 37; XII 52
Weish 1,16 I,2 303
Weish 1,16–2,24 I,2 299
Weish 2,2 I,2 294
Weish 2,2–20 I,2 300–303
Weish 3 I,2 303–305
Weish 3–4 I,2 299
Weish 3,1 I,2 304; VI,2 173
Weish 3,1–5 VI,3 170
Weish 5 I,2 299
Weish 5,4–13 I,2 300–303
Weish 5,14–23 I,2 303
Weish 6,1–21 I,2 299
Weish 6,3 I,2 294
Weish 6,22–25 I,2 299
Weish 6,22–11,1 I,2 298f.
Weish 7–8 I,2 299
Weish 7,7 VI,3 37
Weish 7,7–14 II,1 275
Weish 7,22–8,1 II,1 276f.; VI,3 37
Weish 8,2–18 II,1 275, 277
Weish 8,17 I,2 305
Weish 9 I,2 299
Weish 9,1f. II,1 278
Weish 9,7f. I,2 295
Weish 9,12 I,2 295
Weish 9,15 VI,3 170
Weish 9,17 VI,3 37
Weish 10,1–11,1 I,2 299; II,1 276
Weish 11,2f. I,2 299
Weish 11,2–19,22 I,2 298f.
Weish 11,4–14 I,2 299
Weish 11,5–14 I,2 297
Weish 11,15–12,27 I,2 299
Weish 11,15–16,4 I,2 299
Weish 12,3 III 163
Weish 12,13.16–19 VII 126
Weish 12,23–27 I,2 297
Weish 13–15 I,2 299
Weish 14,16–20 I,2 295
Weish 15,18f. I,2 297
Weish 16,1–4 I,2 299
Weish 16,1–19,17 I,2 297
Weish 16,5–14 I,2 299
Weish 16,15–29 I,2 299
Weish 17,1–18,4 I,2 299
Weish 18,5 I,2 299
Weish 18,5–19,21 I,2 299
Weish 18,6–25 I,2 299
Weish 19,1–5 I,2 299
Weish 19,6–21 I,2 299
Weish 19,9 VI,1 120
Weish 19,22 I,2 299

Jesus Sirach

Sir I,1 26; I,2 185, 194 (I,2^{3} 195), 223, 280–293
Sir 1,1–10 I,2 286
Sir 1,1–20 I,2 284
Sir 1,11 I,2 282, 284
Sir 1,11–20 VI,1 149
Sir 1,34f. I,2 283
Sir 2,14–18 VI,1 149
Sir 4,1–6 VI,1 120
Sir 7,36 VI,3 118
Sir 10,8–11 I,2 281
Sir 11,11f. VI,1 120
Sir 15,3b–5 XI 132
Sir 16,24–17,10 VI,1$^{1-2}$ 247; VI,1^{3} 248
Sir 24 I,2 223f., 282, 284, 286–289, 293; II,1 276; VI,2 76
Sir 24,1–22 I,2 284, 287
Sir 24,6f. VI,2 204f.
Sir 24,8 II,1 282
Sir 24,10 I,2 284; II,1 282
Sir 24,13 I,2 282
Sir 24,16 I,2 284
Sir 24,23 I,2 284
Sir 25,7–11 I,2 48
Sir 27,8 II,2 129
Sir 33,7–15 I,2 284
Sir 34 I,2 290
Sir 34,21–31 I,2 289f.
Sir 35,14–22 VI,1 120

Sir 38,1–15 I,2 293
Sir 38,24–39,11 I,2 283
Sir 39,12–35 I,2 284
Sir 44,1–15 I,2 281f.
Sir 44,1–50,24 I,2 290–292
Sir 45,1–5 I,2 281
Sir 45,6–22 I,2 291
Sir 45,12 I,2 282
Sir 45,26 I,2 281
Sir 48,4 I,2 282
Sir 48,10f. II,1 48
Sir 48,16 I,2 291
Sir 49,10 I,2$^{1-2}$ 194 (I,2^{3} 195), 200
Sir 50,1–21 II,1 180
Sir 50,22f. I,2$^{1-2}$ 280f.; I,2^{3} 281
Sir 50,23f. I,2 281
Sir 50,24 I,2 285
Sir 50,25f. I,1 197, 243
Sir 50,27 I,2 281–283
Sir 50,27–29 I,2 290
Sir 50,29 I,2 282, 292
Sir 51,13–30 I,2 284
Sir 51,23.29 I,2 283
Sir 51,30 I,2 281, 283

Jesaja

Jes I,1 26; I,2 184f., 195; II,2 341
Jes 1–12 I,2 72
Jes 1–34 I,2 194
Jes 1–35 I,2 107
Jes 1–39 I,2 69–83, 136
Jes 1,1 I,2 32, 69
Jes 1,3 I,2 73
Jes 1,7–9 I,1 74
Jes 1,10–17 I,2 289
Jes 1,11–17 VI,1 134
Jes 1,13 I,1 344
Jes 1,17 I,1 358; VI,1 120, 215
Jes 1,18 VI,1$^{1-2}$ 155; VI,1^{3} 156
Jes 1,21 I,1 341
Jes 1,21–26 I,2 70
Jes 1,23 I,1 367
Jes 2 I,1 305; III 18
Jes 2,1–5 I,1 139
Jes 2,2–5 I,1 68
Jes 2,2f. VI,3 136
Jes 2,4 I,1 185, 336
Jes 2,5 I,1 236
Jes 2,6–4,1 VI,3 138
Jes 4,2f. I,2 80
Jes 5,1–7 I,2 70, 74f.
Jes 5,1–24 I,2 73
Jes 5,8 I,1 356
Jes 5,8f. I,2 30
Jes 5,8–23 I,2 70, 75f., 154
Jes 5,23 I,1 354
Jes 5,24 I,2 76
Jes 5,25–30 I,2 76
Jes 6 I,2 70, 73, 77–80, 152
Jes 6,1 II,2 74, 77
Jes 6,2 I,2 77f.
Jes 6,1–4 VII 264
Jes 6,3 I,2 78; VII 84
Jes 6,3–7 VI,1 148
Jes 6,4 I,2 78
Jes 6,5 I,1 288; I,2 79
Jes 6,6–8 I,2 79
Jes 6,9f. I,2 79, 302; II,1 238f.
Jes 6,9–12 XII 89
Jes 6,10 I,2 77; II,1 290
Jes 6,12f. I,2 80
Jes 7 I,2 73
Jes 7,1–9 I,1 72f.
Jes 7,2–9 I,1 31
Jes 7,3 I,2 71
Jes 7,4 I,2 70
Jes 7,8f. I,2 70
Jes 7,9 I,2 65, 81
Jes 7,11f. I,2 81
Jes 7,13f. I,2 81f.
Jes 7,14 I,1 72; I,2 81; II,1 143f.; XII 86
Jes 7,15f. I,1 161
Jes 7,16 I,2 82
Jes 8,1–3 I,2 71
Jes 8,1–4 I,2 69
Jes 8,3 I,2 172
Jes 8,12 I,2 188
Jes 8,16 I,2 72
Jes 8,16–18 I,2 189
Jes 9,1 VII 355; XII 86
Jes 9,1–6 II,1 41; VI,3 135
Jes 9,1–9 VII 121
Jes 9,2–7 I,2 253
Jes 9,3f. VI,1 120
Jes 9,5f. XII 86
Jes 9,6 II,1 213; VI,1$^{1-2}$ 244, 249; VI,1^{3} 245–250
Jes 9,8 VI,1$^{1-2}$ 244; VI,1^{3} 245
Jes 10,1f. I,1 354, 358; VI,1 120
Jes 10,2 I,1 367
Jes 11,1 II,1 154
Jes 11,1f. VI,3 35
Jes 11,1–5 VI,3 135
Jes 11,1–9 II,1 41
Jes 11,1–11 XII 87
Jes 11,2 I,2 153; VI,3 34; XI 21
Jes 11,4 VI,1$^{1-2}$ 120; VI,1^{3}119
Jes 11,5–8 VI,1$^{1-2}$ 248; VI,1^{3} 249
Jes 11,6–8 I,1, 139; II,1 56

Jes 11,6–9 I,1 68; VI,3 136
Jes 11,11f. II,1 342
Jes 11,12 II,1 349; VI,3$^{1-2}$ 277; VI,3^{3} 276
Jes 13 I,1 258
Jes 13–23 I,2 72
Jes 13–27 VI,3 138
Jes 14,1 I,1 363
Jes 14,9–11 VI,3 167
Jes 14,24ff. I,2 72
Jes 16,4 I,1 363
Jes 17 I,2 72
Jes 19 I,1 283
Jes 20,1–6 I,2 21
Jes 24–27 I,2 72; VI,3 168f.
Jes 25 III 18
Jes 25,6 I,1 214; VII 213; X 177
Jes 25,6–8 II,1 342, 350
Jes 25,8 VI,2 186; VI,3 168
Jes 26 VI,3 169
Jes 26,19 II,1 251; VI,2 186; VI,3$^{1-2}$ 169; VI,3^{3} 168
Jes 27,1 I,2 328
Jes 28,12 VI,1 200
Jes 28–32 I,2 72f.
Jes 29,8 VI,3 47
Jes 29,10 II,2 183
Jes 29,17–24 I,2 193
Jes 29,18 I,2 147; VI,1 122, 130, 188
Jes 29,18f. II,1 251
Jes 30,8–14 I,2 189
Jes 30,11 I,2 197
Jes 30,29 I,2 327
Jes 30,33 I,1 223
Jes 31,3 XI 26
Jes 33 I,2 73
Jes 33,22 VI,1$^{1-2}$ 248; VI,1^{3} 249
Jes 33,22–24 II,1 343, 350
Jes 34 I,1 238; I,2 194
Jes 34–35 I,2 83
Jes 35 I,2 194
Jes 35,5f. II,1 251
Jes 36–39 I,2 27, 73
Jes 37,14–16 II,1 341
Jes 37,38 I,2 68
Jes 40 I,1 86
Jes 40–55 I,1 334f.; I,2 27, 71f., 132–144, 194; II,2 70; VI,1 119f.
Jes 40,1–11 I,2 135f.
Jes 40,3 II,1 21, 46, 218; VI,2 34
Jes 40,8 I,2 135, 157
Jes 40,10 I,2 139
Jes 40,12–28 VI,1$^{1-2}$ 247; VI,1^{3} 248
Jes 40,12–42,9 I,2 136
Jes 40,12–48,19 I,2 136
Jes 41,2 I,2 136
Jes 41,2ff. I,2 135
Jes 41,4 II,1 313
Jes 41,5 I,1 35
Jes 41,8 I,1 192; VI,1$^{1-2}$ 122; VI,1^{3} 121; XII 51
Jes 41,9 I,1 34; VI,1$^{1-2}$ 122, 244; VI,1^{3} 121, 245; XII 168
Jes 41,14 VI,1 120
Jes 41,24 I,1 335
Jes 41,25 I,2 136
Jes 42 VI,3 136
Jes 42,1 I,1 142; I,2 153; VI,3 34; XI 21
Jes 42,1–4 I,2 135, 141
Jes 42,1–9 II,1 54
Jes 42,3 VI,1 216
Jes 42,5–7 VI,1$^{1-2}$ 244; VI,1^{3} 245
Jes 42,7 I,1 160
Jes 42,10–12 I,2 136
Jes 42,13 I,2 138
Jes 42,14 I,2 138
Jes 42,14–44,22 I,2 136
Jes 42,16 I,2 141
Jes 42,18 II,1 251
Jes 43,1–7 I,1 298
Jes 43,3–5 VI,1 216
Jes 43,4 I,2 137
Jes 43,10f. II,1 313
Jes 43,14–21 I,1 298
Jes 43,16–20 VI,3 136
Jes 43,18 I,2 144
Jes 43,19 I,2 144
Jes 43,25 VI,1 156
Jes 44,3 XI 20
Jes 44,6 I,1 214, 335
Jes 44,12–19 I,1 340
Jes 44,14–17 X 101
Jes 44,22 VI,1 93, 156
Jes 44,23 I,2 136
Jes 44,24–28 VI,1$^{1-2}$ 247; VI,1^{3} 248
Jes 44,24–45,7 I,2 136
Jes 44,26 I,2 190
Jes 44,28 I,2 135f., 190
Jes 44,28–45,8 I,2 116
Jes 45,1 I,2 136; II,1 41
Jes 45,1–4 I,1 91
Jes 45,4 I,2 190
Jes 45,5 VI,1$^{1-2}$ 247; VI,1^{3} 248
Jes 45,5–9 I,2 142
Jes 45,7 I,1 217
Jes 45,8 I,2 136
Jes 45,9–13 VI,1$^{1-2}$ 247; VI,1^{3} 248
Jes 45,9–48,19 I,2 136

Jes 45,13 I,2 116, 136, 190
Jes 45,18–22 VI,1$^{1-2}$ 247; VI,1^{3} 248
Jes 46,11 I,2 135
Jes 48,14f. I,2 135
Jes 48,20 I,2 135
Jes 48,20f. I,1 298
Jes 48,20–49,12 I,2 136
Jes 48,20–55,13 I,2 136
Jes 49 VI,3 136
Jes 49,1 II,1 212
Jes 49,1f. II,2 70f.
Jes 49,1–6 I,2 135, 141
Jes 49,2 II,2 72
Jes 49,5f. II,2 71
Jes 49,13 I,2 136
Jes 49,14f. I,2 137
Jes 49,14–52,8 I,2 136
Jes 49,15 I,2 64; II,2 132
Jes 49,25 VI,1 120
Jes 50 VI,3 136
Jes 50,1 I,1 341, 352
Jes 50,4–9 I,2 135, 141
Jes 51,1f. I,1 191
Jes 51,9 I,2 140, 328
Jes 51,9f. VI,1$^{1-2}$ 247; VI,1^{3} 248
Jes 51,10 I,2 140
Jes 51,11 I,2 140
Jes 51,12–16 I,2 139
Jes 51,13 I,2 140
Jes 52 VI,3 136
Jes 52,7 I,1 88; VI,2 59; VII 266
Jes 52,9f. I,2 136
Jes 52,10 I,2 141
Jes 52,11f. I,2 141
Jes 52,13–53,12 I,2 113, 135, 141, 302
Jes 52,1–55,7 I,2 136
Jes 53 II,1 360; VI,2 203
Jes 53,1 II,1 290
Jes 53,2f. X 136
Jes 53,7f XII 86
Jes 53,9 I,2 141
Jes 53,11f. II,1 190
Jes 53,12 I,2 141; II,1 189
Jes 54 VI,3 136
Jes 54,6f. I,1 341
Jes 54,7f. VI,1 93, 156
Jes 54,8 VI,1$^{1-2}$ 155; VI,1^{3} 156
Jes 55,1–3 VII 121
Jes 55,8 VI,1 91, 154
Jes 55,8f. I,1 147; I,2 143
Jes 55,8–11 I,2 135
Jes 55,10f. I,2 157; XI 22
Jes 55,10–13 I,2 136; VII 126
Jes 56–59 I,2 152, 192
Jes 56–66 I,2 28, 71f., 148–157, 193
Jes 56,1–8 I,2 152
Jes 56,3ff. I,2 157
Jes 56,8–58,14 I,2 152
Jes 57,19 I,2 157
Jes 58 I,2 153, 155–157
Jes 58,3–5 I,2 30, 155
Jes 58,5–7 VI,1 133
Jes 58,6 I,2 148, 155; II,1 250; VI,1 120, 122, 130, 188; VI,3 47
Jes 58,6f. VI,1 115, 215
Jes 58,7–10 I,2 156
Jes 58,13 I,1 346
Jes 59,1 I,2 157
Jes 59,1–15 I,2 152
Jes 59,3f. I,1 358
Jes 59,16–21 I,2 152
Jes 59,20 I,2 194
Jes 59,21 II,2 26; VI,3 35
Jes 60–62 I,2 151f.
Jes 60,6 II,1 149f.
Jes 61,1 I,1 142; II,1 251; V 193; VI,1 215; VI,3 34, 47; XI 21
Jes 61,1f. I,2 148, 153; II,1 250; VI,1 120, 122, 130, 188; VI,3 41
Jes 61,1–4 I,2 153–155
Jes 61,8 VI,1 120
Jes 62,2 XI 66
Jes 63–64 I,2 152
Jes 63,1–6 I,2 152
Jes 63,7–64,11 I,1 282; I,2 115
Jes 63,8–64,12 I,2 152
Jes 63,17f. VI,1 149
Jes 63,19 II,1 52
Jes 64,11 I,2 152
Jes 65,1–66,17 I,2 152
Jes 65,17 VI,1$^{1-2}$ 248; VI,1^{3} 249
Jes 65,17–25 I,1 68; VI,3 136
Jes 65–66 I,2 192
Jes 65,25 I,1 139
Jes 66,13 II,2 132
Jes 66,18–24 I,2 152
Jes 66,19ff. I,2 194

Jeremia

Jer I,1 26; I,2 98–114, 184f., 195
Jer 1–24 I,2 106
Jer 1–25 I,2 106
Jer 1,1 I,2 104
Jer 1,2 I,2 104
Jer 1,2f. I,2 99, 106

Jer 1,4–10 I,2 107–110; II,1 210
Jer 1,5 I,2 107f.; II,1 212; II,2 70f.
Jer 1,6 I,1 288; I,2 108
Jer 1,11–19 I,2 107, 110f.
Jer 2–3 I,1 341
Jer 2,2 VI,1 93, 145
Jer 2,4–4,2 I,2 101
Jer 2,20 VI,1 93
Jer 2,32 VI,1 93
Jer 3,6 VI,1 145
Jer 3,8 I,1 352
Jer 3,13f. VI,1 155; VI,1[3] 156
Jer 3,17 I,1 196
Jer 3,20 VI,1 145
Jer 4,2 I,1 196
Jer 4,4 II,2 161
Jer 5,13 XI 21
Jer 5,27 VI,1 126
Jer 6,1 I,2 101
Jer 6,16 VI,1 200
Jer 6,22f. I,2 101
Jer 7,5–7 VI,1 120
Jer 7,17f. I,2 59
Jer 7,18 I,1 334; I,2 168
Jer 7,31f. I,1 223
Jer 8,2 I,1 334
Jer 10,3–9 I,1 340
Jer 10,5 X 101
Jer 11,18–12,6 I,2 99
Jer 11,19 I,2 197
Jer 13,23 I,2 112
Jer 15,10–21 I,2 99
Jer 16,2 I,2 104
Jer 17,5 XI 26
Jer 17,12–18 I,2 99
Jer 17,16 I,2 189
Jer 17,19ff. I,1 345
Jer 18,19–23 I,2 99
Jer 19 I,1 223
Jer 19,1–13 I,2 21
Jer 19,6.12–14 I,1 223
Jer 20 I,2 27
Jer 20,1–6 I,2 188
Jer 20,7–10 I,2 98f.
Jer 20,7–18 I,2 99
Jer 21,9 I,2 103
Jer 21,12 VI,1 120
Jer 22,3 I,1 358
Jer 22,13–15 I,2 97
Jer 22,16 VI,1 115
Jer 22,24 I,2 159
Jer 23,22 I,2 23
Jer 24,1 I,2 105
Jer 25 I,2 106
Jer 25,1 I,2 105
Jer 25,3 I,2 106
Jer 25,6 I,1 335
Jer 25,9 I,2 101
Jer 25,11f. I,2 107
Jer 26 II,1 359
Jer 26–29 I,2 27, 188
Jer 26–52 I,2 106
Jer 26,1 I,2 105
Jer 26,18f. I,2 85
Jer 27–28 I,2 21
Jer 27,12.14 I,2 102
Jer 28,1–4 I,2 102
Jer 28,9 I,2 23
Jer 29–33 I,2 106
Jer 29,1–7 I,2 102
Jer 29,5–7 I,2 115
Jer 29,10 I,2 107
Jer 29,21–23 I,2 102
Jer 29,24–29 I,2 102
Jer 30–31 I,2 111
Jer 30,2 I,2 111
Jer 31,15 II,1 143
Jer 31,18 I,1 31
Jer 31,20 I,1 31; VI,1 155; VI,1[3] 156
Jer 31,25 VI,1 200
Jer 31,31–34 I,2 107, 111–113; VI,3 136; VII 222
Jer 31,33f. II,2 197
Jer 32 I,2 27
Jer 32,6–15 VI,3 231
Jer 32,35 I,1 223
Jer 33,8 I,2 129
Jer 34,8f. VI,1 120
Jer 36 I,2 188
Jer 36–43 I,2 188
Jer 36–45 I,2 27
Jer 36,23 I,2 101
Jer 36,26 I,2 188
Jer 37,5 I,2 103
Jer 37,9f. I,1 84
Jer 37,17 I,1 147
Jer 38,2.17f. I,1 84
Jer 38,4–6 I,2 103f.
Jer 39,10 I,2 115
Jer 39,13f. I,2 104
Jer 41,5 I,1 197
Jer 43 I,1 86
Jer 43,1–7 I,2 105
Jer 43,12f. I,1 283
Jer 44,15–19 I,2 59
Jer 44,17–25 I,1 334
Jer 44,19 I,2 168
Jer 46,2 I,1 84
Jer 49,7–22 I,1 238
Jer 49,10ff. VI,1 142
Jer 49,35 I,1 184
Jer 52 I,1 310; I,2 105
Jer 52,5.12 I,2 106
Jer 52,16 I,2 115
Jer 52,30 I,2 98, 104
Jer 52,31 I,2 116

Klagelieder

Klgl I,1 26, 86, ; I,2 115, 152, 184f.; XII 81
Klgl 3,41 XI 159
Klgl 4,21f. I,1 238

Baruch

Bar I,1 24, 26; I,2 185
Bar 3,38 V 286; VI,1 19

Ezechiel

Ez I,1 16; I,2 107, 117–132, 184f., 195, 316; II,2 341
Ez 1–24 I,2 122f.
Ez 1,1 II,1 52, 120,123
Ez 1,1–3,15 I,2 123
Ez 1,2 I,2 117, 120
Ez 1,4–28 I,1 87; I,2 123–127
Ez 1,5–12 I,2 124, 130
Ez 1,6.10 II,1 35
Ez 1,12.20f. I,1 141
Ez 2,2 I,1 142
Ez 2,3–6 I,2 117
Ez 2,10 VII 109
Ez 3,1–4 VII 109
Ez 3,12 VI,3 35;
Ez 3,14 VI,3 35; XI 21
Ez 3,15 I,2 115, 121
Ez 3,27 I,2 121; XI 132
Ez 4,2 I,2 118
Ez 4,4–8 I,2 121
Ez 5,1–4 I,2 118
Ez 6–7 I,1 258
Ez 8 I,2 119, 122
Ez 8–11 I,2 123
Ez 8,3 VI,3 35
Ez 10,18ff. I,2 357
Ez 11,5 VI,3 35
Ez 11,17–20 VI,3 36, 51 (VI,3[3] 50)
Ez 11,19 VI,3 35
Ez 11,19f. VI,3 79
Ez 11,22–24 I,2 118
Ez 11,24 VI,3 35
Ez 12,1–7 I,2 118
Ez 12,9 I,2 118
Ez 13 I,2 60
Ez 13,3 XI 21
Ez 16 I,1 341; I,2 127
Ez 16,20f. I,1 223
Ez 16,49 I,1 217
Ez 17,12–21 I,1 85f.
Ez 18 I,1 86, 351
Ez 18,1–3 I,1 342
Ez 18,15–17 VI,1 120
Ez 20,6.15 I,1 343
Ez 20,26 I,1 223
Ez 20,34f. I,1 298
Ez 21,13–20 VI,1 142
Ez 21,19 XI 132
Ez 21,31 VI,1 106, 121, 211
Ez 22,6 VI,1 126
Ez 22,6f. VI,1 120
Ez 22,6–12 I,2 119
Ez 22,12 VI,1 126
Ez 22,27 VI,1 126
Ez 22,29 VI,1 126
Ez 22,29f. VI,1 120
Ez 23 I,2 127
Ez 24,18 I,2 117, 121
Ez 24,25–27 I,2 122
Ez 25–32 I,2 122f.
Ez 25,12–14 I,1 237f.
Ez 29,17–21 I,1 304
Ez 30,10–12 I,1 304
Ez 30,13 I,1 283
Ez 33–37 I,2 122f.
Ez 33,7 I,2 122
Ez 33,21f. I,2 122
Ez 33,32 I,2 197
Ez 36,16–38 I,2 127–129
Ez 36,22 I,2 132
Ez 36,22–37,28 VI,3 136
Ez 36,23–28 II,2 26
Ez 36,24–28 VI,3 36, 51 (VI,3[3] 50)
Ez 36,26f. II,2 197
Ez 36,26–28 I,2 120, 129; VI,3 79
Ez 36,27 XI 21
Ez 37 I,1 304; I,2 122, 127; VI,3 35, 168
Ez 37,1 VI 35
Ez 37,1–14 I,1 141; I,2 120, 129–131, 190
Ez 37,9f. VI,3 35
Ez 37,12f. I,1 298
Ez 37,14 XI 21
Ez 37,16.19 I,1 245
Ez 38–39 I,2 122f.
Ez 39,9f. I,1 68
Ez 39,29 II,2 26; VI,3 37
Ez 40–48 I,2 122f.
Ez 40,1 I,2 117
Ez 40,1–44,3 I,2 120
Ez 43 I,2 120
Ez 43,3 I,2 123
Ez 45,18–25 I,1 307
Ez 47 XI 127
Ez 47,1–12 I,2 122

Daniel

Dan I,1 26; I,2 106, 184f., 195, 223, 311–333; II,2 341; VI,3 138; XII 82
Dan 1–6 I,2 316–319

Dan 1,1–21 I,2 317
Dan 1,1–2,4 I,2 320
Dan 1,3 I,2 316
Dan 2 I,2 317, 319–327
Dan 2,4 I,2 318, 320
Dan 2,44 VI,1$^{1-2}$ 248f.; VI,1^{3} 249
Dan 3,1–97 I,2 317
Dan 3,13 I,2 322
Dan 3,24–50 I,2 318
Dan 3,31–33 I,2 323
Dan 3,51–90 I,2 318
Dan 3,98–4,34 I,2 317
Dan 4–6 I,2 319
Dan 4,5f. I,2 324
Dan 4,15f. I,2 324
Dan 4,30 I,2 329
Dan 4,31f. I,2 323
Dan 5 I,2 311
Dan 5,1–6,1 I,2 317
Dan 5,12 I,2 324
Dan 6,2–29 I,2 317
Dan 6,11 VII 282
Dan 6,26–28 I,2 323
Dan 7 I,2 317, 319f., 328–331; VI,1 111
Dan 7–12 I,2 317f.
Dan 7,7 II,2 285
Dan 7,13 II,2 20
Dan 7,14 VI,1$^{1-2}$ 249; VI,1^{3} 250
Dan 7,25 I,1 97
Dan 7,27 VI,1$^{1-2}$ 249; VI,1^{3} 250
Dan 8 I,2 317f.
Dan 8,11f. I,2 320
Dan 8,13 I,1 97
Dan 8,14 I,2 320
Dan 9 I,2 107, 317, 320
Dan 9,27 I,2 310
Dan 10–12 I,2 317, 320
Dan 11,2–12,4 I,2 308
Dan 11,21–39 II,2 311
Dan 11,31 I,2 310
Dan 12,1–3 VI,2 172
Dan 12,1–4 II,2 285
Dan 12,2 I,2 305; VI,3 169
Dan 12,11 I,2 310
Dan 12,12 I,2 320
Dan 13 I,2 318
Dan 14,1–22 I,2 318
Dan 14,23–24 I,2 318

Hosea

Hos I,1 26; I,2 52–64, 184f., 195f.
Hos 1–3 I,1 341; I,2 55, 57f.
Hos 1,1 I,2 32, 55, 195
Hos 1,2–6 I,2 52
Hos 1,2–3,5 I,2 56
Hos 2,4–15 I,1 69
Hos 3,1–5 I,2 56, 190; VI,3 231
Hos 4–11 I,2 56
Hos 4,1f. I,1 329f.
Hos 4,17 I,1 31
Hos 5,9–14 I,1 31
Hos 6,2 VI,3 168
Hos 6,6 I,2 64; II,1 180, 189; VI,1 198, 216
Hos 6,9 I,1 197, 243
Hos 7–8 I,1 69
Hos 7,11 I,2 200
Hos 8,4 I,2 555
Hos 8,4–6 I,1 198
Hos 9,7 I,2 188, 197
Hos 9,7–9 I,2 56
Hos 10,5–7 I,1 198
Hos 11 I,2 57, 62f.
Hos 11,1 I,1 293; II,1 152, 168; V 282; VI,1 93, 145, 154; VI,2 136
Hos 11,1–7 I,2 62f.
Hos 11,2 II,1 143
Hos 11,3–4 VI,1 145
Hos 11,4 VI,1 93, 154
Hos 11,8 I,2 64
Hos 11,8f. VI,1 93, 155 (VI,1^{3} 156), 157
Hos 11,8–11 I,2 56, 63
Hos 11,9 I,2 63; VI,2 136
Hos 12,1–14,9 I,2 56
Hos 12,4 I,1 237
Hos 12,10 I,1 293
Hos 12,14 I,1 293
Hos 13,1–3 I,1 198
Hos 13,4f. I,1 293
Hos 13,7f. I,2 329
Hos 13,10f. I,2 55
Hos 14,2–9 I,2 56
Hos 14,10 I,2 56

Joël

Joël I,1 26; I,2 184f.
Joël 1,1 I,2 195
Joël 2 I,1 258
Joël 2,13f. I,2 207
Joël 2,17 I,2 357
Joël 3,1 XI 21
Joël 3,1f. I,1 142; I,2 172; VI,3 35
Joël 3,1–5 II,2 26; VI,3 47
Joël 3,4 VII 314

Amos

Am I,1 26; I,2 38–51, 184f.
Am 1–3 I,2 45, 47

Am 1,1 I,2 32, 40
Am 1,1f. I,2 42
Am 1,3–5 I,2 43, 45
Am 1,6–8 I,2 43, 45
Am 1,9f. I,2 45
Am 1,11f. I,2 42, 44, 46
Am 1,13–15 I,2 43, 46
Am 2,1–3 I,2 43, 46
Am 2,4f. I,2 44, 46
Am 2,6 I,1 362; I,2 40
Am 2,6f. I,1 69, 358; VI,1 120, 126
Am 2,6–8 I,2 43, 46; VI,1 196
Am 2,6–16 I,2 46
Am 2,7 I,1 367; I,2$^{1-2}$ 39f.; I,2^{3} 40
Am 2,9–12 I,2 44
Am 2,10f. I,1 293
Am 2,13–16 I,2 43
Am 3–4 I,2 43
Am 3,1 I,1 293; I,2 43
Am 3,7f. I,2 41
Am 3,9 I,2 39
Am 3,9ff. I,2 41
Am 3,10 I,2 39
Am 3,12 I,2 39
Am 3,15 I,2 39
Am 4–6 I,2 45, 48f.
Am 4,1 I,1 69; I,2$^{1-2}$ 39f.; I,2^{3} 40
Am 4,1–3 I,2 41; VI,1 120
Am 4,4f. I,2 40
Am 4,6–11 I,2 42
Am 5–6 I,2 43
Am 5,1 I,2 43
Am 5,4 VI,1 154; VI,1^{3} 155
Am 5,6 I,1 245; I,2 43
Am 5,7 I,1 354, 358
Am 5,10 I,1 354, 358, 367; I,2 40
Am 5,10–13 VI,1 196
Am 5,11 I,1 362; I,2$^{1-2}$ 39; I,2^{3} 40
Am 5,11f. VI,1 120, 126, 196
Am 5,12 I,1 354; I,2 40
Am 5,14f. I,2 43f.
Am 5,15 I,1 245
Am 5,16–20 VI,3 138
Am 5,18–20 I,2 48
Am 5,21f. I,2 40
Am 5,21–24 VI,1 44 (VI,1^{3} 34f.), 135
Am 5,22–24 I,2 289
Am 5,23 I,2 40
Am 5,24 VI,1 215
Am 6 VI,3 138
Am 6,1–8 I,2 38–41; VI,1 120
Am 6,4–6 VI,1 196
Am 6,12 I,1 358; VI,1 126, 196
Am 7–9 I,2 45, 49f.
Am 7,1–3 I,2 43, 49
Am 7,4–6 I,2 43, 50
Am 7,6–8 I,2 43
Am 7,7–9 I,2 50
Am 7,10–17 I,2 15, 27, 41f., 44, 188
Am 7,12f. I,2 41
Am 7,14f. I,2 40
Am 8,1–3 I,2 43, 50
Am 8,4 I,2 40
Am 8,4–7 VI,1 120, 135, 196
Am 8,5 I,1 344; I,2 39
Am 8,6 I,1 362; I,2 40
Am 8,11f. I,2 51
Am 8,14 I,2 39
Am 9,1–4 I,2 43
Am 9,1–6 I,2 50
Am 9,7 I,1 293
Am 9,7–10 I,2 44, 190
Am 9,11–15 I,2 42, 44
Am 9,13–15 I,2 45

Obadja

Obd I,1 26; I,2 28, 184f.

Jona

Jona I,1 26; I,2 184f., 195, 198–211
Jona 1,1 I,2 199
Jona 1,2 I,2 206
Jona 1,1–3 I,2 201
Jona 1,4–16 I,2 201
Jona 1,6 I,2 209
Jona 2,1–11 I,2 201
Jona 2,3–11 I,2 202
Jona 3,1–3 I,2 201f.
Jona 3,3–10 I,2 201
Jona 3,5–9 I,2 202
Jona 3,9 I,2 207
Jona 4,1–5 I,2 201
Jona 4,2f. I,2 203
Jona 4,6–11 I,2 201
Jona 4,9 I,2 209
Jona 4,9–11 I,2 205
Jona 4,11 I,1 305; I,2 203

Micha

Mi I,1 26; I,2 83–92, 184f.
Mi 1–3 I,2 86f., 92
Mi 1,1 I,2 32, 84, 91, 195
Mi 1,2–11 I,2 84
Mi 1,8–16 I,2 87–89

Mi 1,10–15 I,2 84f.
Mi 1,16 I,2 91
Mi 2,1 I,2 91
Mi 2,1–3 I,2 86; VI,1 196
Mi 2,2 I,1 355, 362; VI,1 126
Mi 2,9 I,1 362
Mi 2,11 I,2 29
Mi 2,12f. II,1 342, 349
Mi 2,16–18 I,2 91
Mi 3 VI,1 120
Mi 3,1–4 I,2 86
Mi 3,2 I,2 91
Mi 3,3 VI,1 126
Mi 3,5–7 I,2 85f.
Mi 3,5–8 I,2 86
Mi 3,8 I,2 86
Mi 3,9–12 I,2 86
Mi 3,12 I,2 85
Mi 4–5 I,2 87
Mi 4,1–4 I,2 84
Mi 4,1–5 I,1 68
Mi 4,3 I,1 185, 336; I,2 92
Mi 4,9f. I,2 90
Mi 4,17 I,2 91
Mi 5,1 I,2 87, 89–91; II,1 143, 154, 336; VI,2 27
Mi 5,3 I,2 90f.; II,1 143, 154
Mi 5,9–13 I,2 190
Mi 6,1 I,2 87
Mi 6,1–8 I,2 87, 91f.
Mi 6,1–7,7 I,2 87
Mi 6,4 I,2 171, 174, 183
Mi 6,7 I,2 289
Mi 6,9–13 VI,1 120
Mi 7,2 VI,1 126
Mi 7,3 I,1 358
Mi 7,6 I,1 348
Mi 7,8–20 I,2 87
Mi 7,18f. II,1 343, 350

Nahum

Nah I,1 26; I,2 27, 184f.
Nah 2,14 VI,1 120

Habakuk

Hab I,1 26; I,2 184f.
Hab 2,3f. II,2 312
Hab 2,4 II,2 163
Hab 2,6–19 VI,1 120
Hab 3,3 I,1 46
Hab 3,3–15 VI,1 120

Zefanja

Zef I,1 26; I,2 27, 107, 184f.
Zef 1 I,1 258
Zef 1,4–6 I,2 190
Zef 3,9 XII 127, 129
Zef 3,9–11 I,2 190
Zef 3,14.19 VI,1 120

Haggai

Hag I,1 26; I,2 28, 184f., 195
Hag 1,1 I,1 91
Hag 1,4–8 I,2 159
Hag 1,5–11 I,2 149
Hag 2,6–9 I,2 192
Hag 2,20–23 I,2 159, 161; II,1 41
Hag 2,21f. I,2 192
Hag 2,23 I,2 149

Sacharja

Sach I,1 26; I,2 106, 158–169, 184f., 195; II,2 341
Sach 1–8 I,2 160
Sach 1,1 I,2 160
Sach 1,1–6 I,2 160
Sach 1,7–17 I,2 161–164
Sach 1,7–6,15 I,2 160f.
Sach 1,8 II,2 74
Sach 1,8f. I,2 163
Sach 1,10f. I,2 163
Sach 1,11 I,2 159, 163
Sach 1,12 I,2 163
Sach 1,14–17 I,2 164
Sach 2,1–4 I,2 192
Sach 3,1 I,1 91; II,1 55
Sach 3,1–7 I,2 249f.
Sach 3,1–10 I,2 149, 162
Sach 4 II,1 41
Sach 4,1–4 I,2 161, 164–166
Sach 4,1–6 I,2 149
Sach 4,1–14 I,2 162
Sach 4,6–10 I,2 164, 166
Sach 4,7–9 I,2 159
Sach 4,10–14 I,2 149
Sach 4,12 I,2 165
Sach 5,1–4 I,2 166
Sach 5,5–11 I,2 161, 166–168
Sach 6,1–8 I,2 192
Sach 6,9–15 I,2 149
Sach 7,1 I,2 160
Sach 7,1–8,23 I,2 160
Sach 8,16 II,1 180
Sach 9,11 VI,1 119
Sach 9–14 I,2 193
Sach 9,1 I,2 160
Sach 9,1–8 I,2 160f., 264
Sach 9,9 I,2 158
Sach 9,9f. VII 126
Sach 9,9–12 VII 126
Sach 9,9–17 I,2 160

Sach 9,11 VI,1 119
Sach 9,11–16 VI,1 120
Sach 10,1–11,3 I,2 160
Sach 10,6 I,1 245
Sach 10,10 I,2 161
Sach 11,4–17 I,2 160
Sach 12–14 I,2 160f.
Sach 12,1 I,2 160
Sach 12,11 I,2 161
Sach 13 I,2 161
Sach 14 I,2 193

Maleachi

Mal I,1 26; I,2 184f., 195f.
Mal 2,17–3,21 I,2 192
Mal 3 II,1 218
Mal 3,1 II,1 46f., 50
Mal 3,5 VI,1 120
Mal 3,17–21 I,2 193
Mal 3,20 VII 313, 348
Mal 3,22 I,2 196
Mal 3,22–24 I,2 196
Mal 3,23f. I,2 196; II,1 47f., 50, 57, 212
Mal 4,2 VII 278

Neues Testament

Matthäusevangelium

Mt II,1 134–197; VI,3 264f.
Mt 1–2 II,1 135, 161; VI,2 44
Mt 1,1 II,1 136–139, 142, 159
Mt 1,1–17 I,1 174; II,1 135–142, 146; XII 142
Mt 1,1–4,16 II,1 135, 161
Mt 1,2–16 II,1 137
Mt 1,2–17 II,1 139–142
Mt 1,12.17 I,1 86
Mt 1,16 II,1 141, 146
Mt 1,18 II,1 135, 142; VI,3 42
Mt 1,18–2,23 II,1 142–155
Mt 1,18–25 I,1 249; II,1 143–146
Mt 1,20 VI,3 42
Mt 1,20f. II,1 187
Mt 1,21 II,1 153, 187, 190, 193
Mt 1,22 II,1 151, 167
Mt 1,23 II,1 158, 193
Mt 2 I,1 103f., 298; II,1 335
Mt 2,1 II,1 149
Mt 2,1–12 II,1 143, 146–151, 182f.
Mt 2,2 II,1 147
Mt 2,3 II,1 149f.
Mt 2,4 II,1 150
Mt 2,5 II,1 167
Mt 2,6 I,2 89; II,1 154
Mt 2,7 II,1 149
Mt 2,9 II,1 149
Mt 2,11 II,1 147, 157
Mt 2,11f. II,1 149f.
Mt 2,12f. II,1 149
Mt 2,13–15 I,1 248; II,1 143
Mt 2,13–17 II,1 171
Mt 2,13–23 I,1 205; II,1 151–154
Mt 2,14 II,1 171
Mt 2,15 II,1 167f.; V 282
Mt 2,15f. II,1 149
Mt 2,16–18 I,1 249; II,1 143
Mt 2,17 II,1 167
Mt 2,19 II,1 149
Mt 2,19f. I,1 249
Mt 2,19–23 II,1 143
Mt 2,22 II,1 149
Mt 2,23 II,1 153f., 167, 173
Mt 2,28 VII 314
Mt 3,1 II,1 162
Mt 3,1–4,12 II,1 161
Mt 3,1–12 II,1 338
Mt 3,3 II,1 21; 167
Mt 3,7 II,1 184; XII 94
Mt 3,7–10 II,1 23
Mt 3,10 VI,2 62f.
Mt 3,11 VI,3 43; XI 222
Mt 3,13–17 II,1 135, 162 (II,1^{3} 161); VI,2 61
Mt 3,15 II,1 172, 339
Mt 3,16f. VI,3 40
Mt 3,17 VI,1 89
Mt 3,18 II,1 171
Mt 4 VI,2 123
Mt 4,1–11 II,1 23, 54, 135, 162, 340; VI,2 107
Mt 4,2 VII 342
Mt 4,4 I,1 21; VII 109; XI 145
Mt 4,8–10 II,1$^{1-2}$ 157;

II,1^{3} 156
Mt 4,12 II,1 165
Mt 4,14 II,1 151, 167
Mt 4,16 II,1 188
Mt 4,17 II,1 160–162, 165, 192f.; X 70
Mt 4,17–16,20 II,1 161, 184
Mt 4,18–22 II,1 23, 162
Mt 4,23 II,1 176, 192f.
Mt 4,23f. XI 55
Mt 4,23–25 II,1 162, 185, 192
Mt 4,23–9,35 II,1 164
Mt 4,24 II,1 173
Mt 4,32 X 187
Mt 5–7 II,1 160, 190–192, 194; VI,2 84–93
Mt 5,1–11 VI,1 193
Mt 5,1–20 II,1 92
Mt 5,1–7,29 VI,2 84–93
Mt 5,1–8,1 II,1$^{1-2}$ 156, 163f.; II,1^{3} 156, 162, 164
Mt 5,3 X 182; XI 77
Mt 5,3f.6.11f. II,1 23
Mt 5,3–12 II,1 197; VI,1 194
Mt 5,13–16 VI,3 268
Mt 5,17 I,1 255
Mt 5,17–19 I,1 21, 257
Mt 5,17–20 II,1 184, 194
Mt 5,17–37 VIII 135
Mt 5,19 X 190
Mt 5,20 II,1 176f., 194; VI,1 158
Mt 5,21f. VI,2 81f.
Mt 5,21–48 I,1 325; II,1 176, 194
Mt 5,22 VI,2 82; VI,3 199
Mt 5,23 II,1 176
Mt 5,23f. VI,1 199; VI,2 80; XI 156
Mt 5,25f. VI,2 31
Mt 5,27f. VI,2 81–83
Mt 5,28 VI,2 82
Mt 5,32 II,2 224
Mt 5,33f. VI,2 81f.
Mt 5,38–48 I,1 306; II,1 23; VI,2 77f.
Mt 5,43f. VI,1 57
Mt 5,43–48 I,1 368; VI,2 83
Mt 5,44 I,2 349
Mt 5,44f. VI,2 78
Mt 5,45 I,2 274; VI,1 159
Mt 5,48 VII 360; XI 234
Mt 6,2–18 XII 169
Mt 6,4 VI,1 159; XI 47
Mt 6,5ff. XI 162
Mt 6,6 VI,1 159; XI 47, 122
Mt 6,7 X 103, 239; XI 169
Mt 6,8 VI,1$^{1-2}$ 288; VI,1^{3} 289; VI,2 138
Mt 6,9 I,2 129; VII 145; XII 181
Mt 6,9–13 XII 100
Mt 6,9–15 II,1 23; XII 185
Mt 6,10 X 174, 191
Mt 6,12 II,1 189; VI,1 196
Mt 6,14f. II,1 189
Mt 6,16 XII 54
Mt 6,16–18 I,2 157; VII 341
Mt 6,18 VI,1 159
Mt 6,19f. XI 77
Mt 6,19–21 XII 188
Mt 6,22 I,2 164
Mt 6,24 VI,2 82; XII 187
Mt 6,24–34 XI 77
Mt 6,26 VI,2 76, 100
Mt 6,28 VI,2 79, 100, 103
Mt 6,30 II,1 157
Mt 6,32 VI,1$^{1-2}$ 288; VI,1^{3} 289; XI 83
Mt 6,33 X 69, 97, 174, 191, 222, 231, 272
Mt 6,34 III 106
Mt 6,34ff. VI,1 113
Mt 7,3–5 VI,3 106
Mt 7,7–11 II,1 23
Mt 7,9 VI,2 70
Mt 7,12 II,1 195; VI,1 130; VI,2 88
Mt 7,16 VI,3 82
Mt 7,16–20 II,1 195
Mt 7,21 VI,1 130; X 30, 95, 190, 225
Mt 7,21–27 II,1 197
Mt 7,24–27 II,1 164
Mt 7,28 II,1 160, 191
Mt 7,28–8,1 II,1 185
Mt 7,29 II,1 158, 176
Mt 8–9 II,1 192
Mt 8,1–4 II,1 21
Mt 8,1–10 II,1 183
Mt 8,2 II,1 157
Mt 8,2–9,35 II,1$^{1-2}$ 163f.; II,1^{3} 162, 164
Mt 8,5–13 II,1 23, 25, 182
Mt 8,8 VII 267
Mt 8,10f. VI,2 37
Mt 8,11 III 13; VII 214
Mt 8,11f. II,1 176, 183; VI,2 73
Mt 8,12 VI,3 199
Mt 8,14 VI,3 259
Mt 8,16 VI,1 120
Mt 8,17 II,1 151, 167
Mt 8,18 I,2 208
Mt 8,18–22 II,1 164
Mt 8,19f. II,1 348
Mt 8,19–22 VI,3 258
Mt 8,21f. II,1 348

Mt 8,23–27 I,2 208
Mt 8,26 II,1 157
Mt 8,27 VI,1 149
Mt 8,28–34 II,1 182f.
Mt 9,1–8 II,1 21
Mt 9,2–8 II,1 188
Mt 9,6 II,1 21, 158
Mt 9,9 II,1$^{1-2}$ 171; II,1^{3} 170
Mt 9,9–13 II,1 21, 164, 188; XI 41
Mt 9,10f. VI,1 127, 186
Mt 9,10–12 VII 214
Mt 9,11–13 VI,1$^{1-2}$ 158; VI,1^{3} 159
Mt 9,13 I,2 64; II,1 177, 188f.; VI,1 97, 198
Mt 9,14–17 II,1 21
Mt 9,18 II,1 157
Mt 9,27 II,1 138
Mt 9,32f. II,1 344
Mt 9,35 II,1 176, 192f.
Mt 9,36 II,1 186
Mt 9,36–11,1 II,1 163
Mt 9,37 II,1 186
Mt 10 II,1 160, 190f., 195; III 173; VI,3$^{1-2}$ 265; VI,3^{3} 264
Mt 10,1ff. III 15
Mt 10,2 II,1 177
Mt 10,2–4 II,1 348
Mt 10,3 II,1 171
Mt 10,5f. II,1 186
Mt 10,5–8 II,1 183
Mt 10,6 VI,2 52
Mt 10,7f. II,1 193, 195
Mt 10,17–25 II,1 195
Mt 10,28 VI,3 139
Mt 10,34 I,1 254
Mt 10,37 II,1 257
Mt 10,38 VI,2 96
Mt 10,39 VI,2 96
Mt 10,40–42 II,1 197
Mt 11,1 II,1 160, 191
Mt 11,2–6 II,1 23
Mt 11,5 VI,1 169
Mt 11,16f. XI 63
Mt 11,16–19.20–25 VII 126
Mt 11,19 I,2 279; II,1 340, 349; VI,1 127, 186; VI,2 95; VII 214
Mt 11,20–24 I,1 254
Mt 11,25f. VI,2 137
Mt 11,25–30 VII 126
Mt 11,27 II,1 158; VI,2 138
Mt 11,28 XI 49
Mt 11,28f. VI,1 216
Mt 11,28–30 VI,1 200
Mt 12,7 I,1 216; I,2 64; II,1 177, 189, 195; VI,1 198, 216
Mt 12,8 VI,1 198
Mt 12,9–14 VII 314
Mt 12,11f. II,1 175
Mt 12,14 II,1 184
Mt 12,17 II,1 151, 167
Mt 12,19 X 181
Mt 12,20 VI,1 199, 216
Mt 12,22 II,1 344
Mt 12,23 II,1 138, 185
Mt 12,25–45 II,1 184
Mt 12,28 II,1 116, 162, 193, 344; VI,3 84
Mt 12,31 VI,3 41
Mt 12,38–40 I,2 208
Mt 12,41 I,2 209
Mt 12,49f. VI,3$^{1-2}$ 265; VI,3^{3} 264
Mt 13 II,1 160, 190f., 195
Mt 13,1–23 VII 126
Mt 13,1–53 II,1 163
Mt 13,10–17 II,1 195
Mt 13,11 II,1 29, 195
Mt 13,13 II,2 183; VI,1 98
Mt 13,14 II,1 167
Mt 13,14f. II,1 239
Mt 13,15 VI,1 67, 98
Mt 13,16 VI,3$^{1-2}$ 265; VI,3^{3} 264
Mt 13,19 II,1 193
Mt 13,24–30 VI,1 159
Mt 13,24–43 VII 126
Mt 13,31–33.44–52 VII 126
Mt 13,33 VI,2 64, 71; VI,3 268; X 187, 194, 234
Mt 13,35 II,1 151, 167
Mt 13,41–43.49f. VI,2 73
Mt 13,42 VI,3 199
Mt 13,44–46 II,1 24, 195; X 174, 203
Mt 13,49f. II,1 197
Mt 13,50 VI,3 199
Mt 13,51 VI,3$^{1-2}$ 265; VI,3^{3} 264
Mt 13,52 II,1$^{1-2}$ 171f., 176, 195; II,1^{3} 172, 176, 196
Mt 13,53 II,1 160, 191
Mt 13,55 VI,2 27
Mt 14,13–21 VII 121, 217
Mt 14,14 VI,1 120
Mt 14,22–33 II,1 177
Mt 14,23 II,1 156
Mt 14,27 II,1 156
Mt 14,28–31 II,1 24
Mt 14,31 II,1 157
Mt 14,33 II,1 157
Mt 15,13 II,1$^{1-2}$ 173; II,1^{3} 172
Mt 15,14 VI,1 67
Mt 15,19 XI 211
Mt 15,21–28 II,1 182;

VI,2 126
Mt 15,22 II,1 138
Mt 15,24 II,1 182f., 186
Mt 15,25 II,1 157; VI,1 191
Mt 15,29–31 II,1 156, 183
Mt 15,32–39 II,1 183
Mt 16 III 305
Mt 16,1–4 X 48
Mt 16,1–8 II,1 135
Mt 16,1–18 VI,2 36
Mt 16,3 X 51
Mt 16,8 II,1 157
Mt 16,13 V 246
Mt 16,13–17,23 II,1 21
Mt 16,13–19 IX 120
Mt 16,16 VI,2 12
Mt 16,17–19 II,1 24; V 212
Mt 16,17–20 VI,3$^{1-2}$ 257, 265; VI,3^{3} 256, 264
Mt 16,18 II,2 32; VI,3$^{1-2}$ 268; VI,3^{3} 267
Mt 16,18f. II,1 174, 178
Mt 16,18ff. IX 24
Mt 16,20 II,1 165
Mt 16,21 II,1 161, 163; II,1 160f., 163
Mt 16,21–28,20 II,1 161
Mt 16,24 II,1 163
Mt 16,24–28 II,1 21
Mt 17,1–9 II,1 156
Mt 17,17 II,1 29
Mt 18 II,1 160, 163, 177, 189–191, 196; VI,3$^{1-2}$ 265; VI,3^{3} 264
Mt 18,2–5 X 186
Mt 18,6 I,1 254
Mt 18,8 VI,3 199
Mt 18,10–14 II,1 23
Mt 18,12–14 VI,1 158
Mt 18,17 VI,3$^{1-2}$ 257; VI,3^{3} 256; XII 59
Mt 18,18 II,1 178; IX 25
Mt 18,20 VII 60, 92; X 60
Mt 18,21f. VI,1$^{1-2}$ 159; VI,1^{3} 160; X 183
Mt 18,22 VII 200
Mt 18,23–35 II,1 189, 197; VI,2 31; XI 218
Mt 18,25–32 X 183
Mt 19,1 II,1 160, 191
Mt 19,3–8 II,2 224
Mt 19,3–12 IX 25
Mt 19,6 IX 195
Mt 19,9 IX 173
Mt 19,12 III 105 f.; VI,2 83
Mt 19,16–30 XI 235
Mt 20,1–16 I,2 209; II,1 354; VI,1 158; VI,2 30, 64, 67f.; VI,3 206; X 183, 250
Mt 20,8 VI,1 123
Mt 20,16 X 183
Mt 20,20 II,1 157
Mt 20,25–27 X 188
Mt 20,28 II,1 189; VI,1 203
Mt 20,30 II,1 138
Mt 21–27 II,1 184
Mt 21,1–9 VII 358
Mt 21,4 II,1 151, 167
Mt 21,5 I,2 158
Mt 21,9 II,1 138; VII 264
Mt 21,15 II,1 138
Mt 21,23–27 II,1 21
Mt 21,31 X 186
Mt 21,31f. VI,2 101
Mt 21,32 VI,2 62
Mt 21,33–42 VI,1 67
Mt 21,41 II,1 162, 172, 193
Mt 21,42 II,1 138
Mt 21,43 II,1 162, 176, 193
Mt 22,1–10 X 177, 180, 185
Mt 22,1–14 I,1 214
Mt 22,7 II,1 172, 186
Mt 22,13 VI,3 199
Mt 22,30 III 105
Mt 22,32 III 13
Mt 22,34–40 VI,2 77
Mt 22,37–40 II,1 195
Mt 23 VI,1 67
Mt 23–25 II,1 160, 163, 190f., 196
Mt 23,2 II,1 194
Mt 23,8–10 VI,2 97
Mt 23,8–12 II,1 197; V 252
Mt 23,9 VI,2 103; IX 119
Mt 23,11 VI,1 203
Mt 23,13 II,1 178, 196
Mt 23,16–24 VI,1 67
Mt 23,23 II,1 175
Mt 23,29 I,2 197
Mt 23,37–39 II,1 186; II,2 22
Mt 23,38 II,1 172
Mt 24 VI,3 139
Mt 24,1 II,1 163
Mt 24,2 II,1 172
Mt 24,3 II,1 191
Mt 24,3–8 II,1 21
Mt 24,14 II,1 193; VI,3$^{1-2}$ 265; VI,3^{3} 264
Mt 24,15 II,1 172
Mt 24,20 II,1 175
Mt 24,40f. VI,2 100
Mt 25 III 205
Mt 25,1–13 VI,3$^{1-2}$ 200; VI,3^{3} 199; XI 169
Mt 25,13 VI,3 140
Mt 25,30 VI,3 199
Mt 25,31f. II,1 196
Mt 25,31–46 I,1 371;

V 199, 216f.; VI,2 73; X 250, 252
Mt 25,34–40 VI,1 115; X 199
Mt 25,34–45 VI,1 120
Mt 25,35 X 215
Mt 25,35f. II,1 196; VI,1 215
Mt 25,35–39.42–44 V 154
Mt 25,40 II,1 196; V 45, 154, 187, 294; VI,1 85, 173; VI,2 94; X 31, 40
Mt 25,41 VI,3 199
Mt 25,45 V 154; VI,1 85, 182
Mt 26,1 II,1 160f., 163–165, 191–193
Mt 26,1–28,20 II,1 161, 164
Mt 26,3 II,1 184
Mt 26,13 II,1 193
Mt 26,26–29 VII 215
Mt 26,28 II,1 189f.
Mt 26,41 XI 51
Mt 26,52 I,1 306
Mt 26,54 II,1 151, 167
Mt 26,56 II,1 16, 151, 154, 167
Mt 26,61 II,1 359
Mt 26,69–75 II,1 16, 177
Mt 26,71 II,1 173
Mt 27,9 II,1 151, 167
Mt 27,25 I,1 259; II,1 185f.; XII 56, 88, 117
Mt 27,32–56 II,1 155
Mt 27,43 I,2 353
Mt 27,46 I,2 351; II,1 15; VI,1 220; VI,2 109
Mt 27,55f. X 187
Mt 27,57–61 II,1 155
Mt 27,62 II,1 185
Mt 27,62–66 II,1 155
Mt 28 III 16
Mt 28,1–8 II,1 155
Mt 28,2–4 VI,1 224
Mt 28,3 VII 303
Mt 28,9 II,1 157
Mt 28,9f. II,1 155
Mt 28,11–20 II,1 155
Mt 28,11f. II,1 185
Mt 28,15f. VI,3$^{1-2}$ 265; VI,3^{3} 264
Mt 28,16–20 II,1 135, 142, 155–159, 164; II,2 16, 24; XI 41
Mt 28,18 II,1 137, 158; VI,1 231
Mt 28,19 VI,1 21; VI,3 43; VII 145f.; XI 22
Mt 28,19f. II,1 139, 177, 182; III 15
Mt 28,20 II,1 137, 177, 193; XI 37, 204

Markusevangelium

Mk II,1 39–110; VI,3$^{1-2}$ 263f.; VI,3^{3} 263
Mk 1,1 II,1 40–46, 51, 57, 61, 69, 82, 101
Mk 1,1–13 II,1 39–59, 62, 71, 70, 83f.
Mk 1,2 II,1 50
Mk 1,2f. I,2 133; II,1 46–49
Mk 1,2–8 II,1 218, 338; VII 149
Mk 1,3 II,1 21; XII 246
Mk 1,4 II,1 57f., 339; VI,2 63
Mk 1,4–7 II,1 49–51
Mk 1,4–11 VII 154
Mk 1,7f. II,1 51, 58
Mk1,8 VI,3 43
Mk 1,9 II,1 57f.
Mk 1,9f. VI,2 61
Mk 1,9–11 II,1 52–54, 339f.; VI,2 61; VI,3 232; VII 149; XI 46
Mk 1,10 II,1 266; VI,3 40; XI 22, 222
Mk 1,11 II,1 61, 101 (II,1^{3} 102); VI,3 42
Mk 1,12 VI,3 40; XI 222
Mk 1,12f. II,1 54–56, 80, 340; VI,2 107
Mk 1,13 VII 342
Mk 1,14f. II,1 44, 51, 58, 62, 71, 73, 254, 348; VI,2 71
Mk 1,14–8,26 II,1 83
Mk 1,15 VII 149, 154, 200; X 31, 70, 171, 173, 189, 341
Mk 1,16–20 II,1 23, 73, 75, 254, 348; VI,3 258
Mk 1,16–8,21 II,1 71
Mk 1,16–8,26 II,1 103
Mk 1,17 VI,2 95
Mk 1,17–20 II,1 304
Mk 1,18 XI 48
Mk 1,19 II,1 304
Mk 1,21–28 VI,2 81; VII 122
Mk 1,21–31 II,1 348
Mk 1,21–39 II,1 75, 251, 254
Mk 1,22 VI,2 135
Mk 1,23f. II,1 345
Mk 1,23–28 II,1 344; X 190
Mk 1,24 II,1 102
Mk 1,25 II,1 103

Mk 1,28 II,1 76
Mk 1,29 VI,3 259
Mk 1,29–31 VI,2 103
Mk 1,29–39 VII 122
Mk 1,30f. X 187
Mk 1,31 VI,2 193
Mk 1,32–34 II,1 344
Mk 1,33 II,1 76
Mk 1,34 II,1 55, 102f.; XI 18
Mk 1,39 II,1 55
Mk 1,40–42 X 187
Mk 1,40–45 II,1 21; VI,2 81; VII 122
Mk 1,44f. II,1$^{1-2}$ 103; II,1^{3} 104
Mk 1,45 II,1 76, 266
Mk 2–3 II,1 100
Mk 2,1–12 II,1 21, 351 (II,1^{3} 352)
Mk 2,1–3,6 VI,2 44
Mk 2,5 I,2 113; II,1 76; VII 149
Mk 2,7 VI,1 231
Mk 2,8 XI 211
Mk 2,10 II,1 21
Mk 2,13f. II,1 74
Mk 2,13–17 II,1 21; VI,2 81
Mk 2,14 II,1$^{1-2}$ 171; II,1^{3} 170; VI,2 95
Mk 2,15 II,1 350
Mk 2,15f. VI,2 95
Mk 2,15–17 II,1$^{1-2}$ 351; II,1^{3} 352
Mk 2,16 II,1 76, 349; VI,1 120
Mk 2,17 VI,1 191, 216; VI,2 52
Mk 2,18 II,1 74, 76
Mk 2,18–22 II,1 21
Mk 2,21 VI,2 100
Mk 2,23–28 I,1 353; VI,2 79f.
Mk 2,23–3,6 II,1 95
Mk 2,24 II,1 76
Mk 2,27 II,1 29; VI,1 95, 198; VI,2 80
Mk 3,1–6 II,1 175; VI,2 79, 120
Mk 3,4 II,1 175; VI,2 79
Mk 3,6 I,1 104; II,1 76
Mk 3,7 II,1 74, 76
Mk 3,11 II,1 102
Mk 3,11f. II,1 103
Mk 3,13 II,1 266
Mk 3,13f. XI 64
Mk 3,13–19 II,1 74
Mk 3,14 III 15; VI,2 96; VI,3$^{1-2}$ 259; VI,3^{3} 258
Mk 3,16–19 II,1 348
Mk 3,17 II,1 304
Mk 3,20 II,1 76
Mk 3,20f. II,1 29; VI,2 95, 97
Mk 3,21 X 186
Mk 3,22 II,1 344
Mk 3,22–30 VI,2 121, 145
Mk 3,23–26 II,1 55
Mk 3,27 II,1 76
Mk 3,29 VI,3 41
Mk 3,31–35 VI,2 97
Mk 3,33–35 X 186
Mk 3,34f. X 187
Mk 3,35 VI,2 95, 97
Mk 4 II,1 77, 100 (II,1^{3} 101); VI,3 141
Mk 4–6 II,1$^{1-2}$ 100; II,1^{3} 101
Mk 4,1–34 II,1$^{1-2}$ 76; II,1^{3} 75
Mk 4,2–34 VI,2 44
Mk 4,3–8 II,1 353; VI,2 71
Mk 4,10.13 II,1 105
Mk 4,11 II,1 29; VI,3 231
Mk 4,12 II,1 239
Mk 4,17 II,1 96
Mk 4,26–29 II,1 24, 353
Mk 4,30–32 II,1 352; VI,2 64, 71
Mk 4,35–41 I,2 208; II,1 75; V 171; VI,2 120
Mk 4,38 I,2 209
Mk 4,40f. I,2 209; II,1 105
Mk 5,1–17 X 190
Mk 5,1–20 II,1 72, 107, 183, 345; V 171; X 190
Mk 5,7 II,1 102
Mk 5,20 II,1 95
Mk 5,21–43 V 171
Mk 5,23f. VI,2 80
Mk 5,25–34 VI,2 81, 101, 126
Mk 5,34 VI,2 105, 127
Mk 5,37 VI,3$^{1-2}$ 259; VI,3^{3} 258
Mk 5,41 II,1 93; VI,2 193
Mk 5,43 II,1$^{1-2}$ 103; II,1^{3} 104
Mk 6,1–6 II,1 84, 249
Mk 6,3 II,2 335; VI,2 27
Mk 6,5–6a VI,2 127
Mk 6,6b–13 VI,3 259, 263; VII 154
Mk 6,7–13 II,1 74
Mk 6,13 VI,3 232
Mk 6,14–16 VI,2 173
Mk 6,29 II,1 74
Mk 6,30–32 VII 214
Mk 6,30–44 II,1 75; V 171f.; X 250; XI 65

Mk 6,34 VI,1 120
Mk 6,34ff. VI,1 113
Mk 6,41 VI,2 95; VII 223
Mk 6,45–52 II,1 75; VI,2 120
Mk 6,52 II,1 105
Mk 7,1–23 II,1 95
Mk 7,3f. II,1 95, 175
Mk 7,11 II,1 93
Mk 7,15 VI,2 80
Mk 7,17f. II,1 105
Mk 7,21 XI 211
Mk 7,24–30 II,1 72; III 18; VI,2 126, 141
Mk 7,24–37 II,1 95
Mk 7,32–35 X 187
Mk 7,32–36 II,1 24
Mk 7,34 II,1 93
Mk 7,36 II,1$^{1-2}$ 103; II,1^{3} 104
Mk 8 VI,1$^{1-2}$ 168; VI,1^{3} 169
Mk 8,1–10 II,1 75; VI,2 127
Mk 8,11 I,2 208
Mk 8,12 VI,2 123
Mk 8,17f.21 II,1 105
Mk 8,22–25 X 187
Mk 8,22–26 II,1 24, 71
Mk 8,27 II,1 79, 266
Mk 8,27f. I,1 258
Mk 8,27–29 II,1 109; V 246
Mk 8,27–30 VI,2 133; VI,3$^{1-2}$ 259; VI,3^{3} 258
Mk 8,27–9,32 II,1 21
Mk 8,27–10,45 II,1 71, 78
Mk 8,27–10,52 II,1 83
Mk 8,29 II,1 79, 102, 288; VI,2 21
Mk 8,29f. VI,3$^{1-2}$ 264; VI,3^{3} 263
Mk 8,30 II,1 104
Mk 8,31 II,1 79, 355 (II,1^{3} 356)
Mk 8,32 II,1 80, 104
Mk 8,33 II,1 80
Mk 8,34f. II,1 80
Mk 8,34–38 II,1 97
Mk 8,34–9,1 II,1 21
Mk 8,35 VI,2 189; VI,3 181
Mk 8,38 VI,2 133
Mk 9,1 VI,2 72
Mk 9,2 II,1 266; VI,3$^{1-2}$ 259; VI,3^{3} 258
Mk 9,2–10 II,1 81; VI,2 120
Mk 9,7 II,1$^{1-2}$ 101; II,1^{3} 102
Mk 9,9 II,1 104
Mk 9,10 VI,2 83
Mk 9,14–27 X 190
Mk 9,14–29 VI,2 106f., 127
Mk 9,19 II,1 29
Mk 9,21–23.28f. VI,2 106
Mk 9,22 II,1 345
Mk 9,24 XI 56
Mk 9,28–35 II,1 54
Mk 9,31 II,1$^{1-2}$ 79, 355 (II,1^{3} 356)
Mk 9,32 II,1 81
Mk 9,33–37 VI,2 103
Mk 9,34 II,1 81
Mk 9,35 II,1 81; VI,1 203; VII 334
Mk 9,41–50 II,1$^{1-2}$ 100; II,1^{3} 101
Mk 9,42 I,1 254
Mk 9,43 VI,3 199
Mk 9,47 X 191
Mk 9,48 VI,3 199
Mk 9,49 XI 222
Mk 9,49f. II,1 29
Mk 10 III 166, 171, 173
Mk 10,1–12 II,1$^{1-2}$ 100; II,1^{3} 101
Mk 10,2–12 VI,2 83; IX 25, 173
Mk 10,8 VI,2 83
Mk 10,9 VI,2 83; IX 195
Mk 10,11f. II,2 224
Mk 10,13–16 VII 165
Mk 10,14f. XI 89
Mk 10,14–16 X 186
Mk 10,17–27 I,1 325; II,1 95, 100 (II,1^{3} 101)
Mk 10,19 VI,1 123
Mk 10,23–25 X 182
Mk 10,27 VI,2 106
Mk 10,28–30 VI,2 97; XI 48
Mk 10,29f. II,1 256; VI,2 103; X 183
Mk 10,30 II,1 96
Mk 10,33f. II,1 79, 355 (II,1^{3} 356)
Mk 10,35–45 II,1$^{1-2}$ 100; II,1^{3} 101; II,2 33
Mk 10,37 II,1 81
Mk 10,42f. I,2 331; X 234f.
Mk 10,42–44 V 252; X 189
Mk 10,42–45 II,1 100; II,2 276; VI,1 203; VI,2 103
Mk 10,43 VII 248
Mk 10,43f. VI,1 181
Mk 10,45 VI,1 201, 203; VI,2 148
Mk 10,46 II,1 79
Mk 10,46–52 II,1 71; XI 41
Mk 10,47f. XI 148
Mk 10,48 II,1 82
Mk 10,52 II,1 82
Mk 11,1–11 II,1 77
Mk 11,1–15,39 II,1 71, 76,

83
Mk 11,12–14.20–25 II,1 77
Mk 11,12–14.21f. VI,2 120
Mk 11,15 X 191
Mk 11,15–17 II,1$^{1-2}$ 358; II,1^{3} 359
Mk 11,15–19 II,1 77, 313; VI,1 197; VI,2 149f.; VI,3$^{1-2}$ 299; VI,3^{3} 298
Mk 11,17 X 191
Mk 11,25 VI,1 199
Mk 11,27–33 II,1 21, 77
Mk 12,1–12 II,1 77; VI,2 30
Mk 12,13–17 II,1 77; VI,1 197; VI,2 82
Mk 12,18–27 II,1 77; VI,2 172f.; VI,3 170
Mk 12,19–33 XII 80
Mt 12,23 VI,3 171
Mk 12,25 VI,3 171
Mt 12,26f. VI,3 171
Mk 12,28–34 I,1 20, 257; II,1 77, 95; VI,2 82 f.
Mk 12,29 I,1 214
Mk 12,29–31 I,1 324; VI,2 77, 94
Mk 12,29–33 XII 80
Mk 12,31 X 190
Mk 12,37–40 VI,1 67
Mk 12,42 II,1 94
Mk 13 II,1 77, 90–92, 100 (II,1^{3} 101); II,2 341; VI,2 44, 72; XII 169
Mk 13,2 II,1 359
Mt 13,3 VI,3$^{1-2}$ 259; VI,3^{3} 258
Mk 13,4–8 II,1 21
Mk 13,9 II,1 96, 98
Mk 13,10 II,1 45, 69
Mk 13,11 II,1 96; VI,3 43, 138
Mk 13,12 II,1 98
Mk 13,13 II,1 96, 98
Mk 13,19 II,1 96
Mk 13,26 VI,2 72
Mk 13,30 VI,2 72; VI,3 140
Mk 13,33 VI,3 140; XI 51
Mk 13,33–37 VI,3 175
Mk 14–16 II,1 100
Mk 14,1f. II,1 78, 337
Mk 14,3–9 II,1 78; VI,2 100; VI,3 232, 259
Mk 14,9 II,1 45, 69; VI,2 141
Mk 14,10f. II,1 78
Mk 14,12 II,1 95, 175
Mk 14,12–16 II,1 337; VI,3 259
Mk 14,16 XII 105
Mk 14,22 VI,2 151
Mk 14,22–25 VII 215
Mk 14,24 II,1 190; VI,2 151
Mk 14,25 II,1 356; VI,2 72, 152
Mk 14,26 XII 105
Mk 14,32–42 I,2 114
Mk 14,33 VI,2 108
Mk 14,36 VI,2 137
Mk 14,38 II,1 93; VII 281
Mk 14,48 II,1 68
Mk 14,50 II,1$^{1-2}$ 355; II,1^{3} 356; II,2 24
Mk 14,50–52 II,1 16; II,2 15
Mk 14,51f. II,1 29
Mk 14,53–64 VI,2 154f.
Mk 14,58 II,1 359
Mk 14,61f. II,1 102
Mk 14,62 II,2 20
Mk 14,66–72 II,1 16, 81
Mk 15,2 II,1 86, 359
Mk 15,15 II,1 63
Mk 15,16 II,1$^{1-2}$ 109; II,1^{3} 110
Mk 15,17–19 II,1 110
Mk 15,22 II,1 93
Mk 15,23 II,1 110
Mk 15,24 I,2 354
Mk 15,25 VII 282
Mk 15,26 II,1 63, 86, 357, 359
Mk 15,29 I,2 353
Mk 15,33 VII 282
Mk 15,34 I,1 21; I,2 114, 351; II,1 15, 61, 93, 266; II,2 177; VI,1 220; VI,2 108f.; VII 282
Mk 15,37 II,1 61
Mk 15,38 II,1 61
Mk 15,39 II,1 54, 61, 63, 96, 102, 105, 110
Mk 15,40f. II,1 61, 71; II,2 15; VI,2 96, 102
Mk 15,40–16,8 II,1 83
Mk 15,42 II,1 95
Mk 15,42–16,8 II,1 62–69, 71
Mk 15,43 II,1 63
Mk 16 II,1 59–72; III 16
Mk 16,1–8 II,1 24, 60f., 64f.
Mk 16,6 II,1 102
Mk 16,6–8 VI,2 96
Mk 16,7 II,2 16, 20, 24, 32
Mk 16,8 II,1 59f., 102
Mk 16,9 VI,2 125
Mk 16,9–20 II,1 59–61
Mk 16,15ff. III 15; VII 151
Mk 16,16 VII 145, 181f.
Mk 16,20 V 276

Lukasevangelium

Lk II,1 199–268; VI,3$^{1-2}$ 264; VI,3^{3} 263f.
Lk 1–2 II,1 206–226, 229 (II,1^{3} 228); VI,2 44; VI,3 264
Lk 1,1 II,1 26, 204, 246, 252
Lk 1,1–4 II,1 201–206, 230, 233, 242, 246, 272; II,2 23, 46, 49
Lk 1,2 II,1 204
Lk 1,3 II,1 205; II,2 49
Lk 1,4 II,1 199, 240, 268; II,2 50
Lk 1,5 II,1 221, 225, 335; II,2 49
Lk 1,5–25 II,1 207f., 227
Lk 1,5–2,52 II,1 230
Lk 1,5–4,13 II,1 230
Lk 1,13–17 II,1 211f.
Lk 1,14 II,1 227
Lk 1,15 II,1 214f.; VI,3 42
Lk 1,20 II,1 210
Lk 1,25 II,1 209, 225
Lk 1,26 II,1 209, 225
Lk 1,26–38 II,1 145, 207f.; XII 177
Lk 1,27 II,1 218
Lk 1,28 XI 150
Lk 1,32 II,1 218
Lk 1,32f. II,1 213
Lk 1,34 II,1 213
Lk 1,35 II,1 214; VI,3 42
Lk 1,37 II,1 214
Lk 1,38 II,1 210
Lk 1,39–56 II,1 207f.
Lk 1,41 II,1 214; VI,3 42
Lk 1,41f. II,1 216; XI 57
Lk 1,42 XI 150
Lk 1,46 VII 59
Lk 1,46–49 II,1 216
Lk 1,46–55 II,2 274; VI,1 120
Lk 1,47–53 VI,1 140
Lk 1,50 II,1 216f.
Lk 1,51–53 VI,1 210f.
Lk 1,51–54 VI,1 106, 121
Lk 1,51–55 II,1 216; VI,1 107
Lk 1,52 I,2 332
Lk 1,52f. II,1 258
Lk 1,53 III 352
Lk 1,54f. II,1 217
Lk 1,56f. II,1 225
Lk 1,57–60 II,1 217
Lk 1,57–66 II,1 220
Lk 1,57–80 II,1 207f.
Lk 1,59 II,1 225
Lk 1,67 VI,3 42
Lk 1,67–79 II,1 217
Lk 1,68–75 II,1 218
Lk 1,68–79 II,1 217–220; XII 142
Lk 1,76–79 II,1 218
Lk 1,79 XI 204
Lk 2 II,1 226; X 11
Lk 2,1 II,1 225, 335
Lk 2,1f. II,1 221; II,2 49
Lk 2,1–7 II,1 220
Lk 2,1–14 VII 121, 348
Lk 2,1–20 II,1 220
Lk 2,1–21 II,1 207f.
Lk 2,4 II,1 222
Lk 2,6 II,1 225
Lk 2,7 II,1 221
Lk 2,8–14 II,1 220
Lk 2,9–18 VI,1 149
Lk 2,10 II,1 227
Lk 2,10f. II,1 222
Lk 2,10–12 II,1 218
Lk 2,11 II,1 218, 252, 264f.; VII 83, 351
Lk 2,13f. II,1 223
Lk 2,14 II,1 218; VII 58, 248
Lk 2,15–20 II,1 220; VII 348
Lk 2,19 XI 145
Lk 2,21 II,1 224f.; XII 50, 128
Lk 2,22 II,1 225
Lk 2,22–39 VII 353
Lk 2,22–40 II,1 207f., 219
Lk 2,25f. II,1 219
Lk 2,25–27 VI,3 42
Lk 2,25–38 II,1 227
Lk 2,30–32 II,1 219
Lk 2,32 VI,1$^{1-2}$ 244; VI,1^{3} 245
Lk 2,33 VI,1 149
Lk 2,34f. II,1 219
Lk 2,35 XI 211
Lk 2,36–38 VI,3 264
Lk 2,38 II,1 219
Lk 2,41–52 II,1 207f., 219, 329
Lk 2,47 VI,1 149
Lk 2,48 II,1 252
Lk 2,51 XI 145
Lk 3,1 II,1 336
Lk 3,1f. II,1 225; II,2 50
Lk 3,1–20 II,1 338
Lk 3,1–4,13 II,1 230
Lk 3,4 II,1 21, 252
Lk 3,7–10 II,1 23
Lk 3,8 II,1 252
Lk 3,10f. II,1 261
Lk 3,11 II,1 247
Lk 3,12 II,1 252

Lk 3,16 VI,3 43
Lk 3,20 II,1 339
Lk 3,21 II,1 266, 339
Lk 3,21f. VI,2 61; VI,3 40
Lk 3,21–4,30 VI,3$^{1-2}$ 47; VI,3^{3} 46
Lk 3,22 II,1 251; VI,3 47
Lk 3,23–28 I,1 174
Lk 4 VI,2 123; X 10
Lk 4,1 II,1 251; VI,3 84
Lk 4,1f. VII 343
Lk 4,1–12 II,1 340
Lk 4,1–13 II,1 23, 54; VI,2 107
Lk 4,7f. II,1 227
Lk 4,13 X 173
Lk 4,14 II,1 252; VI,3 84
Lk 4,14–21 X 173
Lk 4,14–22 VI,3 41; XI 136
Lk 4,14–30 II,1 248
Lk 4,14–44 II,1 254
Lk 4,16–21 I,2 148; X 241
Lk 4,16–30 I,2 83; II,1 219; V 190f.
Lk 4,16–5,11 II,1 23
Lk 4,18 II,1 248–254, 258; V 193; VI,1 188, 191; VI,3 84; X 42; XI 22
Lk 4,18f. II,1 249f., 252; VI,1 44, 106, 120, 122, 130, 140, 193
Lk 4,18–21 VI,1 115; VI,3 47
Lk 4,19 VI,1 197
Lk 4,21 II,1 246, 250, 252, 265; VII 114; XI 139
Lk 4,22 II,1 253; VI,1 149
Lk 4,25–27 II,1 253
Lk 4,30 VI,3 47
Lk 4,31–44 II,1 251
Lk 4,33–41 VI,3 47
Lk 4,34 VII 360
Lk 4,43 II,1 231; VI,2 131
Lk 5,1 II,1 254f.
Lk 5,1–11 II,1 204, 254; VI,2 120
Lk 5,8 II,1 262
Lk 5,11 II,1 247, 254–262
Lk 5,12–16 II,1 21
Lk 5,12–25 VI,1 120
Lk 5,16 II,1 266
Lk 5,17–26 II,1 21
Lk 5,22 XI 211
Lk 5,24 II,1 21
Lk 5,27–32 II,1 21, 262
Lk 5,28 II,1 247, 255, 259
Lk 5,30 VI,1 127, 186
Lk 5,31 VI,1 97, 127
Lk 5,31f. VI,1 191
Lk 5,33–39 II,1 21
Lk 6,9 II,1 264
Lk 6,12 II,1 266
Lk 6,13–16 II,1 348
Lk 6,17 II,1 229
Lk 6,19 XI 127, 222
Lk 6,20 VI,1 127, 188; VI,2 72; X 182; XI 77
Lk 6,20f. II,1 258; VI,1 194; VI,2 72, 87
Lk 6,20–22 VI,1 120
Lk 6,20–23 II,1 23; V 247
Lk 6,20–26 VI,1 193
Lk 6,20–49 II,1 229
Lk 6,20–8,3 II,1 229
Lk 6,24f. I,2 48
Lk 6,24–26 II,1 259; V 247
Lk 6,27f. I,1 306, 368; II,1 265
Lk 6,27–36 II,1 16
Lk 6,35 II,1 266
Lk 6,36 II,1 266; VI,2 74
Lk 6,37 II,1 265f.
Lk 6,38 II,1 266
Lk 6,41f. VI,3$^{1-2}$ 106f.; VI,3^{3} 106
Lk 6,46 VI,1 130
Lk 7,1–10 II,1 23, 25, 229, 259
Lk 7,11–17 II,1 229
Lk 7,18f. II,1 23
Lk 7,18–35 II,1 229
Lk 7,19 VI,2 63
Lk 7,22 II,1 251; VI,2 63
Lk 7,22f. II,1 23; VI,1 120
Lk 7,26 VI,2 62
Lk 7,34 I,2 279; II,1 349; II,2 28; VI,1 186; X 181
Lk 7,36 VI,2 37
Lk 7,36–47 VI,2 52
Lk 7,36–50 II,1 229, 263, 351 (II,1^{3} 352); VI,2 83, 101; XII 168
Lk 7,37–50 VII 214
Lk 7,50 II,1 264
Lk 8,1 II,1 231
Lk 8,1f. VI,3 259; X 187
Lk 8,1–3 II,1 229, 257; VI,2 102
Lk 8,1–21 II,1 229
Lk 8,2 VI,2 101, 125
Lk 8,2f. II,1 204; VI,2 96; VI,3 259
Lk 8,3 II,1 257, 259, 261
Lk 8,10 II,1 29, 239
Lk 8,14 II,1 247
Lk 8,19–21 II,1 219; VI,3 264
Lk 8,22–25 I,2 208
Lk 8,25 VII 335
Lk 8,36 II,1 264

Lk 8,48 II,1 264
Lk 8,50 II,1 264
Lk 9,1f. VI,1 120; X 187
Lk 9,1–6 II,1 256; III 15
Lk 9,2 VI,2 95
Lk 9,11 II,1 231
Lk 9,11–17 X 185
Lk 9,18 II,1 266
Lk 9,18–45 II,1 21
Lk 9,23–27 II,1 21
Lk 9,24 II,1 264; XI 93
Lk 9,25 II,1 247
Lk 9,28f. II,1 266
Lk 9,41 II,1 29
Lk 9,51 II,1 228f.
Lk 9,51–56 I,1 100
Lk 9,51–18,14 II,1 229
Lk 9,57 II,1 229
Lk 9,57f. II,1 348
Lk 9,57–62 II,1 256
Lk 9,58 XI 41
Lk 9,59f. II,1 348
Lk 9,59–62 VI,2 96
Lk 9,60 X 174
Lk 10 III 172 f.
Lk 10,1–12 II,1 256; III 15
Lk 10,9 II,2 20
Lk 10,12–15 I,1 254
Lk 10,13–15 VI,2 73
Lk 10,17–22 II,1 344
Lk 10,18 II,1 55; VI,2 62, 72, 131; VI,3 141; X 194
Lk 10,21 II,1 252; VI,3 41
Lk 10,25–37 I,1 100; VI,2 77, 83; X 133
Lk 10,27 XII 118
Lk 10,29–37 II,1 229
Lk 10,30–35 II,1 24
Lk 10,30–37 VI,2 64
Lk 10,38 II,1 229
Lk 10,38–42 VI,2 103; VI,3 259, 264
Lk 10,41f. XI 195
Lk 11,1 II,1 266
Lk 11,2 VI,2 71; XI 222; XII 181
Lk 11,2–4 II,1 23; XII 185
Lk 11,4 II,1 345
Lk 11,5–8 II,1 229; VI,2 70, 100
Lk 11,9–13 II,1 23
Lk 11,13 II,1 252
Lk 11,15 II,1 344
Lk 11,16 I,2 208
Lk 11,20 II,1 116, 344; VI,2 52, 71, 120; VII 171; X 190, 194; XI 210
Lk 11,27f. VI,2 97, 103; VI,3 264
Lk 11,32 I,2 208
Lk 11,37 VI,2 37
Lk 11,39–52 VI,1 67
Lk 11,46 VI,1 158
Lk 12,4 II,1 311
Lk 12,4–12 II,1 247
Lk 12,8f. VI,2 134f.
Lk 12,11f. II,1 244f.
Lk 12,12 II,1 252; VI,3 43
Lk 12,13–15 II,1 247
Lk 12,13–21 II,1 229; XI 166
Lk 12,15 I,2 279
Lk 12,15–32 X 184f.
Lk 12,16 X 189
Lk 12,16–21 II,1 247, 259
Lk 12,18 X 189
Lk 12,19 I,2 279
Lk 16,19–31 II,1 259
Lk 12,20 I,2 279
Lk 12,22–32 II,1 256
Lk 12,28 II,1 157
Lk 12,28–30 X 189
Lk 12,31 II,1 256
Lk 12,33 II,1 247, 259
Lk 12,33f. II,1 247
Lk 12,35ff. VII 328
Lk 12,49f. XI 222
Lk 12,51 I,1 254
Lk 12,51–53 II,1 219
Lk 12,54–56 X 48
Lk 13,10–17 VI,2 79 f., 101, 126
Lk 13,16 VI,2 80
Lk 13,18–21 VI,2 100
Lk 13,19 II,1 354
Lk 13,20f. II,1 354; VI,2 70; VI,3 268
Lk 13,22 II,1 229
Lk 13,28 VI,3 199
Lk 13,28f. VI,2 73
Lk 13,31 VI,2 37
Lk 13,33 II,1 229
Lk 13,34 II,1 356
Lk 13,34f. II,2 22
Lk 13,35 II,1 244
Lk 14,1 VI,2 37
Lk 14,1–6 VI,2 79
Lk 14,1–34 VII 245
Lk 14,15–24 V 244f.; VI,3 142, 200 (VI,3[3] 199); X 96, 177, 179 f., 185
Lk 14,25 II,1 229
Lk 14,26 II,1 256f.
Lk 14,33 II,1 247, 256, 259
Lk 15,1 VI,1 127
Lk 15,1f. I,2 210; II,1 263; VI,1 186; X 186
Lk 15,2 VI,1 186
Lk 15,2–7 VI,1 158
Lk 15,3–7 II,1 23

Lk 15,3–10 VI,2 100
Lk 15,3–32 II,1 263
Lk 15,4 II,1 353
Lk 15,4–10 VI,2 52
Lk 15,8 II,1 353
Lk 15,8–10 II,1 24, 229; VI,2 68f., 70
Lk 15,11–32 I,2 210; II,1 24, 229; VI,1 158; VI,2 64; VI,3 193, 206
Lk 16,1–12 II,1 229
Lk 16,13 VI,2 82
Lk 16,16 VI,2 61
Lk 16,18 II,2 224
Lk 16,19–31 II,1 230 (II,1^{3} 229), 247; VI,1 120
Lk 16,29 I,2 184
Lk 17,2 I,1 254
Lk 17,11 II,1 229
Lk 17,19 II,1 264
Lk 17,20 VI,3 141
Lk 17,21 VI,3 121; X 194
Lk 17,33 VI,2 96
Lk 17,35 VI,2 103
Lk 18,1–8 VI,2 100; XI 177
Lk 18,1–18 VI,2 70
Lk 18,9–14 II,1 230, 263
Lk 18,13 XI 148
Lk 18,18–27 II,1 257, 259
Lk 18,19 I,1 214
Lk 18,22 II,1 247, 259
Lk 18,24–27 II,1 247
Lk 18,25 II,1 259
Lk 18,28f. II,1 256
Lk 18,29f. X 186
Lk 18,35 II,1 229
Lk 18,41 XI 176
Lk 18,42 II,1 264
Lk 19,1 II,1 229
Lk 19,1–10 II,1 263f.
Lk 19,5 II,1 252
Lk 19,7 VI,1 186
Lk 19,8 II,1 247, 261
Lk 19,9 II,1 252, 265; VII 214
Lk 19,9f. II,1 261
Lk 19,10 II,1 16, 224, 262–265; X 42
Lk 19,11 II,1 229
Lk 19,27 II,1 229
Lk 19,28 II,1 228
Lk 19,28–21,36 II,1 230
Lk 19,43f. II,1 244f.
Lk 20,1–8 II,1 21
Lk 21,1–4 VI,3 264
Lk 21,7–11 II,1 21
Lk 21,20–24 II,1 91, 244f.
Lk 21,30f. X 68
Lk 22,1–24,53 II,1 230
Lk 22,17–20 VII 215
Lk 22,20 I,2 113
Lk 22,26f. VI,1 203
Lk 22,28 VI,2 107
Lk 22,30 VII 267
Lk 22,31f. VI,3$^{1-2}$ 259; VI,3^{3} 258
Lk 22,31–34 IX 120
Lk 22,38 III 188
Lk 22,41 II,1 266
Lk 22,43 II,1 266f.; XI 178
Lk 22,44 II,1 266
Lk 22,44f. VI,2 108
Lk 22,62 XI 208
Lk 23,34 I,1 306, 368; II,1 16, 265
Lk 23,35 II,1 253, 264
Lk 23,37 II,1 253, 264, 356
Lk 23,39 II,1 264
Lk 23,43 II,1 16
Lk 23,46 I,1 21; II,1 16, 266f.; VI,2 109
Lk 23,47 II,1 16, 265–268
Lk 23,48 VI,2 157
Lk 23,49 II,2 15
Lk 24 III 16
Lk 24,1–12 VI,3 264
Lk 24,13–35 II,1 229; VII 216, 224, 245; XII 168
Lk 24,19 XII 50
Lk 24,25–27 II,1 232, 237, 242
Lk 24,26 II,1 265
Lk 24,30 VI,2 95
Lk 24,30f. II,1 231
Lk 24,31 VII 77, 89
Lk 24,31f. XI 74
Lk 24,32 VI,3 260
Lk 24,34 II,2 32; VI,2 161, 177f.
Lk 24,41 II,1 227
Lk 24,43 II,1 252, 264; VII 216
Lk 24,44 I,1 107; I,2 184; II,1 232, 237
Lk 24,44–46 II,1 242; III 15
Lk 24,46f. II,1 237
Lk 24,46–49 II,1 232
Lk 24,47 VI,3$^{1-2}$ 264; VI,3^{3} 263
Lk 24,49 II,2 23f.
Lk 24,50–53 II,1 226–228; II,2 24, 27; VI,2 163
Lk 24,52f. VI,3 140

Johannesevangelium

Joh II,1 24f., 271–322; II,2 337; VI,3 43ff., 265f. (VI,3^{3} 264f.)

Joh 1 II,1 275
Joh 1,1 II,2 336f.; VI,1 89; VI,2 110; VII 109 f.
Joh 1,1–3 II,1 272
Joh 1,1–5 II,1 273; VI,1 84
Joh 1,1–18 I,2 287, 293; II,1 272–285, 292, 299f.; V 286; VI,1 215; VII 348
Joh 1,2 VI,2 12
Joh 1,3 V 286; VI,1 21
Joh 1,3f. VI,3 87
Joh 1,6–13 II,1 273
Joh 1,9ff. XI 208
Joh 1,11f. II,1 290, 300
Joh 1,12f. II,1 301
Joh 1,14 II,1 273, 282, 287, 300f., 312, 315; VI,2 12, 89; VII 109
Joh 1,15 II,1 273, 279, 283
Joh 1,16 II,1 301
Joh 1,16–18 II,1 273
Joh 1,19 II,1 272, 280f., 289f., 317
Joh 1,19–12,50 II,1 292
Joh 1,24 II,1 317
Joh 1,29 II,1 289, 312f.; VII 266; XII 105
Joh 1,29–34 II,1 339; VI,2 61
Joh 1,30 II,1 312
Joh 1,32f. VI,3 45
Joh 1,32–34 VI,3 42f.
Joh 1,33 VI,3 43
Joh 1,34 II,1 312
Joh 1,35–40 VI,2 61; VI,3 258
Joh 1,35–45 II,1 304f.
Joh 1,35–51 II,1 302
Joh 1,36 II,1 312f.; VII 266
Joh 1,37 II,1 315
Joh 1,39 II,1 315
Joh 1,41 II,1 315
Joh 1,43–46 II,1 315
Joh 1,45f. II,1 336
Joh 1,46 II,1 154
Joh 1,49 II,1 315
Joh 1,50f. II,1 301
Joh 2,1–11 II,1 302, 312; VI,2 120; VII 217
Joh 2,5 II,1 319
Joh 2,11 II,1 286f., 295, 312, 315
Joh 2,12 II,1 319
Joh 2,13 II,1 271, 290, 337
Joh 2,13–22 II,1 313
Joh 2,16 X 191
Joh 2,18 II,1 313
Joh 2,19 II,1 359
Joh 2,22 VI,2 44
Joh 2,23 II,1 281, 296, 315
Joh 3 XI 41
Joh 3,1 II,1 317
Joh 3,1–22 II,1 315
Joh 3,2–5 VI,3 44
Joh 3,3–8 II,1 282; VII 150
Joh 3,5 VII 181f.
Joh 3,11 II,1 301
Joh 3,14f. II,1 314; VI,2 163
Joh 3,16 II,1 287; VII 181
Joh 3,16f. II,1 314f.
Joh 3,17–21 VI,3 143
Joh 3,18 II,1 281; VI,3 174; VII 181
Joh 3,19 VI,1 233
Joh 3,22.26 VII 154
Joh 3,23 III 74
Joh 3,34 V 286; VI,1 83
Joh 3,34–36 VI,3 44
Joh 3,36 II,1 287
Joh 4 II,1 320; XI 41
Joh 4,1 VII 154
Joh 4,4–26 II,1 287
Joh 4,4–42 II,1 315; VI,2 103
Joh 4,5–42 VII 176
Joh 4,6 I,1 197
Joh 4,9 II,1 316
Joh 4,20f. II,1 307
Joh 4,22 II,1 316
Joh 4,24 VI,2 318
Joh 4,34 II,1 17
Joh 4,39–41 II,1 302
Joh 4,42 II,1 301
Joh 4,45 II,1 296
Joh 4,46–53 II,1 25
Joh 4,46–54 II,1 302, 312, 316
Joh 4,53 II,1 316
Joh 4,54 II,1 295
Joh 5,1–9 II,1 326
Joh 5,1–18 II,1 312
Joh 5,16 XII 56
Joh 5,17–47 II,1 313, 321
Joh 5,19 VI,1 230
Joh 5,20 VI,2 110
Joh 5,21 VI,1 230
Joh 5,22 VI,1 230
Joh 5,24 VI,3 173
Joh 5,24f. II,1 297; VI,3 143
Joh 5,26 VI,1 84
Joh 5,28f. II,1 297; VI,3 143, 173
Joh 5,36 V 286
Joh 6 II,1 297
Joh 6,1–15 II,1 312, 314
Joh 6,4 II,1 271, 290, 337
Joh 6,16–21 II,1 312
Joh 6,20 II,1 313
Joh 6,26–59 II,1 313, 321

Joh 6,27 II,1 297; VI,3 265
Joh 6,30 I,2 208
Joh 6,35 II,1 313
Joh 6,39 VI,1 230
Joh 6,39f. II,1 297; VI,3 143
Joh 6,40 VI,1 230f.
Joh 6,44 II,1 297
Joh 6,45f. II,1 311
Joh 6,47 II,1 313f.
Joh 6,48 II,1 313
Joh 6,51 II,1 313f.; VI,3 265
Joh 6,51–58 II,1 297, 301
Joh 6,54 II,1 297; VI,1 230f.; VI,3 143
Joh 6,60–66 II,1 318
Joh 6,63 VI,3 43
Joh 6,70 II,1 281
Joh 7–10 II,1 217
Joh 7,2 II,1 290
Joh 7,25–52 II,1 313, 321
Joh 7,39 VI,3 44
Joh 7,40–43 II,1 336
Joh 7,41f. II,1 154
Joh 7,43 II,1 318
Joh 7,49 VI,1 125, 190
Joh 7,50 II,1 315, 317
Joh 7,51–8,11 II,1 297
Joh 8,1–11 VI,1 55, 158
Joh 8,3ff. VI,2 83
Joh 8,11 VI,1 230
Joh 8,12 II,1 281, 313f.; VII 278, 348
Joh 8,12–59 II,1 313, 321
Joh 8,15 VI,1 230
Joh 8,28 II,1 313
Joh 8,30–59 II,1 318
Joh 8,44 I,1 259; II,1 281, 316; XII 94
Joh 8,58 VI,1 84
Joh 9,1–7 II,1 326
Joh 9,1–41 II,1 312, 314; VII 176
Joh 9,13–16 II,1 317
Joh 9,16 II,1 317
Joh 9,22 II,1 308f., 317; VI,3 46, 265 (VI,3[3] 264); XII 88
Joh 9,22f. II,1 316
Joh 9,24–34 II,1 316
Joh 9,34 II,1 317; XII 88
Joh 9,38 II,1 316
Joh 9,39–41 II,1 301
Joh 10 II,1 313, 321
Joh 10,1–16 II,1 318
Joh 10,1–21 II,1 311
Joh 10,7 II,1 313
Joh 10,9 II,1 313f.
Joh 10,10 I,1 375; II,1 287, 312; VI,1 112, 137f., 169 (VI,1[3] 170), 203, 205; VI,3 142, 205; VII 31; X 28, 110, 199
Joh 10,11.14 I,2 335
Joh 10,11–18 II,1 314
Joh 10,16 V 291; VI,3[1–2] 278; VI,3[3] 277
Joh 10,22 II,1 290
Joh 10,30 II,1 313; VI,1 84, 86; VI,2 110
Joh 10,33 II,1 313, 321; VI,1 197, 231
Joh 10,35–38 II,1 313
Joh 10,38 VI,1 27
Joh 11 II,1 317
Joh 11,1–44 II,1 312, 314
Joh 11,1–45 II,1 302; VII 176
Joh 11,17–44 VI,1 229
Joh 11,21 II,1 320
Joh 11,24–26 VI,3 143
Joh 11,25 II,1 312–314
Joh 11,25f. II,1 288, 297
Joh 11,27 II,1 288, 316, 320
Joh 11,32 II,1 320
Joh 11,35 XI 103
Joh 11,45f. II,1 318
Joh 11,45–53 II,1 317
Joh 11,47–53 VI,2 154f.
Joh 11,48 II,1 307
Joh 11,55 II,1 290, 337
Joh 11,57 II,1 317
Joh 12,1–8 II,1 320
Joh 12,20–36 II,1 313, 321
Joh 12,27–32 VI,2 108
Joh 12,31 II,1 281; VI,1 233
Joh 12,37–50 II,1 290, 292, 300
Joh 12,39f. II,1 239
Joh 12,42 II,1 290, 308f., 317; VI,3 46, 265 (VI,3[3] 264); XII 88
Joh 12,42f. II,1 316f.
Joh 12,46 II,1 281
Joh 12,48 II,1 297
Joh 13–17 VI,3 44f.
Joh 13,1 II,1 271, 291, 314; VII 79
Joh 13,1–15 VI,1 207; VI,3 232
Joh 13,1–20 II,1 314, 321; 225; VI,1 201
Joh 13,1–30 II,1 291
Joh 13,1–20,31 II,1 292
Joh 13,2 II,1 281
Joh 13,3 II,1 314
Joh 13,4f. VI,1 201
Joh 13,12–15 VI,1 203
Joh 13,13–15 II,1 322
Joh 13,23 II,1 289, 297, 303f., 311

Joh 13,23f. II,1 304
Joh 13,31f. II,1 314
Joh 13,31–16,33 II,1 291, 314
Joh 13,34 VI,2 77; VII 334
Joh 14,2f. II,1 314
Joh 14,5 VI,1 86
Joh 14,6 II,1 313f.; IV 282; XII 64
Joh 14,6f. XI 154
Joh 14,9 V 286; VI,1 83f.; VII 109
Joh 14,11 VI,1 27
Joh 14,12 II,1 314
Joh 14,16 II,1 314, 318; VI,3 85
Joh 14,16f. VI,3^{1-2} 45; VI,3^{3} 44f.
Joh 14,16–23 VI,3 143
Joh 14,26 II,1 318; VI,3^{1-2} 45f.; VI,3^{3} 44–46
Joh 14,27 XI 113
Joh 14,28 II,1 314
Joh 14,30 II,1 281
Joh 14,31 II,1 297
Joh 15 XI 199
Joh 15–16 II,1 318
Joh 15–17 II,1 297f.
Joh 15,1–8 II,1 311, 318
Joh 15,3 XI 223
Joh 15,5 VII 219
Joh 15,7–12 VI,3 265
Joh 15,13 II,1 314; III 45
Joh 15,13f. II,1 291
Joh 15,14f. V 286; VI,1 19, 33
Joh 15,15 II,1 311; II,2 16
Joh 15,26 II,1 318; VI,3^{1-2} 45; VI,3^{3} 44f.
Joh 16,2 II,1 308f., 317; VI,1 53; VI,3 46, 265 (VI,3^{3} 264); XII 88
Joh 16,5 II,1 314
Joh 16,7 II,1 314, 318; VI,3^{1-2} 45; VI,3^{3} 44
Joh 16,7–15 VI,3 45
Joh 16,8 VI,1 233
Joh 16,11 II,1 281; VI,1 233
Joh 16,12f. VI,2 44
Joh 16,13 X 280
Joh 16,16–18 II,1 314
Joh 16,28 II,1 314
Joh 17 II,1 291; XI 179
Joh 17,1 II,1 314; VII 79
Joh 17,4 V 286
Joh 17,5 II,1 314; VI,1 84
Joh 17,10 VI,1 84
Joh 17,11–13 II,1 314
Joh 17,21 VI,1 27, 86; XI 232
Joh 17,24 VI,1 84
Joh 18,1 II,1 291, 297
Joh 18,1–18 II,1 314
Joh 18,5.6.8 II,1 313
Joh 18,19–24 II,1 314
Joh 18,31 I,1 104
Joh 18,31–33 II,1 308
Joh 18,32 II,1 314
Joh 18,33–38 II,1 314
Joh 18,37f. II,1 308
Joh 18,38 XII 73
Joh 19,1–5 II,1 314
Joh 19,7 XII 73
Joh 19,9–16 II,1 314
Joh 19,14 II,1 337; VII 325
Joh 19,17–42 II,1 285
Joh 19,19–22 II,1 314
Joh 19,24 I,2 354
Joh 19,26 II,1 304
Joh 19,26f. II,1 16, 311, 319
Joh 19,28 I,2 354; II,1 17; VI,1 83
Joh 19,30 II,1 17, 315
Joh 19,31 II,1 337
Joh 19,31–37 II,1 313
Joh 19,34 VII 282
Joh 19,34f. II,1 315
Joh 19,35 II,1 311
Joh 19,37 I,2 161
Joh 19,39 II,1 315, 317
Joh 20 II,1 291
Joh 20,1 II,1 318
Joh 20,1–8 VI,3^{1-2} 259; VI,3^{3} 258
Joh 20,1–10 VI,3 265
Joh 20,1–29 II,1 285
Joh 20,2 II,1 304
Joh 20,2–10 II,1 304, 311
Joh 20,11–18 II,1 286, 318; VI,2 125
Joh 20,17 II,1 315
Joh 20,18 II,1 320
Joh 20,19–23 II,1 286; XI 22
Joh 20,19–30 II,1 302
Joh 20,21–23 II,2 25
Joh 20,22 VI,3 45
Joh 20,22f. II,1 315, 319
Joh 20,24–28 XII 253
Joh 20,24–29 II,1 286
Joh 20,26 VII 319
Joh 20,28f. II,1 319
Joh 20,30f. II,1 285–290, 292, 296, 300, 315
Joh 21 II,1 285, 292, 297f., 311; II,2 16, 24; III 305
Joh 21,1–14 VI,3 265
Joh 21,2 II,1 304
Joh 21,7 II,1 304
Joh 21,10 VII 216

Joh 21,14 II,1 320
Joh 21,15–17 IX 120
Joh 21,15–23 VI,3$^{1-2}$ 259; VI,3^{3} 258; IX 25
Joh 21,17 IX 70
Joh 21,20 II,1 304; XI 41
Joh 21,20–23 II,1 303f., 306
Joh 21,22 XI 41
Joh 21,23 II,1 289
Joh 21,24 II,1 303–307, 311
Joh 21,24f. II,1 285f., 288f., 292, 303, 305; II,2 46
Joh 21,25 II,1 300

Apostelgeschichte

Apg II,1 230–248; II,2 49–54; VI,3 46–48; VII 120, 122, 282, 318f., 335
Apg 1–2 II,1 228
Apg 1,1 II,1 199
Apg 1,1f. II,1 231; II,2 23, 46, 49
Apg 1,1–3 II,1 236
Apg 1,3 II,1 231, 237, 329f.; VII 338; X 174
Apg 1,3–14 II,1 231, 236
Apg 1,4 II,1 231; VI,3$^{1-2}$ 264; VI,3^{3} 263; VII 245
Apg 1,4–8 VII 216
Apg 1,5 II,1 252; VI,3 46
Apg 1,7 XI 50
Apg 1,8 II,1 199, 228, 231, 235–237, 240, 252, 254; II,2 23, 25f.; III 172; VI,3 46, 264; XI 57
Apg 1,9 VII 338
Apg 1,9–11 II,2 77f.
Apg 1,9–12 II,2 24; VI,2 163
Apg 1,11f. VI,3 140
Apg 1,12–26 II,1 232
Apg 1,13 II,1 348
Apg 1,13f. II,1 234; II,2 29
Apg 1,14 II,2 27
Apg 1,14–36 II,1 237
Apg 1,15–20 II,1 233; VI,3$^{1-2}$ 264; VI,3^{3} 263
Apg 1,15–26 II,2 30; IX 24
Apg 1,15–8,3 II,1 236
Apg 1,16 II,1 237
Apg 1,21f. II,1 233; II,2 30
Apg 1,25 II,1 233; II,2 30
Apg 1,55f. II,1 204
Apg 2 I,1 309; II,1 232, 252; III 12; VI,3$^{1-2}$ 261; VI,3^{3} 260
Apg 2,1–4 II,2 25
Apg 2,1–13 II,2 25; III 15; VII 122, 303, 336f.; XI 190
Apg 2,1–41 VI,3 46f.
Apg 2,3 II,2 25; XI 222
Apg 2,4 VI,3 47
Apg 2,4–13 VI,3 47
Apg 2,6 VI,3 47
Apg 2,14.22–33 VII 122
Apg 2,15 VII 282
Apg 2,16–21 VI,3 47
Apg 2,17f. VI,3$^{1-2}$ 48; VI,3^{3} 47
Apg 2,17–21 I,1 142
Apg 2,24 VI,1 228
Apg 2,25–59 II,1 266
Apg 2,32 VI,1 228
Apg 2,33 X 70
Apg 2,36 X 70
Apg 2,37–41 VII 151
Apg 2,38 VI,3 48; VII 145, 148, 150
Apg 2,38–41 VI,3 232
Apg 2,41 VII 89, 148
Apg 2,42 II,2 27; VI,3 232; VII 207, 224
Apg 2,42–47 VI,3 296; X 88, 228
Apg 2,44f. II,1 247, 258, 260
Apg 2,45 II,2 28
Apg 2,46 II,2 27; VI,3 232; VII 224; IX 92
Apg 3–5 II,1 232
Apg 3,1 II,1 304; II,2 27; VII 282
Apg 3,2–10 II,2 27
Apg 3,3f. II,1 304
Apg 3,11 II,1 304
Apg 3,11–26 II,2 27
Apg 3,12 II,2 170
Apg 3,15 VI,1 229
Apg 3,16 II,2 170
Apg 3,17 II,1 265
Apg 4 II,2 27
Apg 4,10 VI,1 228
Apg 4,12 VI,2 308; VII 145, 183
Apg 4,13 II,1 304
Apg 4,18 II,1 248
Apg 4,19 II,1 304
Apg 4,24–28 II,1 237
Apg 4,30f. VI,3 264
Apg 4,31 VI,3 47
Apg 4,32 II,1 247
Apg 4,32–34 XI 101
Apg 4,32–37 II,2 28; III 107
Apg 4,34f. II,1 247, 258, 260; II,2 34
Apg 4,36f. II,1 257, 259; II,2 28, 109
Apg 4,37 II,2 35
Apg 5,1–11 II,1 258, 260;

II,2 28
Apg 5,2 II,2 35
Apg 5,11 X 230
Apg 5,20f. II,2 27
Apg 5,29 VIII 76
Apg 5,30 VI,1 228
Apg 5,34–42 II,2 60f.
Apg 5,42 II,2 27
Apg 6 III 18
Apg 6–7 II,2 36
Apg 6–8 II,2 34
Apg 6,1 II,1 260; II,2 34
Apg 6,1–7 II,2 35f.; VI,3 293
Apg 6,2 II,2 29f.
Apg 6,5 VI,3 47
Apg 6,8–10 VI,3 47
Apg 6,8–15 II,2 36
Apg 6,8–8,3 VI,3 264
Apg 6,9 II,2 34
Apg 6,13f. II,1 245, 359
Apg 7 II,1 232; VI,3 297
Apg 7,1–53 III 18f.
Apg 7,36 I,1 311
Apg 7,55f. II,1 267
Apg 7,55–59 VI,3 47
Apg 7,58 II,2 61, 103
Apg 7,59f. II,1 267
Apg 8 II,1 232; III 17
Apg 8,1 II,2 37, 103
Apg 8,3 II,2 61, 103
Apg 8,4f. II,2 38
Apg 8,4–8 II,2 36
Apg 8,4–40 II,2 37
Apg 8,4–11,18 II,1 236
Apg 8,5–25 II,1 234
Apg 8,14 II,1 304; III 19
Apg 8,16 VII 145f.
Apg 8,16f. IX 88
Apg 8,17 VII 199
Apg 8,18–24 III 147
Apg 8,26–39 II,2 38
Apg 8,26–40 II,1 234; II,2 36
Apg 8,27 II,2 38
Apg 8,29 VI,3 47
Apg 8,32–35 XII 86
Apg 8,38 VII 154
Apg 8,39 VI,3 47
Apg 9 III 20
Apg 9,1 II,2 61
Apg 9,1f. II,2 103
Apg 9,1–9 II,2 68
Apg 9,1–22 II,2 104
Apg 9,2 II,2 41; III 19
Apg 9,3–5 II,2 72
Apg 9,7–9 II,2 72
Apg 9,8–17 II,2 77
Apg 9,11 II,2 58
Apg 9,13f. II,2 103
Apg 9,21 II,2 103
Apg 9,23–25 II,2 79
Apg 9,26 II,2 80
Apg 9,27f. II,2 80
Apg 9,29 II,2 80
Apg 9,30 II,2 58, 80
Apg 9,31 VI,1 149; X 231
Apg 9,36 II,1 257, 259
Apg 10 II,1 232, 234; VI,3^{1-2} 261; VI,3^{3} 260
Apg 10,1f. VI,1 149
Apg 10,2 II,1 243, 259
Apg 10,9 VII 282
Apg 10,9–23 II,1 255
Apg 10,19 VI,3 47
Apg 10,22 II,1 243
Apg 10,37–41 II,1 204
Apg 10,40 VI,1 228; VII 216
Apg 10,44–47 VI,3 48
Apg 10,46–48 VI,3 48
Apg 10,47 VII 154
Apg 10,48 VII 145
Apg 11 II,1 234; III 18
Apg 11,9 II,1 235
Apg 11,12 VI,3 47
Apg 11,15–18 VI,3 48
Apg 11,19f. II,2 38f.
Apg 11,19–26 II,2 108
Apg 11,19–28,31 II,1 236
Apg 11,22–26 II,2 39
Apg 11,25 II,2 58, 80
Apg 11,25f. II,2 104
Apg 11,26 II,2 39, 41, 156; III 19
Apg 11,29 II,2 28
Apg 11,30 II,2 109; VI,3^{1-2} 264; VI,3^{3} 263
Apg 12,1f. II,2 31, 33
Apg 12,12 II,1 89; II,2 121; VI,2 103
Apg 12,12–17 II,1 260
Apg 12,25 II,2 109
Apg 13 II,1 228, 232, 234
Apg 13–14 II,1 235; II,2 81, 84, 104, 255
Apg 13,1–3 II,2 109
Apg 13,2 VI,3 47; VII 12
Apg 13,3 IX 24
Apg 13,4 VI,3 47
Apg 13,5 II,2 88
Apg 13,7 II,2 103, 109
Apg 13,9 II,2 60, 109; VI,3 47
Apg 13,13 II,2 109
Apg 13,14–52 II,2 88
Apg 13,14.42.44 VII 315
Apg 13,16 II,1 243; II,2 109
Apg 13,26 II,1 243
Apg 13,27 II,1 265
Apg 13,30 VI,1 228
Apg 13,32–41 II,1 237

Apg 13,34 VI,1 228
Apg 13,37 VI,1 228
Apg 13,38f. II,2 170
Apg 13,42f. II,2 88
Apg 13,43 II,1 243; II,2 88
Apg 13,45 II,2 88
Apg 13,46f. II,2 88
Apg 14,1 II,2 88
Apg 14,1–7 II,2 88
Apg 14,4f. II,2 31, 52
Apg 14,14 II,2 31, 52
Apg 14,19 II,2 88
Apg 14,23 VI,3 264 (VI,3^3 263), 293; IX 24
Apg 14,26–28 II,2 104
Apg 15 II,1 234; II,2 81, 84f., 104, 142; III 20; VI,3 265
Apg 15,7f. VI,3 48
Apg 15,7–11 II,1 255; II,2 84
Apg 15,11 II,2 170
Apg 15,15–19 II,1 237
Apg 15,19–21 II,2 171
Apg 15,20.29 I,1 328
Apg 15,22 II,2 110
Apg 15,28 VI,3 47
Apg 15,28f. II,2 52
Apg 15,29f. I,1 328
Apg 15,36–41 II,2 86
Apg 15,36–18,22 II,1 235
Apg 15,40 II,2 110
Apg 15,41–16,6 II,2 87
Apg 16 II,1 245
Apg 16–17 II,2 104
Apg 16,1–8 II,2 255
Apg 16,6f. VI,3 47
Apg 16,9f. II,2 87
Apg 16,10–17 II,2 51
Apg 16,11–18,1 II,2 207
Apg 16,11–40 II,2 265
Apg 16,12–40 II,2 87
Apg 16,13 II,2 88
Apg 16,14 II,1 243
Apg 16,14ff. VI,2 102
Apg 16,15 II,2 121; VII 155
Apg 16,25 VII 282
Apg 16,31.33 VII 155
Apg 16,37f. II,2 53, 64
Apg 16,40 II,2 121
Apg 17,1–4 II,2 279
Apg 17,1–9 II,2 87f.
Apg 17,1–10 II,2 278
Apg 17,3f. II,1 243
Apg 17,4 II,2 88
Apg 17,5–9 II,2 88, 281
Apg 17,10 II,2 281
Apg 17,10–15 II,2 87f.
Apg 17,11f. II,2 88
Apg 17,13 II,2 88
Apg 17,16–33 V 21
Apg 17,16–34 II,2 87; XII 43
Apg 17,17 II,1 243; II,2 88
Apg 17,25–28 XII 50
Apg 17,28 II,2 60; VI,1^{1-2} 265f.; VI,1^3 266f.
Apg 17,31 VI,1 228, 230
Apg 18,1–3 II,2 122
Apg 18,1–17 II,2 104
Apg 18,2 II,2 102, 123; VI,2 102
Apg 18,2f. II,2 68
Apg 18,2–4 II,2 207
Apg 18,3 II,2 67
Apg 18,4 II,2 88
Apg 18,5f. II,2 207
Apg 18,6 II,2 88
Apg 18,7 II,1 243; II,2 207
Apg 18,8 II,2 88, 207
Apg 18,11 II,2 87, 207
Apg 18,12–17 II,2 101, 207
Apg 18,18 II,2 102, 121–123
Apg 18,18–22 II,2 87, 208
Apg 18,23 II,2 255
Apg 18,23–21,17 II,1 235; II,2 87
Apg 18,24–26 II,2 123
Apg 18,24–28 II,2 87, 219
Apg 18,25 III 16
Apg 18,26 II,2 123; VI,2 102
Apg 19 II,2 104
Apg 19,1–20,1 II,2 887
Apg 19,2–5 VI,3 48
Apg 19,5 VII 145 f.
Apg 19,6 IX 88
Apg 19,8 II,2 88
Apg 19,23–40 II,2 88
Apg 19,31 II,2 88
Apg 20,1ff. II,2 310
Apg 20,2f. II,2 208, 218
Apg 20,3f. II,2 104
Apg 20,4 II,2 315
Apg 20,5–8 II,2 51
Apg 20,6–38 II,2 104
Apg 20,7 VII 207, 224, 313, 319
Apg 20,13–15 II,2 51
Apg 20,17–38 II,1 236; II,2 88, 98f.; VI,3^{1-2} 264; VI,3^3 263
Apg 20,22f. VI,3 47
Apg 20,22–25 II,2 98f.
Apg 20,28 VI,3 47
Apg 20,31 II,2 104
Apg 21 II,1 238; III 105
Apg 21,1–18 II,2 51
Apg 21,1–26 II,2 98
Apg 21,4 II,2 99
Apg 21,8–14 II,2 104
Apg 21,10–14 II,2 99

Apg 21,13 II,1 236f.
Apg 21,15–23,30 II,2 104
Apg 21,25 I,1 328
Apg 21,26ff. II,2 27
Apg 21,27–22,30 II,2 98
Apg 21,39 II,2 53, 58, 62, 103; XII 133
Apg 21,40 II,2 60
Apg 22,2 II,2 60
Apg 22,3 II,2 58, 60, 103
Apg 22,4f. II,2 103
Apg 22,5–16 II,2 104
Apg 22,6f. II,2 72
Apg 22,6–11 II,2 68f.
Apg 22,7 II,2 103
Apg 22,19 II,2 103
Apg 22,20 VI,1 84
Apg 22,25–29 II,2 53, 64
Apg 22,28 II,2 64
Apg 23–25 II,1 238
Apg 23,1–22 II,2 98
Apg 23,6 II,2 60, 103
Apg 23,11 II,1 236
Apg 23,16 II,2 68
Apg 23,16–22 II,2 61
Apg 23,23–26,32 II,2 98
Apg 23,27 II,2 53, 64
Apg 23,31–26,32 II,2 104
Apg 24,5 II,1 154
Apg 24,17 II,2 91
Apg 24,27 II,2 103
Apg 26,5 II,2 103
Apg 26,8 VI,1 228
Apg 26,10f. II,2 103
Apg 26,12–18 II,2 104
Apg 26,12–20 II,2 68f.
Apg 26,13 II,2 72
Apg 26,14 II,2 103
Apg 27 II,2 51
Apg 27,1–28,15 II,2 98, 104
Apg 27,9 II,2 103
Apg 27,12 II,2 103
Apg 27,13–44 II,2 93
Apg 28 II,1 245, 269
Apg 28,1–16 II,2 51
Apg 28,16 II,1 237
Apg 28,16–31 II,2 98, 104
Apg 28,16–20.30f. VII 122
Apg 28,17 II,1 237
Apg 28,17–20 II,1 238
Apg 28,21f. II,1 238
Apg 28,23 II,1 237; X 174
Apg 28,24 II,1 238
Apg 28,26f. II,1 239f.; II,2 183
Apg 28,28 II,1 238f.
Apg 28,30f. II,1 240
Apg 28,31 II,1 228, 235, 237; X 174

Brief an die Römer

Röm II,2 44, 139–201
Röm 1–11 II,2 187f.
Röm 1,1 II,1 210; II,2 139, 150
Röm 1,1–3 II,2 146
Röm 1,1–7 II,2 149; VI,3 50
Röm 1,1–17 II,2 148, 171
Röm 1,2 II,2 162, 174
Röm 1,3 II,1 138
Röm 1,3f. II,2 20; VI,2 44; VI,3 38
Röm 1,4 VI,1 231f.
Röm 1,5 II,2 140, 156
Röm 1,7 VII 60
Röm 1,8 II,2 151
Röm 1,8–17 II,2 149
Röm 1,11 II,2 199
Röm 1,11f. II,2 150, 189; XI 58
Röm 1,12–15 II,2 181
Röm 1,14 II,2 139
Röm 1,15 II,2 150
Röm 1,15–17 II,1 44
Röm 1,16 II,2 165, 168, 173, 180, 185, 199f.; XI 57
Röm 1,16f. II,2 142, 182
Röm 1,17 II,2 162f.; III 228
Röm 1,17–23 II,2 167
Röm 1,18–20 II,2 197
Röm 1,18–32 II,2 148, 181
Röm 1,18–3,20 II,2 192, 194
Röm 1,18–11,36 II,2 149
Röm 1,19f. V 286
Röm 1,19–25 II,2 187
Röm 1,20 V 273; VI,1[1–2] 238; VI,1[3] 239
Röm 1,28 II,2 141
Röm 1,29–32 II,2 141
Röm 2,1 II,2 142, 146, 148, 151, 167
Röm 2,3f. II,2 182
Röm 2,4–11 II,2 167
Röm 2,6f. V 286
Röm 2,12–15 I,2 223; VIII 222
Röm 2,16 II,2 150
Röm 2,17ff. II,2 151
Röm 2,18 II,2 197
Röm 2,26 II,2 165, 176
Röm 2,28f. II,2 161
Röm 3,8 II,2 119, 142
Röm 3,9 II,2 142, 157, 167
Röm 3,10–18 VI,1 149
Röm 3,19–37 VIII 256
Röm 3,21 II,2 152, 158, 161, 163, 174
Röm 3,21–24 II,2 162
Röm 3,21–31 II,2 172

Röm 3,22 II,2 157
Röm 3,24 II,2 176
Röm 3,25 II,2 176; VI,2 289
Röm 3,26 II,2 152
Röm 3,28 II,2 162, 165, 170
Röm 3,29 II,2 157
Röm 3,31 II,2 142, 158, 161f., 164, 175
Röm 4 I,1 191; II,2 117
Röm 4,13–16 VIII 257
Röm 4,15 II,2 158
Röm 4,17 II,2 246, 284; VI,1$^{1-2}$ 174, 249, 261, 270; VI,1^{3} 175, 250, 262, 271; VI,3 238
Röm 4,24 II,2 18; VI,1 228
Röm 4,25 VI,1 228
Röm 5 VII 150
Röm 5–6 VIII 283
Röm 5,5 VI,3 50, 66, 79; XI 12, 63, 232
Röm 5,9 II,2 152
Röm 5,11 II,2 152
Röm 5,12 I,1 158; VI,3 172, 175
Röm 5,13 II,2 167
Röm 6 VII 159
Röm 6–8 XI 25
Röm 6–9 VIII 246
Röm 6,1 II,2 142, 175
Röm 6,1ff. XI 232
Röm 6,2 VII 151
Röm 6,3 VII 145 f.
Röm 6,3–5 II,2 298; VII 143, 146 f.
Röm 6,3–11 VI,3 49; VII 151, 177, 331
Röm 6,4 II,2 135; VI,1 228; VII 150, 169; XI 48
Röm 6,4–6 II,2 166
Röm 6,6f. II,2 154
Röm 6,9 VI,1 228
Röm 6,9–12 II,2 150
Röm 6,10 VII 79
Röm 6,12–14 II,2 154; VII 151
Röm 6,13 II,2 165, 181
Röm 6,14 II,2 164f., 168
Röm 6,15 II,2 142, 165
Röm 6,17 II,2 151
Röm 6,17f. II,2 193
Röm 6,20–22 II,2 152f.
Röm 6,23 II,2 164
Röm 7–8 VIII 241f.
Röm 7,1 II,2 148
Röm 7,1–6 II,2 166
Röm 7,4 II,2 164–166; VI,1 228
Röm 7,5 II,2 164
Röm 7,5f. II,2 160
Röm 7,6 II,2 152, 158, 165
Röm 7,7 II,2 142
Röm 7,7f. II,2 167
Röm 7,7–23 II,2 187
Röm 7,7–24 II,2 150, 192
Röm 7,8 II,2 164, 168
Röm 7,10 II,2 164, 166
Röm 7,10f. II,2 164
Röm 7,12 II,2 161, 164, 166f., 176
Röm 7,13 II,2 167
Röm 7,14 II,2 158, 167
Röm 7,14f. II,2 154
Röm 7,15–25a VII 126
Röm 7,17 II,2 152
Röm 7,18–24 II,2 154
Röm 7,19 II,2 164, 167
Röm 7,20 II,2 167
Röm 7,21 II,2 164
Röm 7,22 II,2 164
Röm 7,23 II,2 164, 167f., 179, 187
Röm 7,23f. II,2 165
Röm 7,24 II,2 147
Röm 7,24f. II,2 149
Röm 7,25 II,2 151
Röm 8 I,1 304; VI,3$^{1-2}$ 212; VI,3^{3} 211; XI 89
Röm 8,1 II,2 152
Röm 8,1–4 II,2 168
Röm 8,1–17 VI,3 51
Röm 8,1–30 VII 126
Röm 8,2 II,2 147, 158, 164, 167
Röm 8,3 II,2 147, 158, 189
Röm 8,4 II,2 162, 165, 176, 187
Röm 8,9 VI,3 49; VII 126
Röm 8,9–11 VI,3 51
Röm 8,9–16 II,2 193
Röm 8,11 VI,1 228; VI,3 38, 173, 190
Röm 8,11–13 VII 126
Röm 8,14 VI,3 52
Röm 8,14–27 VI,3 143
Röm 8,15 VI,3 50; XI 171
Röm 8,15f. VI,3 51
Röm 8,18 II,2 96, 152f.
Röm 8,18–23 VI,1$^{1-2}$ 250; VI,1^{3} 251; VI,3 87
Röm 8,19–21 VI,1$^{1-2}$ 249; VI,1^{3} 250
Röm 8,19–23 II,2 181; XI 164
Röm 8,20–22 VI,1$^{1-2}$ 250; VI,1^{3} 251
Röm 8,21 X 71
Röm 8,21–27 VI,3 55
Röm 8,22 II,2 152f.
Röm 8,23 XI 49

Röm 8,23f. II,2 199
Röm 8,23–25 II,2 153
Röm 8,25f. II,2 193
Röm 8,26 II,2 200; XI 159, 171, 181
Röm 8,31 VI,1 121
Röm 8,31–39 VI,1$^{1-2}$ 157; VI,1^{3} 158
Röm 8,32 VI,2 289
Röm 8,34 VI,1 228, 230f.
Röm 8,38 II,2 149
Röm 9–11 II,2 145, 182; VI,3 257; XII 50, 118, 131
Röm 9,1–5 II,2 149,185
Röm 9,4f. II,2 132; XII 50, 127
Röm 9,5 II,2 151; VI,1 84; XII 95
Röm 9,6 XII 72
Röm 9,12 II,2 147, 170
Röm 9,14 II,2 142
Röm 9,19f. II,2 151
Röm 9,25 VI,3$^{1-2}$ 267; VI,3^{3} 266
Röm 9,32 II,2 170
Röm 10,1 II,2 148, 151
Röm 10,6ff. II,2 150
Röm 10,9 II,2 18; VI,1 228; XI 159
Röm 10,10–13 II,2 162
Röm 10,14ff. XI 136
Röm 10,15 II,2 150
Röm 10,17 VII 26, 106, 166; XI 159
Röm 11,1 II,2 56, 103, 142; XII 133
Röm 11,2 I,1 266; II,2 182–186
Röm 11,5 II,2 152
Röm 11,6 II,2 170
Röm 11,7 XII 89
Röm 11,7f. II,1 239; II,2 183f.
Röm 11,13 II,2 78
Röm 11,13–24 II,2 145, 182; XII 87
Röm 11,16–18 I,1 270
Röm 11,17–24 I,1 267; XII 55
Röm 11,18 II,2 145, 184
Röm 11,21 II,2 157
Röm 11,25 XII 89
Röm 11,25–29 II,2 184, 283
Röm 11,26 II,2 145, 182
Röm 11,28f. XII 50
Röm 11,29 I,1 270; II,2 184–186; XII 90
Röm 11,30 II,2 152
Röm 11,30–32 II,2 186
Röm 11,31 II,2 152
Röm 11,32 II,2 183, 188
Röm 11,33–36 II,2 151, 183, 185f.
Röm 11,36 VI,1$^{1-2}$ 250; VI,1^{3} 251
Röm 12–15 II,2 187, 194
Röm 12,1 II,2 148, 189; VII 66
Röm 12,1f. II,2 181, 188
Röm 12,1–15,13 II,2 149
Röm 12,2 II,2 200; XI 131
Röm 12,3 II,2 193f., 198
Röm 12,3–8 II,2 189; VI,3 53
Röm 12,4f. II,2 147; VI,3 266
Rom 12,4–8 II,2 136, 154, 191
Röm 12,6 XI 70
Röm 12,6–8 X 235
Röm 12,9–21 I,1 306, 368
Röm 12,12 II,2 193
Röm 12,14 I,2 349
Röm 12,18 II,2 194
Röm 12,19–21 II,2 194
Röm 13 II,2 66; VIII 136, 254
Röm 13,1–7 II,2 66, 193f.
Röm 13,1–8 II,2 195f.
Röm 13,1–10 VIII 75
Röm 13,4 VIII 67
Röm 13,8 II,2 158
Röm 13,8–10 II,2 165
Röm 13,9 I,1 324f.
Röm 13,11 II,2 152
Röm 13,11f. XI 51
Röm 13,11–14 II,2 193f.
Röm 13,13f. II,2 193; III 99; IV 91, 95; VIII 75, 132, 136, 145, 254
Röm 14 II,2 118
Röm 14,1–15,7 II,2 198
Röm 14,1–15,13 II,2 195
Röm 14,4 II,2 198
Röm 14,7f. XI 48
Röm 14,8 VI,3 173
Röm 14,9 VI,2 186, 189
Röm 14,10 II,2 198
Röm 14,19 II,2 189
Röm 14,23 II,2 198
Röm 15,4 VI,1 228
Röm 15,8–13 II,2 157
Röm 15,13 II,2 201
Röm 15,14 II,2 148, 189, 197
Röm 15,14–33 II,2 186
Röm 15,14–16,24 II,2 148f.
Röm 15,15 VI,1 228
Röm 15,16 II,2 150
Röm 15,18f. VI,3 48
Röm 15,23 II,2 152

Röm 15,23f. II,2 121f.
Röm 15,23–28 II,2 97
Röm 15,25 II,2 91, 152
Röm 15,25f. II,2 104
Röm 15,25–28 II,2 52
Röm 15,25–29 II,2 89
Röm 15,26 II,2 28, 91, 141
Röm 15,30 II,2 148
Röm 15,31 II,2 91, 139
Röm 15,33 II,2 151
Röm 16,1 II,2 114f., 122
Röm 16,1f. II,2 93, 119f., 126
Röm 16,1–12 VI,2 102
Röm 16,1–16 II,2 112, 119, 150, 244, 285f.
Röm 16,1–23 II,2 186; VI,3^{1-2} 262; VI,3^{3} 261
Röm 16,1–24 II,2 141
Röm 16,2 II,2 105, 121
Röm 16,3 II,2 113; VI,2 102
Röm 16,3f. II,2 248
Röm 16,3–5 II,2 122
Röm 16,4 II,2 105
Röm 16,5 II,2 121–123; VI,3^{1-2} 257; VI,3^{3} 256
Röm 16,6 II,2 114, 124; VI,2 102
Röm 16,7 II,2 16, 31, 113, 115, 123; III 15, 23
Röm 16,9 II,2 113
Röm 16,12 II,2 114, 124; VI,2 102
Röm 16,21–23 II,2 208f.
Röm 16,22 II,2 111
Röm 16,23 II,2 209, 218
Röm 16,25f. VI,3 231
Röm 16,25–27 II,2 149
Röm 16,26 II,2 152
Röm 16,27 VI,3 50

1. Brief an die Korinther

1 Kor II,2 44, 74–78, 203–215, 271, 297; VI,3 53f.
1 Kor 1–4 II,2 112
1 Kor 1,1 II,2 111, 115
1 Kor 1,2 VI,3 257 (VI,3^{3} 256), 261
1 Kor 1,3 VI,3 50
1 Kor 1,8–13 II,2 229
1 Kor 1,10 II,2 213
1 Kor 1,10–13 II,2 118
1 Kor 1,10–4,21 II,2 219–222
1 Kor 1,11 II,2 208, 211f., 219
1 Kor 1,12 II,2 112, 219, 221
1 Kor 1,14 II,2 208
1 Kor 1,14–16 II,2 207
1 Kor 1,16 II,2 208; VII 155
1 Kor 1,18 I,1 368; II,2 91, 221
1 Kor 1,18–25 VI,2 43
1 Kor 1,23 I,1 368; II,2 221; VI,1 160 (VI,1^{3} 161), 171
1 Kor 1,23f. VI,2 56
1 Kor 1,25 VI,1 171
1 Kor 1,26–28 II,2 209f., 221, 230
1 Kor 1,26–31 II,2 273
1 Kor 1,27f. VI,1 122
1 Kor 2,3 II,2 207
1 Kor 2,1–5 II,2 221
1 Kor 2,4f. VI,3 48
1 Kor 2,6–4,21 II,2 221
1 Kor 2,7–16 VI,3 231
1 Kor 2,10–12 VI,3^{1-2} 52; VI,3^{3} 51f.
1 Kor 2,12 VI,3 50
1 Kor 2,15 XI 27
1 Kor 3,1–3 XI 88
1 Kor 3,5 II,2 114, 120
1 Kor 3,5f. II,2 112
1 Kor 3,6 II,2 207
1 Kor 3,8 II,2 114
1 Kor 3,9 II,2 113; VI,3^{1-2} 268; VI,3^{3} 267
1 Kor 3,9–11 II,2 119
1 Kor 3,10 II,2 207
1 Kor 3,11 II,2 306
1 Kor 3,13–15 XI 222
1 Kor 3,16f. VI,3 52
1 Kor 3,21f. XI 217
1 Kor 3,22 II,2 112
1 Kor 3,22f. XI 91
1 Kor 4,4f. VIII 223
1 Kor 4,5 XI 208
1 Kor 4,11 II,2 93
1 Kor 4,12 II,2 67, 114, 124
1 Kor 4,13 II,2 94
1 Kor 4,14f. II,2 118
1 Kor 4,14–21 II,2 213
1 Kor 4,15 II,2 207
1 Kor 4,18–21 II,2 213
1 Kor 4,21 II,2 119
1 Kor 5–6 II,2 213
1 Kor 5,1 II,2 212
1 Kor 5,7 VII 266f., 325; XII 106
1 Kor 5,9 II,2 211–213, 218
1 Kor 5,10 II,2 195
1 Kor 6 III 40
1 Kor 6,1–11 II,2 213
1 Kor 6,11 VI,3 49; VII 150
1 Kor 6,12 XI 89
1 Kor 6,12ff. II,2 118
1 Kor 6,14 VI,1 228
1 Kor 6,17 VI,3 49; XI 230
1 Kor 6,19 II,2 154; XI 25
1 Kor 7 II,2 117f., 222–227,

307; III 105; VIII 132–134; IX 174
1 Kor 7,1 II,2 212, 222
1 Kor 7,2–7 II,2 223
1 Kor 7,7 II,2 68, 223
1 Kor 7,8f. II,2 223
1 Kor 7,10 II,2 118; VI,2 44; IX 25
1 Kor 7,10–16 II,2 223f.
1 Kor 7,12–16 II,2 224; IX 25, 173
1 Kor 7,17–24 II,2 224f.
1 Kor 7,25 II,2 225; XI 75
1 Kor 7,26 II,2 225
1 Kor 7,27 II,2 225
1 Kor 7,28 II,2 225
1 Kor 7,29 XI 52
1 Kor 7,29–32 XI 78
1 Kor 7,30 II,2 225
1 Kor 7,31 XI 52
1 Kor 7,32–34 III 77
1 Kor 7,32–35 II,2 226; VII 122
1 Kor 7,36–38 II,2 226
1 Kor 7,39f. II,2 226
1 Kor 8 II,2 118, 213, 227–232
1 Kor 8,1f. XI 89
1 Kor 8,3 XI 89
1 Kor 8,6 VI,1 21, 231
1 Kor 8,10 II,2 228
1 Kor 9 II,2 31, 94, 108, 117f., 213
1 Kor 9,1 II,1 320; II,2 53, 74
1 Kor 9,1f. II,2 53, 124
1 Kor 9,1–27 II,2 230
1 Kor 9,5 II,2 68; VI,2 102
1 Kor 9,6–18 II,2 67
1 Kor 9,14 II,2 118
1 Kor 9,16–19.22f. VII 122
1 Kor 9,19 XI 89
1 Kor 9,20 I,2 296
1 Kor 10 II,2 227–232
1 Kor 10,12 XI 46
1 Kor 10,14–22 II,2 213, 228f.
1 Kor 10,16f. II,2 236; VI,3 266; VII 222
1 Kor 10,17 VII 218; IX 92
1 Kor 10,18 VII 228
1 Kor 10,25f. II,2 228
1 Kor 10,25–28 II,2 230
1 Kor 10,27–29 II,2 228
1 Kor 10,31–33 II,2 230
1 Kor 10,31–11,1 VII 122
1 Kor 11,1–16 II,2 128
1 Kor 11,2–16 II,2 137, 193, 213, 237–241, 244f.
1 Kor 11,3 II,2 240
1 Kor 11,4f. II,2 238f.
1 Kor 11,7–9 II,2 240
1 Kor 11,13–15 II,2 239
1 Kor 11,17–34 II,2 209, 232–237
1 Kor 11,18 II,2 212; X 230
1 Kor 11,18f. II,2 213
1 Kor 11,20 VII 207, 225; IX 92
1 Kor 11,20–22 II,2 234; VII 226
1 Kor 11,21 II,2 235
1 Kor 11,22 II,2 235, 237
1 Kor 11,23 II,2 237; VII 209
1 Kor 11,23–25 II,2 107, 233; VI,2 44; VII 215
1 Kor 11,23–26 XII 105
1 Kor 11,24 II,2 236f.; VII 207; IX 92
1 Kor 11,25 I,2 113; II,2 237; IX 93
1 Kor 11,26 II,2 237; VI,3 139; VII 264, 315
1 Kor 11,28f. IX 96
1 Kor 11,29f. II,2 236
1 Kor 11,33 II,2 235
1 Kor 11,34 II,2 237
1 Kor 12 II,2 118f., 154, 238, 322; XI 116
1 Kor 12–14 II,2 127, 241–245; VI,3 53; XI 69ff.
1 Kor 12,1 VI,3 53
1 Kor 12,1
1 Kor 12,2 VI,1 89
1 Kor 12,3 VI,3 49f. (VI,3^{3} 49), 53
1 Kor 12,3–11 VI,3$^{1-2}$ 54; VI,3^{3} 53f.
1 Kor 12,4–11 II,2 136
1 Kor 12,6–8 II,2 241
1 Kor 12,7 II,2 136, 243; VI,3 54
1 Kor 12,7f. VI,3 50
1 Kor 12,7–11 VII 148
1 Kor 12,10 II,2 241; VI,3 54, 103; XI 27
1 Kor 12,12f. VI,3$^{1-2}$ 53; VI,3^{3} 52f.; 266; VII 148
1 Kor 12,12ff. VI,3 262 (VI,3^{3} 261), 266
1 Kor 12,12–27 II,2 236; VI,3 53, 266
1 Kor 12,13 II,2 107, 135, 285; VI,3 49; VII 316; XI 46
1 Kor 12,14–26 II,2 136
1 Kor 12,21–27 VI,3$^{1-2}$ 53; VI,3^{3} 52f.
1 Kor 12,27 II,2 136;

VII 148
1 Kor 12,28 II,2 136; IX 138
1 Kor 12,28–30 II,2 136
1 Kor 12,28–31 VI,3 266
1 Kor 13 II,2 213, 238; VI,3 52; VIII 211, 217
1 Kor 13,1 II,2 242
1 Kor 13,3–5 II,2 17
1 Kor 13,5 XI 101
1 Kor 13,8 VI,3 54
1 Kor 13,12 VI,3$^{1-2}$ 206; VI,3^{3} 205
1 Kor 13,13 VI,3 54; VIII 217
1 Kor 14 II,2 137, 233, 238; VI,3 54, 266
1 Kor 14,1ff. II,2 241
1 Kor 14,6 II,2 243
1 Kor 14,13–19 II,2 243
1 Kor 14,18 II,2 242
1 Kor 14,24f. II,2 242
1 Kor 14,26–31 II,2 243
1 Kor 14,28 II,2 243
1 Kor 14,33–35 II,2 213f., 244f., 322; VI,2 102
1 Kor 14,40 II,2 195
1 Kor 15 II,2 118, 245–251
1 Kor 15,3–5 II,1 360; II,2 31, 75, 106f., 245; VI,2 161
1 Kor 15,3–7 II,2 25, 30
1 Kor 15,4 II,2 18
1 Kor 15,5 II,2 32; VI,2 177f.
1 Kor 15,5–7 II,2 246
1 Kor 15,5–10 II,2 124
1 Kor 15,6–8 II,2 17, 75
1 Kor 15,8 II,2 74, 77
1 Kor 15,8–10 II,2 104
1 Kor 15,8–11 II,2 246
1 Kor 15,9 II,2 57, 77, 103
1 Kor 15,10 II,2 114, 125
1 Kor 15,12 II,2 246
1 Kor 15,13 II,2 247
1 Kor 15,13f. VI,3 172
1 Kor 15,14 VI,1 228
1 Kor 15,14–19 II,2 247
1 Kor 15ff. II,2 117
1 Kor 15,20 II,2 18f., 247
1 Kor 15,20f. VI,1 228
1 Kor 15,20–22 VI,3 172f.
1 Kor 15,22 VI,2 271
1 Kor 15,23f. VI,3 139
1 Kor 15,23–28 VI,1 234
1 Kor 15,24 VI,1$^{1-2}$ 249; VI,1^{3} 250
1 Kor 15,28 II,2 247; VI,3 203 (VI,3^{3} 202), 206
1 Kor 15,29 II,2 248
1 Kor 15,29–34 II,2 247
1 Kor 15,32 II,2 94, 247, 270, 286
1 Kor 15,33 II,2 58
1 Kor 15,35–41 II,2 248f.; VI,3 183
1 Kor 15,35–58 VI,3 183
1 Kor 15,42f. II,2 249
1 Kor 15,44 VI,2 183
1 Kor 15,50–58 II,2 250f.
1 Kor 15,51 II,2 249
1 Kor 15,54f. VI,2 186
1 Kor 16,1f. II,2 89, 91
1 Kor 16,1–4 II,2 28, 52, 89f.
1 Kor 16,2 II,2 90; VI,1 84; VII 313
1 Kor 16,5 II,2 110
1 Kor 16,5–7 II,2 213
1 Kor 16,8 II,2 104, 122
1 Kor 16,8f. II,2 214
1 Kor 16,12 II,2 112, 115, 219
1 Kor 16,15 II,2 208
1 Kor 16,15f. II,2 114
1 Kor 16,16 II,2 125
1 Kor 16,17 II,2 208, 212
1 Kor 16,19 II,2 122f., 214; VI,3$^{1-2}$ 257; VI,3^{3} 256; X 230
1 Kor 16,22 I,2 349; II,2 107, 284; VI,3 139
1 Kor 18,5 II,2 110

2. Brief an die Korinther

2 Kor II,2 44, 72–74, 117, 203–208, 215–218
2 Kor 1–9 II,2 216–218
2 Kor 1,1 II,2 115
2 Kor 1,1–2,13 II,2 216
2 Kor 1,2 VI,1 84; VI,3 50
2 Kor 1,5 II,2 96; XI 70
2 Kor 1,8 II,2 53
2 Kor 1,8f. II,2 270
2 Kor 1,9 II,2 96; VI,1 228
2 Kor 1,9f. VI,1 230
2 Kor 1,15–2,13 II,2 215
2 Kor 1,19f. XI 36
2 Kor 2,4 II,2 104, 215–217
2 Kor 2,5 II,2 217
2 Kor 2,5–11 II,2 215
2 Kor 2,6 II,2 217
2 Kor 2,12f. II,2 215, 217
2 Kor 2,13 II,2 115, 310
2 Kor 2,14 II,2 215
2 Kor 2,14–7,4 II,2 216
2 Kor 3,3 VI,3 51, 79
2 Kor 3,4–4,6 II,2 73
2 Kor 3,7–17 II,2 73
2 Kor 3,17 XI 23, 91, 137
2 Kor 3,17f. VI,2 183;

VI,3 50
2 Kor 3,18 XI 231
2 Kor 4,4 VI,1 86
2 Kor 4,5 II,2 73
2 Kor 4,6 II,2 72f.; XI 63, 208
2 Kor 4,7ff. XI 25
2 Kor 4,8–12 II,2 280; XI 70, 178
2 Kor 4,10 II,2 96
2 Kor 4,14 VI,1 228, 230
2 Kor 4,15 XI 81
2 Kor 4,17f. II,2 96
2 Kor 5,5 XI 49
2 Kor 5,11 VI,1 149
2 Kor 5,14 VII 260
2 Kor 5,15 XI 48
2 Kor 5,17 II,2 130, 153, 162; VII 150, 173; XI 48
2 Kor 5,20 VII 200; XI 61
2 Kor 5,21 VII 93
2 Kor 6,5 II,2 270
2 Kor 6,14–7,1 II,2 216–218
2 Kor 6,17.19f. XI 115
2 Kor 7,5 II,2 215
2 Kor 7,5–9,15 II,2 216
2 Kor 7,6–13 II,2 217
2 Kor 7,12 II,2 215, 217
2 Kor 8–9 II,2 28, 52, 89, 216; XI 79ff.
2 Kor 8,1–5 XI 70
2 Kor 8,3 II,2 91
2 Kor 8,4 II,2 91
2 Kor 8,6 II,2 216
2 Kor 8,7 II,2 90f.
2 Kor 8,8 II,2 91
2 Kor 8,9 II,2 274; VI,1 205; VI,1 205; VII 93; X 42
2 Kor 8,13 II,2 90
2 Kor 8,18f. II,2 90
2 Kor 8,19 II,2 91
2 Kor 8,20 II,2 90
2 Kor 8,21 II,2 90
2 Kor 8,22 II,2 90
2 Kor 9,1 II,2 91
2 Kor 9,5 II,2 91
2 Kor 9,6 II,2 91
2 Kor 9,7 II,2 91
2 Kor 9,12 II,2 91
2 Kor 9,13 II,2 91
2 Kor 9,13f. II,2 91
2 Kor 10–13 II,2 216–218
2 Kor 10,1 II,2 216
2 Kor 10,2 II,2 119
2 Kor 10,4 XI 211
2 Kor 10,12ff. II,2 118
2 Kor 11–12 XI 217
2 Kor 11,9 II,2 207
2 Kor 11,23 II,2 270
2 Kor 11,23–29 II,2 53
2 Kor 11,23–33 II,2 280
2 Kor 11,25 II,2 64, 93
2 Kor 11,26 II,2 94
2 Kor 11,26f. II,2 93
2 Kor 11,32 II,2 104
2 Kor 11,32f. II,2 79, 102
2 Kor 12 XI 190
2 Kor 12,1–5 I,2 313
2 Kor 12,1–10 XI 188
2 Kor 12,2–4 II,2 95
2 Kor 12,7 II,2 95f.
2 Kor 12,7–10 II,2 53; XI 179
2 Kor 12,8 II,2 96
2 Kor 12,9 II,2 96; XI 70, 179
2 Kor 12,9f. II,2 96
2 Kor 12,10 I,1 368
2 Kor 12,14 II,2 217
2 Kor 12,18 II,2 217
2 Kor 13 II,2 216
2 Kor 13,1f. II,2 217
2 Kor 13,4 XI 70
2 Kor 13,13 VI,1 21; VI,3 50

Brief an die Galater

Gal II,2 44, 69–72, 118, 253–262, 301
Gal 1 III 20
Gal 1–3 II,2 117f.
Gal 1,1 II,2 29; VI,1 228; VI,3 50
Gal 1,1–5 II,2 254, 256
Gal 1,2 VI,3 261
Gal 1,3 VI,3 50
Gal 1,6 II,2 253
Gal 1,6f. II,2 117, 256
Gal 1,6–9 II,2 264
Gal 1,8 I,2 349
Gal 1,9 II,2 171
Gal 1,10–24 II,2 169
Gal 1,11–17 II,2 69f.
Gal 1,11–24 II,2 61
Gal 1,11–2,14 II,2 257f.
Gal 1,11–2,21 II,2 257
Gal 1,12 II,2 258
Gal 1,13f. II,2 57, 77, 103
Gal 1,14–17 II,2 104
Gal 1,15 II,2 71–73, 75
Gal 1,16 II,2 71, 73, 75; VI,2 175
Gal 1,17 II,2 61, 72, 78
Gal 1,17–24 II,2 80, 258
Gal 1,18 II,2 104
Gal 1,18f. II,2 31f.
Gal 1,21 II,2 104
Gal 1,22 II,2 62
Gal 1,22–24 II,2 61

Gal 1,23 II,2 103, 152
Gal 2 II,1 181; III 20
Gal 2,1 II,2 80, 108, 258
Gal 2,1–10 II,2 32, 82–84, 104, 142, 169, 258
Gal 2,6 II,2 52
Gal 2,6–10 II,2 85
Gal 2,9 II,2 32, 108
Gal 2.9f. II,2 28
Gal 2,10 II,2 52, 89
Gal 2,11–14 VI,3 265
Gal 2,11–15 VIII 42
Gal 2,11–21 II,1 174; II,2 85, 104, 116, 169
Gal 2,12f. II,2 82, 85
Gal 2,13 II,2 109
Gal 2,15–21 II,2 258f.
Gal 2,19f. II,2 86; VII 147
Gal 2,19–21 II,2 259
Gal 2,19–23 VIII 209
Gal 2,20 II,2 259; VI,3 51; VII 146
Gal 2,21 II,2 180
Gal 3–4 II,2 133, 259–261
Gal 3,1 II,2 255
Gal 3,1–5 II,2 253
Gal 3,1–4,7 II,2 257
Gal 3,2 VI,3 50
Gal 3,2–5 VI,3[1–2] 49; VI,3[3] 48
Gal 3,6–18 I,1 191
Gal 3,7 II,2 133
Gal 3,10 X 217
Gal 3,14 VI,3 49
Gal 3,16 II,2 133
Gal 3,18 II,2 133
Gal 3,23ff. II,2 153
Gal 3,26 II,2 133
Gal 3,26f. VI,3 49
Gal 3,26–28 II,2 82, 107, 128–135, 162, 239, 245, 260, 285, 292 303; VII 149; X 262
Gal 3,27 VII 145f., 160f., 173
Gal 3,28 II,2 130f., 175, 193; IX 24; XI 74
Gal 3,29 II,2 260
Gal 4,1–3 II,2 133
Gal 4,4–7 II,2 133; VI,3 51
Gal 4,6 VI,3 49; XI 171
Gal 4,7 VI,1 120
Gal 4,8–11 VII 315
Gal 4,8–5,1 II,2 257
Gal 4,9f. II,2 256f.
Gal 4,10 II,2 253
Gal 4,11 II,2 114, 125, 253
Gal 4,13–15 II,2 95
Gal 4,14–17 II,2 257
Gal 4,18 II,2 119
Gal 4,21–31 II,2 260; VIII 256
Gal 4,22–31 II,2 133
Gal 4,25f. II,2 260
Gal 5 XI 25
Gal 5–6 II,2 261f.
Gal 5,1 II,2 253; VI,1 120
Gal 5,2 II,2 253
Gal 5,2f. II,2 256
Gal 5,3 II,2 261
Gal 5,1–12 II,2 171
Gal 5,2–6,17 II,2 257
Gal 5,6 II,2 82, 259, 261; XI 60, 63
Gal 5,7–10 II,2 257
Gal 5,13f. II,2 261
Gal 5,16–26 II,2 261
Gal 5,19–23 II,2 155; XI 26, 235
Gal 5,22f. VI,3 52; XI 62
Gal 5,22ff. XI 235 f.
Gal 6,1–10 II,2 261
Gal 6,2 II,2 262
Gal 6,11 II,2 262
Gal 6,12 II,2 253, 257
Gal 6,12f. II,2 256
Gal 6,14 VII 333
Gal 6,14f. II,2 262
Gal 6,15 II,2 82, 259
Gal 6,17 II,2 65

Brief an die Epheser

Eph II,2 47, 269, 304–308; VI,3[1–2] 262f.; VI,3[3] 262
Eph 1,1f. II,2 305
Eph 1,3 II,2 292; VII 86
Eph 1,3–14 II,2 305, 307
Eph 1,4f. VI,3 262
Eph 1,9 V 285; VI,1 19, 33; XI 49
Eph 1,10 VI,2 215
Eph 1,13f. IX 74
Eph 1,15–23 II,2 305
Eph 1,20 VI,1 228, 230
Eph 1,21 VI,1 122
Eph 1,22 X 231
Eph 1,22f. VI,3 262, 267 (VI,3[3] 266)
Eph 2,1 II,2 292, 305
Eph 2,1–10 II,2 305
Eph 2,4 XII 129
Eph 2,5 II,2 170
Eph 2,5f. VI,1 230; VII 147
Eph 2,6 VI,1 228
Eph 2,8f. II,2 170
Eph 2,11f. II,2 305
Eph 2,17 II,2 307
Eph 2,18 V 286
Eph 2,19 II,2 305f.
Eph 2,20f. II,2 306

Eph 3,1 II,2 305
Eph 3,1–13 II,2 306
Eph 3,3 VII 353
Eph 3,5f. VII 353
Eph 3,6 VI,3$^{1-2}$ 267; VI,3^{3} 266
Eph 3,9 XI 49
Eph 3,14–19 II,2 306
Eph 3,20f. II,2 306
Eph 4,1 II,2 305
Eph 4,1–6,20 II,2 306
Eph 4,2–6 VI,3$^{1-2}$ 267; VI,3^{3} 266
Eph 4,3–6 VII 191
Eph 4,4–6 VII 149
Eph 4,6 VI,3 206
Eph 4,11 VI,3 262
Eph 4,14f. VI,3 262
Eph 4,22–24 VII 150
Eph 4,24 II,2 306
Eph 5,1f. II,2 306
Eph 5,3–19 VIII 209
Eph 5,8 VII 150
Eph 5,19f. VII 281
Eph 5,21 VI,1 149
Eph 5,21–33 IX 195
Eph 5,21–6,9 II,2 306; VI,2 239
Eph 5,22–33 II,2 307; VI,2 239
Eph 5,26 VII 150, 154
Eph 6,2 II,2 292
Eph 6,5–8 II,2 307
Eph 6,10–20 II,2 307
Eph 6,13 II,2 305
Eph 6,19 XI 132
Eph 6,20 II,2 305
Eph 6,21 II,2 315
Eph 6,21f. II,2 305

Brief an die Philipper

Phil II,2 44, 262–276, 301
Phil 1,1 II,2 115, 120, 126, 272; VII 360; IX 149
Phil 1,1–3,1 II,2 268
Phil 1,2 VI,3 50
Phil 1,3f. II,2 264
Phil 1,3–11 II,2 264
Phil 1,5 II,2 264
Phil 1,7 II,2 264, 266
Phil 1,8 II,2 264
Phil 1,12ff. II,2 266
Phil 1,13 II,2 270
Phil 1,15–18 II,2 265f.
Phil 1,17 XI 217
Phil 1,19 VI,3 49
Phil 1,19ff. II,2 266
Phil 1,20–24 VI,3 173
Phil 1,21ff. II,2 270
Phil 1,27–30 II,2 264
Phil 1,30 II,2 65
Phil 2,1–5 II,2 107
Phil 2,2–4 II,2 265
Phil 2,3 XII 199
Phil 2,5–8 VI,1 202
Phil 2,6 VI,1 187, 205, 231; X 42
Phil 2,6f. VI,1 44
Phil 2,6–8 VI,1 160, 187, 210
Phil 2,6–11 II,2 107, 127, 271–276
Phil 2,7 VI,1 86, 161, 201, 207
Phil 2,8 VII 350; XI 92
Phil 2,9 VII 146
Phil 2,9–11 II,2 274; VI,1 231
Phil 2,12–18 II,2 107
Phil 2,16 II,2 114, 125
Phil 2,19 II,2 265
Phil 2,24 II,2 265
Phil 2,25 II,2 113, 115
Phil 2,26 II,2 265
Phil 2,26–28 II,2 264
Phil 2,28 II,2 265
Phil 3 II,2 57
Phil 3,1 II,2 266–268
Phil 3,1ff. II,2 118
Phil 3,2 II,2 118, 267f.
Phil 3,2–21 II,2 266
Phil 3,2–4,1 II,2 268f.
Phil 3,4–11 II,2 104
Phil 3,5f. II,2 56f., 77, 103
Phil 3,5–9 II,2 77
Phil 3,8 II,2 163
Phil 3,12f. XI 48
Phil 3,12ff. XI 204
Phil 3,20 II,2 65
Phil 4,2 II,2 120
Phil 4,2f. II,2 126, 265f., 272; VI,2 102
Phil 4,2–7 II,2 268
Phil 4,3 II,2 113, 115
Phil 4,4f. VII 358
Phil 4,6 XI 175f.
Phil 4,7 I,1 147; II,2 266f.
Phil 4,8 II,2 266
Phil 4,8f. II,2 268f.
Phil 4,9 II,2 266f.
Phil 4,10–20 II,2 93, 266, 268
Phil 4,10–23 II,2 268
Phil 4,15 II,2 264
Phil 4,16 II,2 264, 278
Phil 4,18 II,2 265
Phil 4,19f. VI,3 50
Phil 4,22 II,2 270

Brief an die Kolosser

Kol II,2 47, 269, 297–305, 308
Kol 1,1 II,2 111, 297
Kol 1,2 II,2 301
Kol 1,4–9 II,2 300
Kol 1,7 II,2 297
Kol 1,7f. II,2 300
Kol 1,15 V 286; VI,1 19, 33, 86
Kol 1,15–17 VI,1 21
Kol 1,15–20 II,2 298; VI,1 83; VI,3$^{1-2}$ 262f.; VI,3^{3} 261f.
Kol 1,16 XII 61
Kol 1,16f. VI,3 87
Kol 1,18 II,2 298; VI,3$^{1-2}$ 267; VI,3^{3} 266; XI 171
Kol 1,24 II,2 299
Kol 1,24–29 II,2 298
Kol 1,26f. VI,3 231
Kol 2 VI,3 262
Kol 2,1 II,2 299–301
Kol 2,2 VII 146
Kol 2,6f. II,2 302
Kol 2,8 II,2 301f.
Kol 2,8–17 VII 315
Kol 2,9 II,1 283; VI,1 83f.; VI,2 12
Kol 2,9–15 II,2 302
Kol 2,10 II,2 298
Kol 2,11 II,2 302
Kol 2,11–13 II,2 298
Kol 2,12 VI,1 228
Kol 2,12f. VII 147
Kol 2,13 VI,1 230
Kol 2,14 VI,1 218
Kol 2,15 II,2 298; VI,1 122
Kol 2,16–23 II,2 302
Kol 2,20 II,2 302
Kol 3,1 II,2 298, 302; VII 147
Kol 3,1f. XI 160
Kol 3,1–4 II,2 302
Kol 3,3 XI 49
Kol 3,4 X 71
Kol 3,5–9 II,2 302
Kol 3,5–4,6 II,2 302
Kol 3,10 VII 150
Kol 3,11 II,2 303f.
Kol 3,12–17 II,2 303
Kol 3,16 VII 281; XI 138
Kol 3,18–4,1 II,2 298, 303, 306; VI,2 239
Kol 4,1 II,2 303
Kol 4,2 II,2 297; VII 281
Kol 4,7 II,2 315
Kol 4,9 II,2 286, 292
Kol 4,10 II,2 297
Kol 4,11 II,2 298
Kol 4,12 II,2 297
Kol 4,13 II,2 300
Kol 4,14 II,1 241; II,2 51, 286, 297
Kol 4,15 II,2 121; VI,2 102
Kol 4,15f. II,2 300
Kol 4,16 II,2 301
Kol 4,17 II,2 286, 297
Kol 4,18 II,2 297, 299

1. Brief an die Thessalonicher

1 Thess II,2 44, 47, 276–285, 309–311
1 Thess 1,1 II,2 111, 278f.; VI,3 50, 261
1 Thess 1,2 II,2 309
1 Thess 1,2–10 II,2 280
1 Thess 1,4 II,2 282
1 Thess 1,5 II,2 282; VI,3 48
1 Thess 1,6 II,2 309
1 Thess 1,6f. II,2 280
1 Thess 1,9 I,1 270
1 Thess 1,9f. II,2 279
1 Thess 1,10 VI,1 228, 230; VI,3 139
1 Thess 2,1–12 II,2 278
1 Thess 2,2 II,2 265, 278, 281
1 Thess 2,9 II,2 53, 67, 93, 278, 309
1 Thess 2,11 II,2 118f.
1 Thess 2,12 II,2 282
1 Thess 2,13 II,2 280, 282, 309; XI 136
1 Thess 2,14 II,2 281
1 Thess 2,14–16 I,1 259
1 Thess 2,15f. II,2 282f.
1 Thess 2,18 II,2 279f.
1 Thess 2,19 VI,3 139
1 Thess 2,19f. II,2 280
1 Thess 3,1 II,2 279
1 Thess 3,1–5 II,2 280
1 Thess 3,2 II,2 113f.
1 Thes 3,3f. II,2 281
1 Thess 3,5 II,2 279
1 Thess 3,6 II,2 280
1 Thess 3,7 II,2 280
1 Thess 3,9 II,2 280
1 Thess 3,10f. II,2 280
1 Thess 4,7 II,2 282
1 Thess 4,8 VI,3 50
1 Thess 4,13 II,2 118
1 Thess 4,13–18 II,2 283f.; VI,3 140, 172
1 Thess 4,13–5,11 II,2 309
1 Thess 4,14 II,2 284

1 Thess 4,15 II,2 284
1 Thess 4,15–17 II,2 281; VI,3 172
1 Thess 4,16 VI,2 72
1 Thess 4,17 II,2 285
1 Thess 5,1–3 VII 276
1 Thess 5,1–11 II,2 284
1 Thess 5,3 II,2 278
1 Thess 5,5–8 VII 276f.
1 Thess 5,7f. II,2 277
1 Thess 5,9 II,2 282
1 Thess 5,10 VII 277
1 Thess 5,11 II,2 285
1 Thess 5,12 II,2 114, 125
1 Thess 5,16–18 XI 202
1 Thess 5,17 VII 276, 281; XI 181
1 Thess 5,19 VI,3 89, 321; XI 32
1 Thess 5,19–21 VI,3 54
1 Thess 5,21 XI 154; XII 65
1 Thess 5,23 XI 31
1 Thess 5,24 II,2 282
1 Thess 5,27 II,2 279

2. Brief an die Thessalonicher

2 Thess II,2 47f., 308–313
2 Thess 1,1 II,2 111
2 Thess 1,1f. II,2 308
2 Thess 1,3 II,2 309
2 Thess 1,4–10 II,2 312
2 Thess 1,5–7 II,2 309
2 Thess 2,1 II,2 309, 311
2 Thess 2,2 II,2 309–311, 313
2 Thess 2,3–12 II,2 311
2 Thess 2,6f. II,2 312
2 Thess 2,13 II,2 309
2 Thess 2,15 II,2 310
2 Thess 3,1 XI 160
2 Thess 3,6 II,2 313
2 Thess 3,7–9 II,2 313
2 Thess 3,8 II,2 309
2 Thess 3,10–13 II,2 313
2 Thess 3,14 II,2 297
2 Thess 3,17 II,2 310
2 Thess 3,18 II,2 309

1. Brief an Timotheus

1 Tim I,2 312; II,2 48f., 313–323; VI,3[1–2] 263; VI3[3] 262f.; X 13
1 Tim 1,1f. II,2 318
1 Tim 1,1–20 II,2 317
1 Tim 1,3 II,2 314f., 319
1 Tim 1,4 II,2 318
1 Tim 1,8f. II,2 318
1 Tim 1,10 II,2 314
1 Tim 1,12–17 II,2 318
1 Tim 1,17 V 286
1 Tim 1,18 VI,3 293
1 Tim 1,18–20 II,2 318
1 Tim 1,20 II,2 314
1 Tim 2,1 II,2 318; VII 251
1 Tim 2,1–4 VII 20
1 Tim 2,1–7 II,2 318
1 Tim 2,4 XI 66; XII 50, 166
1 Tim 2,4–6 VII 181 f.
1 Tim 2,5 VI,2 308; VII 88
1 Tim 2,8 II,2 318
1 Tim 2,8f. II,2 323
1 Tim 2,8–15 VI,2 102
1 Tim 2,9–15 II,2 318, 322
1 Tim 2,11–14 VI,2 49
1 Tim 2,13f. II,2 244
1 Tim 2,15 VI,3[1–2] 263; VI,3[3] 262
1 Tim 3,1–7 II,2 321
1 Tim 3,1–13 II,2 318; IX 149
1 Tim 3,2–7 VI,3[1–2] 263; VI,3[3] 262
1 Tim 3,8–13 II,2 321; VI,3[1–2] 263; VI,3[3] 262
1 Tim 3,11 II,2 322
1 Tim 3,14–16 II,2 318
1 Tim 3,15 II,2 321
1 Tim 4,1–5 II,2 318
1 Tim 4,3–5 VII 220
1 Tim 4,6–16 II,2 318
1 Tim 4,7 II,2 318
1 Tim 4,14 II,2 322; VI,3[1–2] 294; VI,3[3] 293; IX 24
1 Tim 5 III 105
1 Tim 5,1f. II,2 319
1 Tim 5,3–16 II,2 227, 319, 323
1 Tim 5,17–25 II,2 319
1 Tim 5,23 II,2 297
1 Tim 6,2–21 II,2 319
1 Tim 6,3 II,2 314
1 Tim 6,14 V 287
1 Tim 6,16 VI,1 154
1 Tim 6,20 II,2 296, 316

2. Brief an Timotheus

2 Tim I,2 312; II,2 48f., 269, 313–323; X 13
2 Tim 1,1f. II,2 319
2 Tim 1,3–5 II,2 319
2 Tim 1,5 II,2 322
2 Tim 1,6 II,2 322
2 Tim 1,6–2,13 II,2 319
2 Tim 1,8 II,2 314

2 Tim 1,8f. II,2 170
2 Tim 1,12 II,2 296
2 Tim 1,14 II,2 296
2 Tim 1,15 II,2 315
2 Tim 1,17 II,2 100, 314; VI,1 19, 33
2 Tim 1,17f. II,2 315
2 Tim 2,2 II,2 315, 320
2 Tim 2,3 II,2 320
2 Tim 2,8–13 II,2 320
2 Tim 2,14–3,9 II,2 320
2 Tim 2,17f. II,2 314
2 Tim 3,6f. II,2 322
2 Tim 3,10–13 II,2 320
2 Tim 3,14–17 II,2 320
2 Tim 4,1–5 II,2 320
2 Tim 4,3 II,2 314
2 Tim 4,6 II,2 100
2 Tim 4,6–8 II,2 320
2 Tim 4,9–22 II,2 318
2 Tim 4,10f. II,2 314, 320
2 Tim 4,11 II,1 241; II,2 51
2 Tim 4,12 II,2 315
2 Tim 4,13 II,2 314
2 Tim 4,19 II,2 123, 314

Brief an Titus

Tit I,2 312; II,2 48f., 313–323; VI,3$^{1-2}$ 263; VI,3^{3} 262f.; X 13
Tit 1,1–4 II,2 319
Tit 1,5–9 II,2 319, 322; IX 24, 149
Tit 1,6–9 VI,3$^{1-2}$ 263; VI,3^{3} 262
Tit 1,7 II,2 321
Tit 1,9 II,2 314, 321
Tit 1,10–16 II,2 319
Tit 2,1 II,2 319
Tit 2,2–10 II,2 319
Tit 2,3–5 II,2 322
Tit 2,11–14 VII 121
Tit 2,12–14 VI,1 83
Tit 2,13 V 287
Tit 3,1–3 II,2 319
Tit 3,4–7 II,2 170
Tit 3,5 VII 150, 154
Tit 3,9–11 II,2 319
Tit 3,12–15 II,2 319

Brief an Philemon

Phlm II,2 44, 269, 285–293, 303
Phlm 1 II,2 115, 286, 297
Phlm 1–3 II,2 286
Phlm 2 II,2 115, 125, 29; VI,3$^{1-2}$ 262; VI,3^{3} 261
Phlm 3 VI,3 50
Phlm 4–7 II,2 290
Phlm 7 II,2 291
Phlm 8 II,2 290
Phlm 9 II,2 55, 286f.
Phlm 9f. II,2 290
Phlm 10 II,2 286f., 291
Phlm 12 II,2 291
Phlm 13 II,2 114, 286, 290
Phlm 13f. II,2 287
Phlm 15–17 II,2 287, 289
Phlm 16 II,2 291
Phlm 17 II,2 291
Phlm 18f. II,2 288f., 291
Phlm 20 II,2 291
Phlm 21 II,2 292
Phlm 22 II,2 292
Phlm 23 II,2 115, 286
Phlm 23f. II,2 290
Phlm 24 II,1 241; II,2 51

Brief an die Hebräer

Hebr II,2 325–328
Hebr 1,1f. V 273, 286; VI,1 82; VII 109
Hebr 1,1–4,13 II,2 327
Hebr 1,3 VI,1 86, 127
Hebr 2,14f. XI 52
Hebr 3,2–4 II,2 327
Hebr 3,7–4,11 VII 317
Hebr 4,12 XI 211, 223
Hebr 4,14–8,13 II,2 327
Hebr 5,1–5 VII 97
Hebr 5,5–10 IX 24
Hebr 5,6 X 70
Hebr 5,7 XI 177
Hebr 5,7f. VI,2 108
Hebr 6,1 II,2 327
Hebr 6,2 IX 24, 88
Hebr 6,6 II,2 327
Hebr 6,20 IX 24
Hebr 7 II,2 13
Hebr 7,17–21 X 70
Hebr 7,26–28 II,2 327
Hebr 7,27 VII 79
Hebr 8,6–10,18 II,2 327
Hebr 8,7ff. XII 55
Hebr 9,12 II,2 327; VII 79
Hebr 10,10 II,2 327
Hebr 10,22 VII 154
Hebr 10,19–39 II,2 327
Hebr 10,25 II,2 328; VII 319
Hebr 10,25–31 II,2 327
Hebr 10,29–31 II,2 328
Hebr 10,31 I,1 254
Hebr 10,32–34 II,2 328
Hebr 11 II,2 327
Hebr 11,1 VI,2 17
Hebr 11,29 I,1 311
Hebr 12,1–3 VI,2 105 f.

Hebr 12,1–13,19 II,2 327
Hebr 12,2 II,2 327; VI,2 105
Hebr 12,4–11 II,2 328
Hebr 13,20–25 II,2 326
Hebr 13,23 II,2 44, 326

Brief des Jakobus

Jak II,2 46, 325, 328–330
Jak 1,1 II,2 329
Jak 1,2–4 II,2 330
Jak 1,5 XI 63
Jak 1,10f. II,2 330
Jak 1,12–15 II,2 330
Jak 1,17 XI 63
Jak 1,19 XI 169
Jak 1,19–27 II,2 330
Jak 1,21 XI 63, 70
Jak 1,22 VI,1 130; XI 142
Jak 2,1–12 II,2 330
Jak 2,5 VI,1 120, 122
Jak 2,14–16 II,2 170
Jak 2,14–17 II,2 330; X 252
Jak 2,23 I,1 34, 192; XII 51, 168
Jak 3,1 II,2 329
Jak 3,1–12 II,2 330
Jak 3,13–18 II,2 330
Jak 3,13–4,6 II,2 330
Jak 4,1–17 II,2 330
Jak 4,4 II,2 330
Jak 4,7f. II,2 330
Jak 5,1–6 II,2 330
Jak 5,4 VI,1 123
Jak 5,7–11 II,2 330
Jak 5,15 XI 159

1. Petrusbrief

1 Petr II,2 46, 325, 331–334
1 Petr 1,1 II,2 333
1 Petr 1,1f. II,2 331
1 Petr 1,3 II,2 332; VII 312
1 Petr 1,6f. II,2 331
1 Petr 1,15–17 II,2 332
1 Petr 1,21 VI,1 228, 230
1 Petr 1,23 II,2 332; VII 150
1 Petr 2,2 II,2 332
1 Petr 2,4 II,2 332
1 Petr 2,4f. VI,3 267; VII 95
1 Petr 2,4–9 V 254
1 Petr 2,5–9 IX 24
1 Petr 2,6 II,2 332
1 Petr 2,7 II,2 332
1 Petr 2,7f. VI,3 267
1 Petr 2,9 II,2 332; VII 95, 172f.; IX 24; X 236
1 Petr 2,9f. VI,3$^{1-2}$ 267; VI,3^{3} 266
1 Petr 2,10–15 VIII 67f.
1 Petr 2,11 II,2 333
1 Petr 2,12 II,2 331f.
1 Petr 2,13 VIII 68
1 Petr 2,13–15 II,2 332
1 Petr 2,14 VIII 67
1 Petr 2,15 II,2 331f.; VIII 68
1 Petr 2,17 II,2 332
1 Petr 2,18–25 II,2 332
1 Petr 2,19f. II,2 331
1 Petr 2,21 XI 40
1 Petr 3,1–6 II,2 333
1 Petr 3,9 I,2 349
1 Petr 3,13 II,2 331
1 Petr 3,13f. II,2 332
1 Petr 3,14 II,2 331
1 Petr 3,15 II,2 179; V 17f.; X 249
1 Petr 3,15f. II,2 331
1 Petr 3,15–17 II,2 332
1 Petr 3,16 II,2 331
1 Petr 3,19 VI,2 168
1 Petr 3,20f. VI,3$^{1-2}$ 268; VI,3^{3} 267
1 Petr 4,1f. II,2 332
1 Petr 4,2f. II,2 333
1 Petr 4,4 II,2 331
1 Petr 4,12 II,2 331
1 Petr 4,13 II,2 332
1 Petr 4,14 II,2 331
1 Petr 4,15 II,2 331
1 Petr 4,19 II,2 331
1 Petr 5,1 II,2 333
1 Petr 5,1–5 IX 24
1 Petr 5,8 II,2 331
1 Petr 5,9 II,2 331
1 Petr 5,10 II,2 331
1 Petr 5,12f. II,2 333
1 Petr 5,13 II,1 89

2. Petrusbrief

2 Petr II,2 46, 325, 334f.
2 Petr 1,1 II,2 334; VI,1 84
2 Petr 1,4 V 286
2 Petr 1,11 VI,1 84
2 Petr 1,12–21 II,2 334
2 Petr 1,16–18 II,2 334
2 Petr 1,19 V 276
2 Petr 1,12–21 II,2 334
2 Petr 2 II,2 334
2 Petr 2,10 VIII 68
2 Petr 2,20 VI,1 84
2 Petr 3,1 II,2 334
2 Petr 3,1–13 II,2 334
2 Petr 3,2 VI,1 84
2 Petr 3,9 XI 51

2 Petr 3,1–13 II,2 334
2 Petr 3,15f. II,2 335
2 Petr 3,18 VI,1 84

1. Johannesbrief

1 Joh II,1 298; II,2 46, 325, 336–339
1 Joh 1,1–3 II,1 311; XI 233
1 Joh 1,1–5 II,2 337
1 Joh 1,1–18 II,2 336f.
1 Joh 2,6 XI 142
1 Joh 2,17 VI,1 130
1 Joh 2,18f. II,1 310
1 Joh 2,19 II,1 318; II,2 337
1 Joh 2,20 II,1 319
1 Joh 2,23f. VI,1 83
1 Joh 2,27 II,1 319
1 Joh 2,29 II,1 310
1 Joh 3,1f. II,2 338
1 Joh 3,2 VI,3$^{1-2}$ 206; VI,3^{3} 205
1 Joh 3,10 II,1 310; XII 94
1 Joh 3,14 II,2 338; VI,3 173
1 Joh 3,17 VI,1 120
1 Joh 3,23 II,1 281
1 Joh 3,23f. II,2 338
1 Joh 4,1 XI 27
1 Joh 4,8.16 II,2 338; VI,2 318
1 Joh 4,9f. II,2 338
1 Joh 4,12–16 II,2 338
1 Joh 4,14 II,2 338
1 Joh 4,18 VI,1 179
1 Joh 4,20 X 31
1 Joh 5,11f. VI,3 173
1 Joh 5,13 II,1 281

2. Johannesbrief

2 Joh II,1 298; II,2 46, 325, 336–339
2 Joh 1 II,2 46, 338
2 Joh 7 II,2 338
2 Joh 10f. II,1 310; II,2 338
2 Joh 13 II,2 338

3. Johannesbrief

3 Joh II,1 298; II,2 46, 325, 336–339
3 Joh 1 II,2 46, 338
3 Joh 9f. II,1 310; II,2 338

Brief an Judas

Jud II,2 46, 325, 334–336
Jud 1 II,2 335
Jud 3 II,2 335
Jud 4 II,2 335
Jud 4–16 II,2 335
Jud 12f. II,2 336
Jud 20 II,2 336
Jud 22f. II,2 336

Offenbarung des Johannes

Offb II,2 308, 314, 333, 341–350
Offb 1,1 II,2 342
Offb 1,3 II,2 342
Offb 1,4 II,2 342f.
Offb 1,4–8 II,2 343
Offb 1,6 VII 97, 173
Offb 1,9 II,2 342f., 345
Offb 1,10 VII 313
Offb 1,11 II,2 343
Offb 2–3 II,2 343
Offb 2,3 II,2 344
Offb 2,4f. II,2 346
Offb 2,6 II,2 346
Offb 2,9f. II,2 344
Offb 2,13 II,2 344
Offb 2,14f. III 146
Offb 2,15 II,2 346
Offb 2,17 XI 66
Offb 2,20 II,2 346
Offb 3,1 II,2 346
Offb 3,8 II,2 344, 346
Offb 3,14–22 II,2 300
Offb 3,15f. II,2 346
Offb 3,20 XI 50
Offb 4–5 II,2 346
Offb 4,6–10 II,1 35
Offb 4,7 XII 246
Offb 5 VII 267
Offb 5,5 II,2 347
Offb 5,6 II,2 347
Offb 5,9f. VII 97; IX 24
Offb 6,1–8,1 II,2 347
Offb 6,10 II,2 345
Offb 7,1–8 II,2 347
Offb 7,9 VII 303
Offb 7,9–17 II,2 347
Offb 7,17 VI,1 211
Offb 8,1 II,2 348
Offb 8,2–11,19 II,2 347
Offb 9,20f. II,2 348
Offb 10,8–10 VII 109:
Offb 11,15–19 II,2 348
Offb 12,1–14,20 II,2 348
Offb 12,7–10 II,1 55
Offb 12,7–12 II,1 341
Offb 12,11 II,2 345
Offb 12,12 IV 89
Offb 13,2 I,2 348
Offb 13,4 II,2 348

Offb 13,7 II,2 348
Offb 13,9f. II,2 345
Offb 13,17 II,2 348
Offb 14 II,2 348
Offb 15–16 II,2 348
Offb 15,2f. VI,1 120
Offb 16,6 II,2 345
Offb 16,16 I,2 161
Offb 16,21 II,2 348
Offb 17,6 II,2 345
Offb 17,18 II,2 348
Offb 18 II,2 349
Offb 18,24 II,2 345, 349
Offb 19,1–10 II,2 349
Offb 19,2 II,2 345
Offb 19,7.9 VI,3^{1-2}268; VI,3^{3} 267
Offb 19,8 VI,1 120
Offb 19,11–21 II,2 349
Offb 20 VI,3 137, 146f. (VI,3^{3} 147)
Offb 20,1–6 II,2 349
Offb 20,4 II,2 345
Offb 20,7–10 II,1 55; II,2 347, 349
Offb 20,11–15 II,2 349
Offb 21–22 II,2 349
Offb 21,1 VI,3^{1-2} 122; VI,3^{3} 121
Offb 21,1–4 VI,3^{1-2} 207; VI,3^{3} 206f.
Offb 21,3 VI,3 142
Offb 21,3f. VI,1^{1-2} 166, 287; VI,1^{3} 167, 288
Offb 21,4 II,2 349; VI,1 211
Offb 21,5 VI,1 120
Offb 21,22 VI,3 142
Offb 22,6 II,2 342
Offb 22,8 II,2 342
Offb 22,9 II,2 342
Offb 22,17 VI,3^{1-2} 268; VI,3^{3} 267; XI 165
Offb 22,20 VI,3 139, 146
Offb 22,21 II,2 3

Spruchquelle Q (Logienquelle)

Q II,1 37, 54, 100, 113–131, 134, 159, 162, 166, 175f., 201, 205, 229, 243, 326f., 343f., 348f., 355f.; II,2 11, 20–22, 24
Q 3,2–7,35 II,1 117
Q 3,2–17 II,1 118
Q 3,16f. II,1 128
Q 3,22 II,1 130
Q 4,1–13 II,1 118, 125
Q 4,3.9 II,1 130
Q 6,20–23 II,1 118
Q 6,20–49 II,1 118
Q 6,22 II,1 130
Q 6,27f.35 II,1 118
Q 6,27–36 II,1 122
Q 6,30 II,1 123
Q 6,31 II,1 118
Q 6,47–49 II,1 118
Q 7 II,1 124
Q 7,1–9 II,1 130
Q 7,1–10 II,1 118
Q 7,18–23 II,1 130
Q 7,31–35 II,1 119
Q 7,34 II,1 130
Q 9,57–60 II,1 119, 121
Q 9,58 II,1 130
Q 9,75–11,13 II,1 117
Q 10,4 II,1 121
Q 10,2–16 II,1 119, 121
Q 10,3.10–12 II,1 122
Q 10,13.15 II,1 124
Q 10,14 II,1 124
Q 10,21f. II,1 130
Q 10,21–24 II,1 119
Q 11,2–4 II,1 119
Q 11,9–13 II,1 119

Q 11,14–26 II,1 119
Q 11,14–52 II,1 117, 119
Q 11,16 II,1 119, 129
Q 11,20 II,1 116
Q 11,29f. II,1 129
Q 11,29–35 II,1 119
Q 11,30 II,1 130
Q 11,39–52 II,1 119
Q 11,49–51 II,1 128f.
Q 12,2–13,21 II,1 117, 119
Q 12,8.10.40 II,1 130
Q 12,22–31 II,1 119, 122
Q 12,33f. II,1 123
Q 12,39–46 II,1 120
Q 12,51.53 II,1 120
Q 13,18–21 II,1 120
Q 13,24–14,23 II,1 117, 120
Q 13,28f. II,1 124
Q 13,34f. II,1 125, 129, 356; II,2 22
Q 14,26 II,1 120f.
Q 14,26–17,21 II,1 117, 120
Q 14,27 II,1 120, 129
Q 15,4–10 II,1 120
Q 16,3 II,1 123
Q 17,23–37 II,1 127
Q 17,23–22,30 II,1 117, 120
Q 17,24.26.30 II,1 130
Q 17,26–30 II,1 127
Q 17,33 II,1 129
Q 17,34f. II,1 127
Q 19,12–26 II,1 120
Q 22,28.30 II,1 120, 128

Anhang: Koranstellen

Sure 1 XII 175, 185, 197
Sure 2 XII 175f.
Sure 2:30 XII 182
Sure 2:43 XII 187
Sure 2:105 XII 61
Sure 2:177 XII 195
Sure 2:185 XII 186
Sure 2:225 XII 54
Sure 3:42–48 XII 177
Sure 3:49 II,1 331
Sure 3:64 XII 61
Sure 3:69–72 XII 61
Sure 4:3 XII 194
Sure 4:123 XII 61
Sure 4:125 I,1 34, 192; XII 51, 168
Sure 4:156–159 XII 177f.
Sure 4:157 XII 54, 178
Sure 4:163 XII 185
Sure 4:171 XII 179
Sure 5:15 XII 61
Sure 5:32 I,1 281
Sure 5:46 XII 176
Sure 5:72 II,1 331
Sure 5:110 XII 177, 293
Sure 5:114 XII 177
Sure 6:61 XII 177
Sure 6:151 XII 195
Sure 7:54–56 XII 176
Sure 7:189 XII 176; 181
Sure 9:33 XII 57
Sure 9:60 XII 187
Sure 12 XII 176
Sure 13 XII 197
Sure 14 I,1 34; XII 168
Sure 19:22–34 II,1 329; XII 177
Sure 23:12–14 XII 176
Sure 24:33 XII 195
Sure 26:128–129 XII 176
Sure 28:38–39 XII 176
Sure 29:46 XII 61
Sure 30:17–25 XII 176
Sure 32:7–9 XII 176
Sure 33:40 XII 184
Sure 37:99–112 XII 54
Sure 37:99–113 I,1 220; XII 190
Sure 37:104–105 XII 190
Sure 38:71–77 XII 176
Sure 40:36–37 XII 176
Sure 41:6 XII 183
Sure 41:41–45 XII 176
Sure 43:63 II,1 331
Sure 45:18 XII 194
Sure 48:28 XII 57
Sure 50:16 XII 181
Sure 53:36 XII 185
Sure 57:27 XII 176
Sure 58:12 XII 187
Sure 61:6 II,1 331
Sure 61:9 XII 57
Sure 61:14 II,1 331
Sure 69 XII 197
Sure 79:27–39 XII 176
Sure 82 XII 196
Sure 84 XII 197
Sure 87:18 XII 185
Sure 96:1–5 XII 181
Sure 97 XII 186
Sure 98:1 XII 61
Sure 98:6 XII 61
Sure 114 XII 175f.

Register der kirchenamtlichen Dokumente und Rechtsquellen

Dieses Teilregister erfasst alle erwähnten oder in Auszügen zitierten kirchenamtlichen Verlautbarungen einschliesslich aller erwähnten Konzilien sowie sämtliche päpstliche und kuriale Dokumente. Bedeutende Erlasse, partikularkirchliche Stellungnahmen und Synodentexte werden in einem eigenen Abschnitt gelistet. In allen Kategorien sind detaillierte Verweise angegeben, sofern diese an der entsprechenden Stelle erwähnt werden, ggf. auch durch Nennung der entsprechenden Nummer in DenzH.

Ebenfalls in diesem Teilverzeichnis eingeordnet sind die wichtigsten liturgischen Normen (AEM, AES, GORM, GOK, PEML, Ökumenisches Direktorium) sowie die primären kirchlichen Rechtsquellen (CIC/1917, CIC/1983, CCEO und NEP). Über diese binnenkirchlichen Bestimmungen hinaus wurden alle in der Reihe herangezogenen religionsrechtlich und staatskirchenrechtlich relevanten Rechtsquellen für Deutschland, Österreich und die Schweiz sowie solche mit übernationaler Gültigkeit oder historischer Bedeutung aufgenommen.

Allen Dokumenten ist das Jahr, in den meisten Fällen auch das Datum des Erscheinens bzw. des Inkrafttretens beigegeben. Fallen das Datum des Inkrafttretens und das der Veröffentlichung oder der päpstlichen Unterschrift nicht zusammen, sind beide Daten angegeben.

Konzilstexte (chronologisch)

1. Konzil von Nizäa

Nizänisches Glaubensbekenntnis (19.6.325) VI,3^{1-2} 60; VI,3^{3} 59
Bestimmung zu Fasten und Knien in der Osterzeit, Can. 20 (19.6.–25.8.325) VII 335

1. Konzil von Konstantinopel

Konstantinopolitanisches Glaubensbekenntnis (Mai–Juli 381) VI,3 14, 60, 63

4. Laterankonzil

Definition gegen die Albigenser und Katharer (11.–30.11.1215) VI,1^{1-2} 261; VI,1^{3} 262
zur Analogielehre: Die Irrlehre Joachims von Fiore (11.–30.11.1215) VI,3 18
Bestimmungen über die Juden, Cann. 67–70 (11.–30.11.1215) I,1 261
Kreuzzugsaufruf, Can. 71 (11.–30.11.1215) I,1 261

2. Konzil von Lyon

zur Fegfeuerlehre: Brief des Kaisers Michael Palaiologos an Gregor X. (6.7.1274) VI,3^{1-2} 195; VI,3^{3} 194

Konzil von Vienne

Ad nostrum qui, Konst. (6.5.1312) VI,3^{1-2} 206; VI,3^{3} 205
Fidei catholicae, Konst. (6.5.1312) VI,3 186

Konzil von Konstanz

Haec sancta synodus (6.4.1415) III 197
Frequens (9.10.1417) III 198

Konzil von Florenz

Exultate Deo (22.11.1439, «Armenierdekret») VI,3 241; VII 143
Laetentur caeli (6.7.1439, «Dekret für die Griechen») VI,3^{1-2} 65, 195, 206, 278; VI,3^{3} 65, 194, 206, 277
Cantate Domino (4.2.1442, «Dekret für die Jakobiten») VI,3 200

5. Laterankonzil

Leo X.: Apostolici regiminis, Bulle (19.12.1513) VI,3 177

Konzil von Trient

Dekret über die Annahme der heiligen Bücher und der Überlieferungen (8.4.1546) VI,3^{1-2} 293; VI,3^{3} 292
Dekret über die Vulgata-Ausgabe der Bibel und die Auslegungsweise der Heiligen Schrift (8.4.1546) VI,3 293
Dekret über die Ursünde (17.6.1546) VI,3 175f.
Dekret über die Sakramente (3.3.1547) VI,3 234, 241
Lehre über das Busssakrament (25.11.1551) VIII 79f.
Lehre und Kanones über das Sakrament der Weihe (15.7.1563) VI,3^{1-2} 307; VI,3^{3} 306
Tametsi (11.11.1563, «Dekret über eine Reform der Ehe») IX 180
Dekret über das Purgatorium (3.12.1563) VI,3 195

1. Vatikanisches Konzil

Dei Filius, Konst. (24.4.1870) **Kap. 1** VI,1^{1-2} 261; VI,1^{3} 262; VI,3^{1-2} 206; VI,3^{3} 205. **Kap. 2** V 27, 273; VI,3 153. **Kap. 3** V 71, 159, 209, 212, 276, 289f.; VI,3^{1-2} 277; VI,3^{3} 276. **Kap. 4** V 26; VI,1 34. **Canones 1.5** VI,1^{1-2} 261; VI,1^{3} 262. **Canones 2.1** V 27, 273; VI,1^{1-2} 238f.; VI,1^{3} 239f. **Canones 2.2** V 27. **Canones 3.3–4** V 159, 276
Pastor aeternus, Konst. (18.7.1870) **Kap. 1–2** V 290. **Kap. 3** V 211, 290f.; VI,3^{1-2} 278; VI,3^{3} 277. **Kap. 4** V 211, 291f.; VI,3^{1-2} 279; VI,3^{3} 278

2. Vatikanisches Konzil

AA VI,3^{1-2} 287; VI,3^{3} 286. **14** X 49. **29** VIII 286
AG XII 258. **2** VI,1 26. **3** VI,3 200. **6** VII 117. **7** VI,3 200; XII 58, 61. **9** VII 132; XII 61. **11** XII 61. **14** VII 165. **15** XII 61. **41** XII 18
CD 8 IX 127. **9** IX 127. **10** IX 127. **11** IX 141. **25–26** IX 141. **27** IX 141. **29** IX 141. **30** IX 132, 141. **43** IX 141
DH V 88, 207; VI,3 280; XII 46f. **2** V 89; VIII 228; XII 48. **11** VI,2 119
DV V 59, 141f. **2** V 142, 168; VI,1 19, 33f., 82, 86, 88, 127, 160 (VI,1^{3} 161), 184, 207; VI,3 15, 73. **2–4** V 168, 285–287. **4** V 157; VI,1 82, 215; VI,2 119; VII 109. **6** VI,1 34,

62 (VI,1^{3} 63); VI,3 15, 73, 153. **8** V 59; VI,3 294. **9** V 59. **10** V 62 VI,1 89. **11** V 56–58, 143; VI,1 90, 100f., 128, 202. **11–13** V 150. **12** V 56, 330; VI,2 42f. **16** V 57. **17** VI,1 215; VI,3 238. **21** VI,3 17, 238; VII 107, 117f., 244, 249. **23** VII 117. **24** VI,3 238. **25** VII 105; XI 138. **26** VI,3 238

GS V 65f.; VI,3 119, 151f., 158, 280f.; X 34–36. **1** V 66, 69, 198, 206; VI,3 317; X 10, 34, 36–40, 42, 54, 57f., 104, 113, 171, 231, 271f. **3** V 54; X 43, 61, 78, 88, 171, 221f., 272; **3–4** VIII 285f. **4** V 54; VI,3$^{1-2}$ 313; VI,3^{3} 312; X 10, 39, 43, 45f., 48, 51, 61, 78f., 88, 239. **5** X 73. **11** X 48f., 51. **22** V 44, 88; VI,3 200; XII 60, 283. **25** VIII 292; X 209. **26** VIII 293. **27** VIII 188; X 40f. **39** VI,3 151f.; X 11, 71. **40–43** V 217, 293. **45** X 71, 95. **47–52** IX 187. **48** VII 95; IX 188f., 194. **49** IX 177, 188. **50** IX 188, 197. **62** X 73. **63** X 209. **69** X 210. **74** X 208

LG 1 V 206, 218; VI,3 23, 227, 243; VII 9; XII 49. **2** V 216; VI,3$^{1-2}$ 246, 256, 281; VI,3^{3} 246, 255, 280. **3** VI,3$^{1-2}$ 250; VI,3^{3} 249; VII 270; X 70. **5** X 11, 39, 70, 95, 168, 222, 272. **7** VI,3 246, 256 (VI,3^{3} 255). **8** V 232; VI,1 205; VI,3$^{1-2}$ 246, 256, 281f.; VI,3^{3} 246, 255, 280f.; IX 44, 70; X 42. **9** X 71, 95; XI 116f. **9–17 (= Kap. 2)** V 207; VI,3 267; IX 109. **10** V 208; VI,3$^{1-2}$ 269, 284, 304; VI,3^{3} 268, 283, 303; VII 97–99; IX 139f., 142, 161f. **10f.** XI 75f. **10–13** X 225. **11** VII 196f., 206, 241; IX 140, 177. **12** V 64; VI,3$^{1-2}$ 294, 304; VI,3^{3} 293, 303; IX 162. **13–16** VI,3 291. **14** VI,3 255f.; VII 182; IX 76. **15** VII 189; IX 71, 77. **16** V 44, 88, 155; VI,2 311; VI,3 200, 256 (VI,3^{3} 255); VII 182; IX 77; XII 50, 60, 126, 166f. **18** V 40; IX 142, 161. **18–29** IX 109. **20** V 210; IX 108, 139f., 162. **21** IX 140, 148, 161f. **22** V 208, 210; VI,3$^{1-2}$ 307, 310; VI,3^{3} 306, 309; IX 107f., 124, 126. **23** VI,3 280f.; IX 130. **23–27** VI,3$^{1-2}$ 281; VI,3^{3} 280f. **25** V 209; IX 161, 163. **26** VI,3$^{1-2}$ 303; VI,3^{3} 302; IX 161. **27** VI,3$^{1-2}$ 303; VI,3^{3} 302; IX 110, 140, 142, 161. **28** IX 140, 148, 161f. **28f.** VI,3$^{1-2}$ 308; VI,3^{3} 307; VII 129; IX 140, 148, 162. **30–33** IX 139. **30–38** V 207. **30–42** VI,3$^{1-2}$ 287; VI,3^{3} 286. **31** V 208; VI,3$^{1-2}$ 304; VI,3^{3} 303; IX 139, 162. **32** VI,3$^{1-2}$ 269; VI,3^{3} 268; IX 24, 80, 137, 162. **48** VII 95; XII 49. **48–51** VI,3 225. **49** VI,3 195

NA V 207, 221; VI,3 280; XII 18 (XII^{3} 19), 41f., 51–56, 165. **1** XII 13, 43, 52, 258, 286f. **2** I,1 266; VI,2 311; XII 19, 21, 52f., 61, 258, 286. **3** I,1 266; XII 43, 54, 167, 169, 178, 199. **4** I,1 266f.; VI,2 310; XII 55, 126–129, 134, 140. **5** XII 43

OE VI,3 280

OT 16 VII 25; VIII 89–91, 127; X 9

PO 2 IX 140, 142. **4** VII 106, 117. **5** IX 140. **7** IX 140. **8** VII 117. **9** X 49. **12** IX 140. **18** VII 117; IX 140

SC VI,3 281; VII 22. **1** VII 241. **5** VII 323; X 237; XII 106. **5f.** VII 78. **6** VII 96, 152, 168, 207; XII 106. **7** VII 12f., 32, 42f., 82, 88, 95, 97, 100, 113, 116, 128, 242, 272f. **8** VII 84. **9** VII 72. **10** VII 66, 72, 132, 207, 288. **11** VII 284. **12f.** VII 50. **14** VII 95, 101, 173. **16** VII 25. **21** VII 241, 243. **23** VII 21. **24** VII 140. **26** VI,3 240; VII 96, 99. **28** VII 100, 128, 243, 272. **29** VII 243. **30** VII 55. **33** VII 249. **34** VII 269. **35** VII 118, 133, 321; XII 75. **36** VII 56, 242. **37–40** VII 68. **41** VI,3$^{1-2}$ 303; VI,3^{3} 302. **47** VII 78. **47–58** VII 241. **48** VII 117, 241f., 272. **50** VII 242. **51** VII 119, 242. **52** VII 131, 242, 250.

53 VII 242. **54** VII 242; XII 75. **55** VII 242. **56** VII 117, 242. **57f.** VII 242. **59** VII 13, 98. **61** VII 78, 80; XII 106. **63** XII 75. **64** VII 165. **65** VII 165. **67** VII 166. **68** VII 166. **70** VII 164. **71** VII 195. **72** VII 202. **84** VII 277. **88** VII 277. **89** VII 288. **90** VII 284. **91** VII 288. **92** VII 289. **94** VII 277. **100** VII 321. **104** VII 362. **106** VII 78, 134, 312, 316; XII 106. **107** XII 106. **109** VII 339. **111** VII 310. **112** VII 42. **122** VII 47. **122f.** VII 50

UR VI,3 280. **3** V 215f., 292; IX 71. **4** V 292; VI,3 107; X 49. **8** VII 138. **11** V 39, 293; VI,3 16. **22** VII 144, 190; IX 76

NEP (Nota Explicativa Praevia [16.11.1964]) V 208; **1** IX 109, 124; **3** IX 109; **4** IX 109

Enzykliken (chronologisch)

Gregor XVI.: **Mirari vos** (15.8.1832) III 296. **Nr. 14** VIII 227

Leo XIII.: **Arcanum divinae sapientiae** (10.2.1880) IX 183

Leo XIII.: **Rerum novarum** (15.5.1891) III 315f.; VIII 292; X 206

Pius IX.: **Syllabus errorum**, Anhang zu Quanta cura (8.12.1864) III 298, 303; VI,3^{1-2} 276; VI,3^{3} 275

Pius X.: **Pascendi domini gregis** (8.9.1907) III 320f.; V 29

Pius XI.: **Quadragesimo anno** (15.5.1931) III 316, 322. **Nr. 79** VIII 294; X 209. **Nr. 80** X 280

Pius XI.: **Mit brennender Sorge** (14.3./21.3.1937) III 326

Pius XI.: **Divini Redemptoris** (19.3.1937) III 333

Pius XII.: **Mystici corporis** (29.6.1943) IX 76; XII 60

Pius XII.: **Mediator Dei** (20.11.1947) VII 113, 241, 301

Pius XII.: **Humani generis** (12.8.1950) V 31; VI,1^{1-2} 277; VI,1^{3} 278

Johannes XXIII.: **Mater et Magistra** (15.5.1961) III 316; X 44. **Nr. 65** X 208. **Nr. 236** VIII 285, 292; X 45, 206

Johannes XXIII.: **Pacem in terris** (11.4.1963) III 283, 316, 339; V 54; X 36, 48–50, 57; XII 47. **Nr. 140** X 140

Paul VI.: **Ecclesiam suam** (6.8.1964) XII 43–45. **Nr. 96** XII 44. **Nr. 108** XII 44. **Nr. 109** XII 44. **Nr. 117** XII 44

Paul VI.: **Mysterium fidei** (3.9.1965) VII 116f.

Paul VI.: **Populorum progressio** (26.3.1967) III 316, 339. **Nr. 79** VI,3 152

Paul VI.: **Sacerdotalis caelibatus** (24.6.1967) III 341

Paul VI.: **Humanae vitae** (25.7.1968) III 341; V 63; VIII 157, 170, 187; IX 176

Paul VI.: **Octogesimo adveniens** (14.5.1971) III 316. **Nr. 4** X 206

Johannes Paul II.: **Laborem exercens** (14.9.1981) III 316. **Nr. 3** X 211. **Nr. 14** X 210. **Nr. 18** X 210

Johannes Paul II.: **Sollicitudo rei socialis** (30.12.1987) III 316. **Nr. 36** X 212. **Nr. 37** X 212f. **Nr. 38** VIII 293; X 208. **Nr. 40** X 208. **Nr. 42** X 210
Johannes Paul II.: **Centesimus annus** (1.5.1991) III 316. **Nr. 40** X 213
Johannes Paul II.: **Veritatis splendor** (6.8.1993) VIII 157, 170–173, 187. **Nr. 4** VIII 170
Johannes Paul II.: **Evangelium vitae** (25.3.1995) IX 164, 176. **Nr. 60** VIII 85–87
Johannes Paul II.: **Ecclesia de eucharistia** (17.4.2003) VII 206
Benedikt XVI.: **Caritas in veritate** (29.6./7.7.2009) III 316
Franziskus: **Evangelii gaudium** (24.11.2013) III 316, 361. **Nr. 231** VIII 263. **Nr. 247–249** I,1 270f.
Franziskus: **Laudato si'** (24.5.2015) VIII 292, 303. **Nr. 10** VIII 295. **Nr. 70** VIII 294
Franziskus: **Amoris laetitia** (19.3./8.4.2016) VIII 171

Nachsynodale Schreiben, Dekrete, päpstliche Instruktionen, Apostolische Konstitutionen und Schreiben des Papstes (chronologisch)

Gelasius I.: **Famuli vestrae pietatis**, Brief an Ks. Anastasius (494) VI,3$^{1-2}$ 272; VI,3^{3} 271
Greor VII.: **Dictatus Papae** (1075) III 148
Innozenz III.: **Quia major**, Bulle (1213) I,1 261
Bonifatius VIII.: **Unam sanctam**, Bulle (18.11.1302) III 188f.; VI,3 255; VIII 67
Benedikt XII.: **Benedictus Deus**, Konst. (29.1.1336) VI,3 177, 185, 206 (VI,3^{3} 205)
Pius IV. **Iniunctum nobis**, Bulle (13.11.1564) VI,3$^{1-2}$ 293; VI,3^{3} 292
Pius V.: **Quo primum**, Ap. Konst. (14.7.1570) VII 239
Pius X.: **Tra le sollicitudini**, Mp (22.11.1903) VII 101, 240
Pius X.: **Sacrorum antistitum**, Mp (1.9.1910, «Antimodernisteneid») V 29, 159, 168f., 276f.; VI,3$^{1-2}$ 280; VI,3^{3} 279
Paul VI.: **Matrimonia mixta**, Mp (31.3.1970) IX 189
Paul VI.: **Laudis canticum**, Ap. Konst. (1.11.1970) **Nr. 1** VII 277. **Nr. 8** VII 277, 280
Paul VI.: **Divinae consortium naturae**, Ap. Konst. (15.8.1971) VII 195
Paul VI.: **Ministeria quaedam**, Mp (15.8.1972) IX 140, 149
Johannes Paul II.: **Familiaris consortio**, Ap. Mahnschreiben (22.11.1981) **Nr. 84** IX 98f.
Johannes Paul II.: **Reconciliatio et paenitentia**, Ap. Schreiben (2.12.1984) **Nr. 33** VIII 245
Johannes Paul II.: **Spiritus Domini super me**, Ap. Schreiben (1.8.1987) VIII 83
Johannes Paul II.: **Pastor Bonus**, Ap. Konst. (28.6.1988) IX 29, 31, 41, 127f.
Johannes Paul II.: **Mulieris dignitatem**, Ap. Schreiben (15.8.1988) VI,3$^{1-2}$ 268; VI,3^{3} 267
Johannes Paul II.: **Katechismus der Katholischen Kirche** (11.10.1992/1993) V 144, 174; VII 23; XI 233. **64** XII 131. **67** V 156. **102** VII 112. **143f.** V 72. **403** VI,3$^{1-2}$ 176; VI,3^{3} 175. **418** VI,3$^{1-2}$ 176; VI,3^{3} 175. **639** V 174. **643** V 175. **668–682** VI,3 120. **815** V 210. **827** VI,3 290. **840** XII 132. **846** VI,3 255. **861f.** V 210. **867** VI,3 290. **882** V 210. **889–892** V 209. **988–1060** VI,3 120. **997** VI,3 177. **1008** VI,3 175. **1016** VI,3 177.

1018 VI,3 175. **1058** VII 153. **1069** VII 272. **1077–1083** VII 85. **1085** VII 79. **1091** VII 89. **1099** VII 115. **1100** VII 89. **1100–1103** VII 115. **1107** VII 89. **1120** VII 99. **1131** VII 17. **1169** VII 324. **1171** VII 323. **1188** VII 97. **1261** VII 183. **1275** VII 183. **2088f.** V 72. **2181f.** VII 321. **1303** VI,3^{1-2} 110; VI,3^{3} 109. **1304** VI,3 109. **1316** VI,3^{1-2} 110; VI,3^{3} 109. **1317** VI,3 109. **1576** V 210

Johannes Paul II.: **Ordinatio sacerdotalis**, Ap. Schreiben (22.5.1994) V 40, 204; VI,3 283, 309 (VI,3^{3} 308); IX 164. **Nr. 4** VI,3 283; IX 163f.

Johannes Paul II.: **Universi Dominici Gregis**, Ap. Konst. (22.2.1996) IX 31, 123, 129. **Nr. 34** IX 126

Johannes Paul II.: **Ad tuendam fidem**, Mp (18.5.1998) IX 164f.

Benedikt XVI.: **Omnium in mentem**, Mp (26.10.2009) IX 72, 140, 191

Benedikt XVI. **Verbum Domini**, Ap. Schreiben (30.9./11.11.2010) V 144; VII 108, 116, 127. **Nr. 52** VII 116. **Nr. 53** VII 108. **Nr. 57** VII 127

Von einzelnen Kongregationen und Kommissionen erlassene Normen

(chronologisch)

Sacrum Officium (heute: Kongregation für die Glaubenslehre): **Lamentabili sane exitu**, Dekret (3.7.1907) III 319–321; V 29

Ritenkongregation: **Musicam sacram**, Instr. (5.3.1967) **Nr. 17** VII 55

Kongregation für die Glaubenslehre: **Inter insigniores**, Erkl. (15.10.1976) VI,3 283, 309 (VI,3^{3} 308); IX 163

Kongregation für die Glaubenslehre: **Recentiores episcoporum synodi**. Zu einigen Fragen der Eschatologie, Schreiben (17.5.1979) VI,3 120, 177, 188, 200

Kongregation für die Sakramente und den Gottesdienst: **Inaestimabile donum**, Instr. (3.4.1980) **Nr. 338** IX 150

Kongregation für die Glaubenslehre: **Sacerdotium ministeriale**, Instr. (6.8.1983) VI,3^{1-2} 303; VI,3^{3} 302

Kongregation für den Gottesdienst und die Sakramentenordnung: **Varietates legitimae**, Instr. (25.1.1994) **Nr. 18** VII 68

Päpstliche Bibelkommission: **Die Interpretation der Bibel in der Kirche**, (15.4.1993) VI,1 86

Kongregation für die Glaubenslehre: **Über den Kommunionempfang von wiederverheiraten geschiedenen Gläubigen**, Schreiben (14.9.1994) IX 99. **Nr. 4** IX 100

Kongregation für die Glaubenslehre: **Antwort auf den Zweifel bezüglich der im Apostolischen Schreiben «Ordinatio Sacerdotalis» vorgelegten Lehre** (28.10./11.12.1995) V 40; VI,3 283, 309 (VI,3^{3} 308); IX 163

Kommission für die religiösen Beziehungen zu den Juden: **Wir erinnern**. Eine Reflexion über die Schoa (16.3.1998) XII 132

Gemeinsame Erklärung zur Rechtfertigungslehre (Augsburg 31.10.1999) II,2 144; VIII 169, 215, 247

Kongregation für die Glaubenslehre: **Dominus Iesus,** Erkl. (6.8.2000) V 40, 144, 223f., 227, 234; VI,2 310, 316; VI,3 106 (VI,3^{3} 105f.), 219, 250. **Nr. 5** VI,3 11. **Nr. 7** V 223. **Nr. 10** VI,2 12; VI,3 11. **Nr. 11** VI,3 11. **Nr. 13** VI,3 11. **Nr. 14** VI,3 11. **Nr. 15** VI,2 12. **Nr. 16** V 234. **Nr. 17** VI,3 251, 288 (VI,3^{3} 287); IX 78. **Nr. 20** VI,3 11. **Nr. 22** XII 64

Kongregation für die Glaubenslehre: **Normae de conficiendo processu pro solutione vinculi matrimonialis in favorem fidei** (30.4.2001) IX 25

Kongregation für den Gottesdienst: **Redemptionis sacramentum,** Instr. (25.3.2004) **Nr. 63** VII 133. **Nr. 65f.** VII 133

Kongregation für die Glaubenslehre: **Antworten auf Fragen zu einigen Aspekten bezüglich der Lehre über die Kirche** (29.6.2007) III 358; V 234; VI,2 310. **4. Frage** IX 78. **5. Frage** VI,3 251, 288 (VI,3^{3} 287); IX 78

Kongregation für die Bischöfe: **Rekognition des Allgemeinen Dekrets der Deutschen Bischofskonferenz zum Kirchenaustritt,** Erkl. (28.8.2012) IX 233

Erlasse, Stellungnahmen, Synodentexte (teilkirchlich)

Gemeinsame Synode der Bistümer in der Bundesrepublik Deutschland: **Unsere Hoffnung** (1975) XII 56, 131. **I,5** XI 87. **27** VI,3 131. 28f. VI,3 165f.

Berliner Bischofskonferenz/Deutsche Bischofskonferenz/Österreichische Bischofskonferenz: **Die Last der Geschichte annehmen.** Wort der Bischöfe zum Verhältnis von Christen und Juden aus Anlaß des 50. Jahrestages der Novemberpogrome 1938 (20.10.1988) XII 132

Bischofssynode – Sonderversammlung für Europa: **Damit wir Zeugen Christi sind, der uns befreit hat.** Erklärung mit lateinischem Originaltext (13.12.1991) **Nr. 103** VI,1 27

Für eine Zukunft in Solidarität und Gerechtigkeit (Sozialwort der Kirchen [Deutschland], 1997) VIII 286; X 114

Welche Zukunft wollen wir? (Wort der Kirchen 2001 [Schweiz]) VIII 265, 286

Wort der Kirchen zur sozialen und wirtschaftlichen Zukunft der Schweiz «Miteinander in die Zukunft» (2001) VI,3$^{1-2}$ 315; VI,3^{3} 314; IX 287

Richtlinien des Bistums Basel für den Austritt aus der römisch-katholischen Kirche (2003) IX 308f.

Richtlinien zum Austritt aus der römisch-katholischen Kirche des Kantons Freiburg (2004) IX 296

Allgemeines Dekret der Deutschen Bischofskonferenz zum Kirchenaustritt (20.9.2012) IX 233, 293–295

Liturgische Normen

Allgemeine Einführung in das Römische Messbuch (AEM, 1975)

VII 23; IX 33. **1** VII 269. **2** VII 272. **8** VII 117, 244. **20** VII 272. **24** VII 245. **25** VII 246. **32** VII 248. **33–47** VII 249. **34** VII 117. **35** VII 111. **36** VII 249. **41** VII 132. **45** VII 251. **48** VII 210. **54** VII 254. **56** VII 268. **61** VII 129. **66** VII 128. **131** VII 129. **148–152** VII 128. **240** VII 267. **283** VII 242, 266. **316** VII 117. **318** VII 120. **333** VII 256

Allgemeine Einführung ins Stundengebet (AES)

VII 275. **4** VII 278. **10f.** VII 277. **13** VII 279. **14** VII 275. **16** VII 293. **19** VII 284. **20–33** VII 295. **33** VII 275, 296. **37** VII 278. **38** VII 279. **39** VII 278. **103** VII 291. **104** VII 291. **105** VII 284, 291. **126–135** VII 291. **131** VII 292. **136–139** VII 293. **140–172** VII 293. **179–193** VII 293. **194–196** VII 293. **201–203** VII 293. **261** VII 297. **267–284** VII 293. **268** VII 294. **279** VII 298f.

Grundordnung des Römischen Messbuchs (GORM, 2002)

VII 23, 120; IX 33. **16** VII 269. **17** VII 272. **28** VII 244. **43** VII 272. **46** VII 245. **47** VII 246. **54** VII 248. **55–71** VII 249. **61** VII 249. **65** VII 132. **69** VII 251. **72** VII 210. **78** VII 254. **86** VII 268. **94** VII 129. **99** VII 128. **171** VII 129. **194–198** VII 128. **281** VII 267. **321** VII 242, 266. **365** VII 256

Grundordnung des Römischen Kalenders (GOK)

VII 310, 357. **Nr. 4** VII 310. **Nr. 18** VII 323. **Nr. 21** VII 328. **Nr. 22** VII 334. **Nr. 24** VII 337. **Nr. 39** VII 356

Pastorale Einführung ins Messlektionar (PEML)

VII 114f. **3** VII 114. **4** VII 115, 117. **7** VII 114, 116. **10** VII 117, 245. **24f.** VII 132. **32** VII 117. **36** VII 129. **38** VII 117. **41** VII 132. **44** VII 116. **47** VII 117. **50** VII 129. **65** VII 123. **79** VII 120. **83** VII 117

Ökumenisches Direktorium

VII 139. **94** VII 191. **97** VII 192. **98** IX 87. **104** VII 138. **108–136** VII 138. **129** VII 270

Kirchenrecht

CIC 1917

87 IX 68
96 IX 209
216 §3 IX 118
223 IX 125
334 §1 IX 118
391 §1 IX 114
408 IX 143
462 IX 118
467–469 IX 118
492 §1 IX 143
613 §2 IX 143
796 IX 91
813 §2 IX 150
949 IX 148
949–950 IX 160
1012 §1 IX 186, 196
1012–1143 IX 186
1013 IX 177. §1 IX 186, 196
1021 §2 IX 91
1060 IX 190
1081 §2 IX 186
1099 §1 IX 190
2163 §2 IX 143
2319 §1 IX 190

CIC 1983

1 IX 40
2 IX 33
3 IX 53
8 IX 233. §1 IX 29f.
9 IX 27
11 IX 26, 71f., 192, 205
12 IX 29. §3 IX 32
13 §1 IX 32
16 §§1–2 IX 32
22 IX 27
23–28 IX 28
24 IX 27
29 IX 233
85 IX 26
87 §1 IX 26
96 IX 66
97 §2 IX 83, 90
108 IX 209
109 IX 208
110 IX 209
125 §1 IX 23
127 §2 IX 114
129 IX 157. §1 IX 25f.
129–144 IX 142
132 IX 142
134 IX 18, 155
144 IX 181
145 IX 151. §1 IX 143
146 IX 145
146–147 IX 151
150 IX 143, 152
156 IX 151
164–183 IX 152
171 §1 IX 300
184–186 IX 152
187–189 IX 152, 158
190–191 IX 158
192–196 IX 152, 158
194 §1 IX 301
199 IX 27
204 IX 24
205 IX 66, 71, 213
207 §1 IX 24, 26, 139
208 IX 24, 66, 137
208–223 IX 22, 80
209 IX 81. §1 IX 233, 294, 300
210 IX 81
212 §1 IX 81
213 IX 83, 297
215 IX 23
216 IX 81
218 IX 81
219 IX 23, 81
220 IX 23, 81
221 IX 23. §1 IX 81, 231. §2 IX 232. §3 IX 298
222 IX 81. §1 IX 233, 294, 297
224–231 IX 80
226 §2 IX 192
230 IX 141, 145, 150. §1 IX 81, 162
236 IX 149
239 IX 141
241 §2 IX 92
253 IX 141
265 IX 151
270–272 IX 151
273–289 IX 80, 146, 158
274 §1 IX 142, 161. §2 IX 146
290 IX 206
290–293 IX 158
291 IX 206
298–329 IX 34

316 §§1–2 IX 300
330 IX 25f., 107–110, 124
330–572 IX 34
331 IX 16, 24, 111, 120f., 141
331–335 IX 107, 120, 154
332 IX 123
333 IX 16. §1 IX 112, 122f. §3 IX 121
336 IX 16, 124–126
336–341 IX 107, 124
337 §1 IX 125. §2 IX 124f.
338 IX 121, 126
340 IX 126
341 IX 121, 126
342–348 IX 113
349–351 IX 154
349–359 IX 113
360–361 IX 127
361 IX 52
363 §2 IX 154
364 IX 154
365 IX 154
368 IX 119, 130
369 IX 119, 131
372 IX 131
373 IX 131
374 IX 132
375 IX 24. §1 IX 26, 122
376 IX 141, 147
377 §1 IX 115. §3 IX 38
381 IX 111, 141. §1 IX 112
381–402 IX 155
386 IX 249
391 IX 16, 112
395 IX 112
400 IX 112. §1 IX 120, 152
403 IX 141f., 155
406 IX 155
421 IX 114
435–437 IX 155
436 IX 118
438 IX 118
439 IX 17
447–459 IX 118
452 IX 154. §1 IX 141
455 IX 17, 118. §1 IX 16, 118. §4 IX 118
456 IX 154
458 IX 141, 154
460–468 IX 113
473 IX 113
475 IX 141, 155
476 IX 141, 155
482 IX 141, 155. §1 IX 152
483 IX 141
492 IX 141
492–493 IX 113
494 IX 141, 155
495–501 IX 113, 132
497 IX 152
502 §3 IX 113f.
503 IX 114
503–509 IX 156
503–510 IX 113
511–514 VI,3^{1-2} 304; VI,3^{3} 303; IX 113
512 IX 300
515 IX 41, 119, 141. §1 IX 111, 132. §2 IX 41, 114, 135. §3 IX 135
517 §2 IX 133–135, 152, 156
518 IX 132
519 IX 111, 133, 141, 156
521 IX 141. §1 IX 133
522 IX 133
526 IX 134
528–530 IX 141
530 IX 158
532 IX 135
535 §1 IX 104
536 VI,3^{1-2} 304; VI,3^{3} 303; IX 113
537 IX 113, 135
540 IX 141
545 IX 156
545–548 IX 141
553–555 IX 118, 156
556 IX 156
564 IX 156
564–572 IX 141
573–730 IX 33
575 IX 26
645 §1 IX 92
688 §2 IX 206
691 §2 IX 206
731–746 IX 33
748 §1 IX 23, 25. §2 IX 23, 248
750 §1 IX 165. §2 IX 164f.
751 IX 79, 293
752 IX 165
755 §1 IX 72
761 IX 159
766 IX 159
767 VII 133; IX 159
776 IX 152, 156, 159
785 IX 141
793 IX 192, 248
797–798 IX 192
804 IX 248. §1 IX 249
805 IX 249
812 IX 141
813 IX 141
820 IX 141
838 §§2–3 IX 33
840 IX 26, 102
842 §2 IX 83
843 §1 IX 82f., 184, 300

844 IX 71. §§3–4 IX 78, 95
845 §1 IX 83
849 IX 69, 73, 83, 88
852 §1 IX 84
854 IX 73
857 IX 133
861 §2 IX 73, 159
862 IX 158
864 IX 73, 85
865 §1 IX 84f.
866 IX 85
868 §1 IX 83f.
869 IX 75
872–874 IX 85–87
874 §1 IX 86, 92, 300. §2 IX 87
875 IX 87
877 IX 87
879–896 IX 88–92
882–888 VII 197
884 IX 159
889 IX 300. §1 IX 88, 90. §2 IX 90
890 IX 90
891 IX 89
892 IX 90f.
893 IX 91
897–944 IX 92–100
900 IX 96
912 IX 88, 95
913 IX 93f.
914 IX 94
915 IX 95–99, 300
916 IX 95f., 99
920 VII 331f.; IX 93
934 §1 IX 133
966 IX 157
1007 IX 300
1008 IX 26, 140, 148, 157
1009 IX 140. §1 IX 148, 205
1012 IX 148
1024 IX 81, 88, 162
1033 IX 92
1055 IX 23, 189
1055 §1 IX 23, 26, 167, 196, 212. §2 IX 88, 184, 196f.
1055–1165 IX 193
1056 IX 23, 25, 173, 194, 197, 212
1057 IX 23, 175. §1 IX 199. §2 IX 210
1058 IX 184, 200, 297
1059 IX 199
1061 IX 179, 202. §1 IX 23, 198. §2 IX 199
1065 §1 IX 91
1073 IX 200
1074 IX 200
1075 IX 201
1076 IX 201
1078 §1 IX 201. §2 IX 201, 207. §3 IX 23, 210
1083 IX 23, 200–202
1084 IX 200, 202–204. §1 IX 23, 187. §2 IX 203f. §3 IX 187, 202
1085 IX 200, 204f., 207. §1 IX 25f. §§1–2 IX 178
1086 IX 191, 200, 213, 216. §1 IX 26, 72, 191
1087 IX 200, 205
1088 IX 200, 206
1089 IX 200, 207
1090 IX 200, 207f.
1091 IX 23, 200, 208
1092 IX 200, 208, 210
1093 IX 208f.
1094 IX 200, 209
1095 IX 23
1096 IX 212
1097 §1 IX 212. §2 IX 212
1098 IX 212
1099 IX 184f.
1101 IX 212. §1 IX 211. §2 IX 198, 211
1102 IX 212
1103 IX 23, 207, 212
1108 IX 212. §1 IX 39, 158, 181. §2 IX 180f.
1109 IX 212
1110 IX 212f.
1111 IX 213
1112 IX 159. §1 IX 181
1116 IX 181
1117 IX 72, 181, 190f., 212f.
1124 IX 72, 190f., 213f.
1125 IX 190, 205, 214
1126 IX 205, 214
1127 §1 IX 78, 181. §2 IX 181, 190, 215f.
1141 IX 25, 198f.
1142 IX 179f., 199
1143 IX 25, 174. §1 IX 204
1143–1150 IX 174, 194
1168 IX 160
1169 IX 160
1176 §1 IX 297
1184 §1 IX 300
1214 IX 133
1247 VII 320
1251 VII 343
1254 §1 IX 232
1262 IX 297
1263 IX 233, 294
1276 §1 IX 135
1279 §1 IX 135
1280 IX 135
1290 IX 27
1292 §1 IX 114

1314 IX 18
1315 IX 298
1316 IX 298
1318 IX 298
1321 §2 IX 299
1323 IX 299
1324 §3 IX 19
1327 IX 298
1330 IX 299
1364 IX 19, 248. §1 IX 79, 165, 292f.
1367 IX 19
1371 IX 164f.
1382 IX 19
1388 IX 19
1389 IX 143
1394 IX 19
1398 IX 19
1420 IX 141, 155
1421 IX 141, 152, 155
1430 IX 141, 152
1432 IX 141, 155
1711 IX 152
1721 IX 18
1724 §1 IX 18
1748–1752 IX 133
1752 IX 40, 100

CCEO (Codex Canonum Ecclesiarum Orientalium [1990])

11 IX 137
327 IX 149
684 §1 IX 86
695 §1 IX 89
1493 §1 IX 29

Staats- und ausserkirchliche Rechtstexte

Konkordate, konkordatsähnliche Vereinbarungen, Zirkumskriptionen
(chronologisch)

Wormser Konkordat, 1122 III 150; IX 224; X 147
Frankreich, 1801 III 285
Konkordat für das **Bistum Basel**, 26.3.1828 IX 115
Konkordat mit dem **Freistaat Bayern**, 29.3.1924 III 322; IX 53, 115, 223
Polen, 1925 III 322
Lateranverträge (mit **Italien**), 11.2.1929 III 322f., 333
Vertrag mit dem **Freistaat Preußen**, 14.6.1929 III 322; IX 53, 115, 223
Konkordat mit dem **Freistaat Baden**, 12.10.1932 III 322; IX 53, 223
Reichskonkordat (mit dem **DR**), 20.7.1933 III 323; IX 53f., 223–225
Vertrag zur Errichtung des **Bistums Essen**, 1956 IX 224
Konkordat mit dem **Land Niedersachsen**, 26.2.1965 IX 223
Vertrag mit dem Land **Rheinland-Pfalz**, 15.5.1973 IX 223
Vertrag zur Errichtung des **Bistums Magdeburg**, 1994 IX 224
Vertrag zur Errichtung des **Bistums Görlitz**, 1994 IX 224
Vertrag zur Errichtung des **Bistums Erfurt**, 1994 IX 224
Vertrag mit dem **Freistaat Sachsen**, 2.7.1996 IX 223
Vertrag mit dem **Freistaat Thüringen**, 11.6.1997 IX 223
Vertrag mit dem **Land Mecklenburg-Vorpommern**, 15.9.1997 IX 223
Vertrag mit dem **Land Sachsen-Anhalt**, 15.1.1998 IX 223
Concordat entre **l'État de Neuchâtel** e l'Église réformée évangelique du canton NE, l'Église catholique romaine, l'Église catholique chrétienne, 2.5.2001 IX 265
Vertrag mit dem **Land Brandenburg**, 12.11.2003 IX 223
Vertrag mit der **Freien Hansestadt Bremen**, 21.11.2003 IX 223
Vertrag mit der **Freien und Hansestadt Hamburg**, 29.11.2005 IX 223
Vertrag mit dem **Land Schleswig-Holstein**, 12.1.2009 IX 223

Historische Rechtstexte (chronologisch)

Codex Hammurapi, 18. Jh. v. Chr. I,1 317–322; I,2 213. **§3** I,1 354. **§116** I,1 362. **§117** I,1 362. **§144–147** I,1 319. **§170f.** I,1 319, 362. **§196f.** I,1 321. **§199** I,1 362. **§215–218** I,1 320. **§229** I,1 319f.
Virginia Bill of rights, 12.6.1776 I,1 369; III 277; XII 46f.
Déclaration des droits de l'homme et du citoyen, 26.8.1789 I,1 369
Code civil (des Français), 5.3./15.3.1804 IX 182

Nationale und übernationale Rechtstexte

Deutschland

Weimarer Reichsverfassung (WRV), 11.8.1919 **Art. 106** IX 230. **Art. 136** IX 234f., 237, 239. **Art. 137** IX 234–237, 239f. **Art. 138** IX 234, 236. **Art. 139** IX 234, 236. **Art. 141** IX 234, 236f.
Reichsgesetz über die religiöse Kindererziehung (RelKErzG/KErzG), 15.7.1921 §5 IX 84
Verfassung des Freistaates Bayern, 8.12.1946 **Art. 46,4** IX 242
Verfassung für Rheinland-Pfalz, 18.5.1947 **Art. 35** IX 242
Grundgesetz (GG), 23.5.1949 IX 221, 227. **Art. 1** I,1 370; IX 80. **Art. 1–19** IX 228. **Art. 3** IX 80, 246. **Art. 4** IX 46, 50, 227–229, 237, 243, 288. **Art. 7** IX 227, 237f., 240–248. **Art. 123** IX 224. **Art. 140** VII 322; IX 227, 229f., 234f., 237, 240. **Art. 141** IX 227, 245–248
Verfassung des Freistaates Sachsen, 27.5.1992 **Art. 105 Abs. 1** IX 246
Verfassung des Landes Sachsen-Anhalt, 16.7.1992 **Art. 27** IX 246
Verfassung des Landes Mecklenburg-Vorpommern, 23.5.1993 **Art. 9** IX 246
Verfassung des Freistaates Thüringen, 25.10.1993 **Art. 25** IX 246
Brandenburgisches Schulgesetz, 2.8.2002 **§11,4** IX 247

Österreich

Bundes-Verfassungsgesetz (B-VG), 1929 **Art. 7** I,1 370
Bundesgesetz über die religiöse Kindererziehung, 30.4.1985 IX 84

Schweiz

Mediationsverfassung, 1803 IX 252
Bundesverfassung (BV), 1848 IX 252, 254
Kirchengesetz des Kantons Zürich, 1860 IX 278
Bundesverfassung (BV), 1874 IX 252–254, 259
Zivilgesetzbuch (ZGB), 10.12.1907 **Art. 91 Abs. 3** IX 259. **Art. 303 Abs. 1–3** IX[1] 259; IX[2] 260. **Art. 303 Abs. 3** IX 84
Strafgesetzbuch (StGB), 21.12.1937 **Art. 119** VIII 299. **Art. 181** IX 289. **Art. 261** IX[1] 259; IX[2] 260. **Art. 321** IX 260
Kirchengesetz des Kantons Basel-Landschaft, 3.4.1950 **§2** IX 279
Verfassung des Kantons Obwalden, 19.5.1968 **Art. 4** IX 281
Gesetz über das Verhältnis zw. Kirche und Staat im Kanton Wallis, 13.11.1991 **Art. 4 Abs. 1** IX[2] 272
Bundesverfassung (BV), 18.4.1999 **Präambel** I,1 371. **Art. 7–8** IX 80. **Art. 15** IX 50, 255, 259, 267, 288. **Art. 72** IX 50, 255 (IX[2] 254), 258–260, 276
Legge sulla Chiesa cattolica [Tessin], 16.12.2002 **Art. 4** IX[2] 272. **Art. 8** IX[2] 272

Verfassung des Kantons Zürich, 27.2.2005 **Art. 47** IX 279. **Art. 49–52** IX 279. **Art. 131** IX 275
Verfassung des Kantons Basel-Stadt, 23.3.2005 **§133 Abs. 1** IX 276
Kirchengesetz des Kantons Zürich, 9.7.2007 **§25 Abs. 2** IX 266
Gemeindegesetz des Kantons Zürich, 20.4.2015 **§1** IX 279. **§5** IX 279

Übernational

Versailler Vertrag, 28.6.1919/10.10.1920 III 324
Vertrag von Lausanne, 24.7.1923 IX 62
Charta der Vereinten Nationen, 26.6./15.10./24.10.1945 I,1 370
Allgemeine Erklärung der Menschenrechte, 10.12.1948 →Sachregister
Europäische Menschenrechtskonvention (EMRK), 4.11.1950 IX² 259. **Art. 9** IX 50
Menschenrechtserklärung des Islamrats für Europa, 19.9.1981 →Sachregister
Kairoer Erklärung der Menschenrechte, 5.8.1990 →Sachregister
Vertrag von Amsterdam (Europäische Union), 1.5.1999, **Art. 11** IX 227
Charta der Grundrechte der Europäischen Union, 1.12.2009/7.12.2000 **Art. 2** I,1 370
Islamische Charta des Zentralrats der Muslime in Deutschland, 3.2.2002 XII 49

Abkürzungen

AA Apostolicam actuositatem (Dekret über das Laienapostolat, 18.11.1965)
Abs. Absatz
AEM Allgemeine Einführung in das Römische Messbuch
AES Allgemeine Einführung ins Stundenbuch
AG Ad gentes (Dekret über die Missionstätigkeit der Kirche, 7.12.1965)
Ap. apostolisch
atl alttestamentlich
aram. aramäisch
Art. Artikel
Bf. Bischof
biblisch
byz. byzantinisch
CCEO Codex Canonum Ecclesiarum Orientalium (1990)
CD Christus Dominus (Dekret über die Hirtenaufgabe der Bischöfe in der Kirche, 28.10.1965)
CIC Codex Iuris Canonici (1917, 1983)
DenzH *Denzinger, Heinrich:* Kompendium der Glaubensbekenntnisse und kirchlichen Lehrentscheidungen (verb., erw. u. ins Deutsche übertr. u. unter Mitarbeit v. Helmut Hoping hg. v. Peter Hünermann), Freiburg i. Br. [45]2017.
DH Dignitatis humanae (Erklärung über die Religionsfreiheit, 7.12.1965)
DR Deutsches Reich
dt. deutsch
DV Dei Verbum (Dogmatische Konstitution über die göttliche Offenbarung, 18.11.1965)
EBf. Erzbischof
engl. englisch
Erkl. Erklärung
fränk. fränkisch
frz. französisch
GE Gravissimum educationis (Erklärung über die christliche Erziehung, 28.10.1965)
Ggü./ggü. gegenüber
GOK Grundordnung des Römischen Kalenders
GORM Grundordnung des Römischen Messbuchs (2002)
GS Gaudium et spes (Pastorale Konstitution über die Kirche in der Welt von heute, 7.12.1965)
gr. griechisch
hebr. hebräisch
HRR Heiliges Römisches Reich / Heiliges Römisches Reich Deutscher Nation
IM Inter mirifica (Dekret über die sozialen Kommunikationsmittel, 4.12.1963)
Instr. Instruktion
Jh. Jahrhundert
Kard. Kardinal
Kg. König
kgl. königlich
ki.-gesch. kirchengeschichtlich
Konst. Konstitution
Ks. Kaiser
lat. lateinisch
LG Lumen Gentium (Dogmatische Konstitution über die Kirche, 21.11.1964)
Mp Motu proprio
NA Nostra aetate (Erklärung über das

	Verhältnis der Kirche zu den nichtchristlichen Religionen, 28.10.1965)
NEP	Nota Explicativa Praevia (1964)
ntl	neutestamentlich
OE	Orientalium Ecclesiarum (Dekret über die katholischen Ostkirchen, 21.11.1964)
österr.	österreichisch
OT	Optatam totius (Dekret über die Ausbildung der Priester, 28.10.1965)
PC	Perfectae caritatis (Dekret über die zeitgemässe Erneuerung des Ordenslebens, 28.10.1965)
pers.	persisch
PO	Presbyterorum ordinis (Dekret über Dienst und Leben der Priester, 7.12.1965)
preuß.	preußisch
röm.	römisch
russ.	russisch
SC	Sacrosanctum Concilium (Konstitution über die heilige Liturgie, 4.12.1963)
sel.	selig
seleuk.	seleukidisch
span.	spanisch
ungar.	ungarisch
UR	Unitatis redintegratio (Dekret über den Ökumenismus, 21.11.1964)
WBf	Weihbischof
zw.	zwischen

Bearbeiterin und Bearbeiter

Romy Janson ist Sachbearbeiterin beim Theologisch-pastoralen Bildungsinstitut TBI in Zürich, in das der Studiengang Theologie 2016 eingegliedert wurde. Seit 2011 ist sie zuständig für den kursinternen Vertrieb der Reihenbände.

Felix Senn, Dr. theol., betreute als Redaktionsmitglied die Entstehung aller Bände der Reihe «Studiengang Theologie» und verfasste die Bände V (Verantwortet glauben. Fundamentaltheologie) sowie VI,3 (Der Geist, die Hoffnung und die Kirche. Pneumatologie, Eschatologie, Ekklesiologie). Er war von 1999 bis 2015 Studienleiter bei der Interdiözesanen Vereinigung theologiekurse.ch in Zürich und mit deren Überführung ins TBI bis 2020 Bereichsleiter Theologische Grundbildung.

Markus Zimmer, Dr. theol./Ph.D., begleitet die Reihe verlegerisch beim Theologischen Verlag Zürich. Er unterrichtet Kirchengeschichte an den Universitäten Osnabrück und Vechta.